A COLUNA DA MORTE

FUNDAÇÃO EDITORA DA UNESP

Presidente do Conselho Curador
Mário Sérgio Vasconcelos

Diretor-Presidente
José Castilho Marques Neto

Editor-Executivo
Jézio Hernani Bomfim Gutierre

Superintendente Administrativo e Financeiro
William de Souza Agostinho

Assessores Editoriais
João Luís Ceccantini
Maria Candida Soares Del Masso

Conselho Editorial Acadêmico
Áureo Busetto
Carlos Magno Castelo Branco Fortaleza
Elisabete Maniglia
Henrique Nunes de Oliveira
João Francisco Galera Monico
José Leonardo do Nascimento
Lourenço Chacon Jurado Filho
Maria de Lourdes Ortiz Gandini Baldan
Paula da Cruz Landim
Rogério Rosenfeld

Editores-Assistentes
Anderson Nobara
Jorge Pereira Filho
Leandro Rodrigues

João Cabanas

A COLUNA DA MORTE

Sob o comando do tenente Cabanas

Prefácio
José de Souza Martins

© 2014 Editora Unesp

Direitos de publicação reservados à:
Fundação Editora da Unesp (FEU)
Praça da Sé, 108
01001-900 – São Paulo – SP
Tel.: (0x11) 3242-7171
Fax: (0x11) 3242-7172
www.editoraunesp.com.br
www.livrariaunesp.com.br
feu@editora.unesp.br

CIP – Brasil. Catalogação na fonte
Sindicato Nacional dos Editores de Livros, RJ

C111c

Cabanas, João, 1895-1974.
　　A Coluna da Morte / João Cabanas – 1.ed. – São Paulo: Editora Unesp, 2014. Prefácio de José de Souza Martins.

　　ISBN 978-85-393-0532-2

　　1. Cabanas, João, 1895-1974. Coluna da morte. 2. São Paulo (Brasil) – História. 3. Brasil – História – Revolução Paulista, 1924. I. Título.

14-13042　　　　　　　　　　　　　　　　CDD: 981.05
　　　　　　　　　　　　　　　　　　　　CDU: 94(81)'1924'

Editora afiliada:

SUMÁRIO

NOTA DOS EDITORES XIII

PREFÁCIO – A Coluna da Morte e sua circunstância – José de Souza Martins XV

PRÓLOGO 3

CAPÍTULO I – O 5 de Julho – Na capital paulista 5

    Sem notícias – Abandono da Sorocabana – Falsidade – Defensores do governo – Reminiscências de 1922 – O bombardeio e seus efeitos 7

    O regimento de Jundiaí 11

    Depósito da Sorocabana 12

    Ofensiva – Em aventuras pela cidade – Vários assaltos 13

    O capitão Estillac Leal – Um aramado difícil 15

    Escudos originais – Dez heróis do Norte – Pelos telhados – Tomada do Palace Hotel – No Largo de São Bento – Alarme 16

    A estação de bombeiros – Na boca do lobo – Silêncio perigoso 19

    Ignorância sobre o nome dos chefes revolucionários 21

    O major Miguel Costa – Desânimo – Fuga do governo e de suas tropas – São Paulo em poder da revolução 21

    Surpresa reanimadora – Reconhecimento – Últimas resistências – Saques e dois fuzilamentos – Júbilo popular – Palacete em abandono – Prisão do major Alfieri ... 23

    Sem descanso – O preço dos gêneros de consumo 26

    Falta de víveres – Providências – Antipatias populares – Saques – Oradores improvisados – A firma Matarazzo e seus donativos 26

Combate frustrado 31

O dia 10 – Policiamento – Triste retirada – Uma forte coluna governista – Livres de perigo – Um susto – Forçando passagem 32

Tatuapé – Instituto disciplinar – Ataque repelido – Seis tiros prejudiciais – Entre a farinha – Novos ataques – Ferido – Substituído – Napoleão pitoresco 36

Severidade governista – Banditismo – Ordem de ocupação 41

Defesa da Mooca 42

Ataques do general Potiguara – Coragem pessoal – Vítimas do bombardeio – Regime da rolha 43

Canhões de infantaria *versus* metralhadoras – Fleuma de dois oficiais de Marinha   45

Mudança de planos – Na Igreja do Cambuci – Apreensão importante – O tenente-coronel Lejeune – Granadas incendiárias – Batendo postos avançados – Um ataque repelido – Em reconhecimento – Forças do Ipiranga – Confusão e desordem – Para Mogi Mirim 47

CAPÍTULO II – No Interior de São Paulo 55

Nomeações de autoridades – O Mineirinho – Campinas – Jaguari – Amparo – Itapira – Mogi Mirim – Barão Espírito Santo do Pinhal – São João da Boa Vista – Prata – Embarque – Forças do general Martins Pereira – Questão de orelhas – Telegramas e telegramas – Invulnerável – Lenda – Tomada de Jaguari e Itapira – Resistência heroica – Um fuzilamento – Um sacerdote – Clero paulista 55

Uma emboscada – Coluna que se retira 65

Informações – Tomada de Mogi Mirim – Fuga do major Saca-orelhas – O general Martins Pereira – Uma reunião – Para tomar Ribeirão Preto... – Debandada 66

Seguindo para Eleutério – Retirada da cavalaria mineira – Volta à Campinas – Entusiasmo popular – Falta de ordens – Novamente o general Martins Pereira – Assalto e tomada de Espírito Santo do Pinhal – Coluna da Morte 71

Mantimentos e munição – Reunião de políticos em Prata – Exigências descabidas – O dr. Meirelles Reis, deputado estadual, e o dr. Cândido Motta Filho 78

Novamente em Mogi Mirim – Independência do Triângulo Mineiro – Declarações do general Martins Pereira – Um alferes de polícia 81

CAPÍTULO III – Em retirada – De Campinas a Tibiriçá – Comandando a guarda da retaguarda 85

    Algumas considerações – Em Campinas – O porquê da retirada – Os recursos da revolução – Organização da marcha – Em Rio Claro – Itirapina – História de um capitão 85

    Bauru – Destruições 89

    O grosso das forças revolucionárias – Preparo de marcha – Organização – São Manuel – Redenção – Desnorteando o inimigo – Escoamento 89

    O serviço de transporte – Rancho – Criminosos em liberdade – Conflito e morte do capitão Honor Torres – Em Rubião Junior – Ida a Botucatu – Avaré – Cerqueira César 91

    Manduri – Surpresa – Bordel ambulante – O troféu do sr. Cirylli Júnior – Chavantes 96

    Defesa de Ourinhos – Cilada *versus* cilada – Ajuntamento dispersado – Tomando praças... abandonadas – Para Salto Grande – Palestra com um desertor inimigo 98

    Em Salto Grande – Um fugitivo – Casos de loucura 104

    Palmital – Mal-entendido – Informações sobre o inimigo – Dois mil baldes d'água por estação – Castigando delitos graves – Um combate – Retirada perigosa – Versão governista 106

    Cardoso de Almeida – Mais destruições – Um sargento que sabe cumprir seu dever – Uma selvageria – Organização de um piquete – Fuzilamentos 112

    Em Paraguaçu – Escaramuça com o inimigo e sua retirada – Desaparecimento de armas – O incêndio ateado aos campos pelo adversário tornou-se novo e terrível inimigo para os revolucionários 114

    De Paraguaçu a Quatá – Estrada de fogo – O destino nos ameaçou com sua crueldade – Conjuração do perigo – A falta d'água – Situação intolerável; desejos de lutar – A anarquia nas forças governistas, notadamente na brigada do Rio Grande do Sul – Considerações sobre a possibilidade de nos apoderarmos de Mato Grosso para instituir um governo revolucionário 116

    De Quatá a Indiana – Parada militar em honra à visita do general Miguel Costa – Uma destemida sertaneja que enfrenta dois soldados, os desarma na luta e os prende 121

    De Indiana a Regente Feijó – Ataque e resistência em Indiana – Os tiroteios aí realizados foram promovidos a batalhas sanguinolentas por jornais do Rio e de São Paulo – Os "patriotas" dos srs. Júlio Prestes e Ataliba Leonel tomam sempre à baioneta as cidades abandonadas... e foram uns heróis na tribuna parlamentar do sr. Júlio Prestes – Para Nilo Peçanha.. 123

Em Nilo Peçanha – Ordem de marcha – Em Santo Anastácio – Preparo de sua defesa – Emboscadas – Visitas de um aeroplano – O inimigo cai na armadilha e recua apavorado – Novas investidas – Nossa retirada através da mata buscando Piquerobi – Outra visita do aeroplano 126

O crime de Piquerobi – Sua repressão – Marcha para Caiuá passando por Venceslau Brás – Esperando o inimigo em Caiuá – Tiroteio – Em Tibiriçá – Morte do sargento Rodolfo Bernardo 136

Em Tibiriçá – Embarque das forças para a ilha Independência........................ 141

Capítulo IV – Rio Paraná 143

A chegada das forças à ilha Independência, então batizada com o nome do íntegro companheiro coronel Xavier de Brito – O tenente comissionado Aurélio Cruz – O general Paulo de Oliveira... 143

Localização das forças revolucionárias – O plano de ação – João Francisco surpreende Dilermando de Assis em porto de São José – Retirada apavorada de Dilermando – João Francisco surpreende e aprisiona na ilha Pacu o posto avançado de Dilermando – Tomada de Guaíra por João Francisco – A fuga de Dilermando em pijama e o seu insuperável *raid* 147

Em Guaíra – Um tiroteio contra o eco – O major Arlindo d'Oliveira a bordo do *Conde de Frontin* é tiroteado pelo inimigo fortificado em terras mato-grossenses – A construção de jangadas pela "Coluna da Morte" – A rendição vergonhosa do major Arlindo 150

Situação das forças revolucionárias e governistas – O inimigo entrincheirado no Passo Jacarezinho interceptava as ligações dos revolucionários – Ataque ao Passo – Ocupação de São José e São João – O inimigo abandona Jacarezinho – Ataque e tomada de D. Carlos 157

Em D. Carlos e Baunilha 163

De Baunilha à Guaíra – Descrição da marcha – A resistência e o estoicismo do brasileiro, principalmente do soldado revolucionário.. 163

Capítulo V – Estado do Paraná 167

De Guaíra a Porto Mendes – Conferência a respeito do momento revolucionário – Resolução inabalável de prosseguir a luta – Marcha para Piqueri 167

Acampamento da "Coluna da Morte" – Em Piqueri – Nos domínios de Julio T. Allica, que parece ter sido encarregado pelo governismo para preparar emboscadas nas margens do picadão entre Piqueri e Pensamento – Prisão de Santa Cruz e seus capangas – Um numeroso núcleo de escravos, em terras brasileiras – A vida dos potentados, proprietários dos ervais 170

A traição de Santa Cruz valeu-lhe uma surra de espada – A "Coluna da Morte" aumentou seu efetivo – O contrabando na fronteira do Paraná – As mercadorias nacionais ou nacionalizadas estão assinaladas somente com estampilhas que levam o escudo da República Argentina 176

Informações colhidas do inimigo – Apreensão de grande quantidade de gêneros em Campo Mourão, às barbas do inimigo – Seis cadáveres servindo de pasto aos urubus – Fuzilamento dos implicados nesse crime nefando 178

O 15 de Novembro – Situação das forças revolucionárias e das dos governistas – Abertura de uma picada para surpreender o inimigo que debandou – Nelson de Mello foi o heroi do Paraná – Emboscada ao inimigo – Seu desbarato – Chega à Guaíra a patrulha que durante dois meses atravessava a mata, abrindo uma picada de 32 léguas às margens do Piqueri 181

Na Serra de Medeiros, o valoroso major Nelson de Mello sustenta com vigor as suas posições atacadas por numerosas forças inimigas – A derrota dos governistas – Visita a Catanduva – Abertura de uma picada para surpreender o inimigo em Formigas – O bravo major Virgílio detém um ataque inimigo – Prisão do dr. Nathel Camargo e de um seu companheiro – Prosseguimento da abertura da picada, cujos trabalhos exaustivos duraram onze dias longos e tormentosos 188

Chegada a Formigas – "A Coluna da Morte" espreita o inimigo como a fera espreita a vítima – O assalto – A debandada apavorada do inimigo – Os prisioneiros – A morte do tenente Clementino de Oliveira e do dr. Antônio Batista Leite – O major Mello "Satélite" – Situação crítica da "Coluna da Morte" em Formigas 196

A situação em Formigas – Quase realizou-se o rifão: "Ir buscar lã e sair tosquiado" – O inimigo nos ataca por vários pontos – A situação se agrava – A retirada foi efetuada sem ser pressentida pelo inimigo – Os troféus apreendidos em Formigas – As fitas do general Rondon 202

Plano para atacar o inimigo em Pouso Alegre – O inimigo ataca Piqueri e é repelido – O general Rondon quase tornou-se meu conivente – A má sorte de Afro Marcondes – Os revolucionários, em número de 22, sendo 18 doentes, ao mando do valoroso major Virgílio dos Santos, repelem uma surpresa do inimigo e o desbaratam completamente – O deputado João Simplício propõe uma conferência ao marechal Isidoro, para acertarem bases de pacificação – Um armistício espontâneo – O capitão Mendonça do Estado Maior do general Almada propõe ao major Tolentino concertarem bases para uma paz honrosa 209

Inatividade das forças combatentes – Situação angustiosa – A disposição das forças revolucionárias para levar um ataque simultâneo às diversas avançadas inimigas – A "Coluna da Morte" em emboscada, dentro da mata, surpreende o inimigo – O ataque do inimigo – O "21" perturbado pelo explodir das granadas – Calma do banqueiro – Chegada de mais três generais governistas – A presença do general Coutinho reacende o ânimo das tropas do general Rondon, que não se julga melindrado.. 220

O bombardeiro do inimigo – Assume o comando provisório da "Coluna da Morte" o intrépido e prestimoso companheiro, major Juarez Távora – De regresso de Iguaçu, e em Depósito Central, recebi a dolorosa notícia da queda de Catanduva – Reassumo o comando da "Coluna da Morte" – Conseguem escapar de Catanduva o coronel Estillac Leal e o capitão Filinto Müller 227

CAPÍTULO VI – A rendição de Catanduva 231

A chegada do coronel Luís Carlos Prestes a Benjamin – Conferência entre os oficiais do exército revolucionário – Resoluções a serem tomadas – Aparece o primeiro piquete da cavalaria rio-grandense de Luís Prestes, comandado pelo brioso e bravo Siqueira Campos – A marcha de Luís Carlos Prestes – A conversa fiada sobre a paz – Organização das forças para nova campanha 233

O contingente rio-grandense sob o comando do destemido e audaz João Alberto – Santa Helena e Barro Preto – Homenagem da "Coluna da Morte" prestada diante do túmulo do inditoso oficial do exército, 1º tenente Azaury Sá Britto e Souza, às margens do São Francisco – Para Porto Mendes 239

Em Porto Mendes – Exposição feita verbalmente pelo coronel Luís Carlos Prestes sobre a situação crítica dos revolucionários e a solução apresentada pelo mesmo coronel – Foi aceito o meu alvitre de eu atacar o inimigo com a "Coluna da Morte"... 240

Abertura de uma picada para surpreender a retaguarda do inimigo, que debandou após cinco minutos de combate – Tomei duas metralhadoras pesadas, um fuzil metralhadora e 50 mil tiros de fuzil Mauzer – O inimigo perdeu nove homens – A passagem para o território paraguaio – A carta dirigida às autoridades paraguaias, pelos comandantes de unidades de forças revolucionárias 243

O meu estado de saúde não permitiu que eu continuasse no comando da "Coluna da Morte" – O meu restabelecimento após três meses de cama......................... 246

CAPÍTULO VII – No exílio.. 249

A bordo do vapor Bell – Em Saenz Peña – Um interessante episódio – Um tenente comissionado governista que fora a bordo do Bell, então atracado naquele porto com a intenção de prender o tenente Cabanas, não o encontrou – Sua perturbação não lhe permitiu tomar uma xícara de café que lhe fora oferecida – Em Encarnación, Posadas e Buenos Aires.. 249

Restabelecido – A fronteira Brasil–Argentina – O descaso do governo brasileiro.. 252

Na Argentina.. 255

No Paraguai.. 256

Em Mato Grosso – A Empresa Mate Laranjeira... 257

Ao Povo Brasileiro... 262

MINHAS CONFERÊNCIAS REALIZADAS NO EDIFÍCIO DO CONSELHO MUNICIPAL NO RIO DE JANEIRO 267

POEMAS 371

NOTA DOS EDITORES

Esta edição resgata o conteúdo da 6ª edição de *A Columna da Morte sob o comando do tenente João Cabanas*, de 1928, a última aprovada pelo autor, que trazia poemas sobre a Revolução de 1924 e conferências de João Cabanas.

PREFÁCIO

A COLUNA DA MORTE E SUA CIRCUNSTÂNCIA

José de Souza Martins

Quando os trens que transportavam as tropas revolucionárias em retirada passaram por Assis, no interior de São Paulo, alguém notou que, na frente da locomotiva que puxava o último comboio, estava escrito a giz: "Columna da Morte". Era o trem comandado pelo tenente João Cabanas, incumbido pelo coronel Miguel Costa, que ia num trem adiante, de explodir e destruir pontes, pontilhões, retirar trilhos e criar todas as dificuldades possíveis à perseguição pelas tropas legalistas, retardando-as. A escrita a giz mostra bem que a fama da coluna do tenente de cavalaria da Força Pública de São Paulo já chegara à sua consciência e o precedia, conhecida de todos e por todos temida. Cabanas podia se dar ao luxo de fazer publicidade de sua chegada, a própria locomotiva anunciando o que é que vinha no trem, o já conhecido e já temido.

Ferido em combate no bairro do Belenzinho, depois de alguns dias de hospitalização, Cabanas recebera nova missão do comando da Revolução, a de ir para Mogi Mirim dificultar a passagem das tropas legalistas, vindas de Minas Gerais. Cabanas requisitara um trem, na estação da Luz, na madrugada de 18 de julho de 1924, duas semanas após o início da Revolução e nove dias antes da retirada das tropas do general Isidoro Dias Lopes, que se daria durante outra madrugada, a de 28 de julho. Comandava 95 soldados e se dirigia inicialmente a Campinas.

Já lograra alguma fama, pois logo nos primeiros dias da Revolução, na vigência da lei marcial, executara sumariamente ladrões que se aproveitaram do caos para roubar e saquear casas comerciais ou particulares no centro de São Paulo. E o fez em público, na frente de espectadores. Sua fama correu rápido. Gente saía às ruas durante o dia, nos intervalos dos combates que se davam de preferência à noite, para espiar trincheiras e verificar as ruínas causadas pelas primeiras bombas. Queriam ser fotografados com ele. As fotos mostram que Cabanas posava como se fosse um galã de cinema, de meio perfil, sorriso maroto no rosto de adolescente, que ele não era. Enquanto os oficiais da Revolução eram arredios e temidos, Cabanas era popular e admirado, já nos primeiros dias da luta. A maioria da população não tinha propriamente ideia de quem era quem. Sabia, vagamente, que o comandante era um tal de Isidoro, o general Isidoro Dias Lopes. Na Mooca, contou-me um velho conhecido, Mario Silva, ali morador nos tempos da revolta, que certo dia de manhã uma moradora abriu a janela e gritou no sotaque local para os vizinhos: "È arrivato Isidoro!". Va bene, è arrivato, ma qui è lui, capisce? No entanto, a população rapidamente ficou sabendo quem era Cabanas, um mero tenente da Cavalaria da Força Pública de São Paulo.

De trem, com sua minúscula Coluna, Cabanas percorreu diferentes localidades do oeste do estado, ao longo da divisa com Minas Gerais. Valeu-se da bravata como arma de intimidação e mesmo dissuasão, fazendo anunciar sua chegada por telegrama às autoridades locais do município da estação seguinte. Fez a coluna de 95 soldados parecer uma de 300 ou mais. Alardeava efetivos e armas que não tinha. Chefes políticos ligados ao Partido Republicano e ao governo entravam em pânico e fugiam. João Cabanas livrou no campo de combate uma eficaz guerra imaginária. E foi vitorioso, mesmo em fuga: cumpriu sua missão de retardar os perseguidores e assegurar que os perseguidos chegassem livres à fronteira. A Coluna Prestes, que se formaria ao fim da perseguição, foi de fato a Coluna Miguel Costa, um major da Força Pública de São Paulo. Mas sem João Cabanas é pouco provável que tivesse existido – ele era aquele típico soldado de retaguarda que assegura as medalhas dos vitoriosos, da turma lá da frente.

Cabanas, sem dar um tiro, desmantelava possíveis focos de apoio aos legalistas e de hostilidade aos revolucionários. Os que ficavam eram maltratados. Jagunços do coronelismo de roça foram enfrentados no campo de batalha. Eram as forças paramilitares que todo chefe político do interior tinha à sua disposição, recrutados entre os agregados de suas fazendas. Combates de soldados contra pistoleiros. Quem transgrediu, foi punido. Onde injustiças sociais óbvias foram constatadas, os autores tiveram que acertar contas com Cabanas. Um velho cabo de sua própria força militar, que tentara estuprar uma jovem trabalhadora rural, recebeu chibatadas diante da tropa formada, uma humilhação pedagógica para ensinar a um soldado o que ele deve ser.

Mais do que a imagem de um soldado da Revolução, João Cabanas disseminou a imagem de um justiceiro, de justiça sumária e rápida, a essa imagem associando o que veio a ser a concepção popular de revolução. Ele era o que grande parte da população queria e esperava, um pai da pátria que fosse, ao mesmo tempo um pai dos pobres e dos desvalidos. As ações de Cabanas esboçavam a figura imaginária do chefe de Estado que brotava da Revolução e se encarnaria, ainda que de modo diverso e propriamente político, na figura de Getúlio Vargas. Getúlio acabaria personificando uma soma de atributos de diferentes personagens, como os do próprio Cabanas, que humanizavam e de fato politizavam a concepção do governante esperado. O que tinha muito dos supostos atributos de Dom Pedro II e tinha muito, também, do milenarismo brasileiro. Cabanas, nesse sentido, fez a síntese de atributos de liderança política que vão marcar profundamente a era que terá início com a Revolução de 3 de outubro de 1930. No entanto, ele foi sem ter sido.

Foi a partir de Espírito Santo do Pinhal que a caravana de Cabanas passou a ser conhecida como Coluna da Morte. Corria a notícia de que a capa preta que ele usava lhe fora dada por Satanás, o que o tornava invencível. Até o simples capote que o protegia daquele excepcional frio de julho de 1924 era mitificado. Cabanas foi sendo recriado imaginariamente pelo povo, os que o viam e os que não o viam, os de perto e os de longe. Mesmo onde não houvesse chegado, sua figura mítica chegara antes. A fama tornou-se maior que o homem. O trem foi um instrumento poderoso desse imaginário. A liberdade e a justiça chegariam de trem, seriam recebidas na estação. Fotos de Cabanas na chegada a estações do interior são significativo documento desse místico milenarismo. Ele se tornou o esperado, coisa que aconteceu com vários no ciclo revolucionário dos anos 1920 e 1930. O libertador era a figura fantástica que viria de fora, não de dentro. Getúlio Vargas, em boa parte, acabaria sendo isso. Miguel Costa o foi em menor medida. Luís Carlos Prestes um pouco mais, mas não tanto. Desvestiu-se do mito ao tornar-se comunista e mergulhar no imaginário antagônico da satanização sem contrapartida, sem contradição, um dos grandes problemas das esquerdas brasileiras.

A fama da Coluna da Morte passou a crescer, em boa parte, porque seu nome cinematográfico teve um efeito simbólico aglutinante. Tudo que as tropas rebeldes faziam na retirada era imputado à Coluna de Cabanas, mesmo delitos de soldados praticados em nome próprio. Se havia uma dimensão épica na trajetória da Coluna, havia também a contrapartida das maldades que lhe eram atribuídas, efeito bumerangue do imaginário do poder, que imputa ao poderoso o dom de fazer tanto o bem quanto o mal. Fato que reforça mais seu carisma entre os simples, o medo exagerando as virtudes e, ao mesmo tempo, modelando o poderoso. A Coluna foi criando fama de ser, para uns, uma coluna de justiceiros; para outros, uma coluna de saqueadores. Muitos acontecimentos criados pelo imaginário popular foram debitados na conta da Coluna e do próprio Cabanas, mesclando-se com o confisco representado pelas requisições militares ao longo do trajeto.

Ainda durante os combates na cidade de São Paulo, um dos fatos que mais aterrorizaram a população foi a decisão dos rebeldes de libertarem os presos comuns da Casa de Detenção, que ficava no meio dos quartéis rebelados, no bairro da Luz, com a condição de que participassem da luta contra os legalistas – o Exército e a Marinha. Entre eles havia ladrões e assassinos. O eco desse fato também alcançou a imagem dos comandados de Cabanas. Em narrativas retrospectivas que inundaram os jornais, já em setembro de 1924, o fato macula a Coluna, como se fosse ela um bando de malfeitores, de criminosos recrutados na cadeia.

Um ato de barbárie ocorrido na Alta Sorocabana, na madrugada de 25 para 26 de agosto, chocou e aterrorizou a população do que era então chamado de sertão. O *Correio Paulistano*, de 18 de setembro, noticiou fato ocorrido na pequena Indiana:

> Dois malfeitores da quadrilha de assaltantes da "Coluna da Morte", um truculento cabo negro e um soldado cafuso, possivelmente libertados das galés pelas mãos criminosas dos sediciosos de S. Paulo, ali chegando encaminharam-se para um pequeno sítio a 4 km da estação, de propriedade de Miguel Carmone.

Tudo depredaram e investiram contra o casebre do colono italiano Arturo Turmau, casado há apenas um ano com Rosalina Meneghetti, de

23 anos de idade, filha de italianos de Santa Catarina, que estava grávida. Estupraram a moça diante do marido, que reagiu e foi morto com um tiro. O jornalista que enviou a notícia ao jornal fez averiguações e descobriu registros oficiais do caso em Santo Anastácio, que confirmavam a ocorrência, já transformada em boato.

Não é improvável que o ato de bestialidade tivesse sido cometido por integrantes das forças rebeldes em retirada. Mas poderia ter sido cometido por qualquer outra pessoa, tendo-se em conta a distância do local de ocorrência em relação ao ponto de desembarque e acampamento da tropa. Houve muita violência cometida à sombra dos atos revolucionários e dos da repressão consequente, até por gente que nada tinha a ver com a Revolução. Cabanas era particularmente rigoroso na punição dos responsáveis. Mas a notícia mostra como se imputava à Coluna até perversidades como essa, fazendo-se gratuita conexão com a soltura dos presos para recrutamento militar.

Chama a atenção o nexo que a notícia estabelece entre preso negro/cafuso rebelde/violação de mulher branca. Uma associação que combina racismo com preconceito político de natureza estamental, algo bem característico dos tempos da escravidão e expressão de uma mentalidade que persistia e persistirá ainda. Os autores das matérias publicadas, em especial no *Correio Paulistano*, estavam ligados à situação política que fora a destinatária da reação armada. Aquele era o jornal do Partido Republicano Paulista e do governador Carlos de Campos, que passou todo o período da Revolução refugiado na estação de Guaiaúna, em São Paulo, no bairro da Penha, sob tutela militar, praticamente derrotado.

Nesse caso fica evidente o elenco de preconceitos que sustentavam ideologicamente tanto a Revolução quanto a resistência legalista. A associação imaginária entre rebelião política e criminalidade pressupunha que o negro e o mestiço estavam aquém da condição humana. Portanto, a revolta não mobilizava verdadeiros cidadãos, "gente de qualidade", como se dizia nos tempos do Antigo Regime, pessoas dotadas do discernimento que as fizesse autoras de ações politicamente legítimas. Faltava legitimidade à Revolução não porque desafiasse a lei, mas porque mobilizava indivíduos supostamente sub-humanos. Algo que fora próprio do escravo, porque coisa e mercadoria. Os grupos dominantes, tanto de um lado quanto de outro, ainda eram movidos por concepções desse tipo, quanto à condição humana relativa e limitada da grande massa de pessoas originadas do cativeiro, apenas uma geração distantes da abolição da escravatura.

Mesmo em relação ao imigrante havia reservas decorrentes da suposição da sua inferioridade social, gente recrutada de propósito nas castas inferiores das sociedades de onde vinham, seres afeitos ao trabalho braçal e a ele limitados. Ser alfabetizado era um óbice a que um candidato à emigração fosse incluído nas listas de beneficiários da passagem paga pelo governo, o chamado imigrante subvencionado. Tudo era feito para que o imigrante não viesse, especialmente para São Paulo, senão para trabalhar no eito, como o escravo trabalhara, no trato e na colheita do café. Os próprios contratantes do tráfico de imigrantes falsificavam as informações nas listas de desembarque, arrolando como analfabetos os que analfabetos não eram. Era o modo de assegurar o recebimento do dinheiro da passagem dos traficados. Letrados e intelectuais, mesmo alfabetizados, eram vistos com reserva e até repulsa. O Brasil continuava com mentalidade escravista já sem escravos.

Extinta a ordem monárquica, que separara rigidamente senhores e escravos, brancos e negros, ricos e pobres, toda a sociedade passou a considerar-se em perigo. Era o medo da casa-grande em relação à senzala insubmissa. Não é casual que um lúcido representante do pensamento conservador e intérprete do Brasil tenha escrito, em 1914, que na escravidão "ao menos tínhamos ordem". Em Canudos e no Contestado, poucos anos antes da Revolução de 1924, não fora diverso o móvel da reação militar contra a insurgência popular. Aliás, insurgência provocada, nos dois casos, pelos próprios militares. Havia também certo pavor das cidades em relação aos rústicos do campo, potenciais agentes da barbárie. Indisfarçáveis abismos nos separavam uns dos outros.

Não é estranho, portanto, que se refletissem nas revoluções, desde a proclamação da República. Havia exceções, sem dúvida, uma delas surpreendente nas disposições testamentárias, de 1893, do almirante Tamandaré, o gaúcho Joaquim Marques Lisboa, herói nacional. Ele queria que seu esquife fosse carregado por negros, por razões antiestamentais, uma negação dos próprios costumes da Marinha:

> *Exijo que se não faça anúncios nem convites para o enterro de meus restos mortais, que desejo sejam conduzidos de casa ao carro e deste à cova por meus irmãos em Jesus Cristo que hajam obtido o foro de cidadãos pela lei de 13 de maio.*

Sua última e subversiva vontade não foi obedecida.

Nas milhares de páginas do Inquérito Policial-Militar, que apurou os fatos da Revolução de 1924, para que o braço da lei e da ordem alcançasse o maior número de eventuais envolvidos nos acontecimentos, há vários indícios de preconceitos dos dois lados da Revolução. Curiosamente, ali se revela um ácido preconceito contra São Paulo e os paulistas, principalmente por parte de soldados rasos, como os da Brigada do general Potiguara, que atacou a Mooca e ali livrou combates sangrentos. O preconceito racial estava apenas escondido no interior de preconceitos sociais maiores.

As elites temiam os resíduos sociais da escravidão, temiam os negros libertados em 1888. Mas havia outros temores disseminados pela sociedade inteira. Aqui em São Paulo, na extensa região da Alta Sorocabana, por onde passava o trem da Coluna da Morte, fazia muito pouco tempo que os últimos indígenas do estado haviam sido quase exterminados, os Oti-Xavante, os Kaingang. Maria Rosa, a última oti-xavante, morreu cultural e linguisticamente solitária em 1988, com 122 anos de idade, na reserva indígena de Icatu. Bugreiros entregavam orelhas de índios aos mandantes para receber a recompensa da "limpeza do terreno". As terras liberadas pela violência para o advento da ferrovia, das fazendas e das cidades, não libertaram os brancos do medo aos índios. O pavor ao índio era um componente forte da cultura da fronteira. O índio trucidado oprimia como um pesadelo a consciência dos vivos, parafraseando Karl Marx em *O 18 Brumário de Luís Bonaparte*. Pode-se compreender a notícia sobre a tragédia de Indiana.

As elites temiam, também, a classe operária, de um lado e de outro – tanto os que estavam com a Revolução quanto os que estavam contra a Revolução. O general Isidoro Dias Lopes, que a comandava, recusou o apoio dos operários que foram procurá-lo, dizendo-lhes que quem luta é soldado; operário, trabalha. Tinha medo dos mesmos operários que, na greve geral de 1917, haviam praticamente tomado a cidade de São Paulo, as mesmas ruas em que agora erguiam-se trincheiras, pela primeira vez enquadrando os industriais e impondo-lhes o reconhecimento de direitos trabalhistas.

Por outro lado, não é casual que se mencionasse que o capitão Joaquim Távora, um dos mais importantes comandantes da revolta militar, tivesse sido traído por um negro num combate na Rua Vergueiro. De trás de uma trincheira legalista, um soldado negro ergueu a bandeira branca. Levantou-se Távora para aceitar a rendição e foi metralhado pelo inimigo. Levaria alguns dias para morrer, mas o laudo mostra que teria ficado tetraplégico se sobrevivesse. Ao assinalar que se tratava de um negro, o inquérito ressalta a questão da raça, coisa que em nenhum momento se faz em relação aos muitos brancos que praticaram atos violadores das regras reconhecidas de combate, mesmo em revoltas e revoluções.

Desde a abolição da escravatura e da proclamação da República por meio de um golpe militar, difundiu-se entre os militares a ideia de que a democracia republicana num país que tivera escravidão, como o nosso, dependia de uma longa ditadura. Um período de carência, durante o qual a massa dos libertos e do povo seria educada para, finalmente, poder exercer seus direitos de cidadãos, como o de votar. A grande questão que a Revolução de 1924 propunha não era a da democracia política, mas a do complicado processo de emancipação dos retardatários da história, em nome do primado da ordem, o branqueamento e a a ascensão social pela elitização da sociedade inteira. A escola brasileira foi criada com esse espírito, mesmo as universidades.

Papéis encontrados numa mala na república onde vários tenentes moraram nos dias que precederam a revolta, na Rua Vautier, perto dos quartéis da Luz em que a sublevação ocorreria, contêm registros de um projeto político nessa direção. A Revolução preconizava a republicanização da República contra o oligarquismo clientelista do voto de cabresto, que interferia até mesmo na promoção dos militares, contra o oligarquismo que aprisionava o Brasil numa estrutura social estamental e pré-moderna. Muitos militares, na proclamação da República e em Canudos, imaginavam que estavam entre nós fazendo a Revolução Francesa com um século de atraso. Chamavam-se, entre si, de "cidadão general", "cidadão coronel" e assim por diante.

A ditadura seria uma ditadura esclarecida, sob a qual o povo tutelado se prepararia lentamente para que enfim se instituísse no país uma ordem efetivamente democrática. Para os militares das revoluções tenentistas, não havia compatibilidade possível entre ignorância e democracia. Aliás, a Constituição de 1891 refletiu essa mentalidade ao negar direitos políticos a mulheres, mendigos, praças de pré, conventuais e analfabetos, tratados todos como os desvalidos da História. Gente supostamente despreparada para o exercício da cidadania republicana, porque dependente de terceiros ou de instituições e destituída de vontade própria. A República, no fim das contas, não era para qualquer um. O que os revolucionários pressupunham era a instauração de um período de lento amadurecimento político do povo, através da educação, para as funções de cidadão. De um modo ou de outro, as restrições decorrentes dessa mentalidade perdurariam ao longo dos diferentes regimes políticos, cessando com a supressão às restrições da cidadania com a Constituição de 1988, um século depois da proclamação da República.

Ao lidar militarmente com o imaginário popular, João Cabanas, de algum modo, contornava os preconceitos que presidiam a República e a própria mentalidade militar e fazia desse imaginário uma arma de guerra. Inovava militar e politicamente. Sobretudo, levava em conta que os soldados, de um lado e de outro, eram gente do povo, cuja mentalidade não coincidia com a dos manuais militares nem com a da oficialidade. Tanto os oficiais legalistas quanto os oficiais rebeldes pressupunham que os soldados das trincheiras eram apenas dóceis seguidores de ordens de comando. O recrutamento forçado que os rebeldes fizeram nas primeiras horas da Revolução, e continuaram fazendo ao longo da luta, bem demonstra a força dessa premissa. Combatentes que haviam lutado de um lado, capturados pelo inimigo, eram imediatamente enviados às trincheiras para lutarem contra seus companheiros de armas de pouco antes. Os temores e as convicções de quem lutava não tinham a menor importância no desenrolar do conflito. Interessava apenas quem puxava o gatilho contra quem.

A Revolução de 1924 difere da Revolução de 1932 justamente porque aquela não se apoiou na convicção dos combatentes, enquanto esta dependeu quase que inteiramente da convicção de seus voluntários. Mais ainda, 1932 não foi propriamente uma Revolução contra Getúlio Vargas, mas uma Revolução em favor de São Paulo, cujos interesses estavam sendo antagonizados pela Revolução de Outubro de 1930 – era o que mobilizava os que na luta se envolveram. Paulo Nogueira Filho, um dos expoentes do Partido Democrático, paulista, percebeu isso nas vésperas da Revolução: foi para o Rio Grande do Sul e embarcou no mesmo trem que trouxe Vargas a São Paulo, a caminho do Rio de Janeiro e do poder. A trama era evidente. Tentava contorná-la e evitar que a Revolução de Outubro se consumasse como uma revolução antipaulista.

A anexação, pelo governo federal, de pequenas porções do território paulista a Minas Gerais, na região da Mogiana, em 1932, foi um fato menor que, ao dividir municípios e até separar famílias, entornou o caldo.

Foi um dos fatores da imensa mobilização popular no comício da Praça do Patriarca, em 23 de maio de 1932, das passeatas subsequentes e do tiroteio que, na Praça da República, vitimou um grande número de pessoas, entre elas Martins, Miragaia, Dráusio e Camargo, origem do acrônimo simbólico – MMDC.

Um documento expressivo dessa convicção foi publicado na primeira página do *Diário Nacional* do dia 11 de agosto de 1932. É um telegrama enviado de Motuca, na Estrada de Ferro Paulista, pelo farmacêutico Caetano Gramani ao Comandante do Batalhão Piracicabano, na Zona de Cruzeiro, no Vale do Paraíba, para onde seu filho fora como combatente voluntário: "Peço gentileza, caso sucumba campo honra meu filho, nº 1.954, comunicar-me urgente para eu substituí-lo nesse lugar que dignifica e honra uma nacionalidade amante do direito e da lei. Viva São Paulo". Caetano Gramani era imigrante italiano. Não encontrei, nos documentos de 1924, nada parecido com isso, a não ser documentos que atestam a convicção de militares como Cabanas.

O diálogo de João Cabanas com a mentalidade popular, é verdade, não constituía reconhecimento de uma competência do povo para discernir e tomar decisões. Constituía, antes, o reconhecimento de um modo popular de compreender as coisas, como a situação de conflito. Em vez de ignorá-lo, tratou de com ele interagir. Às vezes, essa habilidade de Cabanas parecia cômica. Certamente, foi o que muitos pensaram sobre o modo como enfrentou uma friíssima noite de inverno, com seus homens, entrincheirado na Fábrica Maria Zélia, no bairro do Belenzinho, em São Paulo. Enfrentava a brigada Pantaleão Teles, que o atacou durante a noite do dia 12 de julho e voltou a atacá-lo na noite do dia 13. Um dos expedientes de Cabanas foi o de mandar seus soldados cantarem músicas carnavalescas e da moda, como *Vem cá mulata*, de Arquimedes de Oliveira e Bastos Tigres, de 1902, que se tornara popular a partir de 1906 ("Vem cá, mulata./ Não vou lá, não./ Vem cá, mulata./ Não vou lá, não./ Sou Democrata, sou Democrata de coração."), e *Tatu subiu no pau*, de Eduardo Souto, sucesso no Carnaval de 1923 ("Tatu subiu no pau,/ É mentira de mecê,/ Lagarto ou lagartixa,/ Isso sim é que pode sê"). A solução insólita não difere da adotada no trem da Coluna da Morte, no nome escrito a giz na frente da locomotiva. Mobilizava o espírito popular e confundia o inimigo, de vários modos. Essas músicas eram cantadas no Brasil inteiro. Simbolizavam um "nós" que se dividia no conflito e, provavelmente, abatiam o moral do adversário. De qualquer forma tumultuavam o cenário, da mesma maneira que o trem e o nome da coluna. Cabanas, por esses meios, manipulava o que não podia ser visto, o lado invisível das coisas e dos acontecimentos. Esse lado invisível era tido como atributo de sua própria pessoa, no seu suposto pacto com Satanás.

Em várias manifestações de Cabanas, havia muito das fantasias da incipiente cultura do cinema, a começar do próprio nome da Coluna. Parecia nome de filme. É significativo que, em 1927, um crítico da Revolução, que se assinava Gregório do Mato, perguntasse em artigo no *Correio Paulistano*: "Que era a 'Coluna da Morte' de tão cinematográfica epígrafe?". E responde: "Um corpo errante de força rebelde, que havia rompido as comportas da disciplina...". Justamente aí estava a inovação de Cabanas, no agir em desconforme com as regras. Nisso falava a quem, no cotidiano, repressivamente subjugado por uma abundância de regras de quem manda, compreendia e se regulava por regras desconstrutivas de quem é mandado.

Cabanas foi, provavelmente, o raro participante de destaque da Revolução de 1924 a ter consciência da importância política da manipulação do imaginário popular como recurso auxiliar da revolta militar. Terminada a revolta, ainda que no meio do caminho da Revolução de Outubro de 1930, e até depois, é o que se veria também no meio civil, na desproporcional popularidade que o cercou.

Ao chegar ao Rio de Janeiro, em 17 de agosto de 1927, foi recebido com euforia. Diz o *Diário Nacional*, do dia 19:

> A sua chegada ao Rio foi um verdadeiro acontecimento. Grande massa de povo aguardava-o na gare D. Pedro II, rompendo em aplausos à entrada no trem na estação. / O comandante revolucionário foi muito aclamado ao desembarcar, sendo cumprimentado por inúmeros amigos e admiradores. / O povo que o aguardava à saída, obrigou-o a mandar arriar a capota do automóvel em que tomou lugar ao lado de alguns conhecidos. / O tenente Cabanas dirigiu-se, então, ao Hotel Avenida, onde se hospedou, no meio de vivas e aclamações do povo que rodeou o seu auto durante o trajeto, tendo sido também aclamadíssimos os nomes do general Prestes, Isidoro Lopes, Miguel Costa, Távora e outros chefes revolucionários.

Em liberdade, mediante pagamento de fiança, Cabanas sofre perseguições. Nas diversas visitas que fez a diferentes cidades para conferências e arrecadação de fundos para os exilados da Coluna Prestes na Bolívia, no ano de 1927, foi recebido com hostilidade pelas autoridades locais e grande aplauso pela população. Sua conferência em Campinas foi proibida pela Polícia. Em Campos, no Rio de Janeiro, foi igualmente proibido de falar. Em Juiz de Fora, Minas Gerais, foi o general Nepomuceno Costa quem pessoalmente impôs a proibição, passando por cima da autoridade do governador. Em alguns lugares, precisou de *habeas corpus* para fazer as conferências.

Foi preso em 1929, o que desencadeou a disputa, entre as autoridades, para saber se devia ser recolhido à prisão comum ou se tinha direito à prisão militar. Nessa época, teve uma síncope, o que acentuou a controvérsia. Em março de 1930, acometido de um problema renal, pediu para ser removido para o Hospital Central do Exército. Em vez disso, foi removido para o Manicômio. Um jornalista que o visitou diz "que ele fala naturalmente e que não se lhe trai um só gesto ou uma única palavra, por que se possa ajuizar de uma possível doença mental". Ou seja, o jornalista foi verificar pessoalmente como estava o tenente porque, no fundo, admitiu como possível sua loucura. Um indício de que a conduta militar não convencional de Cabanas lhe acarretava a suspeita de louco, mas também indicação daquilo que Erving Goffman chama de conspiração alienativa, uma trama para desacreditá-lo e confiná-lo, a fim de destruir seu carisma. Em termos administrativos, tratava-se de uma disputa quanto ao reconhecimento ou não de seu direito a ser tratado como militar. Já era a disputa que antecipava o que só terá sentido com Vargas no poder e o decorrente e lento expurgo dos artífices da Revolução de Outubro de 1930. O próprio general Miguel Costa, comandante das tropas que vieram do Sul trazendo Getúlio, acabaria preso.

Cabanas e a Coluna da Morte impregnaram o imaginário popular. Já em julho de 1924, havia sido fundado em São Paulo o Esporte Clube João Cabanas. No mês de novembro de 1930, no bairro de São João Clímaco, foi fundado o clube de futebol Juvenil Coluna da Morte. No domingo, 16 de novembro, o valoroso time venceu o Juvenil Fred por 4 a 1, jogando com Jesus, Dino e Creolina; Pinhal, Caetano e Vicente; Orlando, Daniel, Waldemar, Adão e Piolin. Caetano e Piolin marcaram. Nomes e lugares que indicam quem e de que modo João Cabanas foi transfigurado em personagem mítico da sociedade e da política.

Não só o imaginário se apossou de sua figura, como também a imaginação popular continuava impressionada pelos feitos da Coluna da Morte, designação que mobilizava mais do que a palavra Revolução. Em novembro de 1930, acampava na estação da Barra Funda o batalhão revolucionário de Curitiba que compunha as tropas da Revolução de Outubro. O batalhão deu-se a si mesmo o nome de Voluntários da Morte, em homenagem a Cabanas e à Coluna da Morte. Em outro e oposto contexto, no da Revolução Constitucionalista de 1932, numa cerimônia da Chácara do Carvalho, que fora residência do conselheiro Antônio Prado, na Barra Funda, Mercedes Cabanas, irmã de João Cabanas, entregou à Legião Negra, ali aquartelada, a bandeira nacional que pertencera à Coluna da Morte. Por sua vez, um batalhão que lutava em Botucatu recebeu o nome de Coluna da Morte.

Tanto no caso dos clubes de futebol de várzea quanto no caso dos agrupamentos militares dos recrutados entre o povo, Cabanas e a Coluna da Morte eram invocados por aqueles movidos pelo espírito de confronto, até o risco extremo. Para o homem comum, eram símbolos de coragem e ousadia, e também de inconformismo e insubordinação. A Coluna da Morte, que nascera enraizada no imaginário do cinema e do teatro, resistia imaginariamente no que era cada vez mais o teatro cotidiano do homem simples.

FIGURA 1 – *João Cabanas*

Ao povo brasileiro, representado dignamente pelos que fizeram a Coluna da Morte, a mais sincera admiração, o mais fervoroso reconhecimento de gratidão.

***

Àqueles que tombaram heroicamente no campo da honra – uma saudade imorredoura.

E aos que sofrem as duras e intermináveis privações físicas e morais nos presídios governistas – o esforço que fizemos em prol de sua libertação e a nossa solidariedade através do tempo e do espaço.

***

Às minhas irmãzinhas Cacilda e Mercedes, todo o meu afeto. Sofrestes por minha causa: tivestes largos dias de apreensões e infindáveis noites de vigílias...

Vossas palavras de conforto, ouvidas a 5 de julho, constituíram o talismã que me acompanhou como lenitivo às saudades que sofro por vós e minha pátria.

No fragor do combate ou na calma dos acampamentos, vossas imagens me apareciam, como incitamento ao prosseguimento da luta... E na noite do exílio ainda brilham no céu do Paraguai, durante 11 meses de luta.

***

Dentro da lei ou fora da lei todos somos brasileiros. Ocultar aos olhos do mundo o valor do soldado brasileiro ou impedir a narração de seus feitos, é um crime de lesa-pátria.

A honra da raça, antes de tudo.

***

Um governo benquisto e digno, apoiado na opinião pública, não pode ser despótico e nem se degrada perseguindo presos.

***

Melhor serve-se a Pátria dizendo a verdade que exagerando os méritos de seus homens famosos (Marti.)

PRÓLOGO

Embora fosse eu surpreendido, a 5 de julho de 1924 pelo movimento revolucionário que irrompeu em São Paulo, desde muito já me havia enfileirado na oposição ao governo Bernardes, na campanha que se levantava contra ele pelos fatos que são do conhecimento do Brasil inteiro. As páginas que vão ser lidas provam, à evidência, o grau de dedicação e sinceridade com que aderi àquele grandioso movimento de revolta. Narro, com fidelidade, os fatos que se desenrolaram sob as minhas vistas e sob a minha ação direta. Se mais não fiz em prol da vitória revolucionária, a bem da libertação dos briosos e altivos prisioneiros recolhidos às enxovias governistas, é porque me faltou competência militar que, até certo ponto, eu soube suprir, com a ousadia e destemor da Coluna da Morte e a lealdade com que sempre obedeci aos meus superiores hierárquicos.

João Cabanas
Assunção (Paraguai) abril – 1926.

CAPÍTULO I

O 5 DE JULHO NA CAPITAL PAULISTA

Ao amanhecer desse dia que, para mim, nenhuma anormalidade apresentava, segui para o quartel do Regimento de Cavalaria da Força Pública, a cujo corpo pertencia, indo completamente despreocupado, sem a menor suspeita dos graves fatos que se iam desenrolar.

Seriam 6 horas da manhã quando transpus o portão principal do quartel e notei logo, surpreendido, um desusado movimento no pátio interno, apresentando o aspecto de uma tropa que está em preparativos de guerra.

Desconfiando e sob a influência dessa surpresa, deparei com o major Miguel Costa, fiscal do regimento, que, pondo-me o revólver ao peito, perguntou, nervoso:

– Você é brasileiro?

– Sou.

– Então tem que aderir à revolução.

Sem titubear, de acordo com minhas ideias, inspirado na confiança absoluta que sempre nutri pelo major e prescindindo de explicações que o momento não comportava, respondi afirmativamente. E, concentrando-me um pouco ante o grave passo que ia dar na vida, senti no meu íntimo a revelação de uma força nova, capaz de todas as audácias, de todo sacrifício em prol de minha pátria querida que, segundo meu modo de ver, necessitava de um movimento armado para ser nela implantado o verdadeiro sistema republicano tão essencial ao desenvolvimento e grandeza moral do país. Assim, sem ter entrado em conspiração e sem ter sido previamente consultado, disposto, porém, a sacrificar-me por um ideal que entendia e entendo nobre, entrei resolutamente na revolução.

Não desejando ficar inativo, posição que meu temperamento repele, solicitei do major Miguel Costa imediatamente um comando e suas ordens, ao que me respondeu, enérgico:

– Vá ocupar a Estação da Luz e não consinta ali nenhuma comunicação com o Rio de Janeiro, pontos intermediários e interior do Estado, salvo precedendo uma ordem minha.

Deste modo e ainda na ignorância de quem fosse o chefe do movimento, segui para a Luz com quinze praças de cavalaria e tomei posse da estação. Meus primeiros atos foram cortar as linhas de comunicação, impedir o tráfego e colocar uma sentinela de guarda aos cofres da empresa, tudo mediante prévio entendimento com o sr. Whileuter, diretor geral, o qual sem mostrar perturbação a tudo sujeitou-se, declarando que assim procedia porque julgava inútil contrariar-me, opondo resistência a uma força armada.

Para evitar tergiversações por parte do pessoal, declarei ao mesmo diretor que faria fuzilar qualquer empregado que tentasse iludir minhas ordens, fosse quem fosse. Obtive a garantia de que nada haveria que pudesse dificultar a missão de que eu estava encarregado; entretanto, pediu-me o sr. Whileuter licença para comunicar telegraficamente ao governo inglês e à diretoria da S. P. Railway em Londres a situação anormal da cidade e consequente paralisação do tráfego. Considerei que aceder a semelhante pedido não convinha aos interesses da revolução e muito menos aos do país, neguei peremptoriamente.

Às 8 horas, o tenente José França d'Oliveira, do Regimento de Cavalaria, ocupou militarmente a estação da Sorocabana com os mesmos propósitos mantidos por mim na da Luz e mais os de impedir que ao palacete dos Campos Elíseos, onde se encontravam o presidente do Estado e seus secretários, chegasse qualquer reforço, devendo também obstar que o inimigo tomasse posição na torre do Colégio Coração de Jesus. Essa torre, no meu entender, dominando como domina o palacete e adjacências, era um ponto estratégico de primeira ordem.

Não sei, se por inépcia, traição ou covardia, a posição da Sorocabana não foi aproveitada como devia, tanto assim, que deu lugar a que o governo recebesse reforço e construísse trincheiras em volta do palacete, guarnecidas por praças do corpo de bombeiros que galhardamente resistiram aos ataques que mais tarde lhes levei.

Quanto à torre do Coração de Jesus foi tranquilamente ocupada por forças governistas.

Às 13 horas, exatamente, rompeu na cidade forte tiroteio e em seguida foram atacados o quartel da Luz, os redutos revolucionários e a estação por mim guarnecida. Repeli vantajosamente os atacantes de minha posição e, ignorando o que se passava em redor, coloquei-me no alto da torre do edifício e, daí, fazendo funcionar a metralhadora de que dispunha, alvejava os grupos suspeitos que passavam sob minhas vistas.

Nenhuma força sem o distintivo revolucionário conseguiu passar pelo posto a meu cargo. O inimigo, a quem minha ação incomodava, tomou a iniciativa de hostilizar-me de preferência, mas, enfraquecido sempre pelas baixas que sofria em suas investidas, acabou por bater em retirada e limitar-se à defesa de alguns edifícios públicos.

Aturdido e alquebrado de forças pela balbúrdia e confusão natural do momento, sem notícias do que se passava no resto da cidade, atendendo ordens às vezes desencontradas; subindo e descendo a todo instante a escadaria da torre do edifício, ponto principal de minha vigilância, nas alternativas de ataques e defesas, sem comer e sem dormir eu e meus companheiros passamos a noite toda e, esperançados, vimos raiar a madrugada de 6 de julho.

A lealdade, bravura e força de ânimo com que se portou o meu pequeno contingente me encheram de entusiasmo.

Naquelas 24 horas somente um trem veio do interior, trazendo poucos passageiros, entre os quais destacava-se o dr. Antônio Lobo, presidente da Câmara dos Deputados que regressava de Campinas.

Dada a posição política do ilustre itinerante, fi-lo recolher preso ao quartel do Regimento de Cavalaria.

Sem notícias – Abandono da Sorocabana – Falsidade – Defensores do governo – Reminiscências de 1922 – O bombardeio e seus efeitos

O segundo dia amanheceu com a calma dos grandes momentos. A falta de notícias continuava e a tensão nervosa da tropa era grande; parecia que estávamos abandonados. Eu mantinha-me na expectativa e aguardava ordens que não chegavam. Para não perder tempo e tornar-me útil à revolução, estabeleci um serviço de espionagem pela cidade, empregando nele alguns civis que a isso se prestaram. Às 6 horas recebia as primeiras informações: o inimigo estava entrincheirado nos Campos Elíseos, Largo Paissandu, Polícia Central e Quartel da Guarda Cívica. Transmiti por escrito essas informações ao comandante Miguel Costa. Depois, tiroteios isolados e um contínuo e enervante martelar de metralhadoras até às 13 horas, quando inesperadamente se me apresentam doze praças da Força Pública e um emissário do tenente José França d'Oliveira, o qual, em nome deste, me disse haver o referido tenente abandonado a estação da Sorocabana, dando ordem de debandar a força, alegando que todos os chefes da revolução se haviam vendido ao governo, pelo que me convidava a tomar o seu exemplo. Nada respondi ao emissário e incorporei à minha força os doze homens que se me tinham apresentado dispostos à luta.

Dei conhecimento do fato ao quartel-general revolucionário, a quem pedia que dissesse o que havia a respeito, acrescentando as seguintes palavras na comunicação citada: "Eu e minhas praças continuamos na mesma posição, dispostos a morrer, embora seja verdadeira a afirmação do tenente França".

Felizmente, para honra dos bravos chefes revolucionários, tratava-se de uma traição miserável do próprio tenente França que, por covardia ou pagamento, entregou-se ao governo na pessoa do ex-major Alfieri, da Força Pública. O governo, de posse do traidor, traindo também seus compromissos, encerrou-o em um tenebroso calabouço do famigerado gabinete de investigações, onde sofreu espancamento e mais torturas ali usadas.

Enquanto isso, ia eu tendo conhecimento da categoria dos homens que gozavam da confiança do governo e se punham ao lado deste na qualidade de seus defensores. Entre eles, salientavam-se os italianos Molinari, Apio e Alfieri. O primeiro, enriquecido por meios escusos, protegido de altos políticos nos negócios de fornecimentos administrativos e corretagens de mulheres *envergonhadas*, com as quais organizava grossas farras, onde compareciam alguns dos frequentadores assíduos do Palácio dos Campos Elíseos. O segundo, mecânico e chofer de uma das secretarias, conhecido pelas transações ilícitas com os autos do Estado. O terceiro, finalmente, que, sem a competente naturalização, conseguira o posto de major da Força

Pública, a qual, sem mais nem menos, abandonou para alistar-se no exército de seu país, colocando, portanto, a Itália acima do Brasil, apesar de estar ligado a este por um juramento sagrado.

Alfieri foi um dos *generais* que organizou a defesa do Palacete, na esperança de regressar à Força Pública, donde fora excluído por tê-la abandonado e achar-se sem emprego saliente desde que regressou da Europa.

Além dos defensores citados, existiam outros, pertencentes às classes armadas, que desejavam se destacar no cenário paulista para captarem as boas graças do governo da República. Estes, na sua maioria, foram os que faltaram aos compromissos de honra de 1922, atirando ao mais heroico dos sacrifícios um punhado de bravos que, no momento preciso, se viram covardemente abandonados.

Em matéria de defensores do governo poderíamos citar ainda os homens da polícia civil de São Paulo, verdadeiros inquisidores e carrascos da população obreira, os secretas recrutados nas mais baixas camadas dos escusos bairros da capital, vendo-se entre eles o estado maior dos que cumpriam pena nas prisões do Estado, todos os assessorados pelos pescadores das turvas águas da política, aspirantes às cadeiras da representação paulista no Congresso Nacional.

A crer na palavra dada por diversos oficiais, o movimento teria repercussão na capital federal e nas guarnições militares de diversos estados, como mais tarde fui inteirado. Infelizmente, alguns generais e coronéis fugiram do solene compromisso que assumiram. No correr da campanha, nas palestras mantidas com oficiais, em quem deposito inteira confiança, citava-se o fato do general Rondon, por exemplo, ter-se comprometido a auxiliar a revolução de 1922, para o que conferenciou em casa do falecido senador Nilo Peçanha com os elementos mais entusiastas pela queda do sr. Arthur Bernardes. Alguns companheiros possuíam fotografias de outras conferências em Mato Grosso. E foi esse mesmo general Rondon que mais tarde assumiu o comando em chefe das forças que operaram no Paraná contra os revolucionários!

É sabida, por ser muito repetida nos meios militares da revolução, esta frase do mesmo general Rondon: "Sou positivista e, como tal, contrário ao derramamento de sangue, salvo nos casos extremos. Mas, se eu tiver um dia de desembainhar minha espada, será para lutar contra o sr. Arthur Bernardes".

O general desembainhou sua espada e, de fato, lutou... a favor do sr. Arthur Bernardes, levando consigo muitos dos que juraram solenemente que o sr. Bernardes não entraria no Catete.

Para muitos dos que fizeram o juramento acima, houve em 1924 esta feliz escapatória: "Juramos que Bernardes não entraria no Catete, mas, uma vez que ele já é o Presidente, temos obrigação de defendê-lo".

Felizes os ingênuos que assim tão candidamente raciocinam.

Lembrem-se os leitores da posição que assumiu o capitão Estillac Leal quando, violentamente, no Clube Militar se agitou a questão da célebre carta atribuída ao sr. Arthur Bernardes. Entre vociferações e juramentos de vingança dos sócios, declarou Estillac que era necessário terminar com aquelas ridículas discussões, pois, ou se tomavam naquele momento as medidas jurídicas para a reparação dos insultos ao Exército, ou se aceitava a declaração que o futuro Presidente estava fazendo publicamente, negando a autoria de semelhante documento.

A opinião de Estillac chamou contra si a ira de grande número de militares que o insultaram a ponto de obrigar esse valoroso moço a retirar-se do recinto do Clube. Entretanto, esse militar soube em 1924 dar a prova mais cabal de sua independência. Compreendendo que o governo do sr. Bernardes não satisfazia as aspirações nacionais, tomou parte saliente na conspiração e mais tarde na campanha revolucionária e nunca, no desenvolvimento desta, teve um único momento de fraqueza, batendo-se sempre como um bravo.

O Clube Militar foi ilegal e tiranicamente fechado por ordem do governo, e a grande maioria dos militares que repeliu as palavras sensatas do capitão Estillac Leal foi a que se colocou ao lado do mesmo sr. Bernardes para esmagar a briosa falange que se levantou em defesa dos interesses da Nação e em desafronta aos brios do próprio Exército.

O exército de 1922, que se julgou gravemente ofendido e que alegava, o que era justo, as suas belas tradições de honra, os serviços à pátria e a sua preponderância nos destinos da República, foi em sua maioria o mesmo exército que dois anos depois batia palmas ao estúpido bombardeamento da capital da São Paulo, deliciando-se com o sangue de tantas vítimas inocentes que ali tombaram, estraçalhadas pela metralha que na sua lúgubre e inconsciente eficiência desmoronou bairros inteiros como demonstração da força do homem do Catete.

Para o sr. Arthur Bernardes, a vida dos indefesos habitantes da artística e portentosa capital paulista era coisa de somenos importância, pois cometeu a atrocidade de mandar bombardear a cidade com artilharia pesada, consciente da barbaridade que praticava e mais consciente ainda do grande erro militar desse bombardeio estúpido, ordenado unicamente para vingar-se do povo paulistano que, no entender do Presidente da República e de seus generais, era quem deveria ter repelido os revolucionários. E claro que com as balas de artilharia de grosso calibre nenhum dano sofreu a Revolução: as vítimas foram unicamente pacíficos e laboriosos cidadãos, na maioria estrangeiros, mulheres e crianças que foram sacrificados em massa.

A inutilidade do bombardeio de São Paulo, como ação militar, já teve um crítico que veladamente mostrou a ignorância dos seus autores. Esse crítico não falou com clareza precisa, pois tinha suspenso sobre a cabeça o decreto do estado de sítio, a espada de Damocles do sr. Arthur Bernardes, durante o seu período governamental, como prova da grande popularidade que S. Exa. goza no Brasil inteiro.

É digna de figurar na história esta resposta dada a um plenipotenciário estrangeiro, pelo sr. Bernardes e pela boca de seu ministro da guerra, quando aquele diplomata pedia em nome da humanidade que se evitasse o bombardeio de São Paulo: "Os interesses morais do governo da República são superiores aos prejuízos materiais da cidade de São Paulo – e mesmo aos da vida de seus habitantes. Se a cidade for destruída, o povo paulista, que se diz tão laborioso, saberá reconstruí-la em pouco tempo".

O regimento de Jundiaí

Às 11 horas do citado dia 6, recebi um telefonema do comando do R. A. M. de Jundiaí, perguntando-me o que havia em São Paulo. Respondi laconicamente que estávamos em revolução para depor o governo da República. Minutos depois, vieram, também por via telefônica, novas indagações, indagações essas que se repetiram amiúde e com insistência. Isto me trouxe uma grande desconfiança, a qual mais se arraigou em meu espírito quando soube que o regimento marchava sobre São Paulo, pelo que resolvi esperá-lo com a maior prevenção a fim de evitar que fôssemos atacados de surpresa.

À noitinha, ao ter aviso da aproximação do regimento, que estava para chegar em trem especial, abriguei meus homens na plataforma da estação, onde coloquei a metralhadora pesada. Avisei a tropa que iria receber sozinho a força que chegava e se esta tivesse um movimento qualquer que denotasse ser contrária à revolução, a reação deveria ser imediata, rompendo vivo fogo contra o novo inimigo, antes que este pudesse entrar em forma e organizar-se devidamente. Meu fito era evitar que, embora com sacrifício de minha própria vida, a estação da Luz caísse em poder dos governistas.

O trem se aproximava e eu fui à gare receber o regimento e saber suas intenções. Ao parar o comboio, saltaram dele imediatamente o comandante Olyntho de Mesquita Vasconcellos e vários oficiais sob seu comando. Recebi-os cortesmente, porém, de revólver em punho, esperei que a interrogação partisse do comandante.

Este perguntou-me o que havia. Dei-lhe as informações que no momento julguei necessárias e, com grande alegria e entusiasmo, recebi a notícia gratíssima de que o comandante Mesquita vinha incorporar o seu regimento à revolução.

Sob as aclamações dos meus soldados e de grande número de civis, formou a unidade e garbosamente pôs-se em marcha em direção ao quartel da Luz.

Depósito da Sorocabana

No dia 7 de madrugada, em vista da traição do tenente França que deixou a Sorocabana em abandono, recebi instruções do quartel-general para ocupar e defender também esta estação, para o que enviaram um reforço de trinta homens. Ordenava-me ao mesmo tempo o quartel-general que requisitasse todos os inflamáveis que a estrada possuía em grande quantidade em um de seus depósitos, colocado a um quilômetro, mais ou menos, da estação principal. Ocupei esta e, após o estabelecimento do serviço de vigilância e prevenção, tomei quinze homens, indo ao citado depósito em busca dos inflamáveis. Aí fui recebido à bala por uma força governista que já se tinha apoderado do depósito. Organizei rapidamente um ataque e investi contra o inimigo, que, depois de três horas, mais ou menos, de combate, abandonou a posição da qual tomei posse, com a maior precaução, porque dentro do mesmo havia uma grande quantidade de dinamite. Se o inimigo se lembrasse de atear fogo nesse depósito, seria uma verdadeira catástrofe de consequências irremediáveis.

Ofensiva – Em aventuras pela cidade – Vários assaltos

Como durante todo o resto da manhã do referido dia 7 não fossem atacadas minhas posições, tomei por mim mesmo a iniciativa de, com minha pequena tropa, sem desguarnecer as estações e o depósito, atacar as posições inimigas.

Sabendo que havia um entrincheiramento em uma passagem de nível da Sorocabana, na Alameda Nothman, ataquei este ponto e, vendo a impossibilidade de tomá-lo, regressei à estação. Depois de ligeiro descanso, saí novamente a campo e, com a rapidez que me era possível, ataquei simultaneamente vários pontos entrincheirados e destacamentos que encontrei pelas ruas. Sempre com felicidade, salvo nos Campos Elíseos, onde o inimigo, bem entrincheirado, repeliu com vigor os vários ataques que ali levei. Muitas vezes até pelos telhados das casas vizinhas...

Consegui, porém, o meu principal objetivo: situar a Sorocabana e a Luz dentro de um maior campo de ação.

Seguindo pela Rua Brigadeiro Tobias, chegamos a alcançar a Praça Verdi, mas da Rua São João e da Praça Antônio Prado recebemos um forte tiroteio que nos obrigou a recuar até o Hotel Terminus, onde já estava organizada uma linha de resistência revolucionária.

Contra forças destacadas no Largo Paissandu e Viaduto Santa Ifigênia, conseguimos fazer mais destroços que nos outros pontos.

Sempre me abrigando com minha gente pelos batentes das portas é que conseguimos chegar em frente ao Regina Hotel, alcançar de enfiada o viaduto e hostilizar o próprio Largo Paissandu, onde, nas forças da Marinha, ao parecer pouco afeitas a este gênero de lutas, fizemos com a metralhadora uma verdadeira carnificina.

Hostilizado vivamente pelo fogo que, poucos minutos depois, concentravam sobre a minha pequena força, das embocaduras de outras ruas e principalmente da Rua Conselheiro Crispiniano, recuei em ordem até a estação da Luz. Coloquei a metralhadora no alto da torre e, observando que o inimigo se movimentava na várzea do Carmo, interrompi a ação do mesmo com tiros diretos, pois esta várzea era completamente dominada pelo meu fogo.

À tarde, resolvi por mim mesmo tomar posse da usina de eletricidade, situada junto à estação do Pari. Pus minha gente em forma e para lá segui pela linha férrea, encontrando no caminho uma patrulha de cavalaria composta de doze homens. Fiz aderir essa patrulha à minha força e ataquei a usina que se achava bem defendida. O inimigo em número muito superior rompeu contra nós cerrado fogo de fuzilaria, o que nos obrigou a recuar com a perda de muitos homens e quatro cavalos, mortos na ação, que se compôs de duas investidas. O inimigo estava bem abrigado e de tal maneira oculto que não consegui determinar ao certo os pontos de onde nos alvejava. Os meus soldados, às ordens reiteradas e violentas que lhes dava para avançar, ficavam como que atoleimados ante o vivíssimo fogo que recebíamos, sem sabermos de onde partia, de nada valendo, muitas vezes, o exemplo de pôr-me à frente deles: realmente parecia que do próprio solo que pisávamos irrompiam balas; assim vi a minha vontade anulada pela má impressão de que a tropa estava possuída.

Posso dizer que a defesa da usina foi a única na qual encontrei uma verdadeira resistência e inteligência de direção. Aí nada pude fazer e tive que bater em retirada. Depois vim a saber que o posto da usina era comandado pelo meu maior amigo, o major Júlio Salgado, do regimento de cavalaria.

Este posto foi o que mais hostilizou a revolução; por aí ninguém passava incólume e aquele que se aventurasse a fazê-lo era homem morto.

Exasperado pela resistência que encontrei e pelo mal que o dito major Salgado fazia à nossa gente, mandei pedir ao comandante Miguel Costa que me fornecesse granadas de mão para que eu pudesse de uma vez tomar a usina. A resposta foi que o ataque a granada poderia inutilizar as máquinas, deixando a cidade às escuras, o que levaria o pânico à população da capital e este pânico necessitava ser evitado. Diante disto fui obrigado a desistir do meu propósito e voltei novamente ao meu posto da Luz, onde chegamos já à noite, extenuados e famintos por termos passado lutando um dia inteiro sem alimentação.

O capitão Estillac Leal – Um aramado difícil

Às 11 horas dessa mesma noite recebi a visita do bravo capitão Estillac Leal, comandante do setor onde me achava, pois a essas horas o serviço estava mais ou menos regularizado militarmente e a cidade dividida em setores, tendo cada um o seu respectivo comandante, reinando, portanto, certa harmonia de vistas e organização nas forças revolucionárias, sem obstáculo à iniciativa própria dos comandantes de redutos.

Com o capitão Estillac, resolvemos, de comum acordo, estabelecer cercas de arame farpado nas embocaduras das ruas que davam acesso ao Largo General Osório, pelas quais poderia irromper o inimigo. Esta operação era bastante arriscada e hostilizada pela forte fuzilaria que vinha das trincheiras da Alameda Nothman, Rua General Osório e outros pontos guarnecidos pelos governistas. As primeiras tentativas foram infrutíferas; os soldados recuavam ante a oposição que encontravam, daí uma hesitação bastante inconveniente e embaraçosa.

Necessitava levantar o moral das praças e resolvi que o serviço de aramagem fosse dirigido pessoalmente por mim, pelo que fiz formar o pelotão e perguntei: "Quem quer vir comigo?".

Todo o pelotão deu um passo em frente, disposto ao sacrifício. Escolhi quatro homens e, ora de rastos, ora abrigando-nos nos postes de iluminação, enfim, ocultando-nos como podíamos, conseguimos com aqueles quatro bravos e o valoroso capitão Estillac que nos acompanhava atingir o nosso desiderato; isto no meio de uma escuridão profunda e do assobiar das balas que felizmente nenhum mal nos causou.

Momento houve em que eu e o capitão Estillac chegamos a desanimar porque aquilo já estava degenerando em uma verdadeira caçada contra o nosso grupo; o inimigo desconfiado ao menor ruído, nem sempre evitável, fazia fogo, apesar de não nos distinguir dentro da escuridão. Assim é que, quando concentravam o fogo para o ponto em que nos achávamos, caíamos de bruços, como único recurso, e ali ficávamos quietos ao correr da sorte, silenciosos, quase de respiração suspensa até que os adversários mudassem a direção de suas pontarias ou cessassem o fogo. Enfim, o maior temor era que o dia nos surpreendesse em tão crítica situação. Para evitá-la, tínhamos, então, momentos e arrancos de verdadeira loucura. Mas, finalmente, aos trancos e barrancos, dilacerando as mãos nas farpas do arame, conseguimos terminar o cerco de aramagem, completamente ilesos, antes de romper a aurora.

É inútil dizer o entusiasmo de que fiquei possuído quando refleti bem a ação que conjuntamente com o capitão Estillac foi praticada. O pelotão, por sua vez, exultou de contentamento e senti que com aqueles homens poderia fazer operações ainda mais arriscadas.

Escudos originais – Dez heróis do Norte – Pelos telhados – Tomada do Palace Hotel – No Largo de São Bento – Alarme

Às 7 horas da manhã do dia 8 fui procurado pelo tenente José Acylino de Castro, comandante da trincheira da Rua Florêncio de Abreu para avisar-me que o inimigo, fazendo rolar sacos de açúcar à guisa de escudos, avançava em direção ao quartel da Luz, tendo já ocupado o Hotel Palace e a Pensão Palace de onde fazia fogo que bastante molestava as nossas forças postadas nas proximidades. Perguntei:

– E por que não tomam de assalto aquela porcaria?

– Você está louco? Eles têm duas metralhadoras pesadas que varrem de enfiada a rua inteira e qualquer de nós que ponha a cabeça de fora será morto irremediavelmente.

– Ah! Eles têm duas metralhadoras? – retorqui. Pois bem, eu as irei tomar.

Fui levado a essa declaração não para mostrar valentia, mas impulsionado pela raiva e pelo temor.

Resolutamente segui até as trincheiras do mesmo tenente Acylino e dali observei que na trincheira inimiga existiam mais ou menos uns trinta homens, fazendo nutrido fogo contra os nossos, sendo estes em igual número, atirando com idêntico vigor. Era uma fuzilaria infernal. As balas estralejavam contra os postes de iluminação, portas, janelas e paredes.

Entendi dar um golpe de audácia e, voltando-me para o grupo de soldados, interroguei:

– Haverá aqui dez homens resolutos que me queiram seguir?...

A resposta foi eloquente. Vi-me imediatamente rodeado por um punhado de praças em cujos semblantes se lia a mais heroica das resoluções. Em todos eles, pelos traços fisionômicos, reconheci serem nortistas. Separei ao acaso os dez homens de que necessitava e com eles atirei-me contra o inimigo. A cinquenta metros, mais ou menos, a fuzilaria que nos recebia era tão cerrada que tivemos de deitar-nos para que não fôssemos vitimados. Nesta posição rompemos, por nossa vez, nutrido fogo. Logo refleti que os trezentos metros que ainda nos separavam do inimigo não poderíamos transpô-los com facilidade. E, achando eu que não ficaria bem recuar, em vista da atitude que assumi anteriormente e vendo que podia contar com os homens que me rodeavam, tive a iniciativa pronta e rápida de arrombar a porta de uma casa na qual penetrei, sempre acompanhado pelos meus homens. Uma vez dentro, conseguimos galgar o telhado; e assim, de telhado em telhado, caminhamos cem metros, fazendo prodígios de equilíbrio, conduzindo uma metralhadora que antes havia retirado da trincheira de Acylino.

As casas eram velhas e as coberturas eram de telhas portuguesas. O madeiramento rugia sinistramente sob os nossos pés. Percorridos esses cem metros de tão perigosa marcha, tivemos que estacar ante uma solução de continuidade e, após esta, o paredão lateral de um edifício de vários andares.

Descemos à rua, passando para o outro lado, galgando outros telhados, objetivo que alcançamos servindo de alvo ao tiroteio dos governistas. Para proteger a travessia da rua, fiz funcionar, eu próprio, a metralhadora, e com êxito, pois obtive o amortecimento do fogo do inimigo. Este, vendo as praças abrigadas nos desvãos das portas e eu isolado no lado oposto e no meio da calçada, assanhou-se sobre a minha pessoa para impedir que me juntasse aos meus comandados e que levasse comigo a metralhadora.

Vendo-me em posição tão crítica, pus a metralhadora às costas e atravessei a rua quase de um salto, indo bater sobre uma porta que se abriu sob o impulso que eu levava. Nessa travessia, tive um soldado ferido e outro morto; minha túnica foi varada por bala em quatro partes, sendo uma na gola.

Seguimos, como disse, a marcha por novos telhados sob os gritos de terror dos moradores, na maioria sírios e alemães.

De vez em quanto encontrávamos um edifício mais alto. Para galgá-los, arrombávamos a parede ou fazíamos uso de escadas, achadas não sei onde pelos soldados, tudo isso debaixo das balas inimigas, concentradas sobre nós do viaduto de Santa Ifigênia. E eu que achava absurdo e tinha ojeriza das fitas de cinema que representavam tais coisas!... Enfim, às 15 horas, fatigados em excesso chegamos à Pensão Palace, onde penetramos pelas águas furtadas. O inimigo já tinha batido em retirada abandonando essa posição e fugindo pela Rua Anhangabaú. Seguimos também este caminho e sem dificuldades caímos sobre as trincheiras de sacos de açúcar da Rua Florêncio de Abreu, onde nos apossamos de alguns fuzis e duas metralhadoras.

Com nosso material de guerra aumentado e as praças mais ou menos alimentadas por terem comido um pouco da substância de que eram feitas as trincheiras conquistadas, avançamos resolutos sobre o Largo de São Bento, marchando pelos fundos das casas, onde, entrincheirados perto do viaduto, armamos as metralhadoras e rompemos nutrido fogo contra os adversários que ainda se encontravam em plena balbúrdia no mesmo largo. O pânico se estabeleceu entre o inimigo que, debandando, se dispersou em desordem pelas adjacências e foi levar o alarme aos setores governistas que apressadamente se puseram em movimento e vieram atacar-me por todos os lados, obrigando-nos a retirar pelo único caminho livre que me restava: o mesmo que me deu acesso ao Largo de São Bento.

Em direção às minhas trincheiras da Luz, seguíamos pela Rua Anhangabaú, quando fomos atacados por um pelotão que contra nós fazia funcionar uma metralhadora. Esse pelotão, abrigado atrás de um muro, nos fazia cerrado fogo e, como estávamos a descoberto, tivemos que procurar abrigo entre os portais dos edifícios, sem podermos tentar avançar ou bater em retirada. Estávamos num verdadeiro beco sem saída. O momento era angustioso. Fazendo um esforço sobre mim mesmo, consegui raciocinar calmamente e tratei de esperar oportunidade para dar um assalto seguro que me permitisse sair com minha gente da difícil posição em que nos achávamos.

Comecei por parlamentar com o inimigo, perguntando quem era ali o comandante. Recebi uma resposta grosseira e violenta. Passamos, então, a nos insultar acremente, enquanto eu, disfarçadamente, fazia sinais ao meu apontador para que tivesse a metralhadora pronta e assim que percebi a peça em condições de funcionar, com um forte empurrão coloquei-a na calçada ao gatilho e pus em movimento, conseguindo de golpe inutilizar a ação do inimigo, de modo que este não mais teve tempo de assomar a cabeça no muro. Desta forma fiz sair os meus homens um a um em direção à Rua Senador Queirós, com ordem de se recolherem às trincheiras do tenente José Acylino de Castro.

Tendo ficado por último, sozinho com o cabo Carlos Bodé, um dos heróis da campanha revolucionária, morto como tenente mais tarde nas margens do rio Paraná, chegou a vez de nossa retirada. Mal ensaiávamos um movimento, o inimigo nos alvejava. Entreguei a munição ao cabo, tomei conta da metralhadora e, sob o sibilar das balas seguimos, numa carreira desenfreada, para a Rua Senador Queirós, onde chegamos ilesos, já à noite, e nos reunimos aos soldados que ansiosos nos aguardavam.

Nesta ação tive três praças fora de combate: um morto e dois feridos.

Uma vez abrigados na aludida trincheira, dei descanso à minha gente e aconselhei ao tenente Acylino que com a força que comandava fosse ocupar a trincheira abandonada pelo inimigo na Rua Florêncio de Abreu, o que foi feito rapidamente, isto para evitar surpresas e contra-ataques.

Desta forma, o Largo de São Bento, que era o centro da linha inimiga, ficou fortemente ameaçado com a citada ocupação. Era provável qualquer modificação por parte dos governistas e esta não se fez esperar: logo depois evacuou o Largo de São Bento.

A estação de bombeiros – Na boca do lobo – Silêncio perigoso

Isto posto, deixando guarnecidos como podia os pontos perigosos por onde tinha passado, retirei-me para o meu posto de comando, isto é, a estação da Luz. Aí chegando, dispunha-me a descansar um pouco e tomar uma ligeira refeição, quando tive notícias de que o capitão Estillac Leal se preparava com urgência para levar um ataque à estação do corpo de bombeiros do Oeste, junto aos Campos Elíseos, um dos pontos onde o governo estava mais forte. Deixei o meu descanso para ocasião mais oportuna e resolvi prestar auxílio ao capitão Estillac. Nisto passava um pelotão de reforço para esse oficial. Rapidamente incorporei-me a essa força e segui o seu destino. Reunimo-nos ao citado capitão Estillac e atacamos a estação de bombeiros. Após fraco tiroteio por parte dos atacados, abandonaram estes a estação, da qual tomamos posse sem incidente digno de nota.

Ante a facilidade com que tomamos este ponto, que era um dos mais fortes baluartes do governo, entrou em meu espírito a desconfiança de que tínhamos caído em alguma cilada e nossas vidas corriam iminente perigo.

Sob essa impressão, comuniquei meus receios ao capitão Estillac, que no momento ocupava-se em animar a soldadesca por uma tenebrosa escuridão e balbúrdia, natural nesses momentos, onde dominava enérgica e conciliadora a voz desse oficial.

O capitão Estillac, depois de ouvir-me, entendeu que o caso era digno de consideração e confessou desconfiar também da facilidade com que nos deixaram tomar posse de um ponto tão importante. E, em face do perigo que parecia aproximar-se, deu uma gostosa gargalhada e disse-me:

– Menino, isto aqui é um buraco e estamos na boca do lobo.

Palavras apenas pronunciadas e na escuridão profunda daquela noite, os telhados das circunvizinhanças relampagueavam, visivelmente, iluminando as fachadas das casas na rua deserta... Era o inimigo que contra nós rompia fogo. Estabeleceu-se o pânico entre nossas praças que, tomadas de surpresa e sabendo que o edifício servia de depósito a grande quantidade de inflamáveis, já se dispunham a abandonar desordenadamente a posição, quando Estillac e eu, entre conselhos e repreensões, conseguimos dominar o tumulto e pô-las em forma.

Acalmados os ânimos e quando procurávamos abrigar as praças para responder ao fogo, este cessou. Voltou o entusiasmo à tropa, que passou a aclamar a revolução e já tomada do desejo de passar de atacada a atacante.

Essa reviravolta nos trouxe, a mim e a Estillac, a calma e a energia que no momento se tornaram preciosas.

Tendo sempre em mente a ideia de uma explosão, como prosseguimento da cilada que nos armaram, ordenamos abrir uma passagem na parede que dava para o lado da Rua General Osório, e outra na dos fundos do edifício. Por esta fizemos sair metade da tropa para uma rua que aí passa, onde se entrincheirou, às ordens do tenente Gordiano Pereira.

Entretanto, o inimigo não dava sinal de vida e nós não sabíamos se ele se tinha retirado ou continuava nos telhados, aguardando melhor oportunidade para nos atacar, ou estava se movimentando na escuridão para uma surpresa mais eficaz.

Viesse o que viesse, resolvemos dali não sair e resolutamente fizemos ocupar uma trincheira que eles haviam abandonado a mais de vinte metros do ponto em que nos achávamos, colocando-nos na expectativa.

Continuando o silêncio por parte do inimigo, despedi-me do capitão Estillac, organizei um pelotão entre as praças que estavam na estação de bombeiros e segui em aventura pelas ruas, indo parar em frente à Igreja Coração de Jesus, onde existiam algumas trincheiras inimigas, contra as quais ordenei alguns tiros que não foram correspondidos. O silêncio era enorme, não se ouvia o menor rumor em toda a cidade. Enervado por não saber o motivo de tanta quietude e não querendo aventurar-me a atacar um inimigo que não dava sinal de vida, receando ainda mais tropeçar com algum reduto onde forças do governo tivessem se concentrado, ou cair em uma armadilha, postei a força em defensiva diante da igreja, recomendando ao mais graduado maior vigilância e resolvi aguardar o clarear do dia para tomar uma decisão.

Enquanto isso, dirigi-me ao quartel-general, a fim de dar parte dos acontecimentos ao comandante Miguel Costa e dizer-lhe tudo quanto comigo ocorrera desde o rebentar da revolução. Desejava também informar-me das nossas condições, fins diretos da revolução, elementos com que contávamos e, finalmente, quais os generais e oficiais superiores do exército que estavam ao nosso lado.

Ignorância sobre o nome dos chefes revolucionários

Estávamos com quatro dias de luta e eu não sabia ao certo a quem obedecer, salvo ao bravo general Isidoro Dias Lopes e ao valoroso major Miguel Costa; aquele comandante em chefe e este comandante das forças policiais. Ouvia citar nomes de generais e majores como atuando e lutando do nosso lado. Esses mesmos nomes eram depois citados como estando ao lado do inimigo. Algumas vezes diante do meu posto de comando vi passarem, deslizando em ligeiros automóveis, oficiais superiores do exército que não conhecia e que ignorava se exerciam ou não funções militares na revolução.

Minha ignorância sobre os nomes dos oficiais superiores era completa, excetuando os dois acima mencionados e o do tenente-coronel Mesquita, que recebi ao desembarcar na estação da Luz com o seu regimento. Se a revolução tinha se estendido também a outros estados era coisa de que nunca me falaram. Era, portanto, justa e natural a minha curiosidade.

O major Miguel Costa – Desânimo – Fuga do governo e de suas tropas – São Paulo em poder da revolução

Apresentei-me ao comandante Miguel Costa, por quem, diga-se de passagem, sempre tive o maior entusiasmo e uma amizade bastante profunda. Nesse camarada nunca deixei de reconhecer o belo caráter que possui e as suas excelentes qualidades de companheiro e de comandante, tudo isto aliado a uma grande competência como militar e organizador. Não quero falar de sua bravura porque é demais conhecida hoje em todo o Brasil. Minha admiração por esse homem, a quem as tropas revolucionárias já aclamavam general, era e é completa.

Soavam 4 horas da manhã de 9 no relógio da estação da Luz, quando, bastante emocionado, apresentei-me ante o meu querido comandante. Encontrei-o recostado em uma cama; sua fisionomia demonstrava cansaço e nela se espelhava a calma envolta com o desalento.

Fiz-lhe minuciosamente a exposição de todos os atos por mim praticados até esse momento. Descrevi-lhe o silêncio que reinava na cidade, principalmente na parte ocupada pelas forças do governo. Mostrei-lhes com palavras repassadas de entusiasmo a possibilidade de levar com bom êxito um ataque ao palacete da residência do presidente do Estado, pois já tínhamos gente bem perto daquele prédio. O comandante ouvia-me em silêncio, como que indiferente a tudo quanto lhe relatava. Diante dessa atitude que tanto esfriava meu entusiasmo e me enchia de surpresa, ousei dizer-lhe:

– Comandante, parece que a nossa situação não é má. O Largo de São Bento e os Campos Elíseos fraquearam e, salvo melhor juízo, penso que hoje mesmo poderemos nos tornar senhores da Chefatura de Polícia. O caso não é para desanimar.

As minhas últimas palavras parece que feriram o amor-próprio do comandante.

Fitou-me duramente, levantou-se de um salto e disse-me naquele seu metal de voz tão característico e que não admite réplicas:

– Eu não desanimei e nem desanimo, tanto que estou aqui sozinho no meu posto, mas por ser militar vejo que a situação é de apreensões.

– Comandante, repliquei eu, de minha parte não aceitaria tréguas com o governo. Já não sairei daqui e quero arcar também com a responsabilidade que me cabe.

Quando o comandante ia proferir mais algumas palavras para dizer-me ou ordenar-me qualquer operação, entravam na sala os sargentos Hermínio Fernandes Amado e Sabino Lopes, comunicando que o governo e suas forças tinham abandonado a cidade.

Se isso não acontecesse e houvesse necessidade de resistência, as forças revolucionárias lutariam com desvantagem.

A cidade de São Paulo estava, porém, em poder da revolução.

Surpresa reanimadora – Reconhecimento – Últimas resistências – Saques e dois fuzilamentos – Júbilo popular – Palacete em abandono – Prisão do major Alfieri

O abandono da cidade pelos legalistas no momento em que a vitória da revolução pareceu duvidosa foi uma verdadeira surpresa para o comandante Miguel Costa e também para todos os que o rodeavam. O fracasso do movimento, porém, começava a manifestar-se. Todas as esperanças de triunfo e mesmo de prolongamento da resistência pareciam frustradas, tanto assim, que os chefes mais graduados, inclusive o valoroso e ponderado marechal Isidoro Dias Lopes, já começavam a pensar seriamente em uma retirada honrosa e um meio hábil de evitar o aniquilamento completo dos oficiais e praças.

O comandante Miguel Costa mandou imediatamente avisar o marechal Isidoro que a cidade estava em poder da revolução. Ao mesmo tempo expediu ordens aos oficiais de seu comando, para a ocupação de vários pontos estratégicos, cabendo a mim fazer um reconhecimento pela cidade, sem ponto determinado.

Antes de sair no cumprimento das ordens que me foram dadas, expus ao citado comandante Costa a conveniência, aliás relevante, de organizar-se uma coluna de perseguição e desbarate das forças governistas. A medida era excelente e muitíssimo oportuna. As forças fugiram apavoradas com a intempestiva ordem de retirada e, pondo-lhe no encalço uma coluna de perseguição, facilmente, e com alguma habilidade, se transformaria a retirada em uma fragorosa derrota, o que traria à revolução vantajosíssimas consequências. Ofereci-me para comandar a coluna. Fuzilava-me na ideia a convicção de que voltaria vitorioso.

O comandante Costa disse-me que ia organizar a coluna de perseguição e o comando da mesma me seria confiado, mas que, entretanto, seguisse a desempenhar a comissão de reconhecimento já determinada. Imediatamente saí em direção aos Campos Elíseos e pondo em ordem as praças que encontrei pela rua, que não eram poucas, servindo-me de sargentos para comandá-las, fiz guarnecer as imediações da Sorocabana e o Coração de Jesus. Com uma vigorosa carga de baioneta pus em fuga alguns governistas que ainda relutavam em abandonar a Delegacia de Polícia da

Rua do Triunfo. O mesmo procedimento tive para com os que tentavam defender a residência particular do Presidente.

Restabelecida a calma, passei a percorrer alguns quarteirões da cidade e, como tivesse recebido comunicação de que maus elementos serviam-se da oportunidade para saquearem estabelecimentos comerciais e casas particulares, organizei rapidamente uma força de sessenta homens que, dividida em pequenas patrulhas, distribuí por várias ruas com ordens de prender os saqueadores e levá-los à minha presença nos pontos que previamente designei. Em flagrante delito de roubo com arrombamento foram presos dois malfeitores, os quais, para que o castigo servisse de exemplo a outros, dei ordem para que fossem imediatamente fuzilados, ordem essa que foi cumprida sem vacilações.

O povo começou a afluir às ruas e com delírio aclamava a revolução, confraternizando com as tropas. Denso grupo de populares formava jubiloso um círculo em roda de minha pessoa, a quem apresentava protestos de simpatia pela energia com que fiz castigar os dois malfeitores. Afastei-me desse grupo e tratei de colocar guarda em alguns edifícios mais expostos, ordenando aos respectivos comandantes que fizessem passar pelas armas todo aquele que assaltasse ou tentasse assaltar qualquer casa. Soube no momento que a maioria dos salteadores que se puseram em fuga à aproximação das patrulhas eram desertores das forças do governo.

Seguro de que minhas ordens seriam cumpridas, segui para o palacete dos Campos Elíseos, o qual encontrei em completo abandono e na maior confusão e desordem; jaziam pelo assoalho e por cima dos móveis joias e outros objetos de valor, bem assim ricas toaletes de senhoras. Recolhi tudo e encerrei nos armários que encontrava. Fechei as portas dos quartos à chave e guardei-as comigo. Retirei-me, confiando o edifício a uma guarda sob o comando dos ex-sargentos França e Tinoco Barbosa do regimento de cavalaria.

Adiantando um pouco esta narração, posso afirmar que até o dia 19 ninguém penetrou no palacete. Soube, porém, que depois desse dia, tendo eu seguido para o interior do Estado, alguém de certa influência ali penetrou pela primeira vez, após a colocação da guarda, fazendo cessar a responsabilidade desta.

Prossigamos: abandonando o palacete, fui até às trincheiras que em frente dele haviam levantado os governistas. Aí encontrei um banco e, pela falta de alimentos, descansei alguns minutos. De toda a campanha são os únicos minutos que eu não esqueço; tive ante mim uma visão de estímulo e carinho...

Ao levantar-me avistei na esquina o major Alfieri acompanhado de um grupo de italianos de má catadura. Em atitude humilde e bastante temerosa, dirigiram-se a mim dizendo que estavam ali em missão *policial*, porém puramente pacífica. O governo o tinha encarregado a ele, Alfieri, de vigiar o palacete e a casa do genro do presidente do Estado, até que algum oficial revolucionário se aproximasse.

Alfieri procurou-me fazer algumas insinuações pouco dignas e incompatíveis de serem expostas por um estrangeiro como era ele.

Indignado perguntei-lhe:

– O sr. é brasileiro?

– Você, Cabanas, bem sabe que sou italiano, mas...

Não quis mais ouvi-lo e disse-lhe:

– Pois se você confessa não ser brasileiro, julgo que não tem direito de se imiscuir em nossas questões internas, o que constitui um ato irritante e intolerável. Por isso vai ser fuzilado.

Dispus-me, em benefício da revolução, a fazer de fato passar pelas armas o italiano Alfieri, mas, depois de revistá-lo, encontrando em seu poder um mapa com a indicação do rumo a seguir pelas forças governistas, na retirada resolvi mandá-lo ao comandante Miguel Costa, o que fiz com o seguinte bilhete escrito a lápis, mais ou menos nestes termos:

"Sr. major Miguel Costa – com este faço-lhe apresentar o italiano Alfieri, por mim feito prisioneiro nos Campos Elíseos. Foi ele, como sabe, a alma da defesa do palacete e, bem interrogado, poderá revelar alguma coisa de utilidade à revolução. Permita-me pedir-lhe que o trate como merece. Se não fora o desejo que tenho de conseguir alguma declaração importante, já o teria fuzilado. Junto a este, um mapa que apreendi em poder do mesmo Alfieri – Liberdade e fraternidade. – Cabanas."

A bondade dos chefes do movimento não permitia que Alfieri fosse castigado como merecia, pois entendo que estrangeiros não devem participar apaixonadamente das nossas questões internas. Longe de mim uma animosidade contra o italiano em geral. A ele se deve o progresso atual do estado de São Paulo; entretanto, todo aquele que vem ao Brasil para explorar a política interna, fazendo dela uma profissão, não deixa de ser um mau elemento e, aqueles que, saindo do terreno pacífico, armam-se contra os brasileiros que se levantam para a reivindicação de um direito, esses devem ser eliminados.

Soube mais tarde que Alfieri foi posto em liberdade no mesmo dia e prestou grandes serviços ao governo, exercendo a mais minuciosa espionagem. Hoje é ele, em pago desses serviços, tenente-coronel da polícia paulista.

Sem descanso – O preço dos gêneros de consumo

Após tantas atribulações, era justo que tomasse algum repouso, mas apesar da necessidade que dele tinha não podia conceder a mim mesmo sequer alguns momentos, porque de minuto em minuto era procurado por populares e comerciantes que reclamavam providências sobre assuntos vários. Assim, prontifiquei-me a atender essas reclamações, tomando as medidas que julguei adequadas no momento. A primeira foi proibir, sob pena de morte, aos comerciantes das ruas por onde ia eu passando, que elevassem os preços dos gêneros de primeira necessidade, como alguns exploradores do povo estavam já fazendo, e a segunda, um patrulhamento rigoroso nas imediações.

Falta de víveres – Providências – Antipatias populares – Saques – Oradores improvisados – A firma Matarazzo e seus donativos

Tendo verificado *de visu*, e isto com bastante amargura, o sofrimento de grande parte da população pela escassez de gêneros alimentícios, deliberei atenuar esses sofrimentos, fazendo, de qualquer modo ou meio ao meu alcance, que o comércio de produtos de primeira necessidade abrisse suas portas ao público e o abastecesse pelos preços correntes antes da revolução. Nesse intuito, dirigi-me ao Mercado para começar aí o que tinha deliberado. As portas do estabelecimento estavam fechadas; em volta dele uma multidão apinhava-se furiosa e rugia, reclamando ingresso aos gritos. Imediatamente e com a urgência que o caso requeria, mandei chamar o administrador do mesmo e entendi-me com os negociantes das adjacências para que abrissem as portas de seus estabelecimentos.

Os comerciantes, alguns de má vontade, a maioria, porém, bastante, solícita e atenciosa, acederam sob a garantia de que seus haveres seriam respeitados e protegidos contra o saque cuja ideia os apavorava.

Com o administrador do Mercado não tive bom êxito. Este funcionário, indiferente à desgraça do povo e à fome que o abatia já há quatro dias, não quis atender-me, negando-se a comparecer à minha presença e iludindo assim os meus bons propósitos.

O momento não comportava dilações; os populares ansiosos esperavam uma resolução. Resolvi tomá-la, ordenando que se arrombassem as portas e os gêneros acumulados fossem distribuídos gratuitamente pelas famílias pobres.

Como o abastecimento era livre, alguns abusos foram praticados, apesar da vigilância com que procurava evitá-los. Assim é, que tive o desgosto de castigar severamente alguns malfeitores e pequenos negociantes que carregavam gêneros para revendê-los fora.

Reconheço que o castigo foi talvez abusivo, mas nos momentos supremos entendo que um abuso se pune com outro abuso, e eu não tinha tempo para reprimir de outra forma semelhante gente, nem a ocasião o comportava.

Sendo minha presença reclamada em outros pontos e vendo o povo mais ou menos satisfeito, retirei-me do local. Soube depois que o velho Mercado fora incendiado. Coisas comuns em todos os povos...

Nos Campos Elíseos a agitação popular era enorme. Pedia-se, ou por outra, ameaçavam de arrombamento alguns estabelecimentos industriais cujas firmas não gozavam de simpatias na cidade. Tentei acalmar o populacho; minha voz perdia-se abafada entre as vociferações e gritos de vingança.

Impossível era acalmar essa multidão agitada que apelava para a revolução no sentido de deixá-la agir livremente na satisfação daquilo que entendia justo.

Toda revolução não pode ter feliz êxito sem o concurso do povo, e este concurso não se poderá obter contrariando a vontade desse soberano que dispõe a seu talante do destino e todos os movimentos armados ou pacíficos. Pensando assim e não querendo, por minha vez, tornar a revolução antipática, deixei-o agir como entendesse.

O resultado foi este: saque nas fábricas e moinhos do Brás, avultando o que foi levado a efeito nos estabelecimentos das firmas Matarazzo e Gamba, contra quem o povo mais se assanhava. Um representante da primeira firma procurou-me acompanhado do cônsul da Itália, pedindo-me que garantisse os depósitos da Lapa e Água Branca. Este pedido eu não poderia atender. A satisfação dele importava no fracasso da revolução, porque contra esta se levantaria o ódio popular.

Aquele que tentasse defender as firmas Matarazzo, Gamba e outras, arriscava-se a um linchamento. Oradores improvisados faziam subir mais o ódio popular, gritando a plenos pulmões: "que os srs. Matarazzo eram usurários, exploradores do povo, envenenadores da população, vendedores de açúcar com caulim, azeite com matérias nocivas, farinha de trigo com substâncias estranhas, açambarcadores de gêneros alimentícios, cruéis e indiferentes aos sofrimentos de seus operários, especuladores sem consciência das classes proletárias, sugadoras do povo, tudo com o fito de adquirirem milhões para fazerem reclame na Itália mediante pomposos presentes aos príncipes da casa de Saboia, Aliata e outras, ao Papa, Cardeais e ordens religiosas, recebendo em troca medalhas, condecorações, títulos nobiliárquicos e alianças, com os mais brilhantes titulares da nobreza italiana, cujos brasões necessitavam ser restaurados com o ouro saído do Brasil".

Um desses oradores, italiano que mal falava o português, vociferava indignado dizendo que os maiores donativos conseguidos foram arrancados por subscrições obrigatórias dentro das fábricas Matarazzo, Gamba etc., e enviados à Itália em nome particular e privado dessas famílias, que recebiam os agradecimentos devidos aos operários, enquanto o nobre povo italiano ignorava a verdade. O proletário italiano ou de origem italiana, que com grande sacrifício entregara seu donativo, diminuído o pão por alguns dias em seu lar, não foi sequer citado nos elogiosos reconhecimentos que vieram de além-mar.

Como se não bastassem essas arengas contra os que dispunham, à vontade, dos preços dos gêneros alimentícios, fazendo-os subirem sem motivo justificado, outros oradores brasileiros gritavam em frases estudadas, contra as *prepotentes ações governamentais*, sobre o depauperamento do tesouro por motivo de *escandalosos déficits*, *verbas secretas* ou para pagamentos de *sentenças* judiciais que davam ganho de causa a peticionários que foram violentamente ou arbitrariamente prejudicados em seus interesses e direitos, por leis ou atos ilegais dos administradores públicos, sem que eles *fossem responsáveis* por essas indenizações; que a nação pagava sem ter culpa alguma; apontavam os mentores da política, hábeis em rasteiras parlamentares, chefes de oligarquias, que impediam a manifestação livre e soberana do povo, nas urnas eleitorais; reclamavam o voto secreto; queriam saber do destino dos quatro milhões de esterlinos figurados em uma letra que apareceu durante o período governamental do sr. Epitácio Pessoa; dos catorze milhões de dólares da Central; gritavam ainda mais alto quando se referiam às construções dos quartéis do exército; das obras contra as secas do nordeste; da fictícia valorização do café; dos escandalosos casos dos armazéns regularizadores desse produto em Santos e Campinas; da baixa deprimente do nosso câmbio; da excessiva circulação de papel sujo e da desvalorização da nossa moeda; e mais exaltados ficavam, acompanhados pela multidão, quando afirmavam que os politiqueiros do nosso país em pouco tempo eram grandes proprietários ou grileiros e que quase todos os personagens pertencentes aos poderes públicos possuíam fortunas regulares; que enquanto isso se dava, com essa meia dúzia que formava uma casta onde as posições eram herdadas entre pais, filhos, sobrinhos etc., o funcionalismo público tinha miseráveis soldos e o povo vivia sem escolas, sem estradas, com as habitações caras e os gêneros ainda mais caros; que a Justiça era uma farsa...

Alguns, naturalmente empregados nas repartições de estatística, afirmavam que a nossa dívida ia além de 20 milhões de contos, que os juros dessa dívida absorviam, ao lado dos fantásticos déficits orçamentários de todos os anos, o generoso sacrifício e suor do povo; que nos últimos três anos a nação teve um prejuízo de mais de 2 milhões de contos desaparecidos não se sabe de que forma nem para onde se sumiram, colocando assim o Brasil em uma situação ainda mais difícil para resgate aos ingleses, da dívida a vencer-se em 1927.

Por outro lado, com um público quase tão numeroso, estavam outros oradores que, em linguagem mais moderada, pediam completa regeneração política e administrativa, moralização de costumes, reforma eleitoral; se externava, sobre a demasiada autonomia dos Estados, principalmente do Rio Grande do Sul, onde impera uma ditadura há trinta anos; que essa autonomia deixava a nação desunida e fraca, política, administrativa ou financeiramente, alimentando-se assim o fantasma do separatismo e dando-lhe forma real pela deficiente atuação do Poder Central; que a Justiça necessitava ser unificada; que os membros do Poder Judiciário deviam ser eleitos pelos seus pares, a fim de poder este conservar sua independência e não estar coagido pelas nomeações do Executivo; que o Exército deveria obedecer a esse Poder Judiciário, garantir suas sentenças, evitando desta forma que fosse utilizado para satisfações políticas, para atos abusivos contra o povo, quer pelos membros do Executivo, quer pelas juntas politiqueiras; que as finanças do país deviam ser unicamente dirigidas e fiscalizadas por um grande conselho de reconhecidos financistas; que as pastas ministeriais deviam ser ocupadas por outros pequenos conselhos administrativos, cujos membros deveriam ser de capacidade reconhecida e peritos nos complexos assuntos da pasta que iam dirigir e administrar; que os membros do Legislativo deviam dentro do Congresso abster-se de paixões partidárias para aceitarem ou rejeitarem os projetos de leis, quer venham dos correligionários, quer da oposição. Tudo quanto afetar os interesses do povo deve ser estudado e discutido conscienciosamente por cada parlamentar que dará seu voto desapaixonadamente. O representante da nação, dentro do Congresso, devia perder sua personalidade partidária para ganhar, altiva e independente, a de defensor do povo. Os interesses comuns deste estão acima dos interesses políticos dos partidos. Pediam mais: a liberdade de imprensa, a tolerância e proteção dos Poderes na fundação de partidos, que viriam despertar o civismo do povo e interessá-lo nos destinos da nação, no estudo de seus candidatos e facilitar o aparecimento de novas gerações políticas, de grandes visões, ideias modernas, de estímulo próprio e energias vigorosas. Como complemento, queriam a anistia ampla, com a pacificação, a família brasileira, a felicidade nos lares, a suspensão do estado de sítio, para mais tarde serem legisladas leis que garantissem ao povo uma verdadeira representação no Executivo e no Legislativo, obrigando aos candidatos publicarem suas plataformas e programas antes das eleições.

Enfim, tanto uns como outros deviam ter razão, porque logo que começavam a expor seus pensamentos o auditório delirante os aclamava e muitos até murmuravam surdamente pedindo a morte de todos aqueles que faziam da República uma fazenda e da nação um país infeliz, apesar de sua riqueza assombrosa e de seu povo bom, trabalhador e ordeiro.

Foram esses os motivos pelos quais nenhum oficial tentou dispersar a multidão e nem ao menos evitar os saques aos estabelecimentos dos srs. Matarazzo e Gamba, apesar de eu ter mandado um piquete de cavalaria como medida de ensaio para os depósitos de Água Branca. Esse piquete conseguiu manter a ordem porque... o povo estava entretido nos armazéns do Brás.

De mais, inútil teria sido algum sacrifício porque o próprio governo se encarregou mais tarde de destruir ostensivamente os armazéns de Crespi, Duprat, Matarazzo, Gamba e outros.

Iludindo minha vigilância e arrostando com os castigos um tanto bárbaros que se faziam aplicar, alguns indivíduos arrombaram casas particulares, como acima disse, com o fim de roubá-las. Penetrei em várias, fazendo fugir os malfeitores, e escondi pelos móveis os objetos de valor que encontrava. Alguns proprietários e jornalistas que me acompanhavam de perto, podem, querendo, dar testemunho do que afirmo.

Destarte passou-se o dia 9. Todos apreensivos ante a medida que se deveria tomar em garantia dos bancos e outros estabelecimentos de crédito, no caso de terem as forças revolucionárias de ser distribuídas naquilo que mais nos preocupava: a defesa da cidade ou retirada da maioria da tropa em perseguição do inimigo.

Esta perseguição, não sei por que ordens de ideias, não foi levada a efeito apesar de meus insistentes pedidos para ser organizada e comandada por mim. Uma coluna sob o comando de certo oficial tentou fazê-la, mas não passou do Ipiranga... célebre "Marne" do general Sócrates, como bem afirmou o general Abílio de Noronha.

Combate frustrado

Às 19 horas, soubemos no quartel-general que uma força de cavalaria inimiga se aproximava da Praça da República. O comandante Miguel Costa mandou que saíssem urgentemente sob meu comando dois piquetes de reconhecimento, cavalaria e infantaria; e conforme o valor da citada força lhe desse combate. Com as necessárias cautelas segui no cumprimento dessa missão, tendo confiado o comando da cavalaria ao valente sargento ajudante Bonifácio da Silva, mais tarde morto heroicamente na campanha do estado do Paraná.

Seguimos até o Largo do Arouche; aí deixei postada a cavalaria com ordem de, aos primeiros tiros que ouvisse, irromper na Praça da República, pela Rua do Arouche, a galope em carga cerrada. De minha parte, segui com a infantaria pela Rua Vieira de Carvalho.

Na Praça da República somente havia um soldado do exército que cagava estonteado pelo jardim. Esse pobre diabo, sentindo a aproximação a *marche-marche* da minha força sobre a praça, pôs-se a correr bastante assustado. Um dos meus batedores, precipitado e nervoso, fez fogo contra o referido soldado. O sargento Bonifácio, interpretando esse tiro como sinal da presença de inimigo, sem temor ao perigo que há para uma cavalaria no galope sobre o asfalto, acudiu em furiosa carga, disposto valentemente ao combate. A surpresa do inferior foi igual a minha quando vi a praça deserta.

Não havendo inimigo a combater ou a reconhecer, voltei ao quartel-general, dando de tudo conhecimento ao comandante Miguel Costa.

O resto da noite entreguei-me ao descanso, o que não era sem tempo, dada a fadiga de que estava possuído.

O dia 10 – Policiamento – Triste retirada – Uma forte coluna governista – Livres de perigo – Um susto – Forçando passagem

Até às 10 horas da manhã não me afastei dos Campos Elíseos, onde havia feito meu P. C. A essa hora resolvi percorrer o centro da cidade, onde observei que o policiamento não era perfeito para garantir os edifícios públicos e os bancos contra um possível ataque do populacho, o que motivou de minha parte um pedido verbal e enérgico ao Estado Maior para que fossem tomadas medidas de prevenção. Fui atendido.

Às 20 horas, acedendo ao convite do chefe do Estado Maior, capitão Joaquim Távora, segui com este em auto em inspeção às linhas de defesa, já felizmente estabelecidas nos pontos estratégicos ou por onde pudesse o inimigo tentar entrar na cidade.

Pela Rua João Teodoro encontramos uma força que marchava em retirada, aos grupos e na mais completa desordem. Eram seguramente duzentos homens que deixavam as trincheiras do Belenzinho. O sargento ajudante Alarico, praça de maior graduação, do 6º B.C., nessa triste retirada, nos relatou que tinham abandonado as trincheiras porque assim ordenara o major Cabral Velho, ante a aproximação do inimigo, manifestada por uma simples granada atirada contra a força revolucionária. O major havia seguido rumo ao quartel, segundo afirmava o mesmo sargento, e a força sem comando, obedeceu a sua ordem. Pedi licença ao capitão Távora e, com energia, ordenei àquela gente que se pusesse em forma dando o comando ao sargento Alarico. Este ainda me disse que o inimigo estava próximo ao Largo da Concórdia e que seu número era bastante elevado.

Após ligeira conferência com o capitão Távora, resolvi deixá-lo para seguir com cinquenta homens ao ponto indicado pelo sargento, indo ao encontro do inimigo com o intuito de proceder a um reconhecimento em regra e informar ao quartel-general o que havia.

Separados que foram os homens, dei ordem de marcha; mas o desânimo dessa gente era tão grande e tinha o moral tão abatido que desisti de levá-la comigo; resolvi então voltar com a mesma ao quartel-general e dali trazer tropas frescas.

Mandamos que o sargento Alarico se apresentasse ao 1º batalhão com a força cujo comando lhe tínhamos confiado e, ainda com o capitão Távora, segui para o quartel da Luz, onde me apresentei ao comandante Costa e relatei-lhe o sucedido. Este, ante a sugestão que lhe fiz, entregou-me cinquenta homens; lancei mão de um fuzil-metralhadora e saí disposto a fazer o reconhecimento. Desta vez contava com gente de não vulgar disposição para combater. Por entre a negrura da noite e com a intenção de surpreender o inimigo pela retaguarda, visto a informação de que o mesmo vinha pela Avenida Rangel Pestana, tomei a direção da várzea do Catumbi, marchando pela margem esquerda do rio Tietê.

Charcos, moitas, terrenos baldios, cheios de tropeços, tudo atravessamos, sempre dificultados pela escuridão; íamos como que tateando nas trevas, orientando-nos por pontos de referência mal divisados. Assim, passamos o resto da noite e sem o menor descanso. O dia 11 nos surpreendeu na Quarta Parada, onde, graças aos bons ofícios de algumas solícitas senhoras, a tropa tomou uma ligeira refeição. Descansamos até às 11 horas desse dia sem encontrarmos sinal do inimigo que apavorou a força da fábrica Maria Zélia, na Rua da Independência.

Empreendida que foi novamente a marcha de reconhecimento e quando saíamos de um capão, demos de frente com uma forte coluna inimiga que bem organizada seguia em ordem de marcha rumo aos altos do Belém.

Estávamos a cinquenta metros mais ou menos dessa força. O terreno, por sua acidentação, no-la tinha encoberto antes. No momento em que fomos vistos, a força abriu-se, preparando-se para o ataque, e rompeu contra nós um fogo desordenado. Instintivamente, por nossa vez, recuamos para o centro do capão, respondendo ao fogo. O inimigo era numeroso. Combatê-lo assim de golpe era uma temeridade inútil e até um criminoso sacrifício.

Secundando a ação da tropa que íamos surpreender, recebemos no momento cerradas descargas de fuzilaria do lado do cemitério da Quarta Parada. A nossa posição dentro do capão era sumamente crítica. Mantê-la importava na dizimação completa ou na capitulação sem condições. Nada disso estava nos meus propósitos. Os homens que comandava eram valentes e dispostos a tudo, condições que me deram entusiasmo e valor para salvá--los com um rasgo de audácia.

De rastos nos metemos por um sulco produzido pelas águas pluviais, e assim, mais ou menos abrigados, seguimos, sob a fuzilaria inimiga, até o leito da Central do Brasil. Aí fizemos um ligeiro descanso, findo o qual continuamos pela mesma via férrea em direção à Penha, livres já do alcance das balas do adversário. Pude então, em ligeira comunicação por escrito, dar ciência ao Estado Maior de que o inimigo (brigada Florindo Ramos) marchava em direção aos altos de Belém. Um soldado dos mais dispostos levou essa comunicação.

FIGURA 2 – Marechal Isidoro Dias Lopes
O chefe supremo

Meu intento, indo para os lados da Penha, era o de verificar se havia outras forças na retaguarda e flanco direito da coluna que encontramos.

Nas proximidades da Penha e usando da máxima e mais cautela prudência, tratei de fazer um reconhecimento em ordem. Assim é que, sem ser descoberto, pude verificar a existência de mais tropas que estavam acampadas em um terreno baldio. Parece que o serviço de vigilância era bastante eficiente. Cerca de mil homens por ali se concentravam conservando intervalados quatro monstros de artilharia. Mais abaixo, na Rua Tatuapé avistei nova concentração com outra bateria e à direita nossa, bem ao sul, no outeiro da Igrejinha da Quarta Parada, ainda outra concentração também com artilharia, cuja soma total de homens eu considerei de 2 a 3 mil. Nos terrenos baldios já citados, grupos de oficiais despreocupados tomavam café, enquanto as sentinelas dormitavam sob os raios do sol, garantindo dessa forma original a tranquilidade da tropa, espalhada aqui e acolá, sem o menor cuidado militar. A guarnição das peças parece que andava perambulando pelos grupos de infantaria. Tive irreprimível ímpeto de despertar essa gente. Animado pela coragem e vontade que brilhavam nos olhos dos meus soldados como uma incitação ao meu desejo, abri fogo contra o acampamento.

Que reboliço! O susto foi grande, a desorganização, completa. Soldados e oficiais não se entendiam no meio de uma balbúrdia formidável. Minha gente entusiasmada desejava arrastar uma peça de artilharia, cujo peso enorme, depois de bem pensado, impediu a realização de tal intento.

Afinal parece que o inimigo, percebendo a exiguidade do número dos atacantes, tomou fôlego, refez-se do susto e investiu contra nós furiosamente empregando para isso a infantaria de que dispunha.

Mesmo que essa infantaria estivesse desarmada, não poderíamos resistir ao choque, pela grande massa de homens: pois meu fito era somente fazer um reconhecimento e este foi completo. Ordenei a retirada e em perfeita ordem, porém dispersos, para não sermos fuzilados em massa, empreendemos a marcha em direção aos nossos redutos de Belém.

Assim seguíamos quando fomos surpreendidos por um ataque de frente, secundado por outro à minha esquerda.

Percebi que o único ponto de passagem, isto é, o mais vulnerável, era o da frente. Poucos soldados aí tentavam embargar-nos o passo. Eram os primeiros que chegavam da composição de uma maior força. O momento era decisivo. Disparando os poucos tiros que nos restavam, investimos contra eles e, aos gritos, forçamos a passagem. Animados por mais este feito, seguimos nosso destino até os redutos sem mais novidade.

Terminei a minha missão na qual perdi dez homens, todos caídos no cumprimento do dever. Minhas informações ao quartel-general foram completas, detalhadas e satisfatórias. O quartel-general ficou conhecendo a exata posição, forças e elementos do inimigo situado a leste da cidade. Minhas informações foram acompanhadas de uma bela planta da capital apreendida na minha incursão ao campo contrário, único e modesto troféu dessa jornada tão agitada.

Tatuapé – Instituto disciplinar – Ataque repelido – Seis tiros prejudiciais – Entre a farinha – Novos ataques – Ferido – Substituído – Napoleão pitoresco

Às 21 horas, preenchi os claros existentes na minha diminuta coluna e com ela organizei a defesa da ala esquerda da linha do Belenzinho, apoiando-me à esquerda do rio Tietê e deixando um pequeno destacamento de vigilância na ponte de Vila Maria.

Na torre da fábrica de Maria Zélia, posição mais importante do setor, situei um grupo de atiradores com uma metralhadora pesada. Dessa torre, mantinha-me a cavaleiro da planície do Instituto Disciplinar, ponto digno da maior vigilância. O major Cabral Velho deixara em abandono a posição e eu de moto próprio resolvi guarnecê-la. Dali observava tranquilamente os movimentos da brigada Pantaleão Telles, que se postava em Tatuapé. Meu campo de ação estendia-se da Avenida Celso Garcia à Ponte Vila Maria.

A vigilância era severa e os meus homens, dispostos e alegres, cumpriam minhas ordens, ansiosos pela oportunidade de entrarem em ação.

Essa oportunidade chegou mais cedo do que se esperava.

Quando fui ocupar a posição descrita, levava a convicção de que o inimigo, ao resolver atacar-me, procuraria colocar-se na planície do Instituto Disciplinar, porque ele sempre, desde o princípio, deu mostras de temer meter-se pelas ruas mais edificadas, na crença de que cada casa fosse o abrigo de uma metralhadora ou um ninho de revolucionários.

À meia-noite, percebi que o inimigo avançava pela citada planície. Parecia que tinha empenho em avisar-me desse avanço; pois, mal saiu de suas posições em Tatuapé, adotou a singular tática de dar tiros a esmo, cujos clarões aqui e ali pontilhavam claramente sua marcha.

Uma vez na planície foi que passou a empregar o avanço por saltos. Então, dei ordem de fogo aos meus irrequietos soldados. O avanço legalista chegou a cem metros de minha posição. Metralhei-os, sem o menor perigo para meus homens, bem abrigados e que atiravam sem dó nem piedade. A curta distância em que ficamos uns dos outros permitiu que os tiros de minha metralhadora fossem de uma eficácia pavorosa. Vinte fuzis despejavam balas sobre esse bando de governistas que parecia traído pelos chefes que ordenaram essa estúpida avançada, prevenindo-nos previamente do feito que iam praticar, com os tiros que fizeram estralejar desde Tatuapé.

A luta não teve uma hora de duração; o inimigo pôs-se em fuga desordenada, estabelecendo-se o silêncio. Não permiti que meus homens baixassem a verificar o número de mortos e recolher o armamento provavelmente em abandono. Confesso que pela facilidade da vitória temi uma emboscada. Aguardei o amanhecer de 12. Então mandei algumas praças verificar o resultado. No campo havia muitos cadáveres e os meus homens na ânsia de juntar armas e munições não verificaram o número. Da nossa parte não tivemos nenhuma baixa.

Do meu posto de observação passei a inquirir, binóculo em punho, o que ocorria no campo inimigo e, concluindo que ali se estava procedendo à nova organização com bastantes reforços, solicitei por escrito do Estado Maior, a quem mandei uma informação gráfica das posições inimigas, que não perdesse a oportunidade de pôr em ação a nossa artilharia.

O pedido foi atendido, porém somente à noite e por ironia da sorte os primeiros seis tiros atingiram, justamente, a torre onde eu me achava, porque esta estava muitíssimo próxima das trincheiras inimigas e, portanto, colocada no ângulo de queda dos projéteis, interceptando estes em sua passagem.

Assim é que o primeiro disparo bateu na chaminé da fábrica, o segundo penetrou na sala onde me achava com dez homens, o terceiro fez desabar um pedaço do telhado, cobrindo-nos de caliça, fragmentos de telhas, madeira etc., envolvendo-nos numa nuvem de pó e estabelecendo confusão entre meus homens que, sufocados, não sabiam onde abrigar-se. Neste ínterim cessou o fogo e, passada essa natural confusão e desfeita a nuvem de pó que nos envolvia, verifiquei que quase todos tínhamos recebido contusões e escoriações pelo corpo e rosto, porém sem gravidade.

Para mim, no momento, esses tiros procediam da artilharia inimiga.

Havendo nessa torre grande quantidade de sacos, de farinha de trigo, aproveitei a trégua para, com esses sacos, fazer abrigos em forma de tocas, tão comumente usadas pelos franceses na Grande Guerra, serviço que foi realizado rapidamente.

Uma hora depois reiniciou-se o fogo e mais três granadas 105 atingiram o mesmo ponto do edifício. Aquilo parecia já um inferno e tive a impressão de que a torre ia abater-se completamente. Resolvi retirar-me e tratava de abandonar a torre fatídica, quando sentimos sibilarem os já impressionantes ruídos de disparo e deslocamento de ar. A explosão não se deu, porém vimos perfeitamente uma pilha de três sacos, que servia de parapeito à metralhadora, sair de seu lugar; todos compreendemos claramente que se tratava de uma granada introduzida no meio da farinha.

Avalie o leitor que angustiosos segundos de pavor tivemos naquele momento!... Ninguém se sentia com forças de abandonar o sítio onde estava para verificar o ponto de queda daquela granada. De olhos abertos, aterrorizados, ficamos a olhar os sacos de farinha em questão, esperando o explodir do projétil; mas, à medida que demorava a desgraça que pressentíamos irremediável, o instinto de conservação falou mais alto e, de repente, como uma pilha elétrica, as praças, apavoradas e em tumulto, pretenderam descer a perigosa escada da torre. Nesse momento, consegui refletir; enchi-me de calma e da certeza que a granada não explodiria mais. Expliquei isto aos soldados ignorantes no assunto e, com energia, apontando o revólver aos mais recalcitrantes, consegui manter a ordem e a disciplina, organizando a retirada para o pavimento térreo. Mais tarde, como a artilharia estivesse em descanso, subi novamente à torre com alguns homens e, revolvendo os sacos de farinha, encontrei realmente a granada que não havia explodido e que fora a causadora de tanto pavor.

Para que não continuasse semelhante erro, uma vez verificado pela manhã que eu tinha sido vítima do fogo da artilharia amiga, mandei comunicar o fato ao quartel-general. De lá, bem cedo, no dia 13, veio o capitão Estillac Leal, comandante geral da artilharia, verificar por seus próprios olhos o efeito dos tiros disparados durante a noite, lamentando o incidente, mas não deixando de dar, juntamente comigo, as gostosas gargalhadas que o caso merecia quando lhe narrava os nossos apuros debaixo do bombardeio, o atordoamento e as posições ridículas, porém instintivas, que tomamos enfiando as cabeças dentro dos sacos de farinha!...

Concentrei todos os meus homens fora do edifício na frente deste, abandonando, portanto, a torre que tantos sustos nos causou.

Abriguei parte dos soldados em uma vala ali existente e aproveitei os restantes na construção de trincheiras nos pontos de mais perigo.

Passei todo dia e toda noite na nova posição. A brigada Pantaleão Telles levou a peito desalojar-me e, durante essas 24 horas, ela, apoiando sua direita no Tietê e protegida pela artilharia, fez vários avanços, sempre sem resultado. Enquanto a artilharia despejava sobre nós as suas granadas, que abriam formidáveis sulcos no solo, até a cinco metros de nossos abrigos, eu mantinha a minha gente em silêncio; no momento em que cessava o troar dos canhões, pressentia-se o avançar da infantaria a qual, entretanto, nunca nos colheu de surpresa. Os infantes eram sempre recebidos por uma cerrada fuzilaria, abrindo a metralhadora grandes claros entre eles e logo determinando enérgicos contra-ataques até bem próximo às posições.

Assim, entre bombardeio de artilharia, ataques e contra-ataques de infantaria, passávamos as horas. Muitas vezes tinha que animar os meus soldados, dando-lhes esperanças que eu mesmo não possuía. Para desviar-lhes a atenção, convidava-os, no que era atendido, para entoarem canções populares. Por isso é que um estrangeiro mais tarde manifestou-me sua admiração por ver saírem daquele inferno os ecos da *Carabó*, *Vem cá, mulata*, *Tatu subiu no pau* etc. O próprio encarregado da fábrica também externou-me igual admiração. Era uma fanfarronada bastante útil. Entrementes, a obediência a minha pessoa era absoluta; só à minha voz atiravam. Foi marchando emboscado, mesmo entre os escombros e sulcos produzidos pela artilharia do inimigo, que tanto êxito tive em fazer muitas vezes recuar uma infantaria superior em número.

Confesso que estava orgulhoso naquele ponto de ser o comandante de brasileiros heroicos, ainda que essa luta se travasse, com muito pesar, entre irmãos. Na terceira noite, quando fazia uma enérgica sortida, uma bala atravessou-me o antebraço esquerdo. O meu ataque foi repelido e voltei às trincheiras, sofrendo já dores cruciantes. Não queria, por forma alguma, abandonar o meu posto. Mesmo perdendo sangue, pude aguentar de uma às cinco horas da manhã, quando fui vítima de pequenas, porém sucessivas vertigens que me obrigaram a ir ao Hospital do Brás em busca de alívio, o que fiz aproveitando uma calma entre as forças adversárias.

Os médicos, depois dos necessários curativos de urgência, se recusaram a consentir que eu voltasse ao meu posto sob o fundamento de que me achava bastante abatido. Apresentei razões que não foram aceitas e, vendo eles que nada me convencia, disseram que iam me aplicar uma injeção de sérum antitetânico.

De fato, me aplicaram uma injeção que me prostrou. Dormi durante três horas, findas as quais despertei e, sem mais delongas e considerações, voltei a reunir-me aos meus soldados. Piorando, porém, o meu estado, lá apareceu o capitão Juarez Távora, que ordenou a minha substituição e de toda a força de meu comando por uma companhia de 5º B.C. de Rio Claro, ao mando do valoroso tenente Azaury, autor de inúmeros atos de heroísmo e figura de destaque na revolução, morto no alto Paraná. No momento em que me preparava para recolher ao quartel, chegaram vários oficiais, entre eles o comandante Miguel Costa, que verificaram os estragos produzidos pela artilharia nas proximidades de meu reduto, onde havia sulcos até a dois metros do mesmo.

Retirei-me com os heroicos soldados e recapitulava mentalmente pequenos fatos que atestavam a serena bravura de meus compatriotas.

Muitas vezes me assombravam certos casos, como o de um rapaz chamado Oliveira, que gritou quando caiu em nossas cabeças uma quantidade de pedaços de pedras e tijolos por ter batido uma granada numa pilha ao lado.

– Puxa! Nunca vi chuva de tijolos!...

Havia outro que tinha uma calma e despreocupação de ânimo tamanhas a ponto de se pôr a contar histórias picantes nas horas de maior perigo, fazendo macaquices e burlescos esgares para divertir os companheiros. Esse rapaz, chamado Napoleão, era um civil que se agregou voluntariamente à minha força e que grandes serviços prestou à mesma, combatendo como um verdadeiro bravo, contando sempre as suas anedotas. Uma vez, sob um chuveiro de balas, gritava ele:

– Minha mãe sempre me xingou de medroso; queria que ela aqui estivesse agora dando uma espiadela no seu filho.

Este destemido paulista está hoje em Posadas, República Argentina, curtindo as agruras do exílio. Aí, como chofer de praça, dirige o seu auto, contando anedotas cujo repertório aumentou com os sucessos revolucionários e carregando nas tintas e fantasias a seu modo.

Lembro-me também da graça com que ele dizia aos companheiros na hora em que solicitavam permissão para satisfazerem necessidades fisiológicas:

— Faça "pipi" aí mesmo, soldado; você não pode sair lá fora; o inimigo está espiando. Um revolucionário na hora do fogo não deve mijar aos olhos dos governistas. Quem mija, tem medo!...

Outro soldado aconselhava sempre aos companheiros que guardassem os cartuchos vazios para presentear com eles ao general Potiguara.

Severidade governista – Banditismo – Ordem de ocupação

Substituído, pois, como disse, no setor Maria Zélia, dei conhecimento ao Estado Maior de que o comando da brigada que estava em nossa frente fora confiado ao general Pantaleão Telles, o mesmo que com o general Potiguara, segundo se murmura com visos de verdade, mandou, após nossa retirada de São Paulo, fuzilar em massa mais de oitenta indivíduos estranhos à revolução e que, como curiosos, perambulavam pelas imediações da cidade.

Entretanto, tão severo não era o general Potiguara para com os seus soldados. Assim é que deixou sem castigo os bandidos que desonraram a farda do exército, estuprando uma pobre e indefesa menina, que em estado lastimável se apresentou em uma das minhas trincheiras, como não reprimiu os abusos das praças que saquearam todas as casas das ruas por onde passavam. Chegaram ao ponto, os comandados do sr. Potiguara, de despirem transeuntes para os despojarem das roupas, quando eram finas. Com meus próprios olhos vi um pobre italiano a quem só deixaram a ceroula, único vestuário com que o encontrei tiritando de frio no desvão de uma porta e meio idiotizado pelas pancadas que levou.

Apresentado que fui ao quartel-general, me nomearam oficial de Estado Maior, até que me restabelecesse do ferimento que recebi, a fim de, em funções mais tranquilas, não ficar de todo inativo.

O cargo de oficial de Estado Maior exerci-o nominalmente porque, tendo melhorado bastante, entrei novamente em ação como adiante se verá.

Nas horas em que estive no Estado Maior, um soldado aí apresentou-se trazendo um boletim inimigo apreendido algures, firmado pelo general Villa Lobo, no qual ordenava ao general Potiguara que, de qualquer forma, ocupasse as casas do bairro da Mooca nas primeiras horas da noite. Isto chamou a atenção do comandante Costa e do heroico e malogrado Joaquim Távora que, com outros oficiais inclusive eu, seguiram para aquele bairro a fim de estudar a organização da defesa e frustrar os planos do sr. Villa Lobo.

Defesa da Mooca

Uma vez chegado o Estado Maior à Mooca, começou a discutir os meios e planos de melhor defesa naquele setor. A discussão prolongou-se e eu, que pouca interferência tinha no assunto, abandonei a companhia daqueles, dirigi-me para o Largo da Concórdia e ali, sem atender o comando do coronel João Francisco, reuni cem homens, embarquei-os em caminhões, transportando-os à Rua da Mooca, onde estabeleci o meu P. C. Apesar de achar-me ainda debilitado, comecei a movimentar os meus novos comandados, postando guardas nas esquinas das ruas transversais, levantando trincheiras e organizando outros serviços de vigilância, no que tive de empregar toda a minha atividade.

Em uma hora, estava estabelecido o serviço de defesa que compreendia uma linha da Várzea do Carmo ao Hipódromo. Junto a este, nos altos da Mooca, como me parecia mais perigoso, levantei trincheiras duplas, flanqueadas pelas das Ruas Taquari e dos Trilhos. Nos altos do edifício da fábrica Crespi, de que tomei posse, coloquei dez homens com uma metralhadora. Esse edifício, como se sabe, faz esquina com as citadas ruas e domina todo o alto da Mooca.

Duas horas e meia eram decorridas quando recebi um ofício do Estado Maior, ordenando-me que organizasse com urgência a defesa dos altos da Mooca, ao que tomei a liberdade de responder nas costas do próprio ofício.

"Há duas horas que a defesa está organizada e aguardo o inimigo".

No quartel-general ninguém acreditou no que leu, vindo o próprio capitão Joaquim Távora verificar em pessoa a exatidão de minha afirmativa.

Após rápida inspeção, retirou-se esse distinto oficial, aprovando, satisfeito, a minha ação e trabalho.

Ataques do general Potiguara – Coragem pessoal – Vítimas do bombardeio – Regime da rolha

Às 21 horas, o general Potiguara fez avançar as tropas de seu comando em ataque à Mooca. Recebi-as com as honras de um vivo fogo de fuzis e metralhadoras que varria o inimigo, obrigando-o a recuar estonteado pela chuva de balas que, despejadas do alto da fábrica Crespi sobre o flanco direito e sobre a frente, dizimavam suas fileiras, apavorando oficiais e praças.

Vinte e quatro horas consecutivas, o general Potiguara fez viva pressão sobre o meu setor, irrompendo desesperadamente ora aqui, ora ali, por esta rua ou por aquele beco, sendo sempre repelido, sofrendo sua infantaria, que era numerosa, baixas em grande quantidade. Os pobres comandados de S. Exa. sempre vieram ao meu setor como bois ao matadouro. Isto levantava cada vez mais o moral da minha tropa e o prestígio de seu comandante perante ela.

O nome do general Potiguara, que atravessou o Atlântico circundado com os louros ganhos na grande luta europeia, infundiu certo temor no seio da guarnição de meu setor. Vinte e quatro horas depois, porém, os meus comandados já não acreditavam que o general que ali nos estava atacando fosse o mesmo herói que batalhou na França.

Realmente, o ataque, fazendo avançar em massa compacta regimentos de infantaria e atirando-os contra o inimigo bem entrincheirado, protegido e oculto, era uma imitação dos alemães nos ataques a Verdun, e de pouca técnica militar.

Releve-me S. Exa. estas considerações de um simples tenente de polícia que teve a honra de enfrentá-lo.

Coragem pessoal não falta nem nunca faltou à S. Exa... O que houve foi uma simples precipitação e talvez desprezo pela capacidade técnica dos oficiais da Força Pública do Estado de São Paulo.

Não fora o concurso do povo, revelado até na bondade das senhoras e senhoritas de São Paulo, que solicitamente nos mandavam às trincheiras alimentação de que carecíamos, arriscando-se muitas vezes seus portadores às balas, e não sei como poderíamos ter passado aquelas horas em que o general Potiguara teimava em fazer morrer seus soldados.

Gastamos inumeráveis cunhetes de munição, o que prova a atividade e a resistência física de meus atiradores, alimentadas pelo entusiasmo de que se achavam possuídos.

Parece incrível e, entretanto, posso afirmar, que não tive nenhum soldado morto; os feridos foram poucos. Eu de minha parte recebi dois ferimentos de bala... um na capa que não abandonava e outros dois mais perigosos: no alto do quepe.

A minha movimentação de trincheira em trincheira era contínua, pelo que sempre fui obrigado a expor-me e mesmo a tornar-me conhecido do próprio inimigo que não cessava de fazer-me alvo de sua pontaria. Se existe qualquer coisa capaz de imunizar um homem em combate, essa qualquer coisa estava comigo e me protegia escandalosamente.

Passei na minha posição parte do dia 15 em relativa calma pela trégua que me concedeu o inimigo, permitindo-me, por isso, sair de vez em quando em excursão pelas Ruas Caetano Pinto, Carneiro Leão e outras, onde levava socorros às vítimas do bombardeio que nesse ponto sofria a cidade por parte dos canhões governistas.

Os tiros de artilharia de grosso calibre não cessavam. Famílias inteiras pereciam sob essa calamidade. O próprio Hospital do Brás serviu de alvo aos tiros dessa artilharia que fez aí numerosas vítimas. Nas Ruas Visconde de Parnaíba e Caetano Pinto caiu uma granada na casa de uma família, sendo esta dizimada por completo. A vizinhança apavorada atirou-se à rua e, indecisa quanto ao rumo a tomar em busca de abrigo, aglomerou-se numa calçada, formando um compacto grupo de senhoras e crianças. Nisto, bem no centro desse grupo, explode uma outra granada 105 e a hecatombe foi bastante horrível. Difícil descrever seria, a confusão que se estabeleceu. Gemidos, gritos, lamentos, elevavam-se de entre a rubra sangueira e corpos despedaçados que ali jaziam.

Vingava-se assim o governo do acolhimento que a população paulista dava às forças revolucionárias.

Ignorava o general inimigo onde estavam localizadas as forças revolucionárias? Fogo sem cálculo!... Sem pontaria!... A esmo!...

Grande era o alvo: todo o perímetro da cidade de São Paulo. A revolução estava dentro desse alvo; logo, as balas que nele acertassem, atingiriam a revolução. Tal raciocínio serviu de guia ao supremo comando das forças do governo. Daí esse despejar de balas de grosso calibre sem eficiência militar e que tantas censuras mereceu do general Abílio de Noronha.

De fato, quem menos sofreu com o estúpido bombardeio da bela capital paulista foi justamente o exército revolucionário. Enquanto as granadas feriam levemente a um soldado qualquer, matavam centenas de civis, na maioria mulheres e crianças. Somente assim se poderiam tornar célebres, na terra dos bandeirantes, de onde, até hoje, partiram todas as bandeiras de liberdade e progresso pela voz altiva e máscula de seu povo, os generais Eduardo Sócrates, Villa Lobo[1] e Potiguara. Este mais tarde foi a São Paulo, onde o governo lhe preparou uma grandiosa manifestação, obrigando a ela comparecer as famílias dos funcionários públicos, sob pena de demissão de seus chefes. Entre os manifestantes, quem não era míope poderia ver senhoras com os olhos marejados de lágrimas e ainda de luto pela morte de entes queridos vítimas daquele bombardeio sem precedentes.

O povo brasileiro, que tanto se comoveu e indignou contra a ação da artilharia alemã sobre as cidades abertas da Europa, não pôde levantar um brado de protesto contra o bombardeio de uma das principais cidades da América do Sul. Intimamente este protesto existia no peito de cada cidadão, mas impossível era irromper. Onde houvesse um grupo de dois ou mais cidadãos, no Rio ou em São Paulo, existia também a dois passos um feroz representante da polícia secreta. Nem passageiros nos automóveis de praça podiam fazer comentários desfavoráveis ao governo; quem a isso se aventurasse era logo levado à delegacia mais próxima e metido no xadrez; cada chofer, com raras exceções, era um rafeiro policial mantido pela verba secreta.

Canhões de infantaria *versus* metralhadoras – Fleuma de dois oficiais de Marinha

A calma durou pouco. Dez horas não eram passadas quando, percorrendo a Rua da Mooca, e ao chegar às porteiras da Inglesa, em uma trincheira aí existente, encontrei a guarnição desta bastante alarmada porque estava sendo alvo dos tiros de alguns pequenos canhões colocados em uma gôndola que o inimigo fazia avançar e recuar pela linha férrea sobre a dita trincheira. Saltei para dentro desta e animei sua guarnição, mostrando-me desdenhoso do perigo.

---

1 O senhor general Tito Villa Lobo já faleceu. Paz a sua alma!

Daí a pouco vi avançar algumas gôndolas conduzindo os tais canhões, seguidas de outras carregadas de marinheiros nacionais. Ordenei aos homens da trincheira que mantivessem o maior silêncio possível a fim de fazer crer ao inimigo que ali não existia mais ninguém.

Quando o singular comboio chegou a uma distância de oitenta metros, fiz, eu próprio, funcionar a metralhadora, que, ao mesmo tempo, ordenava fogo à vontade.

O inimigo, por sua vez, usando dos pequenos canhões, respondeu ao fogo. Mas as balas dessas peças produzem unicamente efeito moral. Os projéteis batiam nos paralelepípedos e nos fardos de alfafa sem que a guarnição sofresse coisa alguma. Parece que a metralhadora aterrou os adversários e ceifou-lhes bastantes vidas, mas não impediu, entretanto, que continuassem a alvejar certeiramente nossa trincheira, que fiz evacuar, indo eu e as praças nos abrigarmos em melhor posição, ao lado e a uns vinte metros de distância, onde um muro nos ocultava e nos permitia manter, perfeitamente, guarda à via férrea.

Sob a impressão de que aquele ponto estava sendo alvo da atenção do inimigo para por ele entrar na cidade, mandei pedir ao quartel-general que com urgência me mandasse uma peça de artilharia de montanha.

Imediatamente atendido, coloquei o canhão num terreno baldio próximo à linha férrea onde fizemos vários disparos contra o comboio de gôndolas que novamente se aproximava. Fiz também um avanço de infantaria em dois pelotões, indo um pela linha e outro pela Rua Lopes de Oliveira. A ação dos infantes não foi satisfatória devido aos inúmeros obstáculos que lhes tolheram o passo na avançada.

Quanto à ação da artilharia, foi proveitosa. O malfadado trem recuou a todo vapor, levando os seus quatro canhõezinhos, disparando sempre contra nós. A bala de um deles foi bater justamente na seteira onde me achava com a metralhadora, ficando esta com seu tripé inutilizado, além do estrago de grande parte da munição. Recebi com este tiro um banho de poeira, saindo felizmente ileso.

O inimigo não mais voltou com suas gôndolas. Restabelecida, pois, a tranquilidade e, vendo eu que o silêncio para os lados do adversário era completo, fiz sair uma patrulha de reconhecimento que regressou momentos depois conduzindo prisioneiros dois oficiais de Marinha, Caio Gaspar Martins Leão e Roberto Henrique Sisson, irrepreensivelmente limpos e bem fardados de branco, com as respectivas polainas. A patrulha os encontrou passeando serenamente pela linha férrea junto à fábrica Antarctica e aí se deixaram prender sem o menor vislumbre de resistência ou medo.

Submeti os dois prisioneiros a rigoroso interrogatório. A única coisa que consegui deles foi a declaração de que *estavam apreciando a arquitetura do edifício da Antarctica*. Calmos e sorridentes, nada mais contestaram. Nenhum medo lhes infundiam as exclamações da soldadesca comuns em tais momentos. Fi-los remeter ao quartel-general, embarcando-os em um caminhão de distribuição de rancho, onde, fleumaticamente, serviram-se de uma *boia* que um soldado lhes ofereceu.

Mudança de planos – Na Igreja do Cambuci – Apreensão importante – O tenente-coronel Lejeune – Granadas incendiárias – Batendo postos avançados – Um ataque repelido – Em reconhecimento – Forças do Ipiranga – Confusão e desordem – Para Mogi Mirim

Na noite de 15, as forças do general Potiguara chegaram até bem próximo às Ruas da Mooca e do Oratório. Tive que iniciar pelos telhados e quintais diversos ataques parciais que obrigaram todas a um recuo bastante sensível.

Em vista da minha tenaz resistência nos altos da Mooca, o comandante inimigo planejou avançar suas tropas pelas ruas que saem do Cambuci. Para isso tomou posse do largo e suas proximidades e, atrás da Igreja, concentrou a maior parte das que pertenciam à brigada Arlindo.

Qualquer pressão que fizessem sobre as linhas revolucionárias fronteiriças ao Cambuci iria forçosamente distrair minha atenção dos altos da Mooca. Mas se, em verdade, esse ponto era a esperança, foi ela frustrada. Estabeleci rapidamente um serviço de informações. Tive-as completas. A força colocada atrás da Igreja era de quatrocentos homens, mais ou menos, agindo sob o comando dos tenentes-coronéis Graça Martins e Eduardo Lejeune, da Força Pública de São Paulo.

Mandei pedir ao Estado Maior que ordenasse, rapidamente, fogo de artilharia sobre a Igreja e suas imediações. Por meu lado, com o meu canhão de montanha, que retirei das porteiras e coloquei na Rua Luís Gama, auxiliaria esse fogo. A resposta não se fez esperar; dois tiros foram dados com precisão, caindo todos no meio da tropa inimiga, inclusive um que penetrou pela igreja.

Prevendo a confusão, reuni trinta homens de infantaria, segui à *marche-marche* pela Rua Luís Gama, atravessei a várzea e, nas proximidades do Largo do Cambuci, procedi a um reconhecimento que me convenceu não existir mais inimigo na Igreja e suas imediações. Nessa posição, resolvi tomar a igreja e fazer aí um reduto, tendo antes pedido ao Estado Maior que fizesse cessar o fogo da artilharia para aquele lado.

Marchei, portanto, sobre o dito templo. Aí chegado, tratei de galgar a escadaria que dá acesso à igreja. Quando estava já nos últimos degraus, rompe contra nós uma descarga de fuzilaria, vinda do pátio que rodeia a mesma igreja. Dois soldados caem mortos e outros feridos. O perigo era iminente. Instintivamente, dei um salto, indo cair sobre o primeiro degrau, salvando assim minha vida. Os soldados fizeram o mesmo. Isto feito, seguimos de rastos e nos ocultamos nas esquinas das ruas que vão desembocar no Largo do Cambuci. Do salto que dei, resultou-me a luxação de um joelho. Isto deu origem ao boato e às notícias da imprensa de que eu havia recebido um ferimento grave por bala na perna esquerda.

O inimigo, ao retirar-se, tinha deixado uma guarda na igreja. Essa guarda, temendo que lá fôssemos outra vez, bateu também em retirada. Logo que isto percebi, voltei novamente ao templo e dele tomei posse, conseguindo desta vez metralhar algumas forças governistas que, em carreira louca, se dirigiam para os lados da Aclimação.

Pelas imediações encontrei em abandono doze caminhões automóveis, cinco dos quais estavam repletos de armas e munição de guerra e de boca. Mandei levar tudo para o quartel central da Guarda Cívica, salvo alguns caminhões que estavam inutilizados.

Soube por alguns civis que o coronel Lejeune, o manequim vivente da Força Pública que tanto chorou no recinto da Polícia Central nos primeiros dias da revolução pelo seu 4º batalhão, tendo estabelecido o seu P. C. em uma selaria do Cambuci, percebeu daí o meu avanço sobre o largo e, sem mais aquela, fugiu em disparada, deixando ao desamparo as tropas que comandava, e estas, como é natural, seguiram o exemplo de seu chefe. Esta foi a causa da facilidade com que tomamos um ponto de tanta importância, como esse, onde havia 38 trincheiras, fortes e resistentes, inclusive as de dentro do quartel do 3º batalhão.

O sr. Lejeune foi sempre um brilhante tenente, ótimo condutor dos dourados cordões das ajudâncias de ordens, admirada e imponente figura dos cumprimentos oficiais. Apesar do alto posto que hoje tem, nunca pôde passar de tenente sem funções de comando; por isso esqueceu-se naquele momento de que, em realidade, era um comandante e, naturalmente, foi avisar ao seu general que trinta homens avançavam sobre o Largo do Cambuci. Quando se lembrou de que era tenente-coronel e quis regressar, o seu batalhão estava debandado pelos lados do Ipiranga. Foi isso e nada mais.

Restabelecida a calma, deixei uma guarnição no Largo do Cambuci sob o comando de um sargento e fui inspecionar o meu novo setor até próximo ao Ipiranga.

Estava nesse serviço quando um popular veio avisar-me de que a fábrica Crespi estava em chamas, visto nela terem caído algumas granadas incendiárias mandadas pelo inimigo. Lancei mão de alguns homens de que podia dispor e me dirigi para o local do incêndio, onde com alguma dificuldade consegui dominá-lo e acalmar mais de trezentas mulheres e crianças que estavam nos portões da fábrica.

Parece que o sr. Potiguara desejava incendiar o bairro inteiro, pois tive que extinguir outros princípios de incêndio em casas diferentes, originadas por granadas incendiárias.

Sendo natural que depois das granadas mandassem a infantaria, reforcei a guarnição da fábrica Crespi e ali me postei à espera do que viesse, já tranquilo com a parte fronteira do Cambuci.

Enquanto isso, entretinha-me a palestrar com civis que tiveram ocasião de observar o que se passou nas forças inimigas do general Carlos Arlindo, coronéis Lejeune e Graça Martins. Entre outras coisas, soube que os tiros de artilharia caídos na Igreja causaram tal pavor à soldadesca que quase custou a vida de um oficial bombeiro mais animoso quando tentava conter a debandada.

Passamos uma noite de relativa paz, somente turbada de quando em quando por um tiro de artilharia e pelos tiros isolados de fuzil ou pelo ruído de alguma metralhadora que o inimigo fazia funcionar a esmo, visando unicamente a infeliz cidade, o grande alvo dos governistas.

Pela madrugada antes do amanhecer, refletindo nas vantagens que me oferecia a posição da brigada Potiguara, já privada do apoio, na esquerda, que lhe prestava a força que debandei no Cambuci, resolvi surpreender desse lado os postos avançados e, acompanhado por um pelotão, segui pelos acidentes do terreno, ouvido à escuta e com a máxima cautela, ora de rastos, ora em pequenas e rápidas corridas, de um esconderijo a outro até à caixa d'água da Mooca. Ataquei e fiz recuar os primeiros postos que aí encontrei, os quais, ao se retirarem, levaram talvez o pavor aos demais que, amedrontados e sem nenhuma cerimônia, fizeram o mesmo.

Deparamos com dois pequenos acampamentos abandonados, um nos fundos de um prédio no alto da Rua Taquari e outro em um recanto na fralda de uma colina. Neles o inimigo abandonou peças de equipamento, fuzis, víveres, barracas etc. Fiz transportar o que pude e que de mais utilidade me parecia, às trincheiras. As barracas causaram muita alegria aos soldados, que antes acampavam ao relento e sob um rigoroso frio.

Sem alteração digna de nota, regressei ao meu posto às 7 horas do dia 17. Momentos depois o vigia que estava no alto da fábrica avisou que uma força de infantaria inimiga se aproximava em ordem de combate. Assestei as metralhadoras, pus a minha gente em ordem e aguardei a tropa. Quando esta chegou próximo às minhas trincheiras, a descoberto e em ótima distância de tiro, ordenei fogo. O efeito foi surpreendente. Os atacantes tiveram um recuo como de surpresa e, sob uma saraivada de balas, debandaram e desapareceram, deixando no solo grande quantidade de mortos e feridos. Não mandei recolher estes, apesar de seus lamentos, porque, não confiando no adversário, temia deixar a trincheira. A prudência falou mais alto que a caridade.

Na expectativa de novo ataque, mantive os meus homens na mais rigorosa prontidão até à tarde quando recebi ordem do comandante Costa de fazer um novo reconhecimento nos altos do Cambuci.

Cumprindo a ordem, segui, acompanhado de dez homens dispostos, para o ponto indicado. Uma vez ali, fui alvo de diversas descargas de infantaria de forças amigas postadas no Teatro São Paulo e no Morro do Piolho ou dos Ingleses. A custo e ante os meus desesperados sinais feitos com uma toalha branca, à guisa de bandeira, fui reconhecido, cessando o fogo. Pude então com calma dar cumprimento a minha missão, mandando recolher, antes, uma praça ferida neste lamentável incidente. Galguei o ponto mais elevado e, assestando o binóculo, verifiquei que, enquanto o grosso das forças, como um formigueiro humano, apoiava-se no Ipiranga, dividido em dois grandes grupos em volta do monumento à Independência, a artilharia acampara em Vila Clementino e os postos avançados formavam manchas escuras que, em linha, vinham até próximo ao meu ponto de observação.

Satisfeito regressei às trincheiras, fiz algumas rápidas recomendações e fui pessoalmente à presença do comandante Miguel Costa, a quem relatei tudo que vi, pedindo encarecidamente que me desse duas peças de artilharia 75, a fim de, colocadas no alto do Cambuci, desfazer a concentração do Ipiranga. Ao mesmo tempo, expliquei, marcharia a infantaria pelas ruas transversais da linha da Mooca com ordem de atacar de frente os postos avançados da brigada Potiguara e pela direita a base do Ipiranga.

A confusão que notei aqui, no grosso das tropas acampadas, sem ordem e em uma movimentação individual bastante singular e fora das normas regulamentares, dava-me a certeza de que, depois de um regular e eficiente bombardeio nesse ponto, as invadiria o terror e o pânico. E se fosse atacado, rapidamente, conforme o plano que expus, facilmente a vitória seria nossa; ocuparíamos as posições do Ipiranga e dar-se-ia, por conseguinte, a ruptura da linha governista, justamente no ponto em que as brigadas Potiguara e Arlindo faziam junção. Dividiam-se, assim, as forças do governo em dois grupos, sem ligação, o que traria o seu grande enfraquecimento, abrindo-nos, além disso, o caminho de Santos.

Assim pensando, segui para junto dos meus soldados no setor da Mooca e dispus tudo para os ataques projetados, não sem ter, antes disso, feito umas incursões de reconhecimento na esquerda do adversário à minha frente, com mais sucesso que as outras, pois fui obrigado a combater e, pelo recuo de alguns postos, notei que as forças ali colocadas eram de espírito combativo muito fraco, o que me permitiu assegurar o terreno conquistado. Infelizmente o comandante Costa não atendeu meu pedido e, sem artilharia, nada poderia fazer, perdendo-se assim, posso quase dizê-lo com certeza, uma bela oportunidade de dar aos generais inimigos a mais dura lição da campanha de São Paulo. O momento era próprio a uma ofensiva. Além dos defeitos que observei em suas linhas, o inimigo estava na ignorância do número e elementos de guerra de que dispúnhamos; para a soldadesca a cidade de São Paulo tinha em seu seio um tenebroso mistério, bastante avolumado pelos alarmantes boatos que corriam entre essa gente composta de elementos tão diversos entre si, tirados de um exército simpático à revolução, de bisonhos batalhões das polícias dos Estados, grupos de civis mal organizados, oficiais sem o menor preparo militar e arrancados à quietude dos sertões mineiros, cujas milícias se salientavam pelo ódio aos revolucionários e pela crassa ignorância do que fossem liberdades civis.

FIGURA 3 – Na Sorocabana
1. Major Nelson de Mello – 2. Capitão Ary Pires – 3. Tenente Metello – 4. Tenente Rendall – 5. Tenente Perdigão – 6. O malogrado Dudu

Entre os ódios de uns e a simpatia de outros, pairava a indiferença do restante da tropa, desejosa de ver o assunto solucionado por um armistício. Além disso, soldados e sargentos do exército rebelavam-se interiormente, provocando assim a derrota, como castigo aos oficiais de polícia dos Estados que ali se encontravam na arrogante atitude de vigias e guardiães desses mesmos soldados e sargentos. O serviço de muito miliciano estadual cingia-se unicamente a denunciar os atos de oficiais e praças do exército, aí tratados com a mais impertinente e afrontosa desconfiança. Com tais elementos, com tais discórdias, indisciplina e desconfiança mútua, qualquer exército é fácil de ser derrotado; depende da oportunidade e esta tive-a em mãos. Faltaram-me apenas duas ou três peças de artilharia 75.

Bastante contrariado por não querer o chefe do movimento realizar a ofensiva, resolvi tomá-la eu sob minha responsabilidade pessoal, fazendo uso da infantaria de que pudesse dispor. Calculava assim os meus planos de ataque quando à noite, fui chamado com urgência ao quartel-general onde tive conhecimento de que fora eu designado para seguir no dia seguinte, 18, para Mogi Mirim, a fim de frustrar a concentração de tropas que o inimigo ali fazia; impedir a tomada de Campinas e o avanço sobre a retaguarda de São Paulo, que visava cortar nossas comunicações com o interior.

Resignado aceitei a nova missão, ficando o comando do setor entregue ao tenente Procopio, da Força Pública de São Paulo, o qual, mais tarde, deu provas de rara competência e bravura.

CAPÍTULO II

NO INTERIOR DE SÃO PAULO

Nomeações de autoridades – O Mineirinho – Campinas – Jaguari – Amparo – Itapira – Mogi Mirim – Barão Espírito Santo do Pinhal – São João da Boa Vista – Prata – Embarque – Forças do general Martins Pereira – Questão de orelhas – Telegramas e telegramas – Invulnerável – Lenda – Tomada de Jaguari e Itapira – Resistência heroica – Um fuzilamento – Um sacerdote – Clero paulista

Só no dia designado pelo Estado Maior, 19 de julho, às 4 horas da manhã, assumi o comando dos 95 homens de infantaria, batizados com o pomposo nome de "batalhão", bem armados e municiados, possuindo, além disso, uma peça de artilharia de montanha, três metralhadoras pesadas e quatro fuzis metralhadoras. Fui para a estação da Luz, onde tomei um trem. Apenas embarcado o último soldado, pôs-se o comboio em movimento, sob um entusiasmo pouco comum por parte dos expedicionários e dos que assistiram ao embarque. Atendendo a um pedido dos soldados, ordenei ao corneteiro que tocasse a marcha *Pé espalhado*.

Este pedido traduzia o desabafo da tropa contra os toques de marcha do exército francês, estabelecidos nos quartéis brasileiros. Os soldados sentiam a saudade dos toques nacionais e aproveitavam o momento para gozarem as suas notas alegres que lhes eram tão gratas.

No decorrer da campanha, notei que os toques de marcha de origem genuinamente brasileiros comunicavam aos soldados coragem e entusiasmo.

Recolhi-me com o único oficial que levava, o tenente César, a um compartimento reservado, e aí tratei de recapitular as ordens e instruções recebidas do comandante Costa e do capitão Juarez Távora. Eram mais ou menos estas, em resumo: impedir a concentração de forças que se estava fazendo em Mogi Mirim e municípios vizinhos. Segundo o Estado Maior, as forças que em Mogi Mirim se estavam concentrando tinham um núcleo de trezentos caipiras e jagunços, na maioria voluntários de *pau e corda*, generoso donativo feito por alguns políticos influentes, notadamente, os srs. W. Luís, Fernando Prestes, senador Couto, Francisco Vieira e Quinzinho Junqueira.

Dispersar grupos de civis mal adestrados era finalmente a minha missão. Ora, isto não podia preocupar-me o espírito. Estava completamente tranquilo sobre o bom êxito da minha missão. Assim, chegamos a Campinas, onde fiz desembarcar a tropa com o intuito de baldeá-la para um trem da Mogiana, o que não foi levado a efeito por ter tido notícias exatas de que a linha estava completamente danificada, e mais, que de Campinas se aproximavam forças regulares, sob o comando do general Martins Pereira. Essas forças procediam de Minas Gerais, tendo já sua vanguarda atingido Mogi Mirim, sob o comando do major Amaral, que colocou a testa da mesma avançada em Jaguari e um flanco guarda em Itapira. O grosso da tropa invasora vinha ainda em Jacutinga e Pouso Alegre, em Minas. Segundo meus informantes, a mencionada vanguarda era de oitocentos homens, estando cortado para mim o trânsito para Amparo, Serra Negra e Ribeirão Preto. Esta cidade servia de base a outra concentração de tropas regulares e de civis sob a direção do Delegado Regional e ao mando do tenente Inocêncio da Silva, da Força Pública do Estado, formando um total de mil homens, os quais somados aos primeiros e ao grosso, ainda em território mineiro, formavam um exército de 3 mil homens, tudo sob o comando do general Martins Pereira.

A superioridade numérica e as condições técnicas das tropas em questão eram acabrunhadoras em relação ao meu pobre contingente de 95 homens. Mas a arrogância e disposição de ânimo de minha gente eram ilimitadas... maiores entretanto eram as dos governistas...

Este telegrama passado pelo comandante da vanguarda inimiga ao governador de Campinas, o atesta:

"Dr. Álvaro Ribeiro – Campinas – Entramos *triunfantes* em Mogi Mirim. Daqui a 24 horas estarei em Campinas, para lhe cortar as orelhas – *Major Amaral*".

Este major Amaral pertencia à polícia mineira e lá naquele Estado usa-se ainda a velha praxe de aparar as orelhas dos prisioneiros que caem nas garras da Justiça, a qual, nos sertões, ainda está em poder dos majores Amarais, e outros.

Nada amedronta tanto o adversário, que lança mão de meios bárbaros e violentos para saciar vinganças, do que ameaçá-lo com a pena de Talião; por isso respondi eu próprio, o telegrama do *saca-orelhas* mineiro, dizendo-lhe que se enganava e ele Amaral é que perderia as orelhas na campanha; eu me encarregaria disso, sob minha palavra de honra, salvo se ele tomasse a iniciativa de voltar para Minas quanto antes.

Entretanto, minha posição era crítica e o amor-próprio me impedia de voltar para São Paulo. Tinha um desejo imenso de encontrar-me frente a frente com o aparador de orelhas da terra de Tiradentes...

Na falta de força que pudesse contrabalançar à do general Martins Pereira, lancei mão da astúcia apresentando ao inimigo um exército numeroso, existente de fato somente nos telegramas e telefonemas.

Telefonei para Ribeirão Preto, dizendo que tinha à minha disposição mil homens e seis peças de artilharia, que diante disso o comandante Inocêncio aderisse à revolução porque a vitória era certa. Para outros pontos telefonei e telegrafei verdadeiras fantasias das quais o major Amaral tomava conhecimento em Mogi Mirim, levando-as a sério.

Depois de fazer correr pelos fios todo o meu exército e apetrechos de guerra, fechei o telégrafo e a estação telefônica; proibi terminantemente a saída de qualquer pessoa para fora da cidade e ante os grupos de curiosos, no meio dos quais forçosamente haveria alguns espiões, contava as maiores patranhas e com a máxima arrogância dava conhecimento de que ia atacar o inimigo nos pontos mais fortes. Estas coisas eram transmitidas ao major Amaral por meios ocultos, ao quais eu mesmo não era estranho.

Campinas tornou-se um centro de boatos que dali batiam asas e iam pousar avolumados no acampamento inimigo, lançando o terror nas tropas.

Entre os soldados mineiros, o meu nome chegou envolto em lendas pitorescas e trágicas. Narravam de mim façanhas verdadeiramente assombrosas e tanto cuidado recomendavam os oficiais para evitar uma surpresa de minha parte, que por último meu nome já servia, ele só, de espantalho aos pobres policiais das alterosas montanhas. Chegaram até ao cúmulo de incutir no ânimo crente dos mineiros que possuía eu uma capa negra, presente de Satanás e não havia bala que a varasse. Envolto nesta capa, o tenente Cabanas era invulnerável. O meu físico, para aquelas imaginações cheias de prejuízos e superstições, era este: um italiano alto, muito alto, barba negra e luzidia, ampla cabeleira, olhar de fera e sempre de sobrecenho carregado. Quanto ao meu caráter: rancoroso e perverso sem limites, degolador e sanguinário ao extremo; os prisioneiros que me caíam nas mãos sofriam torturas dantescas; o menos que eu fazia era cortar-lhes a língua e arrancar-lhes os olhos a ponta de espada.

Ora, todos estes boatos e lendas, inventadas para levantarem contra mim o ódio da tropa adversa, eram contraproducentes, pois que infundiam um terror pânico entre eles e ninguém desejava cair-me nas garras.

Em tal ambiente, arquitetei o plano de ação, simplíssimo e corriqueiro, de atacar o inimigo nos seus pontos mais fracos e movimentar-me com a maior rapidez possível, surgindo aqui e ali para fazer crer que o ataque era feito por diversos contingentes.

Após farto rancho distribuído à tropa, apossei-me de vinte caminhões, embarquei nestes a força e em alta voz dei ordem de seguir caminho de Mogi Mirim.

Sabia muito bem que, após minha saída, não faltaria quem comunicasse a Mogi Mirim a notícia de que essa praça ia ser atacada por mim, objetivo que nunca me passou pela cabeça, pelo menos, no momento da partida.

Iniciei a marcha sob cantorias dos soldados e vitoriado pela população. Acampei a um quilômetro da cidade e aí ficamos até 1 hora da madrugada, tendo os chofres debaixo da mais rigorosa vigilância e o pequeno acampamento isolado por uma linha de sentinelas. Àquela hora dei ordem de marcha e cautelosamente abalei-me em direção a Jaguari. Na ponte do Atibaia, da estrada de rodagem de Mogi Mirim, fiz alto e dei ordem para que se apeasse a tropa. Coloquei uma guarda naquele ponto sob o comando do sargento José da Silveira Breves e marchamos a pé para Jaguari; – que ficava a três quilômetros à direita e paralela à estrada. Palmilhamos os terrenos de uma fazenda e às 10 horas da manhã caímos sobre a vila. Tivemos que passar um a um pela ponte da estrada de ferro, servindo-nos de uma prancha. Numa eminência, antes da ponte, deixei assestada a peça de artilharia de montanha. Mal transpúnhamos a dita ponte, as sentinelas inimigas deram o brado de alerta e a peito descoberto avançamos resolutamente, apesar de sermos alvejados pelos fuzis inimigos. Nas matas que orlam a vila escondia-se a infantaria mineira que nos hostilizava vivamente. Dois tiros de artilharia, porém, enfraqueceram a resistência do adversário. Percebemos o pavor que reinava em suas fileiras pelo estrondo do canhão, carreguei fortemente e, dentro de uma hora, éramos senhores da posição e o adversário foi perseguido por umas patrulhas previamente escaladas.

Na perseguição, o inimigo que conseguira juntar-se e ocultar-se na mata opôs séria resistência às minhas patrulhas. Estas, porém, reforçadas por um contingente comandado por mim pessoalmente, desalojaram-no, derrotando-o novamente.

Em toda a ação o inimigo teve quatro mortos e vários feridos, perdendo mais 16 homens, que fizemos prisioneiros. Minha tropa teve sete baixas: dois mortos e cinco feridos.

Na previsão de um contra-ataque, ordenei o levantamento de trincheiras em volta da vila que me garantissem a posição tomada. Estava nesse serviço quando recebi do sargento Breves um aviso de que a ponte do Atibaia havia sido atacada pelos governistas, ali chegados em quatro caminhões. Foram repelidos com perdas de vidas e alguns prisioneiros.

A minha previsão de que o inimigo tentaria me atacar pela retaguarda, avançando pela ponte do Atibaia, realizou-se, tendo felizmente bom êxito a iniciativa de deixar ali uma guarda com uma metralhadora.

Dando continuação ao meu plano de ataque às forças que rodeavam o grosso do inimigo, resolvi ante o primeiro sucesso e o entusiasmo de minha gente cair sobre Itapira com a rapidez e vigor que o momento exigia.

Sem medir consequências, dispus-me para o ataque e ordenei a marcha, deixando Jaguari guardada por uma pequena força sob o comando do destemido sargento João Francisco Bispo, o mesmo que, tendo recebido informações de que "seria atacado por uma numerosa força" quando já me achava em caminho, passou-me um telegrama, pedindo "que continuasse a marcha porque ele saberia resistir, embora com sacrifício da própria vida".

Assim, tomando um trem em Jaguari, desembarquei em Amparo, onde a guarnição militar aí destacada rendeu-se à discrição. Nomeei uma comissão de pessoas idôneas para organizar o serviço de policiamento, garantir a cidade, evitar a fuga dos criminosos recolhidos à cadeia e dirigir, enfim, os serviços públicos de urgência, de modo que ali não fosse implantada a anarquia, acalmando, desse modo, os justos receios da população. Ordenei a essa comissão que fiscalizasse com energia a distribuição de gêneros de primeira necessidade e que alojasse e alimentasse com os recursos de que pudesse dispor o elevado número de famílias que a todo momento chegavam de São Paulo, fugindo ao bombardeio.

Dei todas essas providências com a rapidez fácil de se imaginar. Tinha o pensamento fixo em Itapira e para lá segui incontinente, fazendo a marcha a pé por um caminho quase intransitável e por entre a escuridão da noite, subindo e descendo cerros. A tropa consciente do seu dever marchava silenciosa e firme.

Previamente cortei os fios telefônicos, de modo que a minha marcha sobre Itapira era ignorada. Para maior segurança incorporei à força todos os indivíduos que encontrei pelo caminho sem distinção de classes ou categorias sociais. Até um barão autêntico e um sacerdote me acompanharam, embora contrariados.

Às 10 horas da manhã do dia seguinte avistei a cidade. Destaquei da tropa uma força e ordenei que fosse diretamente à estação da estrada de ferro, tomasse o edifício e cortasse todas as comunicações. A uma outra força ordenei que seguisse para a embocadura da estrada de rodagem de Mogi Mirim, impedindo o passo a quem tentasse transitá-la. Destaquei também uma patrulha para se apossar do centro telefônico. Sob minhas vistas seguiram os três destacamentos em cumprimento dessas ordens. No semblante daquela gente lia-se a resolução inabalável de morrer no cumprimento do dever, se tanto fosse preciso. Tranquilo quanto ao resultado do desempenho de comissões tão importantes, e quando percebi que os mesmos destacamentos entraram na cidade, cada um por seu lado, pus-me também em movimento e, sabendo o inimigo entrincheirado na Cadeia Pública, no edifício do Fórum e na Intendência Municipal, dividi o restante da força em três grupos e saltamos vigorosamente sobre os entrincheiramentos.

Os defensores governistas do Fórum e da Intendência, após fraca ou quase nenhuma resistência, fugiram abandonando suas trincheiras. Entretanto, apesar disso, o inimigo entrincheirado na Cadeia Pública organizou, desprezando minha superioridade numérica, uma resistência heroica e formidável. Não atendeu de modo algum as minhas intimações, pelo que reuni toda a tropa num só grupo e ataquei-o fortemente por todos os lados em verdadeiro cerco. As minhas metralhadoras despejavam balas ininterruptamente secundadas pela fuzilaria em fogo cerrado e sem tréguas.

Os defensores da Cadeia não se intimidavam com isso e, possuídos de uma calma pouco vulgar, que muito honra o seu comandante, nos alvejavam com uma precisão quase matemática; a minha posição a descoberto não era das melhores, tratando-se de um inimigo bem abrigado e valente. Percebi que a tomada daquele reduto não era fácil como previ. Em minhas fileiras abriam-se claros assustadores; tratei, pois, de abrigar-me também, ordenando aos soldados se entrincheirassem aproveitando os abrigos que nos ofereciam as esquinas adjacentes, e só atirassem quando tivessem um inimigo em alvo. Tomei outras disposições de resguardo à tropa, colocando-me por trás de uns sacos de cereais que retirei de uma casa de comércio. Atrás desse abrigo acompanhava-me o sargento Peres do regimento de Jundiaí, então já comissionado em segundo tenente. Em dado momento esse malogrado companheiro, que se salientava por sua bravura pessoal, pediu-me, gracejando, que lhe emprestasse a minha capa preta, porque esta tinha muita sorte contra as balas. Dei-lhe a ele; vestindo-a, ergueu-se para observar o inimigo, no momento em que na Cadeia içavam uma bandeira branca. Alegres com este sinal de paz, nos levantamos todos quando, da Cadeia, traiçoeiramente, manchando a honra do heroísmo daquela gente, partiu um tiro único e fulminante contra o sargento Peres, prostrando-o morto sem um gemido. Indignado contra esse proceder tão vil e indigno, carreguei, sem olhar perigos, contra o edifício, e lá entramos em turbilhão arrombando as portas a coice de carabina. Em poucos minutos, o reduto era nosso e a guarnição tomada prisioneira e desarmada. Sob a dolorosa impressão da morte do companheiro querido, inqueri quem fora o autor do tiro que o vitimou. Descoberto o assassino na pessoa de um cabo da guarnição, fi-lo passar pelas armas sem mais preâmbulos.

Depois soube que, de fato, o comandante, um sargento da polícia mineira, mandou levantar a bandeira branca para render-se. Isto feito, o cabo em questão declarou em voz alta que ao menos o comandante da capa preta necessitava morrer e, vendo erguer-se da trincheira um homem com a referida capa, contra ele fez fogo, julgando que se tratava de minha pessoa.

    Preciso é notar que a minha coluna, desde Amparo, vinha sendo acompanhada por um eclesiástico, o venerando Monsenhor Landel de Moura que, desejando seguir para Pinhal, pediu-me o deixasse viajar comigo, o que consenti, pondo à sua disposição cavalos e automóveis, conforme o estado dos caminhos. Esse digno sacerdote prestou ao cabo que mandei fuzilar os socorros do catolicismo, não permitindo que a vítima morresse impenitente. Socorros iguais eram prestados pelo bom velhinho a todos os feridos amigos ou inimigos que estavam em artigo de morte. Sua bondade era extrema e logo soube impor-se aos soldados que o veneravam com carinho. O bom velhinho encarregava-se também de cuidar dos feridos com invejável solicitude, própria das grandes almas que neste mundo se dedicam à prática do bem.

    Essa alma boa e simples, predicando o catolicismo, confortando espiritualmente a tropa e avivando nesta os sentimentos cristãos, nos acompanhou depois, unicamente para exercer o seu ministério, sem preocupações de ordem política e indiferente às nossas paixões, até Porto Mendes sobre o rio Paraná, sofrendo mais privações e desconfortos do que os próprios a quem socorria. Ali, tendo adoecido gravemente, levei o fato ao conhecimento do general Isidoro, por intermédio do comandante Miguel Costa, e o respeitável enfermo foi transportado a Buenos Aires. Uma vez restabelecido, regressou a São Paulo, onde o dr. Juiz Federal o impronunciou no processo que respondia por denúncia do Ministério Público.

    Uma vez que falei sobre Monsenhor Landel, é necessário dizer também que este sacerdote destoou da atitude de grande parte do clero brasileiro. Ele seguiu uma tropa revolucionária, exaltando o nome de Cristo e pregando sua religião, justamente onde ela era necessária. Nunca ele demonstrou possuir paixões políticas e sempre entendeu que a Misericórdia Divina era um refúgio aos pecadores governistas ou revolucionários. Entretanto, como disse, a maior parte do clero brasileiro assim não entendeu e acenava com o Céu unicamente aos governistas, oferecendo a paz do Senhor, mesmo aos mais façanhudos impenitentes. Para esse clero, só tinham direito às doces promessas do humilde Nazareno que na cruz expirou pela humanidade os soldados do governo. Nós, os revolucionários, cristãos, estávamos fora do Cristianismo e da própria humanidade.

Cristo perdoou aqueles que fizeram verter o seu divino sangue e ainda vendo-o morrer, não aceitavam o verbo imaculado; aquele clero, porém, regozijava-se em documento público pela vitória dos governistas e, num aceno jamais percebido pelo Senhor, trancava-nos as portas da paz na eternidade. O que vale é que o mesmo clero, ofuscado pelo brilhantismo do governo da República, será por sua vez perdoado porque, como os martirizadores de Cristo, não sabe o que fez; salvo o Bispo de São Paulo que, segundo voz pública, baixou de sua cadeira episcopal para percorrer a capital paulista nos dias da revolução e mandar aos homens do governo informações sobre a localização das defesas revolucionárias. Esse bispo, sim, procedeu conscientemente, iludindo as forças revolucionárias, cujos comandantes acostumados à retidão e virtudes cristãs dos prelados brasileiros nunca poderiam supor que o chefe da Igreja Paulista traísse o seu próprio ministério; por isso S. Exa. transitava livremente pelas ruas nos dias da revolução, sem que levantasse uma só suspeita. Esta apareceu nos últimos dias porque S. Exa. cometeu várias imprudências que patentearam sua cooperação no serviço informativo organizado pelos generais e políticos da situação.

Entre essas imprudências, salientava-se de S. Exa. assistir a reuniões onde se estudava o melhor meio de sufocar a revolução, entrando em São Paulo pelos pontos mais desguarnecidos; aí S. Exa. tinha voto, mas não era o presidente do capítulo...

Caída em meu poder a Cadeia de Itapira, último reduto governista naquela cidade, apossei-me militarmente da mesma e, depois de enterrar os mortos e mandar hospitalizar os feridos, tratei de normalizar a vida civil nomeando um governador militar e um prefeito. Para não haver atritos entre essas duas autoridades, defini as funções de cada uma, traçando-lhes os respectivos campos de ação. Em boletim impresso e profusamente distribuído, aconselhei ao povo obediência às novas autoridades e proclamei resumidamente os motivos e fins da revolução.

Isto posto, decidi atacar de flanco Mogi Mirim fazendo antes crer ao inimigo que "uma forte coluna me prestava apoio, marchando sobre a retaguarda da cidade, enquanto eu atacaria de frente". Pensava na maneira como poderia fazer os governistas acreditarem nessa falsa coluna e no meu suposto ataque pela frente, quando um auxiliar trouxe-me cópia de um telegrama interceptado do comandante das forças em Eleutério para o major

Amaral em Mogi Mirim, dizendo que seguia para esta localidade um trem especial conduzindo tropas e partido naquele momento. Ante isso, resolvi aguardar o comboio inimigo, emboscado em uma posição de onde podia metralhá-lo desde uma distância de três quilômetros, usando da peça de artilharia de montanha. Nessa posição me mantive uma noite inteira, sem resultado. O dito comboio com a notícia da tomada de Itapira deteve-se na estação de Barão.

Pela manhã seguinte, estando na mais vigorosa prontidão, como que pressentindo que ia ser atacado, se me apresentou o sargento Benedito Dias, de meu comando. Uma criança quase, conhecido pela alcunha de Mineirinho, pedindo-me permissão para, em um auto Ford, conduzir uma senhora que desejava reunir-se à família numa fazenda próxima.

Não quis de pronto aceder a semelhante pedido, porque não estava em condições de dispensar assim, sem mais nem menos, um oficial inferior, embora por poucas horas. Pela insistência do pedido e como se tratava de proteger uma senhora digna por todos os títulos e filha de respeitável família, acedi com a condição de que o sargento regressasse imediatamente, uma vez cumprida a missão de que voluntariamente se encarregava.

Sem novidade, passava-se o dia quando, pelas 4 horas da tarde, aparece-me o sargento Mineirinho montado em um cavalo e em trajes de boiadeiro. Estranhando que não tivesse voltado com o auto, pois este estava a meu serviço, perguntei-lhe curioso por isso, pela sua nova indumentária e o que havia acontecido. Respondeu-me que ia escoltando a senhora quando o auto foi atacado por uma patrulha governista, ficando ele sargento prisioneiro. Levado para uma fazenda, verificou que aí acampavam para mais de quatrocentos homens. Como, ao avistar a patrulha referida, tivesse se despojado da túnica, os oficiais que se achavam na mesma fazenda ligaram pouca importância ao prisioneiro, deixando-o à vontade dentro da casa.

Mineirinho, ajudado pelo seu aspecto infantil, conseguiu insinuar-se no meio da família e ouvir disfarçadamente a combinação da oficialidade aí acantonada. Destarte pôde me informar que eu seria atacado no dia seguinte, entrando o inimigo por uma chácara nos subúrbios da cidade para surpreender-me pela retaguarda.

Perguntei a Mineirinho se sabia mais ou menos a hora do ataque e ele respondeu-me resoluto:

– Não sei, sr. comandante, mas posso voltar lá para saber a hora exata.

Ante tal resposta, permiti a Mineirinho que voltasse à fazenda onde se achava o adversário. Duas horas depois estava de regresso e me informava que o ataque seria levado a efeito nessa mesma noite e não no dia seguinte conforme as conversas anteriores e que o comandante das forças inimigas, ao vê-lo aparecer pela segunda vez dentro da casa, fez ver aos demais oficiais, já desconfiado, a necessidade de prendê-lo, dizendo:

– Este pequeno parece-me um espião e necessitamos prendê-lo.

Nisto, Mineirinho ouviu levantar-se a voz de uma senhora, protestando contra a intenção do comandante, declarando não permitir que na casa dela se efetuasse tal prisão, em vista de tratar-se de um hóspede. Perigando ali sua liberdade, tratou ele de escapar-se pelos fundos da casa, o que realizou com felicidade, chegando a minha presença.

Uma emboscada – Coluna que se retira

Senhor dos planos do adversário para atacar-me em Itapira, tomei as minhas disposições de defesa e fiz emboscar a maior parte da força em um lugar que julguei magnífico e que, de antemão, havia estudado.

Na calada da noite fui avisado pelas vedetas da aproximação de patrulhas inimigas. Deixei que elas avançassem até caírem na emboscada. Estonteadas pelo fogo que sem esperar lhes caía em cima, puseram-se em fuga deixando no local, onde foram surpreendidas, alguns feridos, tendo caído prisioneiros dois soldados que completaram as informações de que tanto eu necessitava.

Tranquilamente corria o resto da noite e, como a incerteza não me agradasse, mandei novamente o Mineirinho, desta vez com uma patrulha, fazer uma pequena exploração no campo inimigo.

A patrulha, comandada por esse valente menino, chegou até a fazenda onde esteve acampada a coluna governista e aí verificou que ela havia batido em retirada para Jacutinga, no estado de Minas, segundo lhe informaram os moradores.

Livre de inimigos pelas proximidades, voltei ao meu desejo de atacar, de qualquer forma, Mogi Mirim.

Informações – Tomada de Mogi Mirim – Fuga do major Saca-orelhas – O general Martins Pereira – Uma reunião – Para tomar Ribeirão Preto... – Debandada

Tendo-se prolongado minha estadia em Itapira pelos motivos acima expostos, deu ela tempo a alguns amigos da revolução para mandar-me detalhadas informações do que se passava em Mogi Mirim.

O inimigo, na previsão de um ataque, entrincheirou-se de emboscada na estrada de Itapira, colocando aí um forte contingente com duas metralhadoras pesadas, tudo sob o comando do tenente Mário Camargo da Força Pública de São Paulo, que tinha como auxiliar um outro tenente, que a todo momento exclamava:

– O tal Cabanas vem aí e essa mineirada (referia-se aos seus soldados) não vai dar um tiro e nos deixará sacrificados nesta posição.

Como se vê, as informações que me chegavam eram por demais minuciosas, e pessoas residentes em Mogi Mirim, prevendo que eu tomaria a cidade, ante o moral abatido da tropa que a defendia, mandavam-me outros informes na previsão de captarem minhas simpatias. A estas informações contestava eu que "a cidade seria atacada justamente pela estrada onde o tenente Camargo estava emboscado e tinha a certeza que este se entregaria aos primeiros tiros dos meus canhões."

Convicto de que Mogi Mirim cairia em meu poder, pus-me em marcha pela madrugada, mas... em direção a Amparo. Nesta cidade tomei um trem e segui finalmente para Mogi Mirim por um lado bem diferente daquele onde existia a emboscada do tenente Camargo.

Ao aproximar-me da cidade, fiz parar o trem e destaquei algumas patrulhas com o encargo de iniciarem o ataque em diversos pontos, encarregando-se eu de assaltar o mais central, enquanto o adversário, naturalmente estonteado, acudisse aos sítios onde estivessem as patrulhas, de modo a julgar-se atacado por numerosa força e acossado por vários pontos.

Aos primeiros tiros das patrulhas avancei com o resto da força sob o meu comando direto, margeando o leito da estrada de ferro. Atrás de mim seguia o trem vagarosamente, fazendo o menor ruído possível. Notando que os tiros tinham cessado e não sabendo o que sucedia, mandei obter informações das patrulhas, que me responderam estar a cidade abandonada. Embarquei em seguida na composição e me transportei à estação. A esta acudiram numerosos populares, pedindo-me calma e dando-me a nova de que aos primeiros tiros dados pelas patrulhas e diante das informações tartamudeadas pelo major Amaral, o Saca-Orelhas do telegrama ao governador de Campinas, o general Martins Pereira, comandante em chefe da coluna, deu ordem de evacuar a cidade e que cada um se salvasse como melhor entendesse.

Foi por isso que não pude encontrar, mau grado meu, o major Amaral, que eu desejava levar a Campinas e apresentar ao governador daquela cidade, para que este guardasse na retina a figura sinistra do mais pavoroso cortador de orelhas que arrastava os galões pelos quartéis da polícia mineira e de maneira tão original deixou a cidade de Mogi Mirim, esquecendo-se de guiar na fuga os desorientados e bisonhos soldados de seu comando.

O general Martins Pereira escapou numa pequena machica que sempre de fogos acesos estava à sua disposição. Quanto aos tenentes da emboscada, vendo tudo escuro, contaminaram-se do pavor de seus comandantes e abandonaram também a sua gente.

O resultado de tudo isto foi que a soldadesca desamparada de seus oficiais, vagava assustada e sem rumo pelas estradas que davam acesso às fazendas próximas. Destaquei várias patrulhas para aprisionar esta gente, no intuito de fazê-la aderir à revolução. Sessenta homens foram capturados, incorporando-se a maioria à minha coluna, pois já ia necessitando de reforços.

Fiz recolher a lugar seguro as armas e munição apreendidas, mantendo-me na cidade durante todo o dia 23 de julho. Nesse mesmo dia, convidado, compareci a uma reunião que pessoas de destaque social tinham convocado em um clube local.

Na citada reunião, encontrei diversos cavalheiros presididos pelo senador Eduardo Canto, se não me falha a memória, que me fez entrega das chaves do edifício e do cofre da municipalidade, confessando-me que dentro do mesmo edifício havia alguns fuzis.

Dizendo que não podia assumir a responsabilidade de governar a cidade de Mogi Mirim, restituí na presença dos citados cavalheiros as chaves que no momento me entregavam, acrescentando que à S. Exa. competia o encargo de zelar pela tranquilidade pública. Aceita a minha proposição, pus imediatamente às ordens de S. Exa. uma força armada e municiada para guardar a municipalidade, a Cadeia Pública e patrulhar a cidade. Isto feito, deixei a reunião e fui tratar de assuntos militares que mais me interessavam.

A minha atitude grangeou-me as simpatias da população, manifestada por vários atos públicos que não vem a pelo referir.

Instalei-me no novo edifício da Cadeia Pública, onde comecei a receber informações do pessoal em serviço e que em resumo são as seguintes:

Que o general Martins Pereira, comandante da coluna que tinha de dar-me combate e atacar a retaguarda de São Paulo, ficou tão desorientado a ponto de, a paisana e já em caminho, perto de Ribeirão Preto, quando fugia de Mogi Mirim aos primeiros tiros das patrulhas, fazer regressar o comboio que o conduzia e entrar no primeiro desvio ou ramal que encontrou; e foi parar em São João da Boa Vista e daí a Jacutinga, sempre possuído de uma agitação nervosa pouco comum aos militares; que o dr. W. Luís achava-se em sua fazenda das cercanias acompanhado de civis armados, indeciso quanto ao rumo a tomar em vista do desastre das tropas do general Martins Pereira; que uma numerosa força vinda do Rio Grande e do Paraná concentrava-se em Sorocaba, pronta a marchar sobre São Paulo; que um regimento de cavalaria vindo de Minas se aproximava de Eleuterio; que a coluna de Ribeirão Preto, composta na maior parte de colonos das fazendas dos Junqueiras, começava a manifestar desejos de debandar; que perto de Casa Branca havia um grupo de quarenta praças governistas, privado de comando e sem saber que fazer.

Diante dessas informações, fiz seguir um piquete com ordem de trazer preso à minha presença o dr. W. Luís. O piquete seguiu e regressou sem ter encontrado a pessoa procurada que tomara rumo ignorado. Vagamente soube depois que havia seguido para Araraquara e daí para Sorocaba, tendo estado na fazenda Santa Bárbara.

Telegrafei para São Paulo comunicando a concentração que se fazia em Sorocaba e pedindo permissão para dispersá-la ponderando que isso seria fácil, pois, desmoralizadas as forças do general Martins Pereira, nada teríamos a temer pelo lado de Minas, podendo, portanto, ir eu operar na zona em que se fazia a nova concentração.

Esperando a resposta do telegrama, cuidei de preparar o terreno para o ataque à Sorocaba, expedindo telegramas e telefonemas, via Campinas e Itu, de modo a fazer crer que dispunha de poderosos elementos de guerra e não tardaria muito o meu ataque àquela localidade.

Dei as providências para impedir o avanço da cavalaria mineira atacando-a oportunamente.

Quanto a Ribeirão Preto, apesar de saber que ali existiam mais de mil homens, segundo as informações que eu constantemente recebia, resolvi tomar a praça dispersando essa gente.

Requisitei máquinas, vagões e gôndolas na estação local. Atendida a requisição, organizei com os elementos à minha disposição, dois grandes e aparatosos comboios de guerra. Nas gôndolas coloquei madeiros roliços à guisa de peças de artilharia, montadas em armões fabricados com velhas tábuas e pedaços de carroça. Alguns bambus cobertos com lonas eram as metralhadoras. Caixotes vazios dispostos aqui e ali em pilhas simétricas eram a munição. Pelos vagões distribuí a soldadesca em número de cento e oitenta, pois a minha tropa há dias vinha sendo reforçada com civis que se apresentavam voluntariamente. Na primeira gôndola, erguia-se ameaçador e terrível um canhão 155, fabricado pelos meus soldados nos arsenais da estação de Mogi Mirim com a melhor peroba do solo paulista e enegrecida com algumas pinceladas de piche, gentileza de um crioulo pintor de postes telegráficos.

Simulando um descuido indesculpável em tempo de guerra, deixei francas todas as linhas telefônicas e telegráficas que se dirigiam a Ribeirão Preto, desde Mogi Guaçu em diante.

Como medida de precaução, o que é fácil de supor, ao organizar os meus fantásticos comboios, ninguém deles se aproximava, isolados como estavam por uma linha de sentinelas, e sendo esse trabalho feito à noite, adquiri a certeza de que seriam transmitidos telegramas e recados telefônicos ao inimigo, tão disparatados como os meus canhões e metralhadoras. Além de tudo, ao meu trem de guerra precedia a notícias do desbarato da coluna Martins Pereira e, como é lógico, estando o número de soldados sempre em relação ao posto de quem os comanda, a força de Ribeirão Preto comandada por um tenente da polícia de São Paulo e composta de paisanos alheios ao serviço das armas, na sua quase totalidade, deveria estar aterrorizada. Eu, aos olhos desta gente, dispunha de forças numerosas e elementos de guerra capazes de aniquilá-la ao primeiro embate. Se derrotei um general que comandava tropas regulares, fácil seria o esmagamento de uma força irregular, comandada por um tenente inexperiente. Isto fatalmente é o que deviam deduzir a guarnição e a população de Ribeirão Preto, segundo meu juízo.

Estando as máquinas sob pressão, dei ordem de partida e nos pusemos em marcha. Em cada estação a soldadesca fazia uma gritaria de ensurdecer, cantando marchas militares de mistura com canções em voga, além de vivas à revolução, ao general Isidoro, comandante Costa e a outros vultos revolucionários.

Assim chegamos a uma estação vizinha da de Casa Branca, onde anexei à minha tropa vinte soldados que aí encontrei, parte dos quarenta das informações que recebi de Mogi Mirim. Nesta mesma estação vim a saber que, segundo minhas previsões, as tropas de Ribeirão Preto tinham abandonado a cidade debandando em várias direções e os seus chefes seguiram rumos diferentes. O sr. Quinzinho Junqueira bateu para Uberaba; o delegado regional, dr. França, para Vargem Grande e o tenente Inocêncio da Silva, para Jacutinga, levando consigo a força policial do destacamento da cidade que ele comandava. Quanto aos civis, desapareceram como por encanto, indo povoar os brejos e as caatingas do município.

FIGURA 4 – General Miguel Costa
O chefe em armas

Sendo o meu intento debandar tanta gente agrupada em Ribeirão a fim de impedir a sua incorporação a outras colunas que pudessem marchar contra São Paulo, estava conseguido o meu desiderato e minha ida àquela cidade não mais tinha objetivo. Também não me convindo que o dia me colhesse na linha, dando a conhecer à população marginal os meus caricatos comboios de guerra, regressei a todo vapor a Mogi Mirim, lugar onde minha ação era grandemente necessária, por ser o ponto de entroncamento das linhas férreas e estradas que vêm do estado de Minas; de mais, minha tropa era excessivamente pequena para eu cometer a imprudência de guarnecer, impedir o passo do inimigo ou combater alguma contrarrevolução em tão extenso terreno, dividindo-a. Minha movimentação seria, dessa forma, muitíssimo morosa e, além disso, meus sentidos estavam fitos em Sorocaba.

De regresso a Mogi Mirim, desmontei os aparatosos comboios, dei ordem de descanso à tropa e que estivesse pronta, em ordem de marcha, às 9 horas da manhã, a fim de irmos ao encontro da cavalaria mineira, que se movimentava na fronteira de Minas e nas proximidades de Eleutério.

Efetivamente, às 9 horas da manhã do dia 24, passei revista à tropa formada na estação e com ela embarquei em um trem especial destino a Eleutério, que partiu meia hora depois e precedido por uma máquina destinada a explorar a linha.

Em Itapira, como em toda estação em que passávamos, ou cidade onde parávamos, fomos recebidos com as maiores manifestações de regozijo. O povo se apinhava na estação, vitoriando os nomes de destaque no movimento revolucionário e oferecendo flores aos soldados.

Seguindo para Eleutério – Retirada da cavalaria mineira – Volta à Campinas – Entusiasmo popular – Falta de ordens – Novamente o general Martins Pereira – Assalto e tomada de Espírito Santo do Pinhal – Coluna da Morte

Escusando como pude de desembarcar em Itapira, por não me sobrar tempo para aceitar as festas que a mim e a meus soldados oferecia a população, depois de uma pequena parada, nos pusemos novamente em marcha para Eleutério.

Na estação de Barão tive notícia segura de que a cavalaria que estava em Eleutério, acompanhada de infantaria, compunha-se com este de trezentos homens mais ou menos e já tinha abandonado aquela vila rumo a Mogi Mirim.

Em vista do exposto, desembarquei minha tropa nas proximidades da estação de Barão e, aproveitando-me da excelência do terreno entre os rios Peixe e Atibaia, aí me embosquei à espera do inimigo, até as primeiras horas da noite, quando tive aviso de que a cavalaria fora prevenida de minha emboscada e apressadamente bateu em retirada em direção a Pouso Alegre.

Sendo impossível uma perseguição, deixei o lugar onde me emboscava, embarquei novamente e, preocupado com as notícias insistentes da aglomeração de forças contrárias em Sorocaba, mandei tocar para Campinas; deixando antes guarnecidas as passagens dos rios Peixe e Atibaia e destruídas as respectivas pontes a fim de evitar ou dificultar a vinda provável a território paulista de mais forças inimigas, que o demandassem por Minas.

Minha presença em Campinas se tornava bastante necessária e urgente. Ali poderia pôr-me em fácil contato com o Estado Maior revolucionário e ter Sorocaba debaixo de vigilância.

Para maior segurança, desde que saí de Barão, vinha fazendo embarcar no trem que me conduzia todos os prisioneiros que no meu avanço fui fazendo e que não aderiram à revolução. Chegamos em Campinas ao anoitecer do dia 24. Grande era a aglomeração de populares na gare que aí esperavam os soldados da revolução com o mais entusiástico e carinhoso apreço. Pode-se dizer que a população de Campinas ali estava em peso, sem distinção de classes. O desembarque foi efetuado sob aclamações.

Acalmado um pouco o entusiasmo da recepção, fui convidado a comparecer na Câmara Municipal, onde, uma vez chegado, a grande massa popular que em frente à fachada do edifício estacionava, acrescida com a que me acompanhou desde a estação, exigiu a minha presença na sacada, ao que acedi. Ao avistar-me, o povo rompeu em aplausos aos próceres da revolução, aclamando-me cidadão campineiro. Vários oradores se fizeram ouvir, mostrando a conveniência da regeneração política do país e fazendo votos, como patriotas, pela vitória da revolução.

Não podendo, por falta de tempo, continuar no edifício da Câmara pela necessidade premente em que estava de me comunicar com o Estado

Maior em São Paulo, retirei-me e fui tratar de acampar a tropa, o que fiz em um dos jardins da cidade. Depois telegrafei ao Estado Maior comunicando o que havia feito até ali e pedindo insistentemente que me fosse permitido seguir para Sorocaba a fim de dissolver a concentração governista que naquela cidade se operava ou, então, se isso não fosse possível ou julgado conveniente, me permitisse regressar a São Paulo, seguindo o itinerário que eu melhor entendesse, de modo a irromper na retaguarda inimiga por Santo Amaro. Por carta ampliei e confirme estes pedidos.

Infelizmente o Estado Maior não respondeu aos meus telegramas; com certeza não achou a ideia digna de atenção ou não recebeu os despachos.

Assim, com o silêncio do Estado Maior, já não respondendo aos meus despachos, já não me dando ordem alguma, fiquei entregue à minha própria iniciativa e resolvi fazer em prol da revolução aquilo que melhor me parecesse. Dispunha no momento de uma tropa exígua em número, porém resoluta, e não era lícito ficar de braços cruzados na cidade de Campinas, aguardando ordens e resoluções superiores que não apareciam. Enquanto o Estado Maior se calava, recebia eu comunicações particulares de que na cidade do Espírito Santo do Pinhal o general Martins Pereira, de regresso a Jacutinga, organizava uma brigada reunindo os elementos antes dispersos por mim, aos quais fazia acompanhar de tropas frescas de Minas. Ante isso, fiz aprestar um trem e, embarcando nele a tropa, segui para Pinhal a uma hora da madrugada.

Desta feita cortei as comunicações telegráficas e telefônicas. O comboio em que viajávamos era precedido de uma máquina conduzindo uma patrulha. Entre esta máquina e o comboio mediava sempre uma distância de mil metros. Assim fomos, sem novidade, até Cascavel. Daí em diante fazia parar o comboio toda vez que avistava qualquer veículo na estrada de rodagem que margeia a linha férrea, prendendo os respectivos condutores e bem assim os passageiros, recolhendo todos a um vagão e destruindo os veículos. Prevenia-me assim que alguém, a toda pressa, fosse avisar a Pinhal da minha presença próxima. Aproveitávamos também estas paradas para destruir as linhas telegráficas ou telefônicas, mesmo as de uso particular. Assim ia também colhendo informações dos indivíduos que capturava; dessa forma soube que o general Martins Pereira estava unicamente à espera de duas peças de artilharia para pôr-se em movimento e que as forças sob o seu comando se achavam debaixo de rigorosa prontidão, estando parte delas entrincheiradas a três quilômetros da cidade, em cujos altos se conservava o restante, também entrincheirado.

Quanto ao número da coluna inimiga, as informações eram contraditórias: duzentos homens diziam uns, trezentos, quatrocentos e até seiscentos diziam outros. Mas duzentos ou seiscentos não me fariam mudar de intenção. Saí de Campinas para combatê-los e o número pouco me preocupava, pois minha tropa não temia o general Martins Pereira, acostumava já com a ideia de que esse comandante não sabia oferecer-me resistência. Cada soldado tinha a convicção que marchar contra as forças de tal general era ir combater sem perigo de derrota.

A posição topográfica de Pinhal era-nos contrária, não permitindo um fácil assalto, assim nos diziam as informações então colhidas e as observações procedidas. Colocada no alto de uma colina, isolada e rodeada de trincheiras, parecia uma loucura tentar tomá-la de assalto, mormente com uma força pequena como a que eu comandava. Estas considerações me vinham ao cérebro filtradas pela prudência; mas isso de prudência em cérebro de um tenente revolucionário é coisa de pouca duração, mormente quando esse tenente tem cega confiança nos soldados que comanda.

Audácia também é arma na guerra e arma, em certos momentos, de tal preciosidade que desprezá-la constitui um crime. Por isso e para não voltar à Campinas como o sendeiro da fábula, segui avante disposto a tudo e convicto de sair-me bem da arrojada empreitada de me apossar de Pinhal. Note-se que emprego a palavra "arrojada" porque de loucura classificavam-na os civis que prendi pelo caminho e tremiam de medo só com a ideia de comigo chegarem até os postos avançados do inimigo.

Mais ou menos a três quilômetros da cidade, a máquina de observação, ao passar uma curva, saiu pela tangente e, imediatamente, de um lado da linha rompeu fogo contra a patrulha que a guarnecia. Era o primeiro desafio do inimigo, levado a efeito por meio de emboscada, cujos autores tiveram o cuidado de desparafusar as chapas de junção, para descarrilar a máquina de exploração, nada sofrendo, porém, o trem que conduzia a tropa.

Dado o sinal de alarma com o descarrilamento e com as primeiras descargas, ordenei ao maquinista que seguisse a todo vapor. Deste modo cheguei prontamente ao local da emboscada, onde já encontrei a patrulha que me precedia em posição de defesa, resistindo heroicamente. Mal parava o comboio, já a tropa desembarcava como um só homem; dividida em duas alas e fazendo funcionar as metralhadoras, avançou contra o inimigo. Eu, com alguns homens, fazia o centro acompanhado por um corneteiro que sem cessar e com uma calma admirável tocava o *Pé espalhado*, marcha predileta da minha gente. Do alto da cidade rompeu contra nós cerrada fuzilaria. A nossa posição na planície, tendo o inimigo no alto e pela frente e o da emboscada, em recuo, também de frente, já era crítica, quando, de uns cafezais da direita, irrompeu nutrido fogo que punha em cheque uma de minhas alas, agravando a situação geral. As metralhadoras de lado a lado ensurdeciam os combatentes.

O tenente Bispo que comandava a ala direita, acertadamente, conservando sempre a linha em ordem e sem quase deter o avanço, num rápido obliquamento, varreu o cafezal a fogo de metralhadora, fazendo cessar a do inimigo por esse lado. O fogo de frente, porém, aumentava de vigor e meus soldados, como desesperados para se verem livres de tal situação, avançavam terríveis e heroicos, como quem segue um destino inevitável. Desde modo nos aproximávamos do centro inimigo, quando ouviu-se de um lado o eco dos tiros do nosso canhão, que os tenente Miguel Pinto e Pedro Gouvêa d'Oliveira souberam colocar em ponto dominante. A voz do canhão, voz amiga e bem conhecida dos soldados, mais entusiasmou estes. O fogo inimigo amorteceu prontamente. Estava quebrada a primeira linha de resistência governista. Alguns corpos se estorciam nas vascas da morte... Gritos de desespero e o troar da corneta ordenando o prosseguimento da marcha eram ouvidos intercaladamente... E no meio daquele quadro tão familiar já aos nossos olhos, erguia-se a viva visão que me perseguia... Tomar Pinhal!

A ala esquerda sob o comando do tenente Lázaro Rodrigues embrenhou-se por um charco e os soldados, enterrados até os joelhos, marchavam com dificuldade. De cima, o fogo recrudesceu sem conseguir deter-nos a marcha. Enfim, aparecemos nas ruas centrais defendidas por atiradores isolados que nos alvejavam sem dó nem piedade. Meus soldados estavam, porém, treinados nessa espécie de luta; eu e eles trazíamos a experiência de São Paulo e a vantagem era nossa. Arrombar uma porta, entrar por uma casa adentro e atirar à queima-roupa sobre o inimigo acoitado no desvão de portais era iniciativa que cada um tomava por si próprio, sem perder o contato com o seu comandante. Muitas vezes o inimigo era surpreendido pela retaguarda: um revolucionário caía-lhe em cima, saltando de uma janela, e o adversário assim surpreendido entregava-se sem resistência.

Varando casas, saltando muros, avançamos sempre até que nos unimos todos no centro da cidade e cerramos fogo contra a última resistência – o edifício da Cadeia Pública. Em poucos momentos esta resistência também enfraquecia e éramos donos da cidade. O inimigo em fuga desordenada abandonou armas e bagagens, tomando a maior parte a direção de Jacutinga, enquanto os demais buscavam esconderijos nas casas particulares ou, espavoridos, se internavam pelos cafezais adentro possuídos de um verdadeiro terror e pânico.

Ao meio-dia em ponto de 26, a cidade de Pinhal estava conquistada pela revolução.

Na luta tivemos seis mortos e dez feridos. O inimigo, nove mortos e, segundo as informações, mais de vinte feridos que se achavam recolhidos em várias casas, graças à bondade das famílias pinhalenses.

Fiz recolher a lugar seguro, e depois transportar ao comboio que nos conduziu, 1.200 fuzis de infantaria, catorze caixas de munição de artilharia 75, duas metralhadoras pesadas, duzentos e tantos equipamentos completos, grande quantidade de munição de infantaria, muitas granadas de mão etc., tendo encontrado parte depositada na cadeia, parte em abandono pelas ruas, além de muitos cunhetes de cartuchos "Mauzer" que estavam intactos em um carro de carga na estação e que fiz engatar ao comboio.

Fiz perseguir o inimigo na retirada desordenada que procedia, até meia légua fora da cidade. Às 17 horas é que consegui distribuir o rancho à tropa. Para evitar surpresas mantive sempre a maior parte de minha gente sob trincheiras durante a estadia em Pinhal. O serviço de vigilância era rigoroso.

Com sentinelas à vista, recolhi um vagão os prisioneiros: dezoito soldados e dois oficiais; o tenente da Força Pública Mário Camargo e um tal "Rei Cruel", assim cognominado pelos próprios governistas, devido às atrocidades cometidas contra os companheiros e indefesos civis, em quem não respeitava idade ou sexo, uma vez suspeitados de simpáticos à revolução.

Tendo chegado à conclusão de que o tal "Rei Cruel" era um indivíduo arvorado a oficial, como prêmio das barbaridades que cometia, mandei passá-lo pelas armas. Vendo isto o tenente Camargo, julgou que a mesma sorte lhe esperava e, possuído de um terror pouco recomendável em um oficial, suplicou-me em pranto que o não matasse, e, como não tinha a mais leve intenção de fazê-lo, tranquilizei-o.

Quando entramos na cidade de Pinhal, encontramos em uma das ruas o cadáver de uma criança de 4 anos presumíveis, com um ferimento de bala na boca. Este fúnebre achado comoveu profundamente a tropa. O fato, em si bastante lamentável, não devia servir para explorações; entretanto, inimigos gratuitos espalharam mais tarde o boato de que eu fora o autor da morte da infeliz criancinha. Isto constitui uma acusação tão infame, inconsequente e imbecil que não merece um comentário.

Como de costume em casos análogos, restabelecida a calma, fui ao hospital visitar os feridos. Encontrei aí um jovem companheiro, gravemente ferido que, apesar de saber que não viveria senão poucas horas, disse-me, ao notar que por ele me interessava:

– Não se entristeça, seu tenente, sem sacrifício de vidas não há revolução. Morro contente porque vencemos e o senhor siga lutando pela vitória final.

Sinto que a comoção do momento me fizesse esquecer o dever de guardar o nome desse heroico revolucionário; um dia hei de sabê-lo, pois o médico diretor do hospital que me acompanhava na visita deve tê-lo no arquivo do estabelecimento. E assim era o ânimo de todos os companheiros que me seguiam. Nas ações de meu batalhão admirei sempre a coragem e o desprendimento do brasileiro que não mede sacrifícios, para cumprir o seu dever, entra na luta empenhando a vida, alegre e despreocupadamente e, quando vencedor, não faz alarde de sua bravura.

A disposição moral do punhado de bravos que eu comandava era tal, que nenhum soldado tinha sequer a esperança de sair com vida da revolução. Espontaneamente cada um renunciou a vida em benefício da causa que defendia, pedindo sempre ser colocado nos postos de maiores sacrifícios. É por isso que depois da tomada de Pinhal os soldados começaram a chamar de "Coluna da Morte" o batalhão que organizei e que estava sob meu comando. Essa designação foi aceita por todos e também pelo povo.

"Coluna da Morte", para os maus brasileiros, para o despotismo, para os representantes e defensores do governo que a revolução combatia. E, como sempre estive identificado com os meus soldados, aceitei o título de comandante da "Coluna da Morte", e dispus-me com ela a enfrentar todos os perigos e combater sem consideração de número.

Como de costume, nomeei um governador civil e outro militar para Pinhal, a fim de cuidarem dos interesses públicos e policiar o município.

Os nomeados foram escolhidos entre pessoas de idoneidade e que pela sua posição poderiam exercer os cargos com imparcialidade e justiça, evitando tropelias por parte dos mais exaltados e castigando-os rigorosamente no caso de cometerem algum delito. Recomendei sempre que tivessem sob vigilância os revolucionários mais apaixonados como perigosos à ordem pública, tanto quanto os exaltados do lado do governo.

Como em outros lugares, também em Pinhal me entregaram as chaves dos cofres municipais, as quais, imediatamente, confiei ao governador civil sem procurar saber o que elas guardavam.

Nunca retirei, nem autorizei a retirar, dinheiros dos cofres das municipalidades por onde passei. Algumas vezes, mais tarde, vários municípios se ofereceram a pagar a importância das requisições que fiz em benefício da tropa. É natural que aceitasse. Dos pagamentos assim feitos, guardo até hoje, como ressalva de responsabilidade, as segundas vias dos recibos.

Lembro-me de que, em São João da Boa Vista, o presidente da Câmara, apresentando-me as chaves dos cofres do município, precisou a quantia de dinheiro existente, declarando estar a mesma ao meu dispor. Respondi-lhe que esse numerário pertencia ao povo e que a ele, presidente, cabia defender os valores sob sua guarda, não permitindo que alguém, indevidamente, lhes tocasse.

Mantimentos e munição – Reunião de políticos em Prata – Exigências descabidas – O dr. Meirelles Reis, deputado estadual, e o dr. Cândido Motta Filho

Após a excursão que fiz a duas léguas de Jacutinga para apreender dois canhões que me disseram ali existir e que não encontrei, abandonei Pinhal, de acordo com a minha tática de movimentar-me o mais possível para desorientar o inimigo, e segui para Mogi Mirim e daí para São João da Boa Vista, onde, segundo informações, era o local escolhido, em dias anteriores, pelo general Martins Pereira, para uma nova concentração de tropas governistas. Parece que assim era, porque na estação local apreendi vários vagões carregados de mantimentos e munições que tudo fiz remeter para a capital.

Logo à minha chegada, tive conhecimento de que no Prata se encontravam reunidos diversos chefes políticos. Essa notícia me foi trazida pelos sargentos Vicente Magalhães e Benedicto Dias, o Mineirinho, que espontaneamente se ofereceram a irem sozinhos buscar aqueles chefes, o que por mim foi concedido. Para lá seguiram os rapazes desassombradamente em um automóvel. De fato, em um hotel encontraram reunidos, ao redor de um aparelho radiotelefônico, várias pessoas de destaque no cenário da política paulista. Os sargentos entraram inopinadamente na sala da reunião e, revólver em punho, prenderam todos que ali estavam, trazendo-os à minha presença em São João da Boa Vista, e apreendendo o respectivo aparelho.

No vagão em que me achava instalado, me foram apresentados, entre eles, o presidente da câmara de São João, o deputado Meirelles Reis e o dr. Cândido Motta Filho, os quais, ao saberem na presença de quem estavam, não sei por que, caíram em um lamentável abatimento. Para captarem minhas simpatias fizeram os maiores oferecimentos, inclusive os de aderirem à causa da revolução; além disso, pálidos e trêmulos, alegavam cada um a sua condição de esposo e pai para que nenhum mal lhes fosse feito.

O dr. Cândido Motta Filho, então, estava de tal maneira amedrontado que as lágrimas lhe brotavam abundantes. Para acalmar tanta apreensão declarei que ia inquirir se eles tinham interferência nas espionagens e na condução de tropas vindas de Minas e, se fossem inocentes, nada lhes sucederia, pelo que mandei recolhê-los a um outro vagão, com sentinela à vista.

Mais tarde, em Campinas, foram postos em liberdade, segundo minhas ordens dadas ao sargento Filógono Antônio Theodoro. Já no Paraná vim a saber, infeliz e tardiamente, que os inferiores a quem confiei a guarda dos prisioneiros, aproveitando-se do natural receio de que estes estavam possuídos, fizeram-lhes exigências descabidas, brutais e mesquinhas, que jamais seriam por mim permitidas e que estavam absolutamente fora de minhas ordens.

De todos os modos, lamento o que se passou; porém o que me impressiona mais profundamente é ver que certas personalidades de representação pública no país, com um nome a zelar e uma dignidade pessoal e política a defender, não tenham, nesses momentos, valor suficiente para afrontar com relativa altivez a situação que lhes foi criada por três soldados. A atitude dessas personalidades, como as dos drs. Antônio Lobo, Meirelles Reis, Cândido Motta Filho etc., é simplesmente desprezível e desalenta a alma de um brasileiro ver que a alguns de seus representantes diretos falta a energia para dominar, nas situações críticas, temores e receios. Revelam, ao contrário, um temperamento débil sem a mínima força moral. Apresentam-se humílimos, tentando com piegas e inoportunas justificações, de particularidades privadas, se eximir das responsabilidades decorrentes de atos públicos. Por suas justificativas sentimentais não se vislumbra uma altiva defesa, embora leve, em prol de um ideal, de uma convicção!... É uma miséria moral que bem pode caracterizar a época bernardista.

Somente depois de passada a tempestade e quando a palidez desaparece de seus rostos e quando o sorriso convencional, visivelmente forçado, reaparece em seus lábios, é que se alçam em suas tribunas para manifestar os seus extremos pela situação arcaica do país, proclamar quão grata lhes é esta e hipotecar solidariedade, com banquetes, telegramas ou extensos manifestos, ao Poder Executivo, continuando a prestar-lhe, servilmente, os seus serviços e apoio. E os que não tinham uma tribuna, para do alto dela despejar sua dedicação aos mandões, trataram de consegui-la dando vias aos governistas, quando estes passavam pelas ruas das cidades, aplaudindo os bombardeios, os fuzilamentos e as prisões em massa; perseguindo, como poltrões, e de moto próprio, pessoas das famílias dos revolucionários, descendo de suas posições profissionais de tanta evidência, geralmente médicos e advogados, para transformar-se em simples esbirros, ombreando sem escrúpulo algum, com os João Turcos, Molinários, Juquitas, Quincas Nogueiras, Antônio Gomes, Paes Lemes e outros; satânicos e perversos nas suas novas profissões. Conquistadas as tribunas, tornam-se lazarentos e rojam-se aos pés dos chefetes, quando não andam aos empurrões de faca e revólver em punho, desequilibrados pelo uso abusivo do álcool e da cocaína, nos imundos cabarés ou nas baixas casas de tavolagem.

Os meus compatriotas devem saber quanto sofre um brasileiro, que como eu no exílio, em Buenos Aires, ouvia, a cada momento nos jornais e nos cafés, a crítica irônica e mordaz dos argentinos, quando comentavam a escandalosa trampolinagem no jogo, feita por um velho senador da República no Jockey Club de São Paulo e descoberta pelos parceiros. Não menos comentavam a escandalosa desordem em um cabaré do Rio, na qual saiu ferido um representante gaúcho... Nos cafés, principalmente, primavam em detalhar os companheiros do conflito e citavam, com risinhos, que ao lado do deputado estava o muito célebre portenho Oscar Possi, conhecidíssimo felizardo nas rodas de pôquer no Rio de Janeiro, Rio Grande do Sul e em Buenos Aires...

Não faltou até esta frase, que tive que repelir altivamente por ter vindo de gente estranha, mas que me ficou bem gravada: "Encuanto el Pueblo brasileño hambriento hace revoluciones y en las trincheras enfrentan las balas enemigas, muchos de sus representantes hacen revoluciones en los cabarets".

Pois bem, apesar dos muitos escândalos em torno do situacionismo, continua no Brasil a girar a imprensa subordinada e servil, com os seus aplausos, recurso supremo para ter o direito de viver.

Continuemos, entretanto, a nossa narração e esqueçamos esta página triste. De São João da Boa Vista, transportei-me novamente para Mogi Mirim, onde me instalei por algumas horas.

Novamente em Mogi Mirim – Independência do Triângulo Mineiro – Declarações do general Martins Pereira – Um alferes de polícia

Em Mogi Mirim fui procurado por uma comissão que aí se aguardava vinda do Triângulo Mineiro. Esta comissão era composta de quatro cavalheiros de destaque naquela região do estado de Minas, cujos nomes ainda não é prudente declinar, e vinha em nome de seus correligionários políticos propor a minha ida a Uberaba, onde receberia um reforço de 2 mil a 4 mil homens, bem armados e municiados, 500 contos em dinheiro, além do pagamento de todas as despesas da tropa, sob a condição de proclamar a independência do Triângulo e marchar depois sobre Belo Horizonte, a fim de depor o governo do Estado.

Aceitei a proposta que me faziam porque via nisso uma fonte inesgotável de extraordinários recursos para a revolução e preparei-me para seguir rumo a Uberaba, com a intenção de tomar essa cidade, bem assim Conquista, Uberabinha e Araguari. Marcharia depois, uma vez de posse dos elementos prometidos, para a capital mineira e daí, no caso de ser bem-sucedido, tomaria posição no ponto mais conveniente da estrada de ferro Central do Brasil nas proximidades de Barra do Piraí, de modo a interceptar as comunicações e remessa de tropas para São Paulo e Minas. Este era o meu plano. Dei as ordens necessárias para que de madrugada a tropa estivesse embarcada.

Executado o embarque e a partida, já a duas horas de viagem, recebi um telegrama urgente no qual se me ordenava voltar imediatamente a Mogi Mirim...

Julgando que se tratasse, novamente, do general Martins, voltei e fiquei o dia inteiro sem receber outras notícias. Dava, à meia-noite, minhas últimas instruções aos oficiais, resolvido a prosseguir a viagem interrompida, quando recebi um telefonema de Campinas, do dr. Álvaro Ribeiro, dizendo-me que as forças revolucionárias estavam evacuando São Paulo e que grande parte já tinha passado com destino a Bauru, via Itirapina. Perguntei ao dr. Álvaro Ribeiro se não seria possível ir até Uberaba e ali aguardar instruções. Obtive resposta de que não havia tempo a perder se quisesse juntar-me ao grosso das tropas revolucionárias.

Ante isso e não sabendo que plano tinham os chefes da revolução, resolvi juntar-me a eles e segui incontinente para Campinas, em cuja cidade cheguei às 4 horas da madrugada do dia 28 de julho, precisamente no momento em que se detinha na estação o último comboio vindo de São Paulo conduzindo tropas e material de guerra.

Assim terminei a campanha na zona da Mogiana, na qual comandei uma coluna, cujo número de homens, ao princípio, era de 95 e no fim não passou de duzentos, que enfrentaram resolutamente e com vantagem mais de 3 mil soldados governistas sob o comando do general Martins Pereira, o qual, de desastre em desastre, foi fazer alto em Minas Gerais, completamente desorientado, deixando entregue à revolução a extensa zona que lhe fora confiada.

Quando o general Martins Pereira chegou ao Rio, estou informado que ele declarou, respondendo a uma entrevista concedida a um jornal, que seu desastre na zona da Mogiana foi devido à movimentação assombrosa de uma coluna de *mil homens*, comandada por um tal tenente Cabanas, que bateu todos os destacamentos que ele, general, colocou de guarnição em várias cidades para preparar a marcha sobre São Paulo. Essa coluna, segundo o mesmo general, surgia em todos os pontos em que se colocavam os destacamentos governistas, cobrindo rapidamente distâncias incríveis e inutilizando assim o plano das operações bélicas que ia efetuar.

Mostrou-se admirado o ilustre general, que ao comando de um simples alferes da polícia de São Paulo, elevado de um dia para outro a coronel da revolução, se sujeitassem oficiais do exército, com o curso de suas armas.

Disto se admirou o comandante da coluna governista e eu, por minha vez, também me surpreendo ante o fato de um simples e ignorante *tenente de polícia*, que apenas estudou o modesto curso especial da Força Pública de São Paulo, comandando pouco mais de uma centena de homens, ter batido um brilhante e competente general de verdade, com a responsabilidade oficial dos cursos de todas as escolas de preparação militar do Brasil.

Necessário é, entretanto, que se saiba que comigo, em toda a campanha da Mogiana, jamais tive um segundo tenente do exército como auxiliar, não porque pudesse eu dispensar-lhe o concurso, mas porque meus chefes não me puderam auxiliar com esses valiosos elementos, tão necessários em São Paulo. Meus oficiais eram simples inferiores da polícia e de linha por mim comissionados. Eu nunca, dentro da revolução, tive quinhentos homens, quanto mais mil, mas posso garantir a S. Exa. que se naquela ou em outra ocasião os possuísse, não ficaria satisfeito somente com vitórias parciais e locais; teimaria em levar pela frente das baionetas dos meus soldados todos os generais governistas, comandassem as colunas que comandassem, até o Catete, onde os haveria de encurralar, dando que ainda lhes sobrasse ânimo para defender até ali e até o fim o sr. Bernardes e não debandassem pelo caminho como fez S. Exa. Quando não fosse tanto, garanto que iria debandar a célebre concentração de generais, cujo chefe era o muito *garboso* general Tasso Fragoso, os quais, durante 27 dias, viveram, comeram e dormiram dentro do Ministério da Guerra.

Nessa concentração, de tudo se cogitava, menos de revolução, tal o receio que um tinha do outro. Palestras mundanas, picarescas... um refastelar agradável em cômodas poltronas... bebidas finas e charutos aromáticos... enquanto que ao lado nos gabinetes próximos, num, o sr. Setembrino de Carvalho, ministro da guerra, pensava, apreensivo, no seu futuro se a revolução vencesse, e em outro, o brilhante ajudante, silencioso e grave, o sr. Euclides de Figueiredo, com um mapa de São Paulo, dirigia as forças governistas por intermédio de seus abnegados telegrafistas, que não descansaram dia e noite... São *segredos* que me foram relatados em *segredo* por pessoas do próprio ministério, que conto em *segredo* aos leitores e que, estou certo, ficarão no mais rigoroso *segredo* dentro do Brasil. Sabe-se assim, de uma forma palpável, que o sr. general Sócrates não foi o verdadeiro chefe das forças governistas em São Paulo; que o sr. Setembrino não tocou pito algum e que os srs. Tasso Fragoso, chefe do Estado Maior do Exército, e outros gozaram a tranquilidade de um bom *fumoir* e de um cassino durante 27 dias à custa da nação, ainda que essa concentração tivesse o aspecto velado de uma prisão preventiva.

O aparte que acima dou, garantindo que iria ao Rio de Janeiro se possuísse mil homens, não julguem os leitores que seja uma bravata ou uma pretensão isenta de modéstia. Provém de uma observação feita por mim sobre a falta de ânimo nos generais e tropas governistas, o que não se passava nos soldados da revolução nem em mim, pois na minha coluna a coragem sempre foi um fato e era latente até no último soldado.

Felizmente S. Exa., o sr. general Martins Pereira, está bastante conhecido nas esferas sociais e militares pelas anedotas que os espíritos alegres e humorísticos sempre inventam nessas ocasiões. O nosso comum amigo Lobo Machado, por exemplo, não perde nunca a oportunidade de contar uma a respeito da campanha da Mogiana e termina dizendo sempre, com intenções de imitar S. Exa. no gesto e na voz: "Nunca pensei, minha senhora, que eu, um general do Exército Brasileiro, no fim da minha carreira militar, fosse derrotado por um alferes de polícia!...".

Capítulo III

Em retirada – de Campinas a Tibiriçá – comandando a guarda da retaguarda

Algumas considerações – Em Campinas – O porquê da retirada – Os recursos da revolução – Organização da marcha – Em Rio Claro – Itirapina – História de um capitão

O telefonema que me comunicava o abandono de São Paulo por parte das forças revolucionárias veio me surpreender justamente no momento em que mais entusiasmado me encontrava, crente na vitória da revolução. O reforço que de Uberaba nos ofereciam era poderoso. Em troca, nos pediam a emancipação do Triângulo para formar um Estado na República e nenhum inconveniente nisso haveria para o país. A marcha de uma coluna de 2 mil a 3 mil homens sobre Belo Horizonte significava a posse do Estado de Minas e isto seria meio caminho da vitória.

Em nosso poder já estava a importante zona paulista servida pela Mogiana. Nessas condições, a retirada se me afigurava uma decisão um tanto precipitada. Essa opinião externá-la-ia aos meus chefes, caso tivesse sido avisado da retirada. O fato, porém, estava consumado e não cabiam mais objeções a respeito.

Algo de grave sucedia e eu não podia atinar com as razões que determinavam o abandono de São Paulo. A situação nesta cidade não era, para que digamos, das melhores, porém as forças do governo não desfrutavam de maiores vantagens.

De sobra conhecia eu a maneira de combater do inimigo, sempre levando a pior parte em todos os combates e escaramuças, sem nunca avançar um passo quando encontrava qualquer resistência. Como, pois, era possível que meus companheiros abrissem mão da posse de uma cidade tão importante como São Paulo?

Enfim, bastante pesaroso e altamente contrariado, um tanto desiludido mesmo, foi que cheguei a Campinas para receber instruções e saber ao certo que destino íamos tomar.

Como disse linhas acima, cheguei a Campinas no momento mesmo em que se detinha na estação o último comboio da retirada, onde viajava o comandante Miguel Costa, a quem me apresentei, pedindo ordens e inquirindo do que havia. Respondeu-me com tristeza:

– Nada. Retiramo-nos porque a situação era intolerável. O moral das tropas não podia ser melhor, porém a cidade sofria muito com o bombardeio. Estava em vias de ser arrasada. Famílias inteiras desapareciam vitimadas pelo canhoneio assassino: de modo que nossos sentimentos de humanidade nos ditaram o abandono da cidade e agora vamos nos bater em campo raso, onde não haja possibilidade de sofrerem os justos pelos pecadores.

– E com que elementos contamos, comandante, para resistir ao inimigo?

– Seis mil homens, 2 milhões de cartuchos de infantaria, catorze canhões com 2 mil tiros, fuzis e metralhadoras em abundância...

– Pois, meu comandante, eu com esses elementos e comandando em chefe a revolução, jamais abandonaria São Paulo.

– Cabanas, retrucou, nunca se deve sacrificar a população pacífica de uma cidade, embora por amor de um ideal como o nosso, que beneficiaria o Brasil inteiro. O governo, pelo visto, estava disposto a imolar a família paulistana, e a nós, que melhor compreendemos e praticamos os sentimentos de humanidade, cabia ceder o terreno, o que fizemos, ainda que se ponha em risco a vitória.

Entendi que o comandante Miguel da Costa tinha razão e que a mim, como a todos os oficiais, competia acatar as ordens superiores sem discuti-las.

Determinou o comandante Costa que o batalhão sob o meu comando fizesse a retaguarda, usando dos meios que julgasse convenientes para retardar a perseguição por parte do inimigo.

O comboio que conduzia o major Costa pôs-se em movimento, ficando eu em Campinas até às 11 horas do dia. Formei outro comboio especialmente para mim; nele recolhi as praças que andavam dispersas pela cidade, incorporando-as ao meu batalhão; arrecadei todo o armamento e munição que existiam em mãos particulares e nas repartições públicas; organizei um grupo destinado a destruir pontes e passagens de nível da via férrea. A esse grupo, cujo comando confiei ao sargento Filógonio Antônio Teodoro, comissionado em tenente, agreguei um mecânico dentre os melhores que havia em Campinas, de nome Jacob José Giacomelli.

Em vagões especiais recolhi os prisioneiros que estavam sob minha guarda e, após outras providências, dei ordem de partida e nos pusemos em marcha.

Na retaguarda seguia o pequeno comboio sob o comando do tenente Filó com ordens expressas de ir destruindo tudo que pudesse ser utilizado pelo inimigo. Assim seguimos para Rio Claro, em cuja estação chegamos a uma hora da tarde. A cidade estava regurgitando de famílias que se tinham retirado de São Paulo fugindo ao bombardeio. A indignação contra o governo era enorme e o nome do sr. Arthur Bernardes era proferido entre maldições pelas senhoras e cavalheiros que se agrupavam pelas ruas.

Havendo dificuldades para alimentar a tropa, dirigi-me pessoalmente a diversas casas particulares, pedindo que se encarregassem de fornecer almoço aos meus soldados no que, com a maior boa vontade, fui atendido. Deste modo, cada uma dessas casas se encarregou de dar almoço a dois soldados. Recomendei à tropa o maior respeito, sob pena de severo castigo. Nenhuma família teve razão de queixa: os soldados se portaram convenientemente.

O tenente Filó, que mais tarde se incorporou a mim, comunicou-me ter destruído todas as pontes, caixas d'água e telégrafo por onde passou.

No dia seguinte um telegrama me ordenava a retirada sobre Itirapina, ordem a que imediatamente obedeci.

De Rio Claro levei comigo todo material rodante de bitola estreita que encontrei na estação, e na hora da partida, ante a necessidade premente de pagar alguns fornecimentos, tive que requisitar da coletoria local 12 contos de reis. Pagos os ditos fornecedores, empreguei o saldo na compra de dinamite que entreguei ao grupo de destruição.

Em Itirapina encontrei um movimento extraordinário e uma lufa-lufa indescritível de trens que manobravam, embarque de cavalos, carretas, materiais, soldados etc. Era a baldeação dos trens de bitola larga para os de bitola estreita. À primeira vista parecia reinar ali uma anarquia sem par, porém, logo se percebia a ordem no meio daquela desordem aparente. O comandante Costa, usando de sua infatigável atividade, ia pouco a pouco desobstruindo o local, fazendo seguir composições, uma após outra, destino a Bauru, intervaladas do tempo necessário e perfeitamente calculado para correrem sempre em linha livre.

Ao comandante Costa entreguei o 5º batalhão de Caçadores que recolhi de Rio Claro, onde se achava sem comando. Por último seguiu também o comandante Costa, ficando somente em Itirapina o meu comboio e o do tenente Filó. Ordens me foram dadas para seguir logo que anoitecesse. Só pude executar essa determinação às 9 horas da noite, pois tive que tomar muitas providências, imprescindíveis, entre elas as de abastecimento à tropa, durante a viagem.

No meu trem viajava preso o capitão Faustino da Silva do 5º batalhão. Encontrei esse oficial em Rio Claro, onde o prendi por sabê-lo desertor de São Paulo. Quando o interroguei, disse-me ser completamente neutro e, ante minha indignação, por não compreender neutralidade em semelhantes circunstâncias e num militar, confessou-me ser revolucionário e que, se desertou de São Paulo, o fez apavorado pelo bombardeio e que, por último, tinha receio de seus companheiros de revolução. Em Dois Córregos esse oficial pediu-me chorando e de joelhos que o pusesse em liberdade. Receava ele que o general Isidoro o mandasse passar pelas armas. Apesar de não acreditar eu que o chefe da revolução fosse capaz disso, dei a liberdade a esse oficial, por ter-me lembrado de suas duas filhinhas, realmente encantadoras, que, no momento de partir, me rogaram com lágrimas nos olhos que soltasse o seu papai. Por elas, somente, o soltei e ainda lhe forneci algum dinheiro para suas despesas de urgência.

A minha complacência teve a seguinte recompensa:

Uma vez solto, o capitão Faustino apresentou-se em São Paulo às autoridades do governo, a quem declarou que eu o havia arrancado à força da casa da família, espancando-o brutalmente na frente desta e martirizando-o durante a viagem de Rio Claro a Dois Córregos com a ameaça de fuzilá-lo em Bauru! E, se isto não aconteceu, é porque conseguiu fugir antes de chegar a esta cidade. Essas declarações não serviram de credenciais para ser reconsiderado *persona grata* pelo governismo. Foi submetido a processo, pronunciado e até hoje acha-se encarcerado.

Bauru – Destruições

Em Bauru chegamos pela madrugada do dia seguinte. O grupo de destruição continuava cumprindo calma e cabalmente minhas ordens. O valente e ativo tenente Filó a todo momento me comunicava telegraficamente a maneira por que desempenhava a sua missão, ajudado eficazmente pelo civil Jacob. Além de outras, foi abalada em seus alicerces a ponte de Airosa Galvão, na qual foram empregados 31 cartuchos de dinamite. Isto, apesar de ser um crime, era uma necessidade. A ação do tenente Filó foi tão proveitosa e bem orientada que o promovi a tenente.

O grosso das forças revolucionárias – Preparo de marcha – Organização – São Manuel – Redenção – Desnorteando o inimigo – Escoamento

Em Bauru encontrei o grosso das tropas revolucionárias em preparo de viagem para Mato Grosso. A organização e a disciplina reinantes não eram das melhores; havia mesmo certo atropelo, bastante prejudicial a um exército em retirada, porém natural naquele momento em que se misturavam forças do exército com polícias e civis, em uma cidade em que tudo faltava para alojar e manter tanta gente.

No desejo de não deixar que minha tropa participasse da desorganização reinante, fiz acampá-la em um terreno afastado, com ordens severas de ninguém sair do acampamento, o qual ficou sob as vistas de uma guarda e patrulhas. Enquanto isso, eu mesmo em pessoa tomei as providências para o fornecimento de café e almoço, o que consegui, improvisando uma cozinha e requisitando os comestíveis necessários.

A disciplina e a manutenção de meus soldados me preocupavam tanto que não tive tempo de falar com o chefe da revolução, o general Isidoro Dias Lopes. Este, por sua vez, andava ocupadíssimo no restabelecimento da ordem e da disciplina, o que alcançou com relativa facilidade, dado o seu espírito de organizador. Assim, eficazmente auxiliado pelo seu Estado Maior, dividiu a força em três brigadas de infantaria, um regimento de artilharia misto e outro de cavalaria, todos com as respectivas unidades, cujos comandos foram confiados aos oficiais vindos de São Paulo na ordem de suas graduações. Além disso, organizou-se o serviço de transporte ferroviário, intendência, ambulância etc., de modo que ao meio-dia tínhamos em Bauru um corpo de exército perfeitamente organizado e no qual reinava a disciplina comum às tropas regulares.

Com a organização citada, o meu trabalho tomou o n.6º da 3ª brigada, comandada pelo coronel Miguel da Costa, recentemente promovido a esse posto.

Pouco depois do meio-dia, cornetas e clarins tocavam a reunir. Formadas as unidades, procedeu-se ao pagamento de soldo das praças e oficiais, a mim tocou-me um conto de reis que distribui com os prisioneiros de meu batalhão, pondo-os em seguida em liberdade conforme ordens recebidas de meus superiores. Alguns desses prisioneiros, uma vez soltos, pediram-me para ser incorporados ao batalhão, no que boamente consenti.

Às 13 horas, recebi ordem de ocupar a cidade de São Manuel, os arraiais de Toledo, Redenção e Igualdade, na Sorocabana. Cinco minutos depois punha-me em marcha e embarcava no trem que me foi destinado, o qual imediatamente pôs-se em movimento e, assim, seguimos ao nosso destino, continuando sempre sob minhas ordens o grupo de destruição, que no momento se achava em Airosa Galvão. Com o comandante do citado grupo, seguia comunicando-me constantemente pelo telégrafo.

Pelas 16 horas tomava posse de São Manuel, sem o menor incidente, o mesmo acontecendo com Redenção, que fiz ocupar por uma companhia sob o comando do tenente Bispo.

A missão do meu batalhão em São Manuel era de flanco guarda, pois o plano do Estado Maior era fazer crer que marchava sobre o porto de Jupiá no rio Paraná, a fim de invadir Mato Grosso por Três Lagoas, entretanto a verdade era que devíamos, chegados a Bauru, em vez de seguir pela Noroeste, tomar pela Sorocabana até o porto de Tibiriçá, também no rio Paraná. Este movimento desnortearia o inimigo. Quanto à organização de dois flancos guardas para se conseguir esse objetivo: um no próprio Botucatu, sob o comando do valoroso capitão Juarez Távora, que desempenhou essa missão com valentia e proficiência, e o outro em São Manuel, sob meu comando, como já relatei. Destarte, o exército revolucionário se escoaria tranquilamente para Tibiriçá, como sucedeu.

A vanguarda do exército foi comandada pelo tenente Asdrúbal Guayer. Este oficial, auxiliado pelo saudoso tenente Aprígio, desenvolveu uma atividade assombrosa, chegando a Tibiriçá, tomando logo posse do porto e dos vapores nele ancorados. Esses vapores tinham descido de Jupiá e traziam forças militares governistas, vindas da guarnição de Mato Grosso, as quais ficaram prisioneiras, de surpresa e sem darem um tiro.

O inimigo parece ter compreendido ou desconfiado das intenções do Estado Maior revolucionário, porque em Botucatu tentou envolver as forças comandadas pelo capitão Juarez Távora e desobstruir o caminho, atacando vigorosamente pela frente a esse oficial, enquanto por um ramal férreo que sai de Vitória, perto de Redenção, enviava forças de cavalaria, protegidas por artilharia, para forçar a passagem neste ponto. Os ataques de frente em Botucatu foram repelidos energicamente e o capitão Távora bateu-se aí com invejável bravura. Quanto à cavalaria, sabendo da minha presença em Redenção, estacou em Vitória após alguns ataques contra a companhia do meu batalhão ali destacada que resistiu e repeliu o inimigo.

Enquanto esses fatos se passavam, o grosso das forças governistas encarregadas da perseguição e que partiram de São Paulo avançava morosamente pela Paulista, detendo-se largas horas ante as pontes e pontilhões destruídos pelo tenente Filó, até que resolveram mudar de itinerário e seguiram umas para Botucatu e outras para Faxina, a fim de avançarem pela Sorocabana. Mas, ao atingirem esta via, Botucatu estava por nós desocupada e o exército revolucionário já se tinha escoado para Tibiriçá, livre dos perigos que oferecia aquela zona.

O serviço de transporte – Rancho – Criminosos em liberdade – Conflito e morte do capitão Honor Torres – Em Rubião Junior – Ida a Botucatu – Avaré – Cerqueira César

No meu posto em São Manuel, apreciava a passagem das composições que conduziam as tropas. O serviço de transporte era admirável, notando-

-se uma regularidade tão perfeita que se diria tratar-se de forças e materiais que seguiam para alguma manobra em tempo de paz, tudo devido à capacidade e inteligente direção do tenente Nelson de Melo. Providenciei, por iniciativa própria, o fornecimento de rancho às tropas que ali transitavam. Este serviço foi feito satisfatoriamente, apesar das dificuldades com que lutei para organizar uma cozinha que desse vazão à quantidade necessária de comida para tanta gente. Na própria estação instalei a cozinha, entregue a uma dezena de homens de boa vontade. Os gêneros foram fornecidos espontaneamente por uma junta de vereadores do município.

A minha atenção, presa como estava ao bom desempenho de tantos serviços que se achavam sob minha direção, não pôde prever e obstar a prática de delitos sempre comuns em tais ocasiões. Aproveitando-se da oportunidade, alguns indivíduos estranhos à revolução, mas servindo-se do nome desta para cometerem tropelias, abriram as portas das prisões da cadeia pública e puseram em liberdade os criminosos. Logo que tive ciência desta ação delituosa, trazida ao meu conhecimento pelo íntegro Juiz de Direito da Comarca, destaquei, segundo as instruções desse magistrado, várias patrulhas para efetuarem a prisão dos criminosos e guardar a cadeia. Alguns deles foram novamente capturados.

Depois de passado o último comboio rumo a Tibiriçá, recebi ordem de abandonar São Manuel, continuando no meu posto de comandante da retaguarda. Imediatamente telegrafei ao tenente Filó, determinando que se incorporasse, com seu grupo de destruição ao meu batalhão; que eu aguardaria sua chegada, não devendo, porém, interromper as destruições que vinha executando.

Enquanto esperava aquele oficial, que supunha estar próximo a Bauru, recebi desta cidade um telegrama informando-me de um grande tiroteio ali travado, entre governistas e revolucionários. Julgando em perigo o grupo de destruição, dispunha-me a levar-lhes socorros, quando outro telegrama, desta vez firmado pelo próprio tenente Filó, punha-me ao corrente da verdade. Um numeroso grupo de operários reunidos na estação local da Noroeste reclamava do respectivo agente o pagamento de suas diárias conforme havia determinado o general Isidoro. O agente recusava-se a fazer o pagamento solicitado, apoiando-se na força moral que lhe emprestava o capitão Honor Torres do R. A. M. de Jundiaí. Esse oficial chegou ao ponto de afrontar os operários com palavras ásperas. Na ocasião de estabelecer-se o conflito, chega à estação uma patrulha comandada pelo sargento Olegário de Araújo e bem assim um tenente de origem alemã, os quais, intervindo no assunto, colocaram-se a favor dos operários reclamantes, sendo repelidos pelo capitão Honor, que, empunhando seu revólver, fez fogo contra o tenente, ferindo-o no ventre. Em defesa do tenente, um soldado da patrulha atirou contra o capitão, que caiu mortalmente ferido, no momento em que chegava o tenente Filó, que prendeu e desarmou a patrulha e seu comandante. Foram remetidos presos para São Manuel à minha disposição, apesar de não pertencerem à minha unidade. No mesmo trem seguiu o capitão Honor, que, malgrado os esforços e cuidados médicos recebidos, faleceu momentos depois da chegada, sendo sepultado no cemitério de São Manuel com as honras inerentes ao seu posto. Procedi a rigoroso inquérito e apurei a irresponsabilidade do sargento Olegário, visto não conhecer ele o capitão Honor, que se achava em trajes civis, sendo tomado por um funcionário da Noroeste.

Outro incidente deu-se ainda durante a minha estadia em São Manuel. Recebi do capitão Juarez Távora, que mantinha sua posição em Botucatu, um telegrama pedindo-me informasse quem era um tal Costa que solicitava linha livre no trecho Bauru-Botucatu. Telefonei a Bauru inquirindo o nome e função de quem pedia linha livre e não obtive resposta satisfatória, pelo que respondi ao capitão Távora, conforme tinha convicção, que o tal Costa só podia ser governista, visto já ter passado por ali o único Costa que conhecíamos, que era o Comandante da 3ª brigada.

Estando destruídos vários pontos da linha para Bauru e recolhida a companhia de Redenção, embarquei-me para Rubião Junior, seguido do grupo de destruição e uma turma de conserva de pontes da Sorocabana que reuni ao meu batalhão com os respectivos aparelhos. Esta turma, composta de profissionais em pontes, estava destinada a prestar relevantes serviços à revolução e, para que me seguissem de boa vontade, obriguei ao agente de São Manuel a pagar-lhes, assim como os maquinistas, foguistas, telegrafistas etc., os vencimentos atrasados de dois meses, ficando os recibos respectivos nos livros de ponto da estação e da turma.

Em Rubião Junior encontrei-me com o capitão Távora e as forças de seu comando que se tinham retirado de Botucatu. Combinamos a nossa marcha para a frente, seguindo eu por último, fechando a retaguarda, pondo-se ele imediatamente em marcha, o que fez, tendo seguido as instruções recebidas do comandante Miguel Costa.

Quando julguei chegado o momento oportuno de me pôr em movimento, e dando nesse sentido as ordens necessárias, fui procurado por uma turma de maquinistas que diziam não poderem prosseguir a viagem, porque as máquinas dos comboios estavam ligadas aos vagões em posição de recuo, com a frente voltada para os mesmos vagões e, sendo as composições bastante pesadas, tornava-se impossível continuar a marcha.

Perguntei-lhe qual o meio indicado para resolver o inconveniente. Responderam-me que o remédio era irem as máquinas à estação de Botucatu e aí, utilizando-se do viradouro existente, mudarem de frente, mas lá não iria nenhum deles porque as tropas governistas, àquela hora, já deviam estar de posse da cidade. Ora, a mim não convinha ficar em semelhante posição de estagnamento e na impossibilidade de seguir avante sem virar as máquinas. Fiz embarcarem violentamente os maquinistas e foguistas, guardados por soldados armados a Mauzer, desengatei as máquinas dos comboios, tomei passagem em uma delas e fiz tocar a todo vapor para Botucatu, até o viradouro, do qual nos utilizamos rapidamente e voltamos ao ponto de partida. No momento em que as máquinas manobravam nos viradouros, ouviam-se gritarias e vivas das forças governistas em grande expansão de alegria, por terem-se *apossado* da cidade, completamente despercebidos de que, separado por algumas ruas, estava o comandante da retaguarda inimiga, utilizando-se do único recurso que se apresentava para seguir a marcha sobre Tibiriçá.

Como o destino é caprichoso!

Se o comandante das forças do governo tivesse a elementar ideia militar de colocar uma pequena guarda na estação de Botucatu, talvez a retaguarda do exército do general Isidoro nunca pudesse reunir-se ao grosso das forças e o *famigerado* tenente Cabanas estaria a estas horas (na hipótese mais simpática) sofrendo as agruras por que estão passando os seus companheiros que caíram nas garras dos carcereiros das prisões de São Paulo.

Ao partir da estação de Rubião Junior, avistamos algumas patrulhas de cavalaria inimiga que rondavam os arredores, porém estavam fora do alcance de tiro. Pelo caminho íamos destruindo as obras de arte que transpúnhamos. Naturalmente fazia este serviço com o maior pesar, mas as circunstâncias de guardar uma tropa em retirada não me permitiam procedimento de outra ordem; qual a de retardar a marcha da coluna que nos perseguia. De destruição não escaparam as caixas d'água, chaves, máquinas, vagões, linhas e postes telegráficos que encontrava no percurso.

Nas curvas arrancávamos os trilhos e nelas projetávamos uma ou duas máquinas a toda pressão, que, chocando-se nos taludes dos cortes, viravam obstruindo a linha.

O grupo de destruição melhor organizado passou a chamar-se grupo de engenharia, talvez por ironia, comandado de Rubião Junior em diante, pelo capitão Alves Lyra. Organizei também, um grupo de proteção ao de engenharia, cujo comando confiei ao bravo tenente Bispo. O tenente Filó foi incorporado ao batalhão, onde passou a comandar uma companhia.

Em uma parada que fiz antes de Avaré, tive conhecimento exato sobre a individualidade do tal Costa que telegrafou de Bauru ao capitão Távora em Botucatu. Tratava-se de um capitão chamado Alberto Costa, que por qualquer circunstância chegou atrasado em Bauru, comandando um comboio guarnecido com quarenta praças de infantaria. Julgando que a linha estava livre, conforme o seu pedido do telegrama para Botucatu, avançou com o comboio para essa cidade. Tendo descarrilado em meio caminho, pela destruição praticada na linha pelo grupo a quem estava afeto esse serviço; pediu socorro cujo apelo foi interceptado pelos governistas em Botucatu. Em seguida foi atacado pelo inimigo, ao comando do capitão Agnelo de Souza (Araruama), a quem ofereceu séria resistência. As quarenta praças de infantaria lutaram até esgotar-se o último cartucho, conseguindo uma parte desses valentes escapar-se, inclusive o seu comandante capitão Costa, que recebeu o auxílio de diversos cavalos pelas fazendas por onde passou, até chegar em Avaré, apresentando-se a mim.

A outra parte, excetuando-se os soldados que morreram na peleja, caiu prisioneira, e segundo soube, foi morta a arma branca, em verdadeiro delírio de sangue, pelas forças governistas. Estas se ornavam com o pomposo título de patriotas, obedecendo na ocasião ao mando geral do deputado Júlio Prestes e Ataliba Leonel.

Foi essa a feliz ocasião que o sr. capitão Agnelo de Sousa teve para me pôr, de uma vez, fora de combate e dizer no seu célebre relatório que havia dado um formidável ataque ao "Trem da Morte", onde estavam entrincheiradas mais de 150 praças; que as havia aprisionado, assim como ao trem, e que fizera fugir covardemente o tenente Cabanas pelas fazendas próximas.

Não faltou até o célebre telegrama que se pôde forjar com as armas nas mãos.

Coisas de meninos bonitos que sempre viveram empregados nos Estados Maiores...

Sem incidentes, cheguei com as forças de meu comando em Avaré. À minha retaguarda, marchava penosamente o inimigo com tropas de cavalaria e infantaria, sendo parte desta conduzida em caminhões e automóveis. Sua vanguarda já se aproximava da cidade no momento em que a deixei, rumo Cerqueira César. Coloquei uma patrulha de emboscada para deter-lhe a marcha. O inimigo foi surpreendido e, ao receber os primeiros tiros dos fuzis metralhadoras, pôs-se em fuga desordenada, abandonando vários feridos e dois autos caminhões.

Em Cerqueira César demorei-me o tempo necessário para abastecer a tropa e seguir logo para Manduri, indo na retaguarda o grupo de destruição ou de engenharia, que cumpria o seu dever inutilizando a linha. Com os elementos que fui juntando pelo caminho, o meu batalhão estava grandemente aumentado. Compunha-se já de 380 praças, bem armadas e municiadas. Possuía, além disso, uma peça de artilharia de montanha, quatro fuzis metralhadoras e quatro metralhadoras pesadas.

Manduri – Surpresa – Bordel ambulante – O troféu do sr. Cirylli Júnior – Chavantes

Ao chegar em Manduri, uma surpresa me aguardava. Mal o trem diminuiu a marcha, fui recebido por um cerrado fogo de fuzilaria. Eram os jagunços do sr. Ataliba Leonel que me davam assim as boas-vindas em nome do governo.

Rapidamente fiz desembarcar a tropa, colocando-a em linha de atiradores. Verificando, porém, que o inimigo estava entrincheirado nos armazéns dos srs. Almeida e Irmãos, fronteiros ao ponto da linha onde irrompeu o fogo, ordenei um assalto que foi levado a efeito com rara energia e presteza, pondo o inimigo em fuga. Afinal, o ataque da jagunçada terminou numa comédia. Ao caírem as primeiras portas, a coice de carabina, a *valente* rapaziada disparou pelos fundos, abandonando armas e bagagens, aos gritos e sob um pavor imenso.

Horas depois, os ditos armazéns eram presos das chamas. Só posso atribuir o incêndio a mãos criminosas em um excesso de vingança contra a citada firma, pois até a casa da morada particular de um dos sócios foi destruída pelo fogo.

Na minha estadia em Manduri, recebia informações detalhadas do que se passava em Avaré. Nesta cidade pararam os comboios que conduziam a vanguarda de perseguição, composta na sua maioria de forças da brigada militar do Rio Grande do Sul, cujos oficiais faziam preceder os respectivos trens de alguns vagões repletos de prostitutas, requisitadas a 100$000, diários e por cabeça, recrutadas nos bordéis de Sorocabana e Botucatu. Enormes farras regadas a champanhe e outros vinhos generosos punham em alvoroço, escandalizando as pacíficas cidades do interior paulista. Para satisfazer a soldadesca, saquearam as casas de comércio, de onde de preferência eram retirados barris e caixas de bebidas, destruindo-se o resto, salvo sedas e objetos de adorno que eram distribuídos como prêmio à original seção feminina, nova unidade militar introduzida no exército pela técnica dos abalizados oficiais da brigada do sr. Borges de Medeiros. E assim procediam em todas as localidades por onde passavam. O saque, o incêndio, o estupro e os maiores escândalos, altamente ofensivos à moral da família paulista, tudo isso parecia ser o objetivo único dessa gente vinda da honrada terra gaúcha, tão cheia de belas tradições. A perseguição àqueles que, segundo os amigos do governo, estavam fora da lei, passou a plano secundário. Constituiu um pretexto para justificar aquela bacanal ambulante.

Como deve estar arrependido e envergonhado o sr. Cyrillo Júnior que, fantasiado de gaúcho, ficou rouco de tantas vivas que deu, e teve o mau gosto de passar grosseira repreensão em público ao povo de São Paulo, por este ter-se negado a ovacionar aquela força do Rio Grande, quando, ao pisotear de seus cavalos, marchava pelo escorregadio asfalto do Triângulo, na capital paulista!...

Esse mesmo sr. Cyrillo Júnior foi o herói e distinto cavalheiro que invadiu minha casa, assustando indefesas senhoras, revólver em punho, carrancudo e sinistro, para uma espetaculosa revista que deu em resultado a apreensão de um modesto boné de oficial de polícia, levado em troféu às autoridades superiores do Estado. Segundo é voz pública, o troféu valeu-me uma cadeira de deputado na Câmara Mirim.

Cumprindo ordens do Estado Maior requisitei todos os gêneros de alimentação que encontrei nas estações, remetendo-os para a frente.

As requisições que fazia para minha tropa em particular eram pagas com o café dos chefes governistas, encontrado nos depósitos da estrada. Depois de mandar também para a frente todo o material rodante que encontrei, deixei Manduri, onde estive pelo espaço de dois dias. Na retaguarda marchava, como sempre, o grupo de engenharia. Assim me detive em Chavantes, enquanto o grupo fazia as destruições que eram necessárias em Manduri. Logo que terminaram estas, segui para Ourinhos localizando-se o grupo, por sua vez, em Chavantes, com ordens de inutilizar pontes, balsas e outras embarcações no Paranapanema, dentro do município.

Defesa de Ourinhos – Cilada *versus* cilada – Ajuntamento dispersado – Tomando praças... abandonadas – Para Salto Grande – Palestra com um desertor inimigo

Na cidade de Ourinhos, sentindo a aproximação do inimigo, tomei as medidas necessárias para não ser surpreendido, pelo que organizei um serviço de vigilância para todo o município, na parte em que este poderia ser invadido. Minha ligação com o grupo deixado em Chavantes era perfeita. Se o inimigo o atacasse, em poucos momentos minha reserva estaria em ação.

Em diversos pontos da linha, destaquei patrulhas, tendo à sua disposição três locomotivas, munidas de aparelhos telefônicos.

As turmas de conserva do trecho de Chavantes a Ourinhos ficaram custodiadas por patrulhas, a fim de evitar uma traição.

Sobre a margem direita do Paranapanema, dominando as estradas que vêm do Paraná, coloquei meia companhia de guerra. Em Afonso Pena, outra meia companhia de guerra. Nas estradas que vêm de Santa Cruz do Rio Pardo, embosquei pequenas forças compostas de homens de inteira confiança. O resto do batalhão ficou em reserva dentro da cidade.

Vigiando em Chavantes as estradas de Manduri, estava o grupo de proteção.

Como o dia corresse calmamente, resolvi ir a Santa Cruz do Rio Pardo visitar o meu amigo Otacílio Piedade que ali residia, voltando sem tê-lo encontrado.

No dia seguinte, o meu amigo, sabendo que eu o tinha procurado, veio em companhia de seu irmão Juquinha ao meu encontro em Ourinhos.

Conversando amistosamente, tentou o meu amigo dissuadir-me de continuar na revolução, aconselhando-me a abandoná-la e pondo à minha disposição sua fazenda para nela me hospedar até que o governo tomasse uma resolução a meu respeito. Continuando a palestra, perguntou-me interessado se eu não receava a presença de forças inimigas ali por perto, além das que estavam em Avaré. Essa pergunta me deixou desconfiado e quase com a certeza de que, em um local que eu ignorava, existia, de fato, uma força governista.

Otacílio regressou no mesmo dia a Santa Cruz, levando minha afirmativa de que iria no dia seguinte visitá-lo novamente. Também eu tinha necessidade de ir àquela cidade descontar um cheque de 19 contos de réis, cuja quantia necessitava para pagamento de requisições. Esse cheque me foi oferecido pela Câmara Municipal de Bernardino de Campos.

No dia seguinte, conforme minha promessa, tomei um auto e me transportei a Santa Cruz. Aí em um hotel, fui recebido pelo Promotor Público, que um tanto nervoso declarou-me que Otacílio não estava, tinha ido à casa de seu progenitor, coronel Piedade, em Espírito Santo do Turvo, atendendo a um chamado urgente pelo telefone.

Perguntei ao Promotor se havia alguma novidade pela terra e obtive uma resposta incompleta, o que trouxe a meu espírito a desconfiança de que alguma coisa contra mim se preparava. Isto posto, fui à estação, a fim de requisitar o dinheiro que ali houvesse, conforme instruções do comandante Costa. Informaram-me que o respectivo agente estava em uma fazenda a duas léguas da cidade. Segui para a fazenda indicada, que era de propriedade de um velho senador estadual que me recebeu com extrema gentileza. Com ele tive a honra de manter uma agradável palestra. Perguntou-me, entre outros assuntos abordados, o que havia de verdade nas notícias que corriam a meu respeito. Mostrando-me surpreso por essa pergunta, explicou-me que circulavam boatos de que eu era, além de saqueador, um vulgar assassino, divertindo-me em degolar prisioneiros e pessoas indefesas. Repliquei que esses boatos eram espalhados calculadamente pelos governistas para colocar mal a revolução na opinião pública. Descrevi-lhe então os meus ideais, o amor que tinha pelo Brasil e os fins da revolução.

O agente da estação não foi encontrado, pelo que, despedindo-me do proprietário da fazenda e agradecendo-lhe a maneira delicada com que me tratou, tomei o auto e voltei à Santa Cruz, levando em minha companhia um cunhado do chefe da estação.

No hotel, notei na fisionomia das pessoas presentes algo de anormal; o hoteleiro principalmente estava apreensivo e assustado. Apareceu-me também Otacílio que, denotando uma grande tristeza, me fez perguntas insignificantes e, a uma interrogação minha, respondeu que seu pai tivera uma síncope, mas estava fora de perigo. Depois disso retirou-se meio apressado.

A minha desconfiança, já bastante acentuada, aumentou com a retirada brusca do Promotor, do Delegado, enfim, de todos que se achavam no hotel.

Estabelecido o isolamento em volta de minha pessoa, aproximou-se o hoteleiro que, com voz sumida e palidez no rosto, titubeante, convidou-me para jantar.

Os modos do hoteleiro denunciavam a gravidade do momento e tive, então, a intuição perfeita de que contra mim estava organizada uma cilada.

Um golpe de vista rápido sobre a sala indicou-me o melhor ponto para eu oferecer resistência no caso de uma agressão, e resolvi, com firmeza de ânimo vender bem cara a minha vida.

Acompanhavam-me três praças bem armadas e valentes, de modo que não seria fácil a empresa de me prenderem ou assassinarem. A uma dessas praças ordenei que trouxesse imediatamente à minha presença o chefe político local, o Promotor e o Delegado de Polícia.

Uma vez presentes as três autoridades, fiz-lhes várias recomendações no sentido de tranquilizar a população, quanto aos intuitos das forças revolucionárias e despedi-me; porém, ao tomar o auto lhes observei que eu ainda desejava falar-lhes, mas como não podia perder tempo, convidei-os a embarcarem comigo e irem até a ponte fora da cidade.

Aceitaram o meu convite e seguimos viagem. Ao sair da cidade, empunhei o revólver e fiz ver os aos meus companheiros ocasionais a suspeita de que me achava possuído e intimei-os a seguirem para diante, pois, se houvesse alguma emboscada preparada, seriam eles os primeiros a serem vitimados. Isto passava-se às 8 horas da noite.

Amedrontados, me confessaram que efetivamente havia outros que não eles, preparado uma emboscada no caminho e que havia em Espírito Santo do Turvo uma força governista. Na iminência do perigo comum, me pediram licença para empunharem também seus revólveres, pois, assim unidos, se defenderiam todos, o que por mim não foi consentido. Indicaram ao mesmo tempo outro caminho por onde deveríamos seguir sem perigo, para Ourinhos, passando por Ipaussu. E assim aconteceu, sem que mal nenhum nos sucedesse.

Ao chegar em Ourinhos, soube então que o autor da emboscada, felizmente frustrada pela mudança de itinerário, fora o capitão Agnello de Souza, vastamente conhecido no exército pela pitoresca alcunha de Araruama, em combinação com o coronel Piedade.

Duas horas depois chegava também a Ourinhos o agente da estação de Santa Cruz, levando-me o dinheiro que requisitei e pedindo pôr em liberdade o seu cunhado. Com este, foram soltos também o chefe político, o Promotor e o Delegado, meus bons companheiros de viagem.

A minha excursão a Santa Cruz teve afinal o inesperado e feliz resultado de saber-se onde estava localizada uma força inimiga, cuja existência antes era ignorada. Por sua posição e número, podia pôr em risco o Estado Maior revolucionário, como também interromper a minha ligação com o mesmo e demais forças, pois que de Espírito Santo partiam várias estradas e caminhos que facilitavam ao inimigo a execução daquelas medidas.

Na crença de que os governistas me tivessem feito prisioneiro em Santa Cruz, o meu batalhão, que não podia compreender o motivo de minha demora naquela cidade, impacientou-se grandemente, a ponto de trinta homens abandonarem as trincheiras, seguindo rumo àquela cidade. Armados de duas metralhadoras pesadas e dois fuzis metralhadoras, marcharam para Santa Cruz, dispostos a varrerem a cidade a bala se eu não aparecesse. Felizmente cheguei a tempo de mandar um próprio com ordem de fazer essa força retroceder.

Parece que a maior parte do batalhão me julgava efetivamente morto ou prisioneiro, pois as praças estavam espalhadas em grupos pelas estradas e pelos cafezais na entrada de Ourinhos e, logo que me avistaram, prorromperam em gritos de alegria. A comoção era tão grande pelo meu aparecimento, que muitos soldados atiraram-se sobre mim aos abraços e chorando de alegria. Rapidamente espalhou-se a notícia de meu regresso e dentro de alguns minutos estavam oficiais e praças nos postos antes determinados.

Confesso que me senti feliz em saber mais uma vez o quanto era estimado pelos meus comandados, aos quais consigno aqui os meus agradecimentos pelas expressões inolvidáveis de estima e confiança que sempre dispensaram.

Distinto amigo que encontrei em Ourinhos, conhecido pela forte simpatia que o prende ao sr. Carlos de Campos, relatou-me que, quando andava eu em excursão pela zona da Mogiana, os deputados Júlio Prestes e Ataliba Leonel se achavam em Sorocaba, reunindo civis para auxiliarem ao general Azevedo Costa que tencionava, então, atacar São Paulo. Mais de mil homens armados já rodeavam os dois parlamentares quando tiveram conhecimento de um telegrama meu, afirmando dispor de uma forte coluna e que com ela seguiria para dispersar aquele ajuntamento. A notícia coincidiu com a chegada do valente capitão Francisco Bastos e de seu batalhão a São Roque. A debandada foi geral e, aos gritos de "Lá vem o Cabanas", a gente dos dois deputados coseu-se apavorada nos pés dos cafezais, abandonando a cidade.

Foi comandando, a distância, os resíduos dessa *coluna* que tão comicamente se evaporava de Sorocaba, que o sr. Júlio Prestes mais tarde tomou as estações ferroviárias por mim abandonadas na retirada. Em belos discursos proferidos na Câmara dos Deputados pelo sr. Prestes, essas ocupações de praças desertas e com o inimigo a muitas léguas de distância, se transformavam em brilhantes e heroicos feitos militares. Oh tribuna parlamentar! Se eu pudesse dispor de teus mágicos poderes para decantar os feitos sublimes dos revolucionários através das lentes transformadoras e ampliadoras empregadas pelo deputado Júlio Prestes, dize-me, como apareciam aqueles feitos heroicos aos órgãos auditivos e à imaginação dos ouvintes? E como se refletiriam amesquinhadas, através de lentes inversas, as *tomadas* das estações pelos governistas?

O operário esculpe o homem dominando um leão; mas se o leão fosse escultor, o inverso seria estatuado.

A posição das forças que, como acima referi, se achavam em Espírito Santo, bastante me incomodava, pelo que resolvi atacá-las. Já movimentava para isso uma companhia de guerra, quando recebi ordem terminante de seguir imediatamente para Santo Grande.

Cumprindo as ordens recebidas, fiz recolher as forças que se achavam destacadas; mandei destruir pontes e trechos de via férrea que iam ficar para trás, organizei os comboios e dei a ordem de embarque, seguindo a novo destino.

Na vagão onde viajava, me foi apresentado um cabo desertor das forças inimigas que estavam em Espírito Santo.

Durante o trajeto, entretive-me a conversar com o citado desertor. Contou-me ele que presenciou a partida de quarenta homens para a organização da emboscada na qual eu devia perecer no meu regresso de Santa Cruz. O grupo ia alegre e certo de que seria bem sucedido; sabia pelo seu comandante, o citado capitão Araruama, que eu, na ocasião, me achava somente com três praças.

Tendo-se malogrado a expedição, voltavam os soltados cheios de surpresa, tal era a surpresa de minha passagem no ponto da emboscada; e sobre isso bordavam pitorescos comentários.

– O diabo do Cabanas sumiu-se!

– É a capa preta que tem feitiço.

– Qual feitiço! dizia um baiano. A capinha preta foi benzida por um monge de São Paulo...

– O homem tem o *corpo fechado*.

Estas e outras coisas me contava o cabo, ignorando com quem falava. Em certo momento disse ele:

– Pobre Cabanas, se cai nas mãos dos governistas, está frito, não chega um pedacinho para cada um.

Neste ponto, desatando eu uma gargalhada, lhe perguntei se tinha algum dia visto o Cabanas. Olhou-me detidamente e depois, ex-abrupto, pondo-se em pé, inquiriu-me:

– O sr. é que é o comandante Cabanas, *seu moço?*

– De fato. Sou o tenente Cabanas. Sente-se.

Recusou, desculpando-se, polidamente.

– Estou bem. Não mereço sentar-me diante de um superior!

– Está com medo?

– Medo não tenho, mas dizem que o senhor gosta de degolar e eu não quero morrer na faca.

– Isso é uma fábula, na qual você, como soldado velho e traquejado, não deve acreditar. A prova é que, em vez de ser degolado, vai jantar comigo, contar-me o que se passa com o inimigo e, depois, posto em liberdade; salvo se quiser servir no meu batalhão voluntariamente.

O cabo aceitou os dois oferecimentos e mais tarde soube enfileirar-se no número dos mais bravos soldados da minha tropa. Chamava-se Herculano Pernambuco.

Em Salto Grande – Um fugitivo – Casos de loucura

Chegamos à Salto Grande, às 20 horas, mais ou menos, de 8 de agosto, juntamente com os grupos de engenharia e de proteção.

Tomei as preliminares disposições de segurança e após a distribuição do rancho passamos a noite tranquilamente.

No dia seguinte, ao amanhecer, tratei de orientar-me e estudar o terreno. O serviço de defesa para os lados de Ourinhos foi feito na margem direita do Rio Pardo, natural e forte obstáculo que separa os dois municípios, guarnecidos, todavia, os pontos em que oferecia vau; apoiado no Paranapanema vigiava os caminhos que vinham do Paraná; embosquei forças nas matas que margeiam sendas e estradas de Santa Cruz e Espírito Santo do Turvo e concertei outras disposições como a de destruir todas as pontes de madeira sobre o rio Paranapanema que ligavam o município ao Estado do Paraná.

Quanto à ponte metálica de Santo Grande-Ourinhos, penalizado por tratar-se de uma obra de alto valor, mandei unicamente desarranjá-la de modo que o concerto retardasse o inimigo, aí uns dez dias, para o que fiz retirar da mesma ponte várias peças, parte dos trilhos, talas de junção, parafusos etc., e no leito, sobre o vão central, fiz descarrilar vagões carregados com pesados madeiros.

Sempre vigilante e colhendo informações exatas do avanço e posição do inimigo, mantive-me dois dias em Salto Grande, apenas registrando os dois fatos seguintes:

Recebi ordem telegráfica do general Isidoro para prender um tenente revolucionário que havia fugido, levando consigo 25 contos. O fugitivo tinha já passado para Ourinhos, mediante um passaporte falso. Comentava o caso, quando o tenente Filó ofereceu-se para perseguir o oficial (chamado Afonso Paulo Cavalcante) bastando que para isso lhe dessem somente duas praças. Aceitei o oferecimento e apesar de minhas ponderações de que o inimigo, provavelmente se achava perto de Ourinhos, fez-se acompanhar dos sargentos Mineiro e Mineirinho, atravessou o rio Pardo, tomou um auto e seguiu até a frente inimiga, onde depois de ser tiroteado voltou ao acampamento sem conseguir o seu objetivo, não obstante o rasgo de audácia que praticou, com seus companheiros.

FIGURA 5 – No Sertão do Paraná: 1. General Padilha – 2. General Costa – 3. Coronel Estillac – 4. Major Álvaro Dutra – 5. Major Djalma Dutra – 6. Major Simas Eneas

O outro fato foi este: frequentemente davam-se no acampamento casos de loucura furiosa entre as praças. O acesso durava aproximadamente uma hora, caindo depois o paciente em estado de completo idiotismo ou loucura pacífica. Alarmado com semelhante epidemia, recomendei a todas as praças que sempre que se manifestasse um novo caso, procurassem saber em que casa esteve o enfermo nas últimas horas antes da enfermidade, ou ao manifestar-se, ainda, se o paciente tomara alguma bebida, estranha e quem lhe fornecera. Deste modo, numa noite, em que novo caso alarmou a soldadesca, veio à minha presença o tenente Lazaro e relatou-me que, estando no seu posto nas trincheiras, tinha sob suas ordens, um cabo de esquadra que gozava perfeita saúde. Dormia o dito cabo no momento em que levantou-se um soltado de cor preta e, dele se aproximando, o despertou, oferecendo-lhe um copo de aguardente. O cabo aceitou, ingeriu a bebida e momentos depois manifestava-se a loucura. Incontinente, o oficial que me relatava o caso prendeu o soldado que deu a cachaça ao graduado.

Fiz vir à minha presença o soldado acusado e, de interrogação em interrogação, o soldado resolveu confessar claramente: "que era conhecido na tropa pela alcunha de Feiticeiro; tinha sido incorporado ao meu batalhão vindo de Chavantes, subvencionado por diversos indivíduos para exercer o ofício de espião e envenenar os oficiais e praças mais salientes. No desempenho dessa missão, preparou um *remédio*, que subministrou a vários soldados, o qual, em vez da morte, produzia uma loucura que deveria durar uns três meses".

Concluindo o inquérito e provada a responsabilidade do Feiticeiro, condenei-o a ser fuzilado, sentença que foi imediatamente executada, e as margens do Paranapanema serviram de túmulo para esse desgraçado que na sua incônscia bestial de africano, a quem a civilização e os sentimentos humanos conseguiram amortecer os instintos selvagens, servia miseravelmente de braço executor para outros instintos ainda mais selvagens, pois vinham de civilizados e conscientes, porém pulhas e covardes que se protegiam com distância em que se achavam.

Palmital – Mal-entendido – Informações sobre o inimigo – Dois mil baldes d'água por estação – Castigando delitos graves – Um combate – Retirada perigosa – Versão governista

Findos os dias de estadia em Salto Grande do Paranapanema, nos pusemos em marcha para Palmital, sempre de acordo com as ordens emanadas do Estado Maior.

Palmital é a cidade que se tornou célebre pela carnificina que em 1921 alarmou e horrorizou São Paulo, originada pela dúbia criminosa conduta do governo para com os partidos locais, mas sempre tendendo a sustentar aquele que se apresentasse mais forte. Daí a sangueira num dia de eleição, onde o partido mais fraco foi espingardeado dentro do próprio edifício municipal e caçado de emboscada na praça em frente; espingardeamento esse que foi executado de parceria com o capitão Braga da Força Pública do Estado. Depois veio a farsa usual do processo, a proteção escandalosa aos culpados pelo consequente despacho de impronúncia para uns e absolvição no Júri para outros, apesar da conduta altamente digna e imparcial do dr. Juiz Federal e do dr. Procurador da República, que não se esqueceram de falar do governo do Estado e do sr. Ataliba Leonel, mas que foram entravados e encontraram muitas dificuldades para esclarecer a chacina, pela oposição que os mandões da terra conseguiram formar à bela atitude da Justiça.

Assim aconteceu no bombardeio de Manaus, nos fuzilamentos do Recife, nos atrozes bombardeios de Bahia e de São Paulo, para não falar em outros pequenos que se passaram constantemente nos municípios de todos os Estados, principalmente nos do Rio Grande do Sul...

Ah, mocidade, mocidade! Até quando veremos a política trucidar nossos irmãos que pugnam pelo direito e pela liberdade de pensar?!... O sr. Washington Luís estará disposto a terminar com essa política rasteira que envolve o País e dar um xeque nos chefetes unindo-se à mocidade sonhadora, idealista, constante, forte, que só pensa no engrandecimento da Pátria em rasgos de visões novas, amplas e audaciosas?...

Deixei um pelotão em Pau d'Alho, estacionei uma companhia de guerra em Platina e meia sobre a margem direita do Paranapanema a sete e quatro léguas respectivamente, tendo ficado em Salto Grande o grupo de engenharia e o de proteção, este reforçado com meia companhia de guerra, sob o comando do tenente César. Assim, mantinha em vigilância ativa o trecho de Palmital a Salto Grande, evitando surpresas pelos flancos, pela retaguarda, pelos vaus do Rio Pardo ou pelas estradas e caminhos de Santa Cruz do Rio Pardo e de Espírito Santo do Turvo.

Estabelecido meu serviço de polícia e informações, destaquei um agente para Ourinhos, onde se achava o então coronel Franco Ferreira com o Estado Maior da vanguarda inimiga. Aquele emissário, buscando cumprir o seu dever, excedeu-se, de maneira a ser preso e levado à presença do coronel governista, a quem, afinal, confessou a missão de que estava incumbido.

O coronel Franco Ferreira tratou-o com muita atenção, ordenando-lhe que voltasse à minha presença e propusesse a paz; que a mim e a minha gente nada sucederia se nos entregássemos voluntariamente.

O mencionado agente transmitiu mal a proposta do coronel Franco Ferreira e o fez de tal maneira, que entendi ser o comandante da vanguarda inimiga quem desejava passar para a revolução com armas e bagagens. A par disso, deu-me as informações da quantidade, posição e desdobramento da tropa.

Imediatamente, comuniquei alvoroçado ao comandante Miguel da Costa que o coronel Franco Ferreira e sua tropa desejavam aderir à revolução. A resposta não se fez esperar: que a revolução os aceitava, mas que passassem em pequenos grupos e desarmados pela ponte do Rio Pardo.

Mandei pelo mesmo agente a resposta do comandante Costa. O coronel Franco Ferreira indignou-se com o portador e, em um acesso de raiva, golpeando fortemente com seu chicote a mesa onde trabalhava, mandou recolher preso o meu humilde auxiliar, o qual, aproveitando-se de um descuido das sentinelas que o vigiavam, escapou-se e, meio apavorado, chegou ao acampamento, onde tudo me relatou, ficando assim explicado o interessante qui-pro-quó.

Soube das seguintes palavras proferidas pelo coronel Franco Ferreira: "Ah! Essa gente não quer se entregar, não quer capitular. Pois de hoje em diante todo revolucionário quer cair prisioneiro, mandarei fuzilar sem misericórdia!".

Apesar de saber perfeitamente que aquele bravo coronel era e é incapaz, (justiça lhe seja feita), de mandar fuzilar inermes prisioneiros e que as palavras acima lhe saíram em um de seus momentos raros de cólera, telegrafei, como resposta à S.S., nos seguintes termos: "Espero o ataque dos governistas e saiba V. S. que todo aquele que me cair nas mãos, não mandarei fuzilar, mas sim degolar".

De Platina me informaram que forças civis inimigas pretendiam esgueirar-se entre essa cidade e Assis descendo para Palmital.

De Santa Cruz e da parte do Paranapanema chegaram notícias da presença do inimigo, manifestada por pequenas patrulhas ou vedetas.

Tropas do exército, reforçadas com policiais e civis de Minas, Paraná e Rio Grande, formavam o grosso da perseguição em marcha.

O avanço era moroso e fazia-se com extrema dificuldade. Basta dizer que a destruição das caixas d'água deu em resultado requisitar-se em cada estação em que chegavam os comboios inimigos, dois mil baldes do precioso líquido. Interessante era ver-se a enfiada de homens, mulheres e crianças amedrontados e ariscos, como duas fileiras de formigas colossais, carregando água para matar a sede da soldadesca e encher depósitos, caldeiras e radiadores.

Na minha estadia em Palmital, fazia incorporar ao meu batalhão todos os desertores que por ali passavam, não só da revolução como também das forças do governo. Alistava igualmente na unidade muitos voluntários vindos de diversas localidades do Estado, de maneira que, se por um lado aumentava o efetivo da tropa, por outro, nela se incorporavam, como é natural, maus elementos que, para se manterem dentro da disciplina, necessitavam um rigor pouco comum, às vezes cruel. Deve-se ter em vista que em um exército revolucionário o código penal militar é posto de lado, surgindo em seu lugar leis de emergência e ditadas pelas circunstâncias do momento. Na revolução, o soldado, na falta de leis escritas, só teme o comandante. A severidade deste, aliada à aplicação equitativa de justiça, inspira-lhe confiança. E se o comandante não teme o perigo e dá o exemplo pessoal de afrontar o inimigo, não escolhendo as ocasiões, a soldadesca, então, morre dedicada ao chefe. Existe mais que disciplina. Uma ordem emanada do chefe é executada com alegria e destemor.

***

A monotonia do acampamento era, de quando em vez, quebrada pelos boatos que ali chegavam sobre prováveis ataques do inimigo. A soldadesca ansiava por combater e lamentava a falta de oportunidade, até que, finalmente, depois de dois dias de espera em Palmital, o inimigo resolveu entrar em contato franco com a retaguarda da revolução, apresentando-se em Salto Grande na margem esquerda do Rio Pardo.

No ponto visado pelo inimigo, estava o primeiro-tenente César, com a companhia de proteção de seu comando. Este oficial, muito embora comprovada sua valentia, não soube agir nessa posição, desorientando-se com facilidade; por isso, logo que sentiu a presença do inimigo sobre o ponto que defendia, telegrafou-me, pedindo reforços.

A posição ocupada pelo tenente César e sua companhia não podia ser melhor, razão por que não atendi o seu pedido e ordenei que se mantivesse no seu posto e enfrentasse o inimigo. A posição só poderia ser abandonada mediante ordens minhas. Na madrugada seguinte surpreendeu-me um telegrama do tenente César comunicando ter-se retirado para Pau d'Alho, o que bastante contrariou-me.

Resolvido a tomar a iniciativa do ataque, embarquei em uma máquina e, lançando mão de uma metralhadora e de meia dúzia de homens, segui para Pau d'Alho, decidido a tudo.

Logo que cheguei e mal desembarcava da máquina, apresentou-se o tenente César. Ao perguntar-lhe o que havia acontecido, respondeu-me que o inimigo estava passando o rio Pardo.

Passando o rio Pardo... Como pode ser isso? E por que abandonou você o seu posto?

As respostas a essas perguntas foram confusas e vacilantes.

Compreendi claramente que o tenente César, ao avistar o inimigo do outro lado, bateu em retirada, deixando em abandono a excelente e estratégica posição em que estava colocado.

Repreendi severamente o procedimento do oficial em questão e mandei que se recolhesse preso.

Assumi o comando da companhia e com ela segui em trem para Salto Grande.

O adversário já havia passado o rio e tomado posição.

Pouco antes de chegar à estação, fiz diminuir a marcha do comboio em que íamos, e a pé, diante da máquina, com alguns soldados, tomamos a direção da cidade. O meu fito, caminhando a pé, era inspecionar a linha e ao mesmo tempo levantar o moral da tropa, dando a esta um exemplo de calma e energia.

Na estação, me informaram não haver notícias de inimigo. Segui avançando em direção ao rio Pardo e a 500 metros aproximadamente, descobri, ao sairmos de uma curva, deitados no leito da estrada, as primeiras sentinelas dos governistas. Fiz recuar cautelosamente o trem e parar na curva próxima, existente em um profundo corte. Galguei a coberta de um dos vagões e daí, com o meu binóculo, pude descortinar o inimigo, já em posição de combate e com diversos postos escondidos em pequenos e rarefeitos capões que se estendiam na planície em frente. Esses capões, pela falta de espessura, denunciavam, perfeitamente, a presença dos soldados.

Dos capões, moitas e concavidades do terreno, conforme iam sendo alvejados, surgiam dezenas de homens que, numa louca disparada, fugiam dispersos em completa desordem, rumo ao rio, desaparecendo de minhas vistas.

Da moita mais próxima poucos sobreviveram, tendo avistado perfeitamente, entre outros, o cadáver de um oficial do exército.

Continuava o fogo alvejando os fugitivos retardatários, quando repentinamente ouço na retaguarda vários estampidos, talvez devido à imprudência de algum soldado dos outros postos governistas que, desbordando pela esquerda, vinham cortar minha retirada. Recolhemos as metralhadoras aos vagões e dei ordem ao maquinista de recuar, com a possível celeridade, até Salto Grande, em cuja estação fiz uma parada; e enquanto dez praças entrincheiradas no tender respondiam ao fogo que da cidade convergia contra nós, saltei com o resto da tropa para proteger o embarque de diversas praças que aí deixei quando segui em direção ao rio Pardo.

Não encontrando todas as praças nas proximidades da estação e sabendo que algumas delas se achavam em determinado local, em uma das ruas que desemboca na da estação, deixei a companhia em linha de atiradores e com o capitão Lyra fui procurá-las.

Ao entrarmos na citada rua, avistamos as nossas praças correndo ao nosso encontro. Nos incorporamos todos; e ao voltarmos para a estação, caiu contra o nosso pequeno grupo, irrompido de vários pontos, um chuveiro de balas. A única defesa era afastarmo-nos com a maior velocidade possível e tomarmos o trem, o que fizemos instintivamente. Na estação, embarquei com toda tropa e a todo vapor empreendi o regresso a Pau d'Alho.

Na excursão descrita não tive uma única baixa, mas deixou-me uma grata recordação. No trem pude verificar que a minha pobre capa preta ostentava mais dois furos produzidos por bala de fuzil; uma de minhas polainas foi também brindada com outra bala.

Eis aí o que foi o combate de Salto Grande, assim classificado pomposamente pelos jornais governistas, segundo relatório do general Azevedo Costa, no qual se consignava a tomada por assalto da cidade, após encarniçada luta, epilogada com a derrota da coluna do tenente Cabanas e perda para este de 250 homens, entre mortos, feridos e prisioneiros, além da apreensão de grande cópia de material de guerra, contra dez homens mortos, inclusive um oficial, o tenente Moacyr Soares, do primeiro regimento de engenharia.

O relatório do general Azevedo Costa é dotado dos mesmos poderes ampliadores do tribuno parlamentar e derrotado Júlio Prestes.

A verdade, porém, é esta:

Um trem conduzindo cinquenta praças revolucionárias, comandadas em pessoa pelo tenente Cabanas, saiu de Pau d'Alho, aproximou-se do rio

Pardo e aí surpreendeu o inimigo descuidado, aos grupos em pequenas moitas. Dispersou-o a tiros de metralhadoras e voltou em vertiginosa carreira, passando por entre a fuzilaria das forças governistas em Salto Grande, ao seu ponto de partida. Isto, somente isso, e nada mais.

Ao passar em Pau d'Alho, detive-me o tempo necessário para determinar as posições de defesa que julguei precisas, a cargo dos grupos de engenharia e proteção confiados ao comando do tenente Bispo, que substituiu o tenente César, e recolhi-me ao meu posto em Palmital. Escrevi o relatório das ocorrências, remeti-o ao comandante Costa, a quem fiz apresentar preso o tenente César, por abandono de posto. Expliquei antes a este subalterno que se assumi o comando de uma companhia para ir ao encontro do inimigo, foi para dar um exemplo vivo de como deviam, em iguais circunstâncias, proceder os meus oficiais, e levantar o moral dos grupos de engenharia e proteção abatidos pela primeira vez, com a inesperada ordem de retirada do magnífico posto em que se achavam, na margem do Rio Pardo. Sentia que exigências da ocasião me obrigassem a fazer apresentar preso ao quartel-general um dos meus melhores auxiliares até aquele momento.

Cardoso de Almeida – Mais destruições – Um sargento que sabe cumprir seu dever – Uma selvageria – Organização de um piquete – Fuzilamentos

Dois dias depois dos últimos sucessos, 12 de agosto, estávamos na estação de Cardoso de Almeida, tendo demorado em Assis o tempo suficiente para esperar a companhia destacada em Platina que passou a estacionar em Servinhos. A ponte de Sussuí foi inteiramente destruída, bem assim parte da linha, as máquinas, vagões etc., que se achavam na estação, balsas e outros meios de transporte fluvial sofreram igual destino.

A companhia de Platina chegou a Assis aos poucos, trazida em caminhões. A metade, porém, que marchava a pé sob o comando do sargento Cabral, tomou um caminho errado e a noite a surpreendeu em frente às avançadas inimigas, onde pernoitou, sem ser percebida. Extremamente cansados se achavam os soldados e não tinham ânimo de voltarem atrás.

Cabral, alma forte e boa, soube compreender sua responsabilidade e passou a noite em claro, única sentinela que vigiava o sono daquele punhado de bravos estropeados pela longa caminhada.

No dia seguinte pela madrugada mandei o tenente Filó com os caminhões em busca do sargento Cabral e seus soldados. Encontrou-os em preparativos de marcha e já orientados sobre o caminho a seguir.

Unicamente as praças elogiavam a dedicação do sargento que, cansadíssimo, mas não querendo privar de descanso nenhum de seus comandados, manteve-se vigilante sem dormir uma noite inteira, guardando o pequeno acampamento. Isto valeu-lhe a promoção a 2º tenente.

Ao chegar a Cardoso de Almeida, um doloroso espetáculo feriu-me a retina. O belo palacete, orgulho dos sertões de São Paulo, propriedade do sr. José Giorgi, ardia em chamas. Não sei quem foi o autor de semelhante selvageria. Fosse quem fosse, o fato constitui um grande crime digno de severa punição.

O incêndio que por si só bastou para entristecer-me profundamente, estabeleceu também grande confusão na localidade e os maus elementos, que os há em toda parte, aproveitaram-se da circunstância para exercerem atos de pilhagem nas casas próximas do local, o que me levou a castigar exemplarmente e com violência os culpados.

O incêndio se propagou a outras casas, tendo alguns moradores ficado em estado de completa miséria, inclusive o agente da estação, aos quais socorri com alimentos para 15 dias.

A nova posição ficou guardada por destacamentos de vigilância, colocados em todas as direções.

Organizei para o serviço de meu batalhão um piquete de cavalaria comandado pelo capitão Fluguer ao qual, por ter conhecimento que o inimigo já estava em Assis, mandei em reconhecimento para esse lado de onde regressou à noite, confirmando a notícia e informando, ainda mais, que de seis soldados que ali ficaram extraviados, quatro foram presos e fuzilados pelos governistas. Este ato de feroz e mesquinha vingança me irritou os nervos de tal maneira que resolvi solicitar o reforço de um batalhão ou mesmo de uma companhia, ao Estado Maior, a fim de vir ocupar a guarda de retaguarda e eu, com meu batalhão, ir atacar Assis, defendido por força no momento de seiscentos homens.

O reforço foi negado, sendo a recusa acompanhada da reiterada ordem de não tomar a ofensiva.

Não me conformando, e com bastante pesar de estar contrariando uma ordem superior, me decidi a atacar o inimigo o que fiz com uma companhia. Encontrando-o já fora de Assis, vinguei o sangue dos inocentes que morreram fuzilados, com uma leal luta, frente a frente, que durou poucas horas e onde vi caírem diversos adversários.

Mais tarde, em Paraguaçu, soube que os autores dos fuzilamentos foram os tais chamados patriotas. Em todo caso, para mim é o mesmo. O sr. comandante governista tivesse mais cuidado na escolha de seus patrioteiros...

Em Paraguaçu – Escaramuça com o inimigo e sua retirada – Desaparecimento de armas – O incêndio ateado aos campos pelo adversário tornou-se novo e terrível inimigo para os revolucionários

Ordens superiores em boletim de 16 de agosto determinaram que seguisse eu para a frente e estacionasse em Paraguaçu até nova deliberação.

Organizei os comboios, embarquei a tropa e o material de guerra e fui para o posto determinado. Mal chegava (como sempre fazia), estabeleci a defesa, ocupando de preferência a posição em Conceição de Monte Alegre, por cuja localidade passa a estrada Boiadeira.

Na frente inimiga coloquei, além dos postos avançados, os grupos de engenharia e proteção, destruí a ponte sobre o rio Capivara, dinamitando os alicerces. Desta forma, a estrutura metálica não sofreu dano, tanto que o inimigo, mais tarde, dela se serviu, levantando-a com pilhas de dormentes.

Aos dois dias de permanência em Paraguaçu, fui com o piquete de cavalaria, sob meu imediato comando, fazer um reconhecimento e entrei em contato com a cavalaria inimiga depois de três horas de marcha. Após ligeira escaramuça, o adversário bateu em retirada. Aprisionei alguns homens que, sob um terror formidável, marchavam para o nosso acampamento certos de serem fuzilados, tal a propaganda que contra mim faziam no exército governista; entretanto, recuperada a calma, pediram e foram incorporados às forças de meu comando, revelando-se muito bons soldados.

Desde Assis que se vinha notando o desaparecimento de armas no batalhão. Todos os dias notava-se a falta de um ou mais fuzis, sem que aparecesse o autor ou autores dos furtos. Ao regressar, porém, do reconhecimento que fui fazer com o piquete de cavalaria, acima descrito, recebi a comunicação e a denúncia comprovada de que um soldado, cujo nome não me recordo, era o autor do delito. Chamado à minha presença, confessou que de fato era agente encarregado por alguns chefes políticos de Assis e outras localidades para fazer desaparecerem do batalhão as armas que pudesse, e que cumprindo esse encargo havia furtado 25 fuzis, dos quais oito deixou escondidos atrás da estação de Assis, oito em Cardoso de Almeida e os restantes em uma toca nas margens de um riacho, ali em Paraguaçu.

O fato era grave e o seu autor merecia um castigo severo para evitar novos subornos na tropa, pelo que mandei passar o delinquente pelas armas.

Aos trabalhos a meu cargo, que já eram pesados e numerosos, veio juntar-se o de fornecer às unidades revolucionárias mais próximas ao meu batalhão, água e lenha conforme ordem do quartel-general. Tive que destacar da tropa alguns homens para atender aquele serviço. Pelo número de comboios da coluna revolucionária que se achava na frente, pode-se calcular o trabalho de meus soldados, distraídos de outros serviços para suprirem água e lenha a tantos trens.

Entretanto, os bandos de jagunços governistas que obedeciam as ordens dos chefes políticos do interior, aproveitando-se da seca reinante, prendiam fogo nas matas adjacentes em um raio de mais de vinte quilômetros, apertando-nos num círculo de fogo, dentro do qual o excessivo calor e a fumaça densa tornavam insuportável a respiração.

Começou, então, a luta contra o novo e terrível inimigo. Sob a ação de um calor sufocante e limitados de horizonte pelas ondas de fumaça que sucessivas se desprendiam do solo, tínhamos que fazer *acero* para isolar a linha férrea, cortar o fogo em muitos pontos a fim de que as fagulhas e brasas trazidas pelo vento não incendiassem a cidade onde acampávamos, ameaçando destruir não só o material de guerra como também o material rodante da estrada de ferro de que tanto necessitávamos. Tudo isto era agravado pela falta d'água. Para fornecer às máquinas da brigada, tive que racionar a distribuição dos meus soldados, privando-os até de tomarem banho. As caldeiras das máquinas eram alimentadas, muitas vezes com águas putrefatas, extraídas de poças paludosas.

De Paraguaçu a Quatá – Estrada de fogo – O destino nos ameaçou com sua crueldade – Conjuração do perigo – A falta d'água – Situação intolerável; desejos de lutar – A anarquia nas forças governistas, notadamente na brigada do Rio Grande do Sul – Considerações sobre a possibilidade de nos apoderarmos de Mato Grosso para instituir um governo revolucionário

A 18, saímos de Paraguaçu para a estação de Quatá. A viagem nesse trecho foi indizivelmente horrível. A linha corre através da mata espessa que ardia, levantando alterosas labaredas, até às margens do leito da via férrea, tentando abraçarem-se por cima dos trilhos. Era a reprodução de um inferno.

O fragor que irrompia da mata em fogo nos produzia sensações estranhas: um misto de terror e ódio... de ódio pela impossibilidade de atacar e vencer esse inimigo inconsciente e pertinaz nas suas avançadas vitoriosas... E o comboio era obrigado a atravessar esta faixa de atmosfera ígnea, onde seria lambido pelas vorazes línguas de fogo!... Àquele terror e ódio se misturava agora o temor.

Para escapar do perigo iminente de ser devorado o comboio naquela travessia sinistra, ordenei aos maquinistas que marchassem a todo vapor, o que foi feito, mediando entre cada composição, uma distância aproximadamente de oito quilômetros.

À noite nos surpreendeu em viagem e o trem da frente, onde eu seguia, transpunha impávido, aquele canal de fogo, quando alguém, alarmado, veio comunicar-me que o vagão de cauda tinha partido o engate e que, devido ao declive da linha, rodava para trás podendo ocasionar grave desastre chocando-se com a composição que nos seguia.

Incontinente o chefe do trem fez parar a máquina. Saltei com algumas praças e em vertiginosa disparada seguimos linha abaixo, certos de não podermos logo evitar aquele desastre. Em vez disso, porém, deparamos adiante com o citado vagão, parado por oportuno descarrilamento.

O trem da retaguarda aproximava-se vertiginosamente, acossado pelo formidável fogaréu enfumaçado. O choque estava iminente, e parecia inevitável!... Como preveni-lo? Os sinais não seriam vistos! Resolvemos, então, inspirados pela apertura do momento, descarregar as armas para chamar a atenção do maquinista. Os estampidos foram ouvidos e o trem deteve-se, mas o comandante da tropa, julgando-se vítima de uma emboscada inimiga, tomou rapidamente posição de combate: combate contra os homens, combate contra o fogo!... Tudo isso se percebia por breves intervalos através do incêndio que não diminuía de intensidade; mas a distância não permitia que o referido comandante nos reconhecesse. O arrebentamento atroador das taquaras em chamas abafava os nossos gritos reveladores de que éramos amigos. A voz de fogo dada e as balas sibilavam por nossas cabeças. O nosso pesar era mudo e avassalador; e se toda a tropa que estava no meu trem tivesse me acompanhado, as vítimas seriam numerosas. Felizmente éramos poucos e deitados entre os dormentes, conscientes da situação aflitiva e dolorosa, que o destino cruel nos preparava. Nos esforçamos para que nossas vozes chegassem aos nossos amigos. Íamos evitar a morte de nossos companheiros e estávamos ali na iminência de sermos por eles vitimados!... E as detonações dos taquarais incendiados davam a impressão ao longe de tiros de fuzis... A confusão dominava a situação. O nosso grande amigo tenente Philó nos enfrentava como inimigos e ativamente nos castigava com sua fuzilaria!... Naquele supremo momento, lembrei-me por um encadeamento de ideias, cujos elos eram também logo esquecidos, de que possuía no bolso um apito de metal... O meu apito! O apito que eletrizava aquela tropa heroica; o apito cujo som fazia reunir em volta de mim todos os meus homens, estivessem onde estivessem. E rapidamente o utilizei com insistência. O fogo cessou. E o inimigo se converteu em amigo. Fôramos reconhecidos.

Estabelecida a calma, os dois bandos, já em contato, riram fartamente, esquecendo os transes amargurados e conjugaram seus esforços, colocando nos trilhos o vagão desviado. Neste trabalho gastamos mais de duas horas, conseguindo depois empreender novamente a viagem, chegando a Quatá sem mais incidentes.

A minha demora em Quatá não deveria passar de três dias. Quatá é uma aldeia pobre e sem recursos. A água servida à população vinha de muito longe, trazida em encanamentos que alimentavam uma grande caixa, colocada na estação. Os poços existentes estavam sofrendo a consequência da seca e neles não havia uma gota d'água. Ora, a dura necessidade da guerra e as ordens de meus superiores determinavam que, ao abandonar o povoado, destruísse os canos condutores de água para que o inimigo fosse privado desse recurso, dificultando-lhe a aquisição do precioso líquido, o que impediria por muito tempo o prosseguimento das avançadas. Mas seria possível deixar sem água aquela população já tão sacrificada?

Ao desenhar-se em meu espírito a interrogação acima, fiquei absorto durante algum tempo, entregue a conflitos de pensamentos, até ser vencido pelo sentimento de caridade. Resolvi então não destruir os encanamentos. Aos bons habitantes de Quatá o exército governista deve o ter-se abastecido de água, sem dificuldades.

A inércia das tropas revolucionárias e as ordens reiteradas que eu recebia de, em caso algum tomar a ofensiva, não estavam conforme com meus desejos e pedidos contínuos. Aquela situação, para mim, era intolerável. Sabia que reunindo minha gente, sempre disposta, ansiosa por combater e pesarosa por ter deixado São Paulo, desejaria regressar. E me parecia que se volvêssemos sobre nossos passos, em uma ofensiva audaciosa, levaríamos o inimigo em recuos sucessivos até às portas da capital. Apesar de minha insistência junto ao Estado Maior, não consegui ser satisfeito em meus desejos.

O número do inimigo não me atemorizava: não porque duvidasse de sua coragem; mas era sabedor da desorganização que reinava nas tropas governistas, onde oficiais e praças, vindos de todas as procedências, viviam em contínua luta por mesquinhas prerrogativas e preocupações de lugar de nascimento. Além disso, existia constrangimento manifesto da parte da tropa de linha, ofendida nos seus brios pelo predomínio que sobre ela exerciam algumas dezenas de civis, mascarados com os galões que o governo a última hora distribuía às mancheias. E a brigada rio-grandense gozava então de um privilégio irritante. Agia com independência inexplicável e prejudicial ao comando geral. Essa força sulista mimoseava com chacotas a oficiais de outros corpos. E um sargento dessa milícia valia mais que um oficial do exército, conforme propalavam em tom depreciativo. A gente da tropa de linha vivia humilhada e sofrendo desconsiderações de toda espécie. Infelizmente sargentos do exército, revelando baixeza de caráter, insuflavam a paisanada agaloada e os oficiais da brigada anarquizadora, na esperança de conseguirem ser comissionados em 2º tenentes.

Uma tropa assim desorganizada e dividida pelo despeito, vivendo sob a ação nefasta da indisciplina e conduzindo em seu seio um grupo enorme de prostitutas que absorviam a atividade dos oficiais, relaxando-os no serviço e provocando murmurações entre as praças, não podia oferecer resistência, a quem, como eu, dispunha de um punhado de homens valentes, impetuosos, entusiasmados na defesa dos seus ideais e disciplinados conscientemente. Aliás são estas as mesmas palavras do general Azevedo Costa no seu discurso proferido em Botucatu.

Além de tudo, a marcha da coluna governista fazia-se desordenadamente. Enfiavam batalhões inteiros por estradas de rodagem, picadas etc., que margeavam a linha férrea. E como essas estradas afastam-se da mesma via, bifurcando-se em várias direções, acontecia que os extravios das forças eram contínuos. O grosso era conduzido morosamente em trens de ferro que paravam em todas as estações e povoados, expedindo emissários em busca dos extraviados.

Todas essas considerações não moviam o Estado Maior do propósito em que se firmou de não permitir que a sua retaguarda, mesmo com a certeza de bom êxito, atacasse o inimigo.

Nada conseguindo por esse lado, propus aos chefes da revolução, acelerar a marcha e não abandonarmos a ideia de penetrarmos com a possível rapidez no Estado de Mato Grosso. O golpe era facilmente desferido, visto como as tropas da guarnição desse estado e os voluntários que a ela aderiram, não passaram o rio Paraná e permaneciam ainda pela zona da Noroeste. Portanto, tomar posse de Três Lagoas com um forte contingente e artilhar os pontos acessíveis da barranca do Paraná era o suficiente e bastante para fazer estacar na margem paulista ou paranaense o exército que nos perseguia.

Campo Grande, Aquidauana, Miranda, Porto Murtinho etc., forneceriam à revolução os recursos materiais de que viesse a necessitar. Os canhões do forte Coimbra embargariam o passo de qualquer navio que tentasse subir conduzindo tropas, subindo o rio da Prata. E todos sabem que o rio Paraguai, nesse ponto, não oferece água suficiente para os calados das pequenas canhoneiras ou vapores de fundo raso. Aquelas não se prestavam pela sua insignificante tonelagem à condução de tropas e estas, de madeira, se se aventurassem, seriam postas a pique com um tiro de qualquer canhãozinho antigo.

Seríamos senhores de todo sul do estado e, se o governo mandasse tropas pelo norte, via rio Madeira e depois pelas picadas que defendem as linhas telegráficas do general Rondon, nunca chegariam ao destino, porque seriam dizimadas pela própria natureza do terreno em que tinham de movimentar-se.

A submissão do resto do estado, inclusive a capital, seria completa.

Restavam as estradas boiadeiras de Minas Gerais pequenas colunas volantes distribuídas então por Santana do Parnaíba, Porto do Taboado e outros pontos, impediriam com facilidade a passagem de tropas para o território mato-grossense.

Isto posto, a revolução, senhora de um grande estado da União, estabeleceria aí o seu governo e somente a cobrança de impostos de exportação da erva-mate, daria de sobra para sustentá-la. A população nada sofreria e, pelo contrário, seria beneficiada grandemente com o barateamento dos gêneros de primeira necessidade que seriam importados livres de direitos das repúblicas vizinhas.

Passados seis meses, se procederia à eleição para escolha de um governo que seria eleito de acordo com as leis vigentes. Não seria difícil, depois, conseguir das nações vizinhas o reconhecimento de beligerância para o governo do estado de Mato Grosso.

Estabelecido o serviço militar obrigatório para todos os homens capazes, e dispondo o governo já constituído de recursos pecuniários regulares, o estado independente da Federação e com uma posição geográfica excelente, em nosso ponto de vista, forçaria o governo da República a entrar em um acordo, no qual os princípios da revolução sairiam triunfantes. Congraçados todos os brasileiros, guiados por um são patriotismo, poderia ser inaugurado o regime de uma política liberal, baseada na verdadeira moral republicana, como aspiram os republicanos e bons brasileiros desde 15 de novembro de 1889.

Ainda desta vez, não fui atendido pelo Estado Maior e morosamente marchava o exército revolucionário para Tibiriçá... Depois... o emprego de escaramuças e os ataques com pequenas unidades ao inimigo dariam como resultado uma concentração de forças governistas em nossos pontos fracos, frustrariam assim nossos planos e impediriam nossa passagem pelo rio Paraná. Vi, pois, caírem por terra as possibilidades da vitória dos ideais que me levaram à luta.

De Quatá a Indiana – Parada militar em honra à visita do general Miguel Costa – Uma destemida sertaneja que enfrenta dois soldados, os desarma na luta e os prende

Pelo boletim datado de 21, recebi ordem de abandonar a posição em que estava e seguir para Indiana, o que cumpri.

Antes da partida, mandei o piquete de cavalaria, sob o comando do tenente Filó, fazer um reconhecimento na fazenda do sr. José Giorgi, onde soube da existência de gente armada. O piquete em poucos momentos destroçou e pôs em fuga os homens referidos que eram capitaneados por um administrador da fazenda.

À frente de Indiana, coloquei o grupo de engenharia com uma companhia de guerra, sendo os flancos guardados por grupos de combate, mantendo sob especial vigilância os caminhos que vinham da Noroeste e do Estado do Paraná.

As últimas notícias positivas traziam a nova de que forças inimigas marchavam contra mim, servindo-se das estradas de ligação da zona da Noroeste com a do Paranapanema. Era manifesto o objetivo de envolverem por completo as minhas forças.

Comuniquei ao comandante Miguel Costa, então general comandante da 3ª brigada, a que pertencia o meu batalhão, a conveniência de oferecer combate à coluna que se aproximava, pois o terreno bem se prestava para isso sem temor do envolvimento projetado pelo inimigo e, além disso, a minha tropa (já denominada Coluna Cabanas) estava perfeitamente organizada e disciplinada. Para afrontar o inimigo nada me faltava: cada um tinha confiança em sua bravura pessoal e todos, na bravura coletiva.

Desejando que o general Miguel Costa visse com seus próprios olhos o que era minha coluna, pedi-lhe por telegrama a honra de visitar meu acampamento. Este convite levava em seu bojo a oculta intenção de, à vista da boa organização militar da coluna e disposição de ânimo, conseguir a permissão para tomar a ofensiva.

O general, atendendo ao pedido, apresentou-se no acampamento com o seu Estado Maior e foi recebido com as honras de seu posto, tendo o batalhão formado em linha desenvolvia com as suas quatro companhias completas; o piquete de cavalaria e a seção de artilharia, à esquerda; a bandeira nacional e a do batalhão ao centro; e a pequena banda de corneteiros e tambores, à direita. Apresentava o aspecto de uma parada militar em dia de festa nacional!... E o rancho ia ser melhorado... Na fisionomia de cada soldado brilhava a satisfação e, pelo aprumo do corpo, percebia-se que o soldado queria também mostrar-se orgulhoso por ser revolucionário. O general não pode ocultar a comoção de que estava possuído. O nome do general Miguel Costa era querido na minha tropa; por isso, a soldadesca, uma vez debandada, entregou-se à mais franca manifestação de alegria, vitoriando com espontaneidade e carinho o nosso general.

Passamos o dia em festa, na qual não faltou o clássico churrasco, bailes e exercícios de equitação em burros xucros. Neste exercício alguns soldados faziam tais proezas, que entendi ser fácil imitá-los. Fiz apear um ginete; montei num burro e, momentos depois, estava eu com a cabeça vendada.

Por entre aclamações da tropa e depois de uma saudação a esta, em frases repassadas de carinho, retirou-se o general às 9 horas da noite, recolhendo-se ao seu P. C., tendo antes ordenado que em atenção à sua visita fossem postos em liberdade todos os presos correcionais.

Somente um preso, José de Souza, não foi perdoado; era o autor de uma tentativa de estupro: tratava-se do cabo velho... e convém relatar aqui o incidente desagradável.

O cabo José de Souza, em companhia do corneteiro Ary Rosa dos Santos, saíram na noite anterior à visita do general, em passeio de *pirataria* pelos arredores de Indiana, e chegaram em uma choupana solitária. Armados de facão e revólver, entraram resolutos na modesta morada abrigo de uma pobre septuagenária e de uma moça de porte elegante e uma robustez de atleta. Os soldados, inspirados pelo amor selvagem, dirigiram à nossa heroína palavras por eles consideradas doces no momento. Mas não lograram comover o coração que se aninhava em tão robusto peito. Das doçuras, cujo vocabulário era escasso, passaram às ameaças e destas à violência, atacando a moça que julgavam incapaz de resistir em razão do sexo. Ela, porém, ergueu-se altiva e sublime enfrentando os dois miseráveis, estabelecendo-se uma luta terrível, a qual teve por epílogo o desarmamento dos agressores, que receberam graves ferimentos a facão feitos pela agredida que tão brilhantemente defendeu sua honra e seu sexo.

A valente rapariga, não satisfeita com o castigo dado aos dois soldados, prendeu-os e trouxe-os, submissos e ensanguentados, à minha presença.

Felicitei a heroica sertaneja pela sua bravura pessoal e convidei-a para assistir, na manhã do dia seguinte, ao castigo que em nome da revolução ia aplicar aos dois soldados.

E assim foi. No dia imediato, formada a tropa e presente a maior parte da população, tendo a moça ao meu lado, fiz castigar a chicote o cabo velho. Quanto ao corneteiro Ary Rosa, fi-lo recolher ao hospital de sangue de Santo Anastácio, sem castigá-lo, porque o seu estado era bastante grave pelos ferimentos que recebera na luta, infligidos pela destemida e valorosa compatriota. Não poderia, pois, sem perigo de vida, receber novo castigo.

Esta cena foi presenciada pelo sr. Withacker, velho fazendeiro ali residente, irmão do diretor do Banco Comércio e Indústria do Estado de São Paulo.

O sr. Withacker manteve comigo e meus oficiais a mais franca cordialidade, sem demonstrar o menor interesse pelo governo ou pela revolução; salientava em suas palestras o desejo de prestar auxílio e evitar contrariedades à população, em cujo meio vivia há muitos anos e pela qual mostrava o mais carinhoso interesse.

Convém declarar que da visita do general Costa nada resultou a favor da ofensiva que eu pretendia levar às tropas governistas.

De Indiana a Regente Feijó – Ataque e resistência em Indiana – Os tiroteios aí realizados foram promovidos a batalhas sanguinolentas por jornais do Rio e de São Paulo – Os "patriotas" dos srs. Júlio Prestes e Ataliba Leonel tomam sempre à baioneta as cidades abandonadas... e foram uns heróis na tribuna parlamentar do sr. Júlio Prestes – Para Nilo Peçanha

Depois de permanecermos três dias em Indiana nos transportamos para Regente Feijó, tendo ficado naquela o grupo de engenharia e o grupo de proteção, respectivamente comandados pelo capitão Lyra e o tenente Bispo.

Vinte e quatro horas depois, recebi comunicação secreta do chefe deste serviço, organizado em meu batalhão, que o inimigo se aproximava de Indiana, vindo pela estrada boiadeira, ficando assim confirmadas as notícias anteriores.

Imediatamente fiz seguir para Indiana uma companhia de guerra sob o comando do tenente Cabral, com ordem de estacionar de emboscada em uma colina a dois quilômetros da estação e à direita desta, devendo enfrentar vigorosamente o inimigo que por esse lado fatalmente surgiria. Sabia que o tenente João Cabral cumpriria honrosamente o seu dever.

Efetivamente, no outro dia pela manhã, apareceu a cavalaria inimiga, que, ao receber as nossas primeiras descargas, desmontou, tomando posição de combate e, auxiliada imediatamente por um reforço, respondeu ao fogo, travando-se o combate.

O inimigo, já em número superior, ia recebendo reforços que chegavam de instante a instante, procurando manobrar, a fim de cortar a retirada de meus homens.

A companhia atendia a todos os pontos visados pelo adversário e, apesar da inferioridade de número, resistia valentemente. O tenente Cabral, pelo telefone, ia comunicando-me o desenrolar da ação.

Desejando atrair os governistas para Regente Feijó, ordenei ao tenente Cabral que resistisse até o último cartucho; e aos grupos de engenharia e proteção que estivessem atentos e embarcados para se reunirem ao grosso da coluna com a companhia em luta, quando ela se retirasse.

Pela tarde recebi comunicação de que a companhia estava com suas munições quase esgotadas. Ordenei então a retirada em escalões; ordem que o tenente Cabral cumpriu calmamente, recuando sem precipitação até chegar à composição dos grupos de engenharia e proteção, embarcando e recolhendo-se todos a Regente Feijó, onde ansioso eu esperava ser atacado.

Uma seção de metralhadoras tentou deter o trem entre Indiana e Regente Feijó sem conseguir o seu objetivo.

A vanguarda governista, comandada pelo coronel Franco Ferreira, insistia, desde Avaré, em aprisionar o meu trenzinho do grupo de engenharia. Este, porém, soube sempre escapar a todas as tentativas. Muitas vezes servi-me do mesmo trenzinho para atrair o inimigo em algumas emboscadas. Os tiroteios aí feridos foram promovidos a sanguinolentas batalhas pelos jornais do Rio e de São Paulo.

Em vão esperei em Regente Feijó o ataque que supunha ali fosse levado a efeito pelo coronel Franco Ferreira. Este lá não foi. Resolveu acampar em Indiana mandando daí o seu relatório ao governo descrevendo o efeito como um grande combate, do qual saiu vitorioso; malgrado a volumosa massa das forças revolucionárias que foram obrigadas a recuar.

Esquecia-se o ilustre coronel Franco Ferreira de que a minha função de comandante da guarda da retaguarda do exército que se retirava era a de recuar sempre, mas procurando retardar a marcha do exército inimigo. Ora, esta função parece-me tê-la cumprido satisfatoriamente. Porém se S. S., em vez de ter ficado em Indiana, se apresentasse em Regente Feijó, seus relatórios teriam talvez outra feição; aquela que os generais costumam dar quando os soldados de suas brigadas se desorientam, tomando rumos diferentes após qualquer escaramuça ou combate. E o sr. Júlio Prestes na Câmara não teria então proferido tantos elogios aos seus "patriotas". Estes, conforme os substanciosos e mavórticos discursos daquele deputado, tomavam sempre à baioneta as cidades que eu ia abandonando.

Realmente, os "patriotistas" dos srs. Júlio Prestes e Ataliba Leonel tomaram à baioneta várias localidades... abandonadas havia quatro ou cinco dias pelos revolucionários. Isto de entrar em cidades desertas, atirando baionetaços à direita e à esquerda em pleno espaço, vazio de adversários, ou entre seus pacíficos habitantes, é na realidade um feito heroico de um D. Quixote.

Esses *vibrantes* golpes à baioneta faziam-me lembrar o major Amaral na vanguarda do general Martins Pereira, que, ao entrar em Itapira e Mogi Mirim desguarnecidas, comunicava para Minas ter *tomado* estas cidades de assalto. E ele assim conseguiu o que desejava: o galão de major.

O sr. Júlio Prestes é deputado sem eleitores. Mas, organizando um batalhão desses "patriotas", conseguiria assim emprego para centenas de votantes... Praças e oficiais se tornariam agradecidos ao desprendido e prestigioso deputado que, com o dinheiro da Nação, fazia aquisição de eleitores devotados. Mas não é tudo: esses eleitores, arvorados em soldados e oficiais, constituindo um batalhão ou regimento, precisavam ser heróis para que fosse justificada a grossa *maquia* que o Tesouro ia fornecendo por solicitação do belicoso deputado.

E a tribuna, então, servia de pedestal para elevar os tímidos tabaréus do sr. Júlio Prestes, a assaltantes destemerosos de cidades... abandonadas e desertas...

Diversas pessoas me contaram ter ouvido os "patriotas" do sr. Prestes declararem: "nunca passamos tão bem como agora, não se briga, toma-se cidades e até as mulheres nos olham com sorrisos tentadores".

A maioria do grande público não pode entender as intenções e os fins do sr. Júlio Prestes.

Em vão esperei o coronel Franco Ferreira e os batalhões dos srs. Júlio Prestes e Ataliba Leonel em Regente Feijó; desenganado, retirei-me morosamente para um local situado a alguns quilômetros antes de Presidente Prudente. Terreno ideal para receber o inimigo de emboscada.

Pensei que a minha retirada animasse os governistas a perseguirem-me, e tomei todas as posições para recebê-los condignamente, certo de destroçá-los por completo.

Durante seis dias, ansioso, aguardei a investida. Esta não se realizou e tive que seguir para Nilo Peçanha.

Em Nilo Peçanha – Ordem de marcha – Em Santo Anastácio – Preparo de sua defesa – Emboscadas – Visitas de um aeroplano – O inimigo cai na armadilha e recua apavorado – Novas investidas – Nossa retirada através da mata buscando Piquerobi – Outra visita do aeroplano

Em Nilo Peçanha passamos três dias em completa inércia, guardando as embocaduras de uma verdadeira rede de estradas e picadas que se emaranhavam pelo centro da floresta imensa que nos rodeava. A monotonia era unicamente cortada pelo movimento de rendição de guardas e postos avançados.

Afinal recebemos a suspirada ordem de seguir avante.

Chegamos em Santo Anastácio às 8 horas da noite. A cidade estava mergulhada em profunda escuridão e o silêncio era completo.

Encontrei a estação e os desvios mortos, atulhados de locomotivas, vagões e gôndolas numa confusão indescritível, o que dificultava o movimento da tropa. Ante isso não permiti o desembarque e deixei para o dia seguinte os serviços de defesa, restringindo-se aos de vigilância, confiado especialmente nos grupos de engenharia e proteção, situados a dez quilômetros atrás.

Fiz policiar a cidade e, em alguns botequins, proibi, como de costume, sob pena de completo confisco das mercadorias, que vendessem bebidas às minhas praças ou patrulhas, proibição esta estendida no dia seguinte para todo e qualquer soldado de minha coluna. Esta deliberação mantive-a também durante os dias que ali permaneci.

Tarde da noite, uma patrulha trouxe à minha presença um soldado encontrado em flagrante delito de roubo. Verifiquei tratar-se de um soldado desertor da frente e, no dia seguinte, dentro de um quadrado, foi castigado fisicamente e recolhido preso a um vagão gaiola.

Ao amanhecer do dia seguinte, auxiliado por meus oficiais, tratei de orientar a defesa da cidade e tomar as necessárias precauções.

A povoação de Santo Anastácio está colocada em uma regular depressão do terreno. A frente para o inimigo apresentava uma linha convexa formada de pequenas colinas que se sucediam, até se apoiarem em mata espessa, de um e outro lado. Antes de chegar ao povoado, a linha férrea atravessa uma garganta formada por duas das colinas já referidas. Pequenos caminhos serpenteiam pelas elevações do terreno, buscando fazendas e chácaras.

Em cada uma das cinco colinas, frente ao inimigo, coloquei sob trincheiras pequenos contingentes de infantaria e, dentro da garganta onde passava a via férrea, precisei os lugares onde tomariam posição os grupos de engenharia e proteção, que ainda estavam a dez quilômetros, mas com ordem de recuarem caso fossem atacados.

A duzentos metros, mais ou menos, da entrada da via férrea, na garganta, estendi pelas elevações naturais do terreno uma rarefeita linha de atiradores, comandada pelo tenente Cabral, com a missão de deter o inimigo à primeira investida deste, ou depois de dar-se o choque com os grupos citados, contrair-se pelos flancos em rápida retirada, atraindo o adversário para a pequena planície, que se estendia limpa de matas, em frente às cinco colinas.

No ramal da estrada boiadeira instalei o meu piquete de cavalaria, dividido em pequenos postos para evitar ou dar alarme de qualquer tentativa de avanço por parte do inimigo.

Este mesmo piquete tinha a incumbência também de fazer ligação com o batalhão de infantaria sob o comando do major Coriolano de Almeida Júnior, que estacionava na mencionada estrada boiadeira, combinando seus movimentos de recuo com os meus e protegendo o Porto Velho. Em caso de necessidade também poderia prestar-me auxílio eficaz.

Em cada extremidade da linha de colinas, dentro da mata, aninhei metralhadoras, prevenindo qualquer desbordamento do inimigo.

Assim disposta a defesa, ficamos a postos esperando o desejado ataque, certos de que este não tardaria; mas os dias se sucediam e o inimigo não saía da estação vizinha, onde se plantou 48 horas. E durante esse tempo esperava-o impaciente.

Aproveitei a delonga para aperfeiçoar as disposições tomadas; estudava detalhadamente o terreno, pensava probabilidades, insinuava aos meus comandados a certeza da vitória e procedia a uma espionagem ativa a ponto de comunicar-me com pessoas amigas que rodeavam o próprio quartel-general inimigo e que entregavam aos meus estafetas secretas todas as informações que me eram necessárias. Por este meio e por outras habilidades engendradas pelos meus soldados da primeira linha de atiradores, bem como pelo interrogatório de espiões colhidos em minhas redes, tinha diariamente preciosas informações, salientando-se entre elas a de que, em Indiana, haviam chegado dois aviões de bombardeio, o que deu origem à minha ordem de serem mascaradas todas as posições, inclusive as dos grupos de engenharia e proteção.

Enfim, o meu serviço de vigilância e prevenção parecia-me perfeito, mormente contando como contava com auxiliares de iniciativa própria e férteis em estratagemas para intrometerem-se na tropa adversária.

O inimigo tomava, entretanto, as suas resoluções para deixar a estação vizinha e cair sobre mim. Pioneiros governistas vinham tranquilamente até as proximidades da nossa linha principal sem darem conta dos meus postos avançados e levavam ao seu comando a certeza de que minha defesa começava na linha de colinas. Olhos vigilantes e dentro da mata seguiam os movimentos desses pioneiros nos contínuos vaivéns.

Oito dias passamos neste estado de coisas e nessa exaustiva vigilância, sofrendo as agruras da guerra, onde todas as privações se acumulam, sem contudo entibiar o nosso ânimo de persistir na espera do inimigo.

Era 5 de setembro. Pela manhã sentimos o ruído de um aeroplano que se aproximava. Imediatamente fiz circular a ordem de não se detonar um só tiro, para não serem descobertas nossas posições.

A grande ave mecânica voava sobre nossas cabeças tentando perscrutar as matas que abaixo se estendiam mudas e impenetráveis.

Em dado momento, lançou, entregues ao acaso, dois formidáveis "abacaxis" que, ao terem contato com a terra, explodiram fragorosamente, ecoando os estampidos pelas quebradas das serras fronteiras, como formidável protesto contra a inutilidade de semelhante agressão.

O aeroplano, com seu casal de bombas, deixou-me em paz e seguiu rumo ao Porto Tibiriçá, onde também deixou cair uma outra "granada". Parecia orgulhoso por ter deixado atrás, em estilhas, a "Coluna da Morte".

À tarde, patrulhas de cavalaria inimiga rondavam o ramal da estrada boiadeira e à noite me chegavam comunicações de que o ataque seria levado a efeito no dia seguinte. Planejavam no Estado Maior, como preliminar, o aprisionamento da composição encarregada do transporte dos grupos de engenharia e proteção; depois traçavam o caminho a seguir e a disposição da tropa. Esta viria em tríplice coluna, marchando as do centro pela linha férrea e as demais nos flancos.

Telefonicamente dirigi-me aos grupos, explicando a disposição da marcha do inimigo e ordenei que, dentro da mata cortada pela estrada de ferro e caminhos laterais, se estendessem de emboscada em linha de atiradores, fazendo a primeira resistência e, embarcando depois na composição, viessem ocupar as posições assinaladas entre as duas colinas à entrada da cidade.

Afinal no dia seguinte, 6 de setembro, pelas 9 horas da manhã, entrou o inimigo em contato com os grupos de engenharia e proteção, recebendo as primeiras descargas de metralhadoras e fuzilaria da diminuta infantaria e quando tentava um movimento envolvente, embarcaram os grupos na sua composição e a todo vapor recolheram-se às posições previamente assinaladas.

Fracassado o primeiro golpe, a coluna governista seguiu avante, mantendo a primeira disposição e galgou uma serra que se defrontava com as colinas, base da defesa de Santo Anastácio, rompendo, então, fogo contra a cidade.

Após ligeira estadia na mencionada serra, o suficiente para ali colocar alguns grupos de metralhadoras, a coluna governista pôs-se novamente em movimento sem cessar o fogo protegida pela ação daqueles grupos. Assim, desceram os atacantes até serem recebidos pela fuzilaria da nossa linha de atiradores, colocada nas elevações que dominam a planície. Estes atiradores, cumprida sua missão, bateram em disparada e foram unir-se às trincheiras de acolhimento próximas ao posto do meu principal núcleo de defesa.

A disparada fez crer ao inimigo, confirmando minha previsão, que o recuo era geral e minha derrota se pronunciava. Entretanto o grosso da tropa de meu comando estava em expectativa, silencioso, e nem um só tiro disparava.

Entusiasmados os soldados governistas, principalmente os do Rio Grande do Sul, em alarido infernal sobressaindo os gritos de "pega o Cabanas", "não fujam covardes" e outros, desfizeram a ordem que mantinham no ataque para perseguirem os meus soldados, sem perceberem a armadilha em que caíram. Em visível confusão, resultante do entusiasmo natural de quem se crê vitorioso, rolou a massa até o centro da campina rasa, completamente desabrigada. De pé em cima de uma trincheira, eu observava todos os movimentos.

Chegou para mim, finalmente, o momento culminante tão ansiosamente esperado.

Descrever as emoções daquele momento é impossível para a minha pena.

Sentia emoções de alegria e de pesar... Um emaranhamento de sentimentos corria pelo meu íntimo. Alegria natural de militar e revolucionário que vê o desenvolvimento de seu plano em todos os seus detalhes, acompanhando-o em todas as suas fases e seguro daquilo que previu. Pesar por ver que seus irmãos, seus compatriotas, iam alegres, despreocupados, direitos à nefasta zona que se tornaria para eles em matadouro e onde ia jorrar o sangue de tantas vidas preciosas e úteis para a Pátria.

Militar e revolucionário, esperava e desejava ansioso o epilogar do drama de Santo Anastácio. Como humano, tinha às vezes ímpetos de gritar para aqueles infelizes: Parai!

Mas esta voz não me saiu, ainda que meu coração falasse bem alto. O sentimento de militar que está cumprindo o seu dever, o sentimento de revolucionário, de brasileiro que achava necessária aquela carnificina, em benefício da Pátria, eliminando os que nos punham entrave à nossa ação idealista, venceu e foi mais forte. Dei ordem de *fogo à vontade*! Saiu rouca como um gemido, como um soluço do meu peito, porém firme, porque o militar até para mandar matar tem que disfarçar a voz com a hipocrisia da energia e da falta de sentimento. E que ironia!... O corneteiro que ao meu lado contemplava curioso, indiferente e calmo o desenrolar da ação, repetiu sonora e mais firmemente a minha ordem.

Não pude deixar de estremecer e olhar com ódio, por uns segundos, aquele instrumento que em outras ocasiões, ou quem sabe mais tarde, nos alegraria com os toques de vitória...

Do cimo da colina partiam as balas de fuzis e metralhadoras sobre a força inimiga que já se acotovelava atônita na planície. Diante do nosso nutrido fogo, inesperado para o inimigo, este, aturdido e sem comando, retraiu-se buscando abrigo às tontas, pelo terreno ingrato e foram cozendo-se ao solo, para ganhar a retaguarda estacionada então nas elevações do terreno, pouco antes abandonadas. Desesperados por serem constrangidos a retirar-se, cometeram o heroísmo de incendiar em sua fuga uma grande serraria e muitos ranchos de pobres trabalhadores dos arredores da cidade.

Mais tarde o inimigo se refaz do atordoamento, concentra-se em massa compacta, acomete furioso pela linha férrea sem a mínima organização.

Bravo, impetuoso, montado em soberbo cavalo, marchava na frente dessa massa um oficial, talvez comandante ocasional daquela gente, o qual, em grandes gestos, fazendo relampaguear a espada, incitava o avanço das tropas. Descobertos como estavam os governistas nesse arrojado movimento, recebiam em cheio fortes descargas pela frente e pelos flancos, sofrendo consideráveis baixas. A morte do herói e também a do seu não menos valoroso lugar-tenente, outro oficial que marchava à frente da imprudente investida, trouxe o imediato esmorecimento da ação. Depois estabeleceu-se o pânico e a desordem na coluna, que assim foi obrigada a retroceder pelo caminho andado, em uma triste debandada, que contrastava flagrantemente com a alegria e gritaria em suas avançadas, poucas horas antes.

Estava a campina livre de inimigo. A fuzilaria continuava vigorosa e persistente entre as colinas e a serra fronteira, estabelecendo um duelo que prometia não ter fim. Aproveitando a trégua que em baixo se estabelecia, resolvi com quinze homens ir buscar, entusiasmado, umas metralhadoras de rodas, abandonadas na campina pelo inimigo. Quando o nosso pequeno grupo chegou, porém, em campo raso, fomos alvos únicos de todas as metralhadoras da serra, cujas balas em poucos momentos, em fúria diabólica, nos dizimaram por completo, ficando apenas de pé eu e dois companheiros mais. Desta forma paguei caro também uma imprudência que ia custando-me a vida, sem lograr o intento que me levou a abandonar as trincheiras.

Ao regressar ao meu posto, notei que o inimigo esgueirava-se pela ala direita e que o fogo de minhas trincheiras daquele lado tinha cessado por completo.

Vendo a ação em perigo iminente de um fracasso, corri às trincheiras onde havia cessado o fogo e verifiquei, com espanto, que por deserção do tenente Alonso Augusto Pereira, oficial há pouco da frente, estavam as praças atônitas por falta de comando e direção. Imediatamente refiz o pessoal da desordem que se esboçava, distribuí os postos, nomeei novo comandante e a resistência vigorosa recomeçou fazendo retroceder o inimigo, que já se ia julgando senhor do terreno.

Pouco depois, as metralhadoras da serra concentravam todos seus fogos sobre as trincheiras que guardavam a garganta por onde passava a via férrea, e esses fogos eram tão cerrados e certeiros, que senti o desânimo invadir os seus defensores. Para lá dirigi-me e, animando com minha energia e exemplo a guarnição, tomei conta de uma metralhadora e fiz, assim, reviver o entusiasmo quase perdido, mas era de tal forma certeira a pontaria inimiga que o imprudente que se erguesse um pouco do solo era ferido ou morto. As baixas se acumulavam e notei entre os mortos os sargentos João Fernandes de Freitas, da Guarda Cívica de São Paulo e José Neves; entre os feridos, os cabos Moraes, Alberto Casemiro, o sargento Benedito Dias (Mineirinho) e três valentes companheiros; sempre atentos e corajosos nos seus postos de maior perigo. Mineirinho, que devia, pelos seus ferimentos, estar fora de combate, resistia a retirar-se e continuava na linha de fogo, animando em altas vozes os demais companheiros, até que eu próprio carreguei-o para lugar seguro e onde pudesse receber alguns socorros médicos. Esse transporte custou-me um ferimento de bala produzido na perna, de pequena gravidade.

A carga, porém, valia muito mais que esse ferimento.

Protegida pelo fogo das metralhadoras da serra, a coluna inimiga, evitando a campina, tentava desbordar e envolver-me ou forçar uma passagem para entrar na cidade e cortar-me a retirada.

Em dado momento, uma linha de atiradores, desta vez em ordem, reforça a pressão sobre a esquerda; para aí me dirigi e, fazendo funcionar as metralhadoras, obriguei a recuar aquela linha. Ordenei alguns tiros diretos com artilharia de montanha sobre a serra, graduando eu próprio a alça de mira.

O combate recrudescia, as metralhadoras da serra não cessavam o fogo sobre as nossas posições e em baixo a infantaria tateava os pontos mais fracos, tentando sempre um desbordamento ou passagem pela linha férrea.

A nossa linha sustentava galhardamente o fogo de extremo a extremo, batendo-se com denodo a calma.

Os homens encarregados do transporte de munição faziam esse serviço sob um chuveiro de balas com a maior serenidade.

Sentindo que o inimigo desfalecia no ataque, dispus-me a tomar a ofensiva e iniciava as minhas disposições, movimentando as alas, quando (seriam 17 horas) um telefonema do quartel-general me ordenava a retirada.

O momento e o estado de ânimo da força não comportavam cumprir semelhante ordem; prossegui fazendo avançar as alas, no propósito de um ataque aos flancos do inimigo. A fatalidade, porém, não me permitiu desta vez tomar definitivamente a ofensiva, que era o meu constante desejo desde Ourinhos, pois o encarregado do material bélico veio comunicar-me que, dos 25 cunhetes de cartuchos Mauzer que tinha minha coluna, somente restava meio cunhete.

O quartel-general, apesar dos meus reiterados e urgentes pedidos, não pôde atender-me e repetiu a sua ordem de retirada, impossível então de ser desobedecida. Às 19 horas fiz organizar e partir os trens com ordem de se deterem a dois quilômetros de distância, aguardando a tropa. Esta, depois do tempo decorrido e necessário para que os trens chegassem ao ponto determinado, iniciou a retirada por escalões. Em primeiro lugar marchou a cavalaria pelas picadas, e em seguida a ala esquerda, comandada pelo tenente Filó; vinte minutos depois, o centro, sob o comando do capitão Lyra, e por fim a ala direita, comandada pelo sargento Bahiano e sob minha direção. Ao último grupo coube a missão de proteger a retirada dos primeiros, entretendo o inimigo com duas metralhadoras e empregando com prudência os últimos cartuchos de modo a não poder abandonar sua posição antes das 23 horas, ocasião em que o inimigo poderia perceber a retirada e apossar-se da cidade, fazendo sua entrada pela minha esquerda.

Quando marchava eu com a pequena força ao encontro dos trens, onde já deviam ter embarcado as duas primeiras, percebi que minha retirada estava cortada e que dificilmente poderia reunir-me aos meus companheiros. Não tendo outro recurso, embrenhei-me na mata pela direita de Santo Anastácio, o que consegui protegido pela escuridão da noite.

Dentro da mata, sempre rodeado pela gente do comando do sargento Bahiano (Manoel dos Santos), tratei de tomar o rumo de Piquerobi. Às tortas e apalpando o terreno sem ter a absoluta certeza da direção que levávamos, não dispondo sequer de um ponto de referência, a marcha tornou-se penosa e suspeita dentro da espessa e bruta selva.

Arqueados sob o peso das armas; saltando enormes troncos de árvores, enredando-nos nos cipós; carnes rasgadas pelos espinhos e taquarais; trôpegos os pés já a sangrarem; e flagelados pelas ortigas, íamos, num sacrifício imenso, furando aquela mata, quase sem sentir fadiga nem ferimentos, nem desânimo. E assim maltratados, sem alimentação e sem água, erramos até às 5 horas da manhã de 7 de setembro, tendo muitas vezes de carregarmos às costas armas de outros companheiros. Finalmente nessa hora saímos no leito da estrada de ferro e, descendo por ela, deparamos logo adiante com Piquerobi. Foi uma alegria difícil de descrever e quase uma surpresa, porque nenhum de nós levava a certeza da chegada àquela estação; a convicção geral era que estávamos perdidos, marchando ao acaso, talvez em direção às garras do inimigo... talvez desviados para remotos lugares, onde nos esperava a morte pela fome.

Em Piquerobi, encontrei a minha coluna que, a julgar pela minha demora em alcançar o trem, considerava que eu e os homens da ala direita tínhamos caído prisioneiros. Esta suposição tornou-se em certeza; pois que a mesma coluna em arrojada avançada que fez sobre Santo Anastácio com a intenção de facilitar a minha incorporação, encontrou a cidade ocupada pelo inimigo, sendo obrigada a retirar-se pela falta de munição.

A nossa chegada deu motivo às mais tocantes manifestações de alegria por parte da soldadesca, que me estimava intensamente. Depois de comunicar por telefone ao general Costa em Cayuá, como se operou a retirada e aprovar as medidas de defesa e vigilância determinadas pelos meus oficiais antes de minha chegada, e elogiar o exemplo do punhado de bravos que me acompanhou pela mata, adormeci profundamente, em cima da própria mesa do telefone.

Às 9 horas da manhã, fui despertado pelo ruído de um grande tiroteio. Levantei-me rapidamente, certo de estar sendo atacado pelo inimigo. Encontrei a tropa dispersa, atirando para o ar e como amedrontada. Percebi, então, que o motivo do tiroteio era um aeroplano que voava sobre Piquerobi com a manifesta intenção de colocar-se de modo a nos mimosear com alguns "abacaxis". Mandei dar o sinal de *deitar*, pus as metralhadoras em posição de romper fogo e aguardei o resultado.

O aeroplano, descrevendo espirais alongadas e descensionais, aproximou-se e, julgando o momento oportuno, lançou duas bombas que foram cair a trinta ou quarenta metros da linha férrea, no ponto em que se achava uma locomotiva, cuja chaminé foi a única vítima alcançada pelos estilhaços.

A resistência em Santo Anastácio veio mostrar o quanto ainda se poderia esperar da minha coluna, no terreno da bravura serena de cada soldado.

Dos meus encontros, escaramuças, combates etc., foi sem dúvida alguma essa a página mais fulgente escrita pelos meus soldados durante a jornada de São Paulo a Tibiriçá.

Ali a "Coluna da Morte" resistiu a mais de 2 mil homens e o seu efetivo não passava de 380, entre praças e oficiais. Não fora a falta de munição e aqueles 2 mil homens teriam sofrido vergonhosa derrota. Verdade é que a minha posição era vantajosa; isto, porém, não diminui a bravura, a disciplina e a serenidade dos meus comandados.

Lendo-se os jornais governistas da época é que se pode ter uma ideia da importância do combate de Santo Anastácio. Esses jornais, inspirados pelas partes e relatórios dos comandantes governistas que entraram em ação, dão ao combate a importância que eu nunca lhe emprestei.

Narram, entre outras façanhas, a de que levaram um ataque decisivo às posições de Santo Anastácio, tendo concentrado na ação, todas as forças da vanguarda do general Azevedo Costa.

Conseguiram assim derrotar o exército revolucionário, que os enfrentou, forte de mais de mil homens. Os restos dos revolucionários, segundo os mesmos jornais, retiravam-se, fugindo em pequenos grupos para a zona da Noroeste e Mato Grosso, seguindo-os no encalço patrulhas de polícia.

Ora, se a disposição da força em Santo Anastácio impressionou o general inimigo, a tal ponto que o mesmo viu uma coluna de mais de mil homens, é lógico concluir-se que a bravura dos meus soldados aliada à sua serenidade de ânimo supriram vantajosamente a diferença entre mil homens e 380 de que realmente se compunha a "Coluna da Morte".

E se esses homens operaram como se fossem mais de mil, também é lícito concluir-se que souberam escolher e defender posições, ou então que as forças inimigas em mais de mil se acovardaram, se anarquizaram, se apavoraram ou não enfrentaram aqueles 380 bravos e destemidos revolucionários. Não há como fugir desse dilema.

Para darem maior importância ao episódio, noticiaram haver um grande número de prisioneiros. E esse número que eles assinalaram era superior ao número dos soldados revolucionários que combateram!...

O general inimigo para engrandecer a ação de Santo Anastácio, sextuplicou o efetivo da tropa revolucionária. Mas isso importava em confessar a minha superioridade e esta confissão traz consigo um elogio ao modesto comandante da "Coluna da Morte" que, desvanecido, aqui consigna os seus agradecimentos. Nas partes oficiais também constava o meu assassinato. E esta notícia foi transmitida a toda povoação ou cidade que dispusesse de uma estação telegráfica.

Finalmente ressuscitei e não guardo o menor rancor aos que impiedosamente me mataram no papel.

Resta-me unicamente registrar que a coluna do meu comando teve em Santo Anastácio uma baixa de oitenta homens, entre mortos, feridos e extraviados.

O crime de Piquerobi – Sua repressão – Marcha para Caiuá passando por Venceslau Brás – Esperando o inimigo em Caiuá – Tiroteio – Em Tibiriçá – Morte do sargento Rodolfo Bernardo

Em um dos livros que por aí andam sobre a revolução de São Paulo, apareceu a narração de um crime de que foi vítima o casal Furman em Piquerobi. Como esse crime é atribuído à "Coluna da Morte", quero também referi-lo e descrever o castigo que sofreram os seus autores.

Estava acampada em Piquerobi a coluna do general Mesquita, enquanto a "Coluna da Morte" se mantinha íntegra em Indiana. Apesar das ordens do general Mesquita, dois soldados conseguiram iludir a vigilância da guarda; transpuseram a linha do acampamento e, após vagarem pela povoação de Piquerobi, visitando as casas de bebidas que encontravam, dirigiram-se, já bastante alcoolizados, para os arrabaldes. Aí encontrando uma casa isolada, nela penetraram e pediram ao respectivo morador que fosse acompanhado de um deles buscar água no poço. Atendido, seguiu o morador, Antonio Furman, para o poço, perto do qual o seu companheiro, sem motivo algum, desfechou-lhe um tiro, caindo morta a vítima.

Voltou o assassino à casa e, junto com o outro que lá ficara, violentaram a esposa de Furman. A cena revestiu-se de tal brutalidade, que minha pena se nega a descrevê-la minuciosamente.

E a senhora, em deplorável estado, foi enviada pelo general Mesquita para o hospital de Santo Anastácio.

Descobertos os autores do crime, que tanto horrorizou o exército em peso, foram presos e passados pelas armas.

Um dos criminosos, antes de justiçado, pediu em frente de toda a coluna, formada para assistir o fuzilamento, que não se publicasse o motivo porque morria, pois não queria sair do mundo deixando sua velha mãe e esposa com tamanho desgosto. Enquanto ao outro, declarou que morria satisfeito, porque seu crime estava de acordo com o castigo que ia receber, sentindo não poder pedir àquela que lhe deu o ser, o perdoasse por tão monstruoso delito, cometido por estar alcoolizado. Suplicou aos soldados da coluna, que não tomassem bebidas alcoólicas e vissem no castigo que ia receber, um grande exemplo.

Ouvidas as últimas vontades dos condenados, uma descarga, fê-los baquear ao solo.

O autor, do livro citado, contou o crime cavilosamente e por maldade que não se compreende, deixou de relatar o castigo, quando em Piquerobi ninguém ignora o fuzilamento das praças em questão.

Depois de um dia de parada em Piquerobi, seguimos, cumprindo ordens da frente, para Caiuá, passando por Wenceslau Brás, já desocupada pelo quartel da 3ª brigada.

Em Wenceslau tivemos que alimentar as caldeiras das máquinas com água em pequenos baldes e cortar lenha necessária para prosseguir a viagem, serviços em que nos demoramos 24 horas.

A linha férrea, desde Santo Anastácio até Caiuá, foi destruída, tendo-se feito descarrilar todas as locomotivas, gôndolas e vagões encontrados nesse trecho.

A 8 de setembro pelas 9 horas da manhã, entrava a "Coluna da Morte" em Caiuá, pequena localidade habitada quase que exclusivamente pelo pessoal da estrada de ferro. Aí encontrei o quartel-general da brigada do general Miguel Costa; o 7º batalhão de infantaria sob o comando do major Arlindo de Oliveira; uma seção de artilharia; um esquadrão de cavalaria; todo serviço de intendência e material de guerra; corpo médico, ambulâncias etc., tudo em preparativos de marcha para o porto Tibiriçá.

Apresentei-me ao general Miguel Costa com quem tive poucos minutos de palestra pela grande preocupação em que estava ele de aliviar a estação de tantas composições aglomeradas, ali detidas pela falta de desvios em quantidade suficiente para uma rápida manobra.

Em vista da ordem que recebi de guardar a retirada, mantendo-me na estação os dias que fossem necessários, fiz acampar minha coluna e tratei depois de abrir as trincheiras que me pareciam precisas para uma boa defesa.

Graças ao esforço e abnegação do pessoal respectivo, o tráfego ficou descongestionado no mesmo dia e para o porto Tibiriçá seguiram o quartel-general e as unidades já referidas, ficando somente no local a minha coluna na sua missão de guarda à retaguarda, reforçada por um piquete de cavalaria sob o comando do tenente Danton.

Para diminuir os meus encargos, mandei para o porto as composições às minhas ordens, inclusive a intendência e entreguei-me por completo ao serviço de defesa.

Fiz destruir dois pontilhões, colocados a dois quilômetros da frente das trincheiras, atirando dentro das valas dos vagões e máquinas de duas composições obstruindo completamente a linha.

A cem metros da estação, utilizei-me da floresta que a rodeia, e organizei uma emboscada, colocando a força em semicírculo guardando a via férrea e os caminhos adjacentes, todos traçados dentro da mata e que vinham desembocar na estação, dentro de um círculo limpo. Atrás da linha de emboscada construí trincheiras falsas que se abriam em leque, ladeadas pelas trincheiras reais. Dividi o piquete de cavalaria em quatro patrulhas encarregadas da vigilância e dos flancos.

Patrulhas volantes de infantaria observavam o seio da mata e assim passamos três dias, quando à frente e pelos lados descobrimos o aparecimento de luzes de lâmpadas elétricas portáteis, que como pirilampos tateavam o terreno. Eram os exploradores inimigos que faziam o serviço de reconhecimento com a maior tranquilidade e isso porque dei à minha gente ordem de não incomodá-los. Não me convinha dar sinal de vida.

Mais tarde apresentaram-se na boca da picada da estrada de ferro algumas patrulhas governistas, atirando a esmo. Percebi-lhes o intento de descobrirem nossas posições e nem um tiro disparamos contra elas. O resto da noite passamos sem novidade, tendo retrocedido as patrulhas inimigas. O resto do dia correu também em calma. Ao anoitecer o dia 12, assaltou-me o receio de ficar abandonado em Tibiriçá pela falta de embarcação ou de não poder embarcar se fizéssemos uma retirada durante o dia e fôssemos perseguidos por uma cavalaria disposta ou seguidos por um aeroplano. Em qualquer hipótese, o meu embarque seria impossível e o meu isolamento, na margem do Paraná, traria o aniquilamento da minha coluna.

FIGURA 6 – Na fronteira – 1. Comandante Cascardo – 2. Coronel Filógenio de Carvalho – 3. Tenente Falconiere – 4. Tenente Seroa da Motta – 5. Tenente Cleto, morto em combate em Pernambuco – 6. Tenente China – 7. Ordenança do Coronel Filógenio.

Ao general Miguel Costa, com quem sempre me entendia diretamente por ser o comandante da brigada a que pertencia meu batalhão, expus meus receios, pedindo ter à minha disposição não só um trem como também um vapor. Sabia que o grosso do exército já havia embarcado e que os navios e lanchas que sobraram eram insuficientes para transporte de materiais e automóveis que alguns oficiais superiores deixaram no porto, com ordem de serem transportados.

Acatadas as minhas ponderações, respondeu-me o general Miguel Costa que detivesse o inimigo e que não me faltariam no momento da retirada os recursos solicitados. Livre de cuidados quanto à retirada, entreguei-me à preocupação de deter o inimigo, que já começava a fazer pressão sobre Caiuá.

Momentos depois essa pressão se acentuava mais e o inimigo, tomando posição pela frente, rompeu fogo contra as nossas trincheiras. Respondemos de acordo com as ordens dadas, mantendo-se cerrado tiroteio até às 3 horas da manhã, instante em que chegava às nossas linhas o trem que devia conduzir a "Coluna da Morte" para o porto Tibiriçá.

Ordenei o embarque. Durante o trajeto das trincheiras ao trem, os últimos a embarcarem manteriam o fogo, recuando.

Uma vez acomodada a tropa, dei o sinal de partida e vinte minutos depois estávamos em Tibiriçá, ao chegar do dia 13 de setembro. Quase ao mesmo tempo chegavam os piquetes de cavalaria agregados à minha coluna em Caiuá.

Soldados que se retardaram por erro de caminho em Santo Anastácio e que conseguiram chegar à Tibiriçá onde estavam a minha espera, contaram-me que lá nas colinas de Santo Anastácio as forças governistas, julgando-me cozido ainda ao terreno, combateram entre si durante toda noite. Somente ao amanhecer viram que estavam se matando entre si, como carneiros do mesmo rebanho. Os da ala esquerda julgavam-se na direita e os desta naquela. Daí o tiroteio, durante o qual o detestado Cabanas, com trinta homens mais ou menos, furava a mata em direção a Piquerobi.

Em Caiuá minha coluna sofreu apenas uma baixa, a de um sargento, vítima do disparo casual do fuzil de um companheiro na ocasião do embarque. Tratava-se do sargento Rodolfo Bernardo, que morreu quatro dias depois na ilha Independência. Antes de morrer, o inditoso companheiro de lutas nos deu o endereço de sua família: – Rua do Comércio, n. 56, Vila Industrial, Campinas.

O enterro de Rodolfo Bernardo foi uma cerimônia tocante. Todo o exército que se encontrava na ilha acompanhou o extinto até sua última morada e, na presença do marechal Isidoro, dos generais e de toda a oficialidade, baixou o corpo ao túmulo com as salvas de ordenança.

Em Tibiriçá – Embarque das forças para a ilha Independência

Após um lutar sem tréguas durante 42 dias cheios de apreensões, de vigilâncias contínuas, mal alimentados, mal dormidos e com responsabilidade permanente de guardar a retaguarda de um exército em cujo encalço vinham forças inimigas providas de todos os elementos de guerra, comandadas por generais da competência e envergadura de Azevedo Costa e Franco Ferreira, a "Coluna da Morte" atingiu finalmente Tibiriçá, termo da primeira etapa da longa jornada e início da segunda de tão tristes consequências.

Os dois generais acima citados, malgrado a idoneidade que os distingue com um forte traço entre os seus colegas de farda, não conseguiram envolver ou derrotar a "Coluna da Morte" no percurso até Tibiriçá. Aos dois distintos cabos de guerra não faltaram ânimo, ousadia e técnica militar.

O comandante da "Coluna da Morte" não revelou extraordinária capacidade guerreira. Mas é que S. Exas. não dispunham de tropas verdadeiramente disciplinadas. Além disso, faltava às tropas governistas o entusiasmo resultante da convicção de quem defende uma nobre causa, o que sobrava nas forças revolucionárias. Nessas condições, embora fossem todos bandoleiros, um soldado revolucionário equivalia, na luta, a três ou mais soldados governistas.

E confirma a nossa asserção a do próprio general Azevedo Costa, num discurso que pronunciou em Botucatu, em que disse, respondendo a um promotor público, (um dos muitos heróis improvisados, longe do campo de batalha e do alcance das balas) "que os oficiais da revolução comandavam homens valentes, verdadeiros soldados pela disciplina; enquanto que os oficiais do governo comandavam crianças, que se despreocupavam da compreensão dos seus deveres militares, o que comprometia seriamente qualquer ação contra o inimigo".

***

As nossas tropas tinham já abandonado Porto Tibiriçá. Baixaram para a ilha Independência, servindo-se dos vapores, *Guaíra, Conde Frontin, Rio Pardo* e *Paraná*, além de lanchas, chatas e barcaças construídas pelos próprios revolucionários e movidas com motores de automóveis. Tais embarcações, num vaivém contínuo, fizeram o transporte da tropa em dias consecutivos antes de minha chegada.

No porto, encontrei o general Miguel Costa com seu Estado Maior, sempre vigilante e dando as últimas ordens para o embarque do resto do material. Com a minha chegada, resolveu o mesmo general embarcar-se numa canoa, seguindo também para a ilha Independência, encarregando-me de providenciar o transporte da cavalaria.

Fiquei com minha coluna no porto, tendo à minha disposição o vapor *Rio Pardo* e uma chata.

Sabendo que o inimigo desconhecedor do terreno, não podia fazer um avanço rápido sem as precauções usuais na guerra, dediquei-me a fazer uma ligeira inspeção e tomar a iniciativa de embarcar para a ilha o que julgasse proveitoso para a revolução.

Sobre a barranca do rio e do terreno que a separa da estação se amontoavam, em desordem inconcebível, locomotivas, vagões, automóveis, carroças, carretas, pipas d'água, sacos com cereais, café, caixas de gasolina e de querosene, caixões de fardamentos, caixas de mercadorias diversas, cunhetes de munição, armas de guerra, montões de arreamento de cavalaria; e, encabritando-se pelo meio de tudo isso, mais de trezentos cavalos e burros, além de uns cinquenta bois que mansamente contemplavam o deslizar das águas do rio Paraná.

Fazendo um apelo à boa vontade dos meus soldados, entramos a separar daquele baralhamento de coisas tão diversas o que me pareceu oportuno mandar para a ilha Independência. Depois de um rude e exaustivo trabalho, consegui embarcar 240 cunhetes de munição de infantaria, trezentos e tantos fuzis e grande quantidade de gêneros, como seja: toucinho, arroz, açúcar, sal, feijão etc., bem assim todas as caixas de medicamentos e produtos farmacêuticos que encontrei.

Uma vez tudo acomodado no vapor e na chata, mandei inutilizar, do que sobrou, o que pudesse servir para o inimigo. Finalmente se fez o embarque das praças e suspendemos âncora para novo destino, mais ou menos às 11 horas do dia 13 de setembro. Quanto à cavalaria de minha coluna, fiz seguir por terra para o porto velho, onde devia achar-se o batalhão Coriolano. Dos cavalos que encontrei em Tibiriçá, só pude mandar quarenta entre os melhores, por deficiência de gente para encarregar-se de serviços desta natureza.

CAPÍTULO IV

RIO PARANÁ

A CHEGADA DAS FORÇAS À ILHA INDEPENDÊNCIA, ENTÃO BATIZADA COM O NOME DO ÍNTEGRO COMPANHEIRO CORONEL XAVIER DE BRITO – O TENENTE COMISSIONADO AURÉLIO CRUZ – O GENERAL PAULO DE OLIVEIRA

O Rio Pardo, levando a estibordo a chata carregada de mercadorias, descia suavemente as águas do Paraná, levemente encrespadas pelo vento sul que lhe acariciava a superfície, produzindo-lhe prateados reflexos que perturbavam o fixar-lhe a vista.

A "Coluna da Morte" contemplava curiosa o espetáculo grandioso daquele elemento líquido.

A fisionomia de cada soldado deixava perceber o que lhe ia na alma; alguns, olhos fixos na direção da terra paulista, sentiam talvez fundas saudades dos *pagos* dos ousados bandeirantes; outros, mergulhando a vista na grande floresta que orla a margem mato-grossense, tentavam perscrutar o futuro que lhes estava reservado e que, na ocasião, tanto se assemelhava ao verde-escuro da mata condensada. À proa, um grupo de indiferentes ria despreocupado e feliz. Era a vanguarda da minha coluna, recordando as suas façanhas e confiante sempre no bom êxito de suas avançadas... Contagiei-me pelo ambiente tão propício a meditações e a indolência invadiu-me o espírito.

Pouco a pouco fui refletindo sobre o futuro da revolução. Tive a intuição de que chegáramos ao início do fracasso, e que íamos entrar no regime das guerrilhas, último recurso das revoluções não vitoriosas no seu primeiro ímpeto. De fato, podíamos manter bem alto no seio daquela natureza exuberante o estandarte da revolução durante muitíssimos meses… Mas, depois apareceriam o cansaço e o esfriamento do entusiasmo, pela monotonia dos dias que se iam sucedendo…

Uma esperança ainda brilhava no meio destas cogitações dolorosas, fortalecendo o moral: o cumprimento das promessas do levante das guarnições militares de vários Estados… Confiante nessas promessas e, principalmente, escravo do dever, sem medir consequências, dispus-me a levar a "Coluna da Morte" à vitória ou ao sacrifício, lutando sem esmorecimento, enquanto os chefes revolucionários me julgassem digno de sua confiança, ou até que as forças me abandonassem na rude campanha que íamos empreender, na qual o fator de menor importância era justamente o inimigo. Os grandes sofrimentos físicos e morais, as privações sem conta, a falta de recursos nas grandes marchas através de seculares florestas cheias de tristíssimas surpresas, talvez pudessem abater o ânimo dos mais valorosos soldados desta cruzada. Enfim, a comprovada competência do bravo marechal Isidoro Dias Lopes, era a nossa bandeira de esperança a flutuar constantemente diante de nossas forças, que cheias de fé prosseguiam firmes para avante.

Por entre aclamações e o regozijo dos companheiros que há quase dois meses não víamos, desembarcamos na ilha Independência, a que a revolução deu o nome de Coronel Xavier de Brito, em homenagem ao grande vulto da revolução de 1922.

A viagem durou duas horas e foi feita com a máxima regularidade.

No desembarque, sujeitei a coluna a uma rigorosa revista, fazendo apreender e jogar ao rio as bebidas alcoólicas que alguns soldados conduziam, trazidas de Tibiriçá. Isto feito, em local conveniente e separados das demais tropas, acampei e fui apresentar-me e receber ordens de meus superiores general Miguel Costa e marechal Isidoro, em cuja presença cheguei bastante emocionado pelo carinho, respeito e admiração que me mereciam os prestigiosos chefes, os quais, notando o meu abatimento físico e considerando o cansaço que dominava a "Coluna da Morte", ordenaram que repousássemos livres de qualquer serviço durante quatro dias.

Agradeci às S. Exas. o oportuno obséquio, as palavras paternais e afetuosas dirigidas a mim, os elogios às praças e oficiais da "Coluna da Morte" e retirei-me para o acampamento disposto a gozar tranquilidade no isolamento de minha barraca, rodeado pelos meus bravos companheiros.

Sob a impressão ainda das delícias daquele descanso, quero relatar aqui o desgosto que veio perturbá-lo. Desde São Paulo e incorporado ao batalhão comandado pelo major Arlindo de Oliveira, vinha o tenente comissionado Aurélio Cruz. Esse oficial, exagerado em narrar suas façanhas, contar sua bravura, com estudada jactância, soube se impor à confiança de seu comandante.

O tenente Cruz sempre me precedeu durante a retirada, de modo a estar continuamente na minha frente à distância compreendida entre duas estações, e nunca fez parte, embora passageiramente, da minha coluna. A povoação por onde passava o nosso *herói* sofria as consequências de sua rapinagem e do cometimento de atos que a moral condena. Casa com aparência de conforto não passava sem a visita do tenente comissionado que, contando bravatas, fazia mão rasteira nos objetos de valor que caíam sob suas vistas, chegando ao ponto de carregar vagões e transporte para Tibiriçá com as mercadorias da casa comercial dos srs. Virgínio Lunardi Irmãos, estabelecidos em Santo Anastácio, além de outras tropelias gravíssimas de que eram vítimas pacíficos moradores das margens da Sorocabana.

Sempre que eu chegava a uma povoação, recebia queixas e lamentos pelos atos do tenente Cruz; entretanto, os jornais governistas, naturalmente mal informados pelos seus respectivos correspondentes, carregavam sobre mim as culpas, acrescentando que aquele oficial era um dos meus auxiliares.

Na ilha Xavier de Brito, encontrei-me com o tenente que, receoso de um castigo pelos crimes que cometera na Sorocabana, delineou um plano para salvar-se e o ia executando: a anulação de minha pessoa. Para isso, lançava mão de intrigas. Insinuava aos chefes que eu, contando com o apoio da "Coluna da Morte", preparava uma revolta para depô-los, arvorando-me em chefe da revolução.

Com a tranquilidade peculiar aos que têm consciência de bem proceder e não querendo que a ilha onde nos achávamos agrupados fosse teatro de uma cena de desforço pessoal, capaz de quebrar a harmonia reinante entre oficiais e praças das diversas unidades, que podiam dividir-se em uma luta imprudente e prejudicial aos destinos da revolução, aguardei que os meus chefes tomassem a iniciativa, sem provocação minha, de uma desafronta na altura das insidiosas ofensas de que o tenente Cruz me fez alvo.

A desafronta que esperava não se manifestou com a espontaneidade desejada e o desgosto da injustiça me acabrunhava, pelo que resolvi abandonar a revolução e com este propósito apresentei-me ao general Isidoro (pelos meios competentes) solicitando o meu imediato desligamento.

O comandante em chefe, atendendo as razões do meu pedido, fez chamar o general Miguel Costa e, por entre elogios à minha pessoa e afirmações de absoluta confiança, ordenou providências que satisfizessem meus desejos; ambos disseram-me ouvir falar vagamente sobre o assunto que originou o meu desgosto, mas a confiança que depositavam em mim era de tal ordem, que nenhuma importância deram ao caso, julgando tratar-se de pilherias próprias de acampamento.

Saiu o general Miguel Costa e, uma vez na sua barraca, fez ali se apresentar o major Arlindo e sua oficialidade, repreendendo severamente a todos por não terem tido a hombridade de fazer calar o tenente Cruz, quando proferia calúnias e insinuações contra minha pessoa.

Depois dessa repreensão e das desculpas que me apresentou o intrigante, dei-me por satisfeito e retirei o meu pedido do desligamento.

Na ilha, desligado da revolução, porém acompanhando a tropa, encontrei o general Paulo de Oliveira, velho militar e valente oficial que há trinta anos luta tenazmente pela regeneração do Brasil, quer com a sua palavra, quer com a sua ação dentro das revoluções.

Sempre me causou bastante simpatia a têmpera do velho general, que pela sua idade já merecia digno repouso. Os princípios e as convicções, porém, desse honrado republicano, lhe emprestavam forças para a luta; energias que podiam servir de exemplo a muitos jovens.

Não me esqueci e nem me esquecerei nunca do gesto nobre e tão enérgico, que teve dentro do quartel do 1º batalhão da Força Pública, em São Paulo, nos dias lutuosos do bombardeio. Diversas granadas explodiram no pátio daquele quartel, apavorando os que ali se achavam. O general Paulo de Oliveira, no meio do pátio, quepe na mão, grita bem alto: Viva a revolução!... Afrontando calmamente o perigo e animando a soldadesca, com esse exemplo conseguiu dominar o pânico.

A homens dessa têmpera, lutadores tenazes e que predicam o ressurgimento do Brasil, é que os governistas chamaram "mazorqueiros contumazes".

A maior parte dos políticos não tem a mesma firmeza de convicções nem a envergadura moral de um general Paulo de Oliveira!...

Ao contrário, as suas situações acomodatícias, maleáveis, servis, os inibem de incorporarem-se a uma revolução cujo ideal é lutar contra a farsa do nosso regime, usurpação de nossos direitos, cerceamento de nossa liberdade!...

Lamentei profundamente a retirada do velho general; mas tive a satisfação de vê-lo a meu lado por mais um mês, pois concedeu-me a honra de acompanhar meu batalhão até Porto Mendes.

Localização das forças revolucionárias – O plano de ação – João Francisco surpreende Dilermando de Assis em porto de São José – Retirada apavorada de Dilermando – João Francisco surpreende e aprisiona na ilha Pacu o posto avançado de Dilermando – Tomada de Guaíra por João Francisco – A fuga de Dilermando em pijama e o seu insuperável *raid*

A disposição da tropa para a nova campanha, segundo as ordens emanadas do comando em chefe, era a seguinte: a 1ª brigada, sob o comando do coronel João Francisco, estacionaria em Porto Guaíra, para facilitar a passagem ao Estado do Paraná; a 2ª brigada, sob o comando do general Padilha, dividida em duas colunas, acamparia nos portos São José e São João, respectivamente no Paraná e Mato Grosso, guardando as estradas que desembocam naqueles portos; o resto da tropa, formando a 3ª brigada sob o comando do general Miguel Costa, um regimento de artilharia mista sob o comando do capitão Filinto Müller, um esquadrão de cavalaria, sob o comando do tenente Danton, e serviços auxiliares e de saúde, tudo na ilha Xavier de Brito, posto de comando em chefe.

Uma vez garantida a posse de Guaíra pelo coronel João Francisco, as forças que ficaram na ilha e a 2ª brigada se deslocariam para aquele porto e de acordo com a capacidade dos meios de transporte, essa 2ª brigada iria em primeiro lugar.

Os postos por ela deixados seriam ocupados pelas tropas que estavam na retaguarda, para depois seguirem o mesmo rumo.

O plano geral era:

A posse do Rio Grande do Sul em combinação com os elementos da política oposicionistas, já trabalhados e em vias de levante.

Se as circunstâncias não permitissem conseguir aquele objetivo, então o exército revolucionário se estabeleceria no Paraná ou em Santa Catarina. Na hipótese de não se poder tomar nenhum desses Estados, passar-se-ia a operar em Mato Grosso, invadindo o Estado pelos portos D. Carlos, São João ou outros pontos mais convenientes.

O coronel João Francisco desceu o rio Paraná e deparou com uma força no porto de São José. Aí se achava a passeio o comandante da guarnição de Guaíra gozando as delícias que encantam a vida dos magnatas muçulmanos. Um tiro de canhão pôs em polvorosa o porto e o capitão Dilermando, com os seus soldados e suas odaliscas, embarcaram aos encontrões no vapor *D. Pancho*, que de fogos acesos o aguardava, e foi parar em Guaíra, seu posto de comando.

Tranquilo prosseguiu João Francisco as suas explorações Paraná abaixo, quando, fazendo um reconhecimento noturno na ilha do Pacu, surpreendeu e aprisionou o posto avançado de Dilermando que aí defendia o estreito canal de acesso a Guaíra, e cortou os fios condutores de eletricidade que ligavam às grandes minas de dinamite no mesmo canal colocadas pelo capitão governista.

Se não fora minha certeza que estes postos estavam em poder dos revolucionários, eu acreditaria que São José e ilha de Pacu estavam operando em feliz combinação com os revolucionários, tal a presteza com que fugiram uns e se entregaram outros.

Da ilha do Pacu, o coronel João Francisco rapidamente assalta Guaíra e caí como um raio sobre a guarnição governista, fazendo-a prisioneira sem dar um tiro sequer. Dilermando, em pijama, espirra numa locomotiva perseguido de perto por outra às ordens do valoroso tenente Feijó. Em caminho, a máquina de Dilermando parou desarranjada. Ele salta sobre um cavalo que por aí pastava e, em louca carreira, pijama roto esvoaçando ao vento, atinge Porto Mendes; embarca em um vapor que aí se achava prestes a partir; baixa em ignorado porto; fura matas e capoeiras; atravessa campos; vadeia rios; corta aramados; projeta-se dentro de um trem e chega a Paso de Los Libres; atravessa o rio Uruguai; voa por Uruguaiana; dispara pelo Rio Grande do Sul, Santa Catarina e Paraná; passa furioso e sinistro os territórios de São Paulo, Rio, Distrito Federal; e, como impulsionado por uma força estranha, vigorosa e potente, cai no palácio das *águias* e narra ao presidente Bernardes fantásticas histórias sobre a tomada da posição verdadeiramente inexpugnável que o governo lhe confiou.

Realmente é de admirar a sorte ou a coincidência que salvou a pessoa do capitão Dilermando de Assis; senão vejamos:

Um vapor de fogos acesos em São José e que parte no momento em que chega João Francisco; uma locomotiva sob pressão em Guaíra e que parte quando chega João Francisco; um cavalo na margem da linha, quando a locomotiva se desarranja, e que parte quando chega um enviado de João Francisco; um vapor de fogos acesos em Porto Mendes e que parte ao aparecer o enviado de João Francisco; e outros tantos meios de transportes que se movimentaram com a notícia de que se aproximavam enviados de João Francisco; assim até o Rio de Janeiro ou até o infinito se houvesse enviados de João Francisco!... Foram essas coincidências que facilitaram ao capitão Dilermando de Assis a aquisição do prêmio de quem vencesse, em menos prazo, sem lavar a roupa, o longo percurso que vai de Guaíra a Rio de Janeiro, tocando em Paso de Los Libres e Uruguaiana. Dizem que depois desse inolvidável e insuperável *raid*, o capitão Dilermando adquiriu o hábito de olhar para trás de quando em vez.

O nosso amigo Dilermando, ao passar por Iguaçu, afirmou ao povo – isto, porém, sem permitir que o navio ali atracasse – "que o Cabanas vinha arrasando tudo e que havia combatido contra ele até o último cartucho". Em Uruguaiana contou ele por diversas vezes os formidáveis sucessos que o obrigaram a abandonar Guaíra; que com dez homens enfrentou a minha coluna, que viu caírem um por um seus soldados; que ficou sozinho com uma metralhadora e recebendo fogo de sessenta; e que no fim, acabando-se a munição, foi obrigado a retirar-se, mas combatendo sempre com a espada em punho, tal qual fosse um Pardilhau ou d'Artagnan.

Ora, *seu* Dilermando, ou por outra, como dizem meus soldados, *seu* Dilermedo, onde é que o senhor viu sessenta metralhadoras?

Meus soldados ainda gracejavam dizendo que quem visse, por trás, o senhor Dilermando disparando a pé, garantia que ele dispunha de muitos pés, tal a ligeireza com que os mudava, dando a impressão, até, de que não pisava no chão.

Igual sorte não tiveram os comandados do capitão Dilermando de Assis, que ficaram prisioneiros de João Francisco, como também a bela espada e fardamento do herói do *raid*.

Nas rodas usuais de pôquer a bordo dos vapores que fazem a carreira de Porto Mendes-Posadas, substituíram a palavra *passo, fujo*, pela de *Dilermando*. Quem dilermanda, foge sem defender a parada.

Em Guaíra – Um tiroteio contra o eco – O major Arlindo d'Oliveira a bordo do *Conde de Frontin* é tiroteado pelo inimigo fortificado em terras mato--grossenses – A construção de jangadas pela "Coluna da Morte" – A rendição vergonhosa do major Arlindo

Uma vez Guaíra em poder da força de João Francisco, para lá começou o escoamento das forças estacionadas em Xavier de Brito, por etapas e protegidas em seus flancos por diversas unidades que, conduzidas em primeiro lugar, tomavam posição em uma e outra margem do rio. A mim me couberam os postos de guarda de flanco, vinte quilômetros abaixo da ilha. Depois de passar o resto da tropa, que foi acampar na ilha Intendência (e não Independência), tomei a dianteira e fui colocar-me nas margens fronteiras do grupo de ilhas denominadas Guaranis. Para a margem paulista destaquei o tenente Bispo com sua companhia e, com o resto da coluna, tratei de localizar-se em terras de Mato Grosso.

Desembarcada a companhia do tenente Bispo em lugar que me pareceu apropriado, tentei tomar posição na margem oposta, o que se tornou impossível por falta de água suficiente no rio em uma extensão de mais de légua. Não era prudente dificultar pela distância a ligação que devia manter com o meu tenente, nem desembarcar uma légua abaixo ou uma légua acima e penetrar em terreno desconhecido, dentro de uma mata cerrada, para marchar a pé até o ponto conveniente. Ficaria depois sem meios de embarcar-me prontamente finda a missão ou sujeito a ser atacado pelo inimigo que bem podia surpreender-me, como tantas vezes o surpreendi.

O Estado Maior tinha urgência do vapor em que eu ia e, para não perder tempo em consultas estéreis, desembarquei um pouco abaixo onde estava o tenente Bispo na margem paulista, despachando o navio que levou a comunicação da impossibilidade de serem ocupadas as duas margens, e ali me estabeleci aguardando ordens.

Mal o navio punha-se em marcha e desaparecia entre duas ilhas das matas de Mato Grosso, justamente onde tentara eu desembarcar, rompeu contra nós bem dirigido e nutrido fogo de fuzilaria.

Embora soubéssemos que não tínhamos inimigos nas cercanias, entrou em meu espírito a convicção da existência de uma força governista oculta naquelas matas. Continuei a raciocinar. Se realmente existisse tal força, minha tropa teria sido colhida de surpresa no momento em que a cinquenta metros de distância se lhe aproximou o pequeno vapor de madeira que nos transportava. Os tiros, porém, interceptaram a sucessão de meus pensamentos.

Perplexo por aquele tiroteio que não podia explicar se vinha de força amiga, devido a um erro de reconhecimento, ou se realmente de governistas emboscados nas matas conforme minhas desconfianças, procurei assenhorear-me da situação.

A objetiva de meu binóculo não denunciou nenhuma figura humana na orla da mata; nada se movia. A não ser o tiroteio que continuava, nenhum outro sinal havia de gente naqueles lugares.

E como não cessasse o fogo, ordenei algumas descargas e depois fogo à vontade, durando a fuzilaria, de parte a parte, mais ou menos meia hora.

Depois, tudo emudeceu. E o silêncio misterioso da mata nos absorveu por completo, continuando eu a ignorar com quem havia trocado aqueles tiros.

Cumprindo a natural obrigação de comunicar o que se passava, mandei uma patrulha seguir a pé até defronte à ilha Intendência com o encargo de relatar o sucedido, e se acaso encontrasse algum navio com tropas amigas, ao comandante destas cientificasse o caso e voltasse ao meu P. C.

Uma hora depois voltou a patrulha e o seu comandante comunicou-me ter encontrado em caminho, diligenciando atracar em uma ilha, o vapor *Conde de Frontin*, tendo a bordo o major Arlindo d'Oliveira, a quem inteirou do tiroteio irrompido na margem mato-grossense.

O major Arlindo, ouvida a comunicação, declarou que se tratava de um engano; disse que os tiros não foram disparados de terra e sim do próprio vapor em que se achava ele e nessa ocasião não o tínhamos visto por estar oculto por uma ilha e que os soldados, deparando com um numeroso bando de patos, dispararam suas armas contra os palmípedes. A reprodução, naturalmente, dos sons desses tiros na margem oposta, dava a impressão de que partiam diretamente da mata fronteira de onde eu estava. De modo que eu e minha gente sustentamos um fogo original, tentando matar o eco!... Mais uma vez se confirmou o rifão: "quem anda aos porcos tudo lhe ronca".

Ouvi com atenção a resposta do major Arlindo sem que suas conclusões me convencessem, e para orientar-me melhor fui ouvi-lo pessoalmente. Encontrei-o ao anoitecer com seu navio ancorado em uma ilha das muitas que aí formam um verdadeiro arquipélago. Com o porta-voz, chamei-o à fala recomendando-lhe cuidado com a margem mato-grossense e que no dia seguinte não seguisse viagem rio abaixo sem se entender comigo para juntos combinarmos as providências tendentes a evitar uma surpresa. Recolhi-me depois ao acampamento.

No dia seguinte, bem cedo atracava no meu posto o vapor com o 7º batalhão de infantaria, baixando à terra o major Arlindo, com quem conferenciei durante meia hora. Não foi possível convencê-lo da possibilidade de forças inimigas na outra margem, nem quis atender-me quando lhe supliquei desembarcar o batalhão e mandar o navio com um oficial que tudo comunicasse ao Estado Maior na ilha Intendência. Respondeu-me desejar seguir viagem quanto antes e, desatendendo-me, mandou levantar ferros e baixou destino ao porto São José.

A imprudência do major Arlindo levou-o a ser recebido à bala mal o vapor entrava no canal que corre próximo a Mato Grosso e eu tive que assistir, de braços cruzados, ao tiroteio com que o alvejavam sob minhas vistas. Estava na impossibilidade de prestar-lhe qualquer socorro por falta de meios de transporte. O inimigo também se achava fora do alcance dos tiros de meus fuzis e metralhadoras.

O vapor acossado pela fuzilaria inimiga desceu já desgovernado, conforme observei com o binóculo, até bater em uma ilha, onde estacionou. Sofreu fogo num percurso de duas léguas, das trincheiras que, a cavaleiro, dominavam aquela faixa de terreno marginal.

Na ânsia de prestar socorros ao meu companheiro Arlindo, desci a pé com minha força pela margem onde me achava, ordenando também que uma patrulha subisse até defronte à ilha Intendência e procurasse comunicar o fato ao Estado Maior. Após meio dia de marcha, verifiquei que estava também em uma ilha. Estaquei. O mesmo sucedeu com a patrulha no extremo norte da longa ilha que supúnhamos terra firme. Sem desanimar, não querendo deixar o batalhão do major Arlindo à mercê do inimigo e convicto que o navio estava encalhado, mandei construir várias jangadas para assim conseguir transportar-me ao continente e ir estacionar em local onde fosse possível socorrer o meu companheiro.

Os meus soldados, bisonhos na construção de jangadas, demoravam o serviço, desmanchando às vezes as que já estavam prontas e defeituosas pela falta de equilíbrio ou pelas más condições de flutuação da madeira empregada. Em meio deste trabalho, aparece-me ao largo uma lancha arvorando bandeira revolucionária e que atendera aos meus sinais de tiros de fuzis. Atracou. Eram os capitães Hall e Dutra que andavam em serviço do Estado Maior. A estes oficiais pedi-lhes que transportassem o meu batalhão à terra firme e depois seguissem a toda marcha a fim de comunicar ao comandante em chefe os apuros em que estava o major Arlindo e, na primeira embarcação que descesse, mandassem a minha peça de artilharia de montanha a fim de bombardear o inimigo.

Alegando urgência na comissão que diziam estar desempenhando, negaram o transporte pedido para o batalhão do meu comando e se foram rio acima com a promessa de levarem meu pedido ao quartel-general e de voltarem em seguida.

Esperançado, continuei a fabricação de jangadas, no intuito de apressar a travessia enquanto não regressasse a lancha em questão.

Construídas as jangadas em número suficiente, tratei de realizar o meu intento, sendo, porém, burlado pela forte correnteza e pela profundidade do rio que não permitia o uso de varejões. Imaginei, então, o estabelecimento de um vaivém e mandei construir com cipós um grosso cabo, e aceitando o oferecimento de alguns soldados que eram exímios nadadores, confiei-lhes levar à margem paulista uma das extremidades do cabo vegetal. Sessenta metros mais ou menos mediavam entre aquela margem e a ilha, sendo essa distância vencida galhardamente pelos nadadores. Outra dificuldade veio retardar minha ação; uma vez estendido o cabo, a correnteza dele se apossava, tornando-se dificílimo o seu estiramento, o que, afinal, depois de várias tentativas, foi conseguido. Deu-se começo à passagem e, ao chegar ao centro da corrente a primeira jangada, tensou por tal forma o improvisado cabo, que arrebentou. Novos e ingentes esforços: salvar o pessoal da jangada, recolher os dois pedaços do cabo, emendá-los, levar uma extremidade à outra banda, lutar até o esgotamento de forças para retesá-los, depois... nova jangada que desliza, outro arrebentamento do cabo, gritos de socorros... alaridos, situações cômicas que fazem explodir gargalhadas... corpos nus a se agitarem na água e, para cúmulo, uma densa nuvem de pernilongos nos ferroando desapiedadamente.

Sentado em uma pedra, destacava-se a figura veneranda de Monsenhor Landell de Moura, rezando pelos soldados envolvidos na correnteza e agradecendo a Deus quando os via salvos...

Nesse sacrifício formidável gastamos dois dias completos, até que voltou o capitão Hall, trazendo-nos a providência de sua lancha para passar o resto do pessoal, pondo termo a tanta canseira.

Durante a luta para sair da ilha, mandei, logo que fracassou a primeira tentativa, dois emissários ao tenente Bispo, ordenando-lhe que descesse com a sua companhia e, guiado pelos próprios emissários, fosse estacionar nas proximidades da ilha, onde estava encalhado o vapor em cujo bordo se achava o major Arlindo com seu batalhão.

Satisfez-me a presteza com que o tenente Bispo cumpriu minhas ordens, porque, antes da chegada do capitão Hall, já ele se achava com sua companhia em caminho do seu novo posto, tendo-me deixado na retaguarda.

Passávamos os últimos soldados na lancha quando recebi uma mensagem do major Arlindo, trazida por quatro soldados em uma piroga. Pedia-me socorros urgentes, contando-me a crítica situação em que se achava, dentro de uma ilha a cinquenta metros do inimigo, sem meios de transporte pelo encalhamento do navio. Fiz regressar a piroga solicitando ao major

Arlindo que resistisse com tenacidade, mantendo-se onde se achava entrincheirado até que eu, ou o Estado Maior, lhe levasse o socorro de que carecia. E essa força dispunha de munição e gêneros alimentícios para quinze dias, o que lhe permitia manter-se na defensiva sem que o inimigo pudesse cercá-la, visto que a mesma impossibilidade que existia para ele, Arlindo, de passar à terra firme, também existia para o inimigo de passar à ilha. Nenhuma embarcação, quer de um lado, quer de outro, poderia aventurar-se à passagem sem ir fatalmente a pique a simples tiros de fuzis.

Todo sacrifício foi inútil: malbaratei o esforço dos meus soldados e quando marchávamos sob uma vontade indomável para efetivar um socorro ao major Arlindo, este, caindo num ardil boçal de dois coronéis de macega, já se tinha entregue ao inimigo, desfalcando a revolução de um contingente de 220 homens, além de cinco metralhadoras pesadas, quatro fuzis metralhadoras, 256 carabinas Mauzer e grande quantidade de munição.

Semelhante rendição inundou de uma tristeza imensa a brava "Coluna da Morte". Foi uma fraqueza de ruinosas consequências.

Somente três homens não seguiram ao major Arlindo na rendição humilhante; o capitão Lyra, o tenente Luís Alves e o sargento Rafael Filipe, todos pertencentes à "Coluna da Morte" e destacados no serviço fluvial a bordo do vapor que conduzia o 7º batalhão. Estes dois denotados oficiais, ao presenciarem os preparativos da entrega da unidade, arrojaram-se à água e, num bracear desesperado e heroico, arriscando sem temor suas vidas, foram parar: o capitão Lyra, em uma deserta ilha, o tenente Luís Alves, no porto São José, onde pôs no conhecimento do general Padilha o desastre prestes a ser consumado, e o sargento foi encontrado na margem paulista mais tarde por patrulhas de meu batalhão. O capitão Lyra foi descoberto por mero acaso na ilha onde o destino o levou, completamente nu, abrigado dentro de um buraco que cavou na areia para livrar-se dos mosquitos borrachudos, polvorins e outros habitantes sugadores daquelas paragens. Flagelo maior, porém, ia ameaçar esse oficial: a fome. Foi nesta situação de extrema miséria e quase desfalecimento que o capitão Hall o encontrou, recolhendo-o à sua lancha, prestando-lhe os seus primeiros socorros. Mesmo abatido como estava, Lyra ainda animava-se a regressar com o seu salvador à ilha donde tinha se escapado, para impedir, se houvesse tempo, a entrega do major Arlindo. E imediatamente o denodado capitão Lyra lançou-se à água.

FIGURA 7 – No interior de São Paulo: 1. General Mesquita – 2. Major Nelson de Mello – 3. Major F. Jesus – 4. Capitão Ary Pires – 5. Tenente Metello – 6. Tenente Rendall – 7. Jornalista Perdigão – 8. Tenente Dudu e – 9. Seu ordenança, ambos assassinados pelas forças do General Nepomuceno Costa.

O novo esforço desse oficial e a manifesta boa vontade do capitão Hall de nada valeram. A ilha já era presa do inimigo, sendo a pequena embarcação obrigada a voltar sob o sibilar das balas dos patrioteiros de Mato Grosso, ufanos pela fácil vitória que alcançaram, por meio de bilhetes escritos a lápis. Esses bilhetes conseguiram mais, que as modernas metralhadoras e os canhões governistas.

O boletim nº 9 da brigada de 10 de outubro em São José, dá o seguinte:

Exclusão:

"Foi excluído da 3ª brigada do 7º batalhão de caçadores, localizado na Ilha da Figueira; por se haver entregue incondicionalmente, com oficialidade e praças, sem combate e nem motivo justificado, ao inimigo que ocupava as margens de Mato Grosso, em fins de setembro.

Essa rendição deu-se enquanto o senhor capitão Manoel Alves Lyra e o tenente Luís Alves a nado iam comunicar-se com o comando da brigada em relação à existência do inimigo, bem como o 2º sargento Rafael Filipe, que em regressando à referida ilha, foi recebido à bala procedente desse local e das margens de Mato Grosso, ouvindo-se nessa ocasião, de um sargento ajudante dizer: 'o bandido do nosso comandante se entregou ao inimigo'.".

Situação das forças revolucionárias e governistas – O inimigo entrincheirado no Passo Jacarezinho interceptava as ligações dos revolucionários – Ataque ao Passo – Ocupação de São José e São João – O inimigo abandona Jacarezinho – Ataque e tomada de D. Carlos

O coronel João Francisco era senhor de Guaíra. A brigada Padilha, com uma pequena força do general Mesquita, acampava nos portos São João e São José. A "Coluna da Morte" marchava a pé em direção a São José, tudo na margem esquerda do rio Paraná, exceto São João. Quanto ao resto das forças, mantinham-se com os serviços auxiliares e o Estado Maior na ilha Intendência.

À margem direita do Paraná, em território de Mato Grosso, desde o passo Jacarezinho, se estendiam as trincheiras inimigas. Nesse ponto o Paraná confrange-se. Os navios que atravessam esse canal têm de aproximar-se vinte metros apenas da margem onde se havia entrincheirado o inimigo. Estavam, pois, interceptadas as comunicações revolucionárias entre Guaíra e São José.

Eram estas as situações dos revolucionários e governistas a 23 de setembro. Nós, porém, não nos submetíamos a essa fatalidade e começamos a cogitar o meio de restabelecermos as ligações entre aqueles pontos. As forças do coronel João Francisco, cujo destino não se sabia ao certo, estavam cortadas das do general Padilha e do resto do exército.

Todos estávamos apreensivos com semelhante estado de coisas e, sem combinação prévia, resolvemos, os comandantes, por iniciativa de cada um, limpar de inimigo a passagem de Jacarezinho. Deste modo, o general Padilha atacou as posições inimigas pela sua ala direita, enquanto, por feliz coincidência, eu o metralhava também pela frente e o 5º batalhão de infantaria, sob o comando do major Coriolano de Almeida, investia pela ala esquerda. Para isso teve que atravessar o rio, duas léguas acima. Essa travessia foi efetuada penosamente, servindo-se apenas de uma canoa que transportou a tropa em grupos de poucos soldados.

Os atacantes, quase simultaneamente, como que obedecendo a um plano previamente concebido, romperam fogo contra as trincheiras, ignorando os auxílios mútuos que se prestavam uns aos outros.

Por entre o estourar da fuzilaria e o martelar das metralhadoras, reboavam tiros de canhões, partidos das ilhas fronteiras: eram canhões amigos que faziam ouvir suas vozes potentes naquela remota paragem, levando alegria às hostes destemerosas e heroicas dos revolucionários.

Travado o combate, interveio nele com suas ordens o Estado Maior, regularizando a situação e combinando assim o esforço geral. Apenas a brigada do general Padilha não recebia instruções, por estar fora da ação do Estado Maior.

Durante três dias, sofreu o inimigo a pressão de nossa infantaria e artilharia, que mantiveram sempre a mesma posição, até que cessou o fogo da brigada Padilha, então empenhada na ação, por iniciativa própria, como já disse. E como o inimigo também emudecesse, este silêncio despertou sérias apreensões ao nosso espírito porque não podíamos saber se a 2ª brigada fora vencida pelo inimigo ou se este fora abatido por aquela.

Um meio de esclarecimento havia: mandar uma lancha a São José. Era uma missão cheia de perigos porque a lancha teria que passar por baixo das trincheiras inimigas. Além disso, o incógnito dentro da mata escura... Embora o fogo tivesse cessado, não podíamos ainda afirmar que os governistas se tinham retirado ou estavam reduzidos à impotência pela brigada Padilha. Podia ser um estratagema para nos atrair a uma aventura pelo canal, cuja consequência seria desastrosa para a revolução.

Privados de comunicação pelo canal, o Estado Maior utilizou-se de um outro meio moroso, porém seguro: o de mandar uma patrulha a pé pela margem esquerda até São José, porto ligado pela embarcação da brigada Padilha a porto Fronteiro de São João. Compunha-se essa patrulha do capitão Lyra, tenente Mineiro e sargento Pernambuco, todos pertencentes à "Coluna da Morte".

A marcha da patrulha mandada a São José foi efetuada mais morosamente do que se supunha e pontilhada de sacrifícios inauditos. Abriu o caminho na mataria, palmilhando pantanais, vencendo toda série de asperezas oferecidas pela natureza bravia e hostil, conseguiu transpor o rio

Paranapanema, com recursos escassos e inadequados, ali improvisados, na foz deste rio. A patrulha, porém, cumpriu sua missão. E ao retornar, enfrentou, não somente com aquelas dificuldades, embora diminuídas, como principalmente com a fome. A patrulha despendeu cinco dias entre ida e volta. Em consequência da viagem, os três denotados companheiros enfermaram, tais as privações e trabalhos sofridos. E o Estado Maior continuou na mesma dúvida anterior, pois em São José não havia ninguém; somente foi encontrada uma carta pregada em uma árvore, em que o general Padilha prevenia haver se retirado para Guaíra, por falta de munição de boca e não poder sofrer por mais tempo a fome que há dias vinha abatendo a sua brigada.

Antes de chegar a carta do general Padilha, o batalhão Coriolano avançava sempre por terra sobre as então silenciosas trincheiras inimigas, e eu, com minha coluna, obedecendo ordens do Estado Maior, marchava na outra margem sobre São José, movimentos estes que não foram interrompidos ao saber-se do abandono, pelo general Padilha, das duas posições, isto é: São José e São João.

Após cinco dias de expectativa, recebeu-se uma comunicação do major Coriolano, noticiando que as trincheiras inimigas estavam abandonadas, livre portanto a passagem pelo canal.

A comunicação do major Coriolano vinha acompanhada de uma carta deixada em lugar visível pelo coronel Péricles de Albuquerque, comandante das tropas governistas, e dirigida aos revolucionários em geral, a quem chamava de bandidos, dizendo que ele *abandonava* a posição de Jacarezinho, não por medo e sim por falta absoluta de munições e que mais adiante seríamos castigados. E tudo isso era dito com um fraseado pulha, revelando o seu autor estar contrariado ao serviço de uma causa ingrata. Tivemos mais medo dos termos ameaçadores empregados na carta que de forçar a passagem do canal, debaixo do fogo dizimador do inimigo.

O Estado Maior, de posse da comunicação que lhe abria a passagem pelo canal de Jacarezinho, determinou a ocupação dos dois portos fronteiros, São José e São João, sendo aquele por mim e este pelo batalhão Coriolano. Devíamos também formar nas duas margens as guardas de flancos e o serviço de exploração, protegendo o passo do grosso das tropas. Esse serviço, como os auxiliares, eram feitos pelo rio abaixo cautelosamente, em embarcações pequenas. Saltávamos de ilha em ilha e as pequenas embarcações faziam várias viagens, para conduzirem a tropa de uma ilha a outra.

No dia 3 de outubro, seguindo a disposição determinada e o método de marcha do grosso das tropas, estavam estas já nos portos de São José e São João precedidas, neste, pelo batalhão Coriolano.

O meu batalhão só chegou ao ponto determinado pelo Estado Maior, no dia 6 de outubro à tarde; demora explicável pelas dificuldades do caminho e do tempo empregado na passagem do rio Paranapanema. No mesmo dia de minha chegada, recebi ordem de passar para o porto fronteiro, vindo o batalhão Coriolano ocupar a posição que eu deixara.

Operada a travessia do rio, instalei-me em São João e, cumprindo instruções do Estado Maior, destaquei uma companhia sob o comando do tenente Mario para guardar a margem do rio, flanco direito do exército em marcha, até três léguas abaixo, em pequenos destacamentos até cobrir a referida distância, ficando o primeiro colocado a seis quilômetros do meu P. C. e neste último espaço, coloquei guardas sob a minha direta fiscalização.

Entrementes o Estado Maior esperava o regresso dos tenentes Leocádio Rosa e Deusdeth Loyola, que haviam descido em exploração em uma lancha até Guaíra, a fim de verificar se ali ainda estavam a brigada Padilha e João Francisco e, se assim fosse, fazerem subir todas as embarcações existentes neste porto para facilitar a ida de toda a tropa a reunir-se às duas já citadas brigadas.

A maneira por que os tenentes Leocádio e Loyola desempenharam a arriscada comissão que lhes foi confiada, é digna de elogios.

Baixaram o rio em lancha sem saberem o que podia surgir das margens ou das ilhas que encontrassem em seu caminho. Viajavam com uma despreocupação fora do comum, como se andassem a passeio.

Ao enfrentar o porto D. Carlos, a pequena embarcação foi alvejada por um chuveiro de balas de forças inimigas que aí se achavam. O timoneiro apavorado com a quantidade de projéteis que acertavam na lancha, produzindo-lhes sérios estragos e furando as caixas de gasolina, que já escorria pelo convés, quis de acordo com outros tripulantes, retroceder e abrigar-se atrás de uma ilha.

Os tenentes Leocádio e Loyola, revólver em punho, intimaram o timoneiro a prosseguir viagem, dizendo-lhe: – "Recebemos ordem de ir à Guaíra e temos que cumpri-la, ou morremos todos; portanto *toca* para Guaíra. Isso de bala em lancha, não tem importância".

E a lancha seguiu, aliviada de gasolina para evitar uma explosão e guardado o combustível estritamente necessário para chegar ao seu destino. Sob uma saraivada de balas, ia a lancha navegando para Guaíra. Chegaram a salvamento neste porto onde desembarcaram calmamente ante uma sentinela que, apontando-lhes o fuzil, perguntou-lhes:

– Os senhores são revolucionários ou legalistas?

– Nós não sabemos; você, sentinela, é quem deve nos dizer o que é, se revolucionário ou governista.

Deste modo nem a sentinela nem os tenentes se descobriram, até que a guarda os prendeu levando-os para a sede do posto. Em caminho, conversando, é que os prisioneiros souberam que eram todos amigos.

Na presença do general Padilha, deu o tenente Leocádio conta de sua missão e, por sua vez, soube que se chegasse uma hora mais tarde não poderia passar no canal entre a ilha Pacu e a de Sete Quedas, porque o mesmo estava em vias de ser obstruído por ordem do próprio general Padilha, na crença em que estava este comandante de que todas as forças que ele deixara para cima haviam sido destroçadas ou prisioneiras. Esta convicção nasceu do fracasso das tentativas de ligação que o mesmo general mandou fazer em lanchas que deviam navegar encostando-se às duas margens do rio. Uma desapareceu por completo e a outra voltou dizendo ter encontrado numerosas forças inimigas marchando por terra. De fato, a que desapareceu fora colhida pelo inimigo justamente na ilha em que o major Arlindo se entregara. Os prisioneiros da referida lancha foram mortos um a um, por tiros de revólver na cabeça. Esta hedionda mortandade foi executada por um tenente da força do coronel Péricles. Apenas um soldado escapou-se. Embrenhou-se na mata e, depois de abandonada a ilha, foi a nado até o porto São João, apresentando-se ao comandante desse P. C., a quem narrou os horríveis quadros que presenciara.

A força avistada pela outra lancha na margem paulista era a minha coluna, que foi tomada por inimiga por ter sido mal divisada. A lancha daí regressou para São José. Observando eu o precipitado retornar da embarcação, atribuí esse fato à presença de inimigos e assim afirmei ao Estado Maior General. Daí as ordens de tanta precaução no flanco que eu guardava.

Aclarando-se tudo isso nas explicações trocadas entre o general Padilha e o tenente Leocadio e cientificado de que D. Carlos estava ocupado pelo inimigo, ordenou imediatamente que um batalhão sob comando do major Tolentino de Freitas com duas peças de artilharia fosse desalojá-lo.

O major Tolentino pôs-se logo em movimento, acompanhado dos tenentes Leocádio e aproveitando-se da noite, localizou-se em uma ilhota defronte de D. Carlos. Pela madrugada rompeu o bombardeio, enquanto a infantaria em lanchas tentava um desembarque, que não foi possível no mesmo ponto onde se achava o adversário. As lanchas rumaram por entre as ilhas e, desembarcando a tropa em terra firme, um quilômetro abaixo, acossaram o inimigo por esse flanco. Combinados os dois fogos, artilharia e infantaria, o inimigo em poucos momentos desapareceu e foi cantar vitória pela boca dos tenentes comissionados nos altos da serra do Maracaju.

Por entre o explodir das granadas, o ribombar da artilharia e o fuzilar da infantaria, o tenente Leocádio Silveira Rosa, placidamente e alheio a tudo, sentado em uma pedra, pescava *pacus* em frente às trincheiras inimigas. E quando um companheiro entusiasmado lhe chamou a atenção para os legalistas que fugiam e para o movimento das lanchas desembarcando a infantaria protegida pela artilharia, exclamou como indignado: "Sai daqui, rapaz, você está me espantando os peixes".

Durante esse tempo, as forças com o Estado Maior em São José e São João, sofrendo já a escassez de alimentação, aguardavam o regresso dos tenentes, a fim de tomarem uma resolução. Dez dias depois regressavam eles com as embarcações que existiam em Guaíra e descreviam aos companheiros todas as ocorrências acima descritas, encarregando-se o sargento Pernambuco de relatar a parte pitoresca da expedição.

Aumentada a frota, embarcou o resto do exército e seguiu rumo ao Guaíra, tendo eu com minha coluna desembarcado em D. Carlos, onde tomei posição, rendendo ao major Tolentino e à sua unidade. Com uma companhia destacada no porto Baunilha e o resto da coluna em D. Carlos, montei guarda às estradas que vêm de diversos pontos do município de Ponta Porã, estado de Mato Grosso, trancando assim às forças governistas o porto de Guaíra, estando meu P. C. a cinco horas de viagem daquele porto, centro agora do Estado Maior General e das futuras operações que marcavam nova era nos fastos da revolução.

Em D. Carlos e Baunilha

Mantive-me guarnecendo D. Carlos e Baunilha durante quatro dias, recolhendo-me depois por ordem superior à Guaíra. Naqueles quatro dias, ordenei um reconhecimento sobre Cerrito a sete léguas da margem do rio, sendo debandadas algumas patrulhas governistas que por ali foram encontradas.

De dois empregados da Mate Laranjeira que apareceram no porto pretextando procurar animais extraviados, mas cujo intento era colher informações, soube que o inimigo, em desordem, só pela nossa presença em D. Carlos fugia em pequenos bandos para Ponta Porã.

Os mesmos empregados contaram-me os seguintes fatos.

Estavam dias antes de pouso em um rancho abandonado, quando chegou, sem tê-los visto, um grupo de tenentes comissionados, sargentos e cabos e aboletaram-se em outro rancho ao lado, dividido de primeiro por delgada parede de pau a pique. Na ignorância de que ao lado existiam dois estranhos, entrou o grupo a confabular, comentando ao mesmo tempo a ocupação de D. Carlos e Guaíra pelos revolucionários. Demonstrando um tenente a impossibilidade de atacar o inimigo nas posições em que se achavam, propôs que, se o comandante deles, capitão Mendonça, ordenasse o ataque, como era de esperar, se revoltariam os que formavam parte daquele grupo e assassinariam o comandante deles, evitando assim o sacrifício de mais vidas, sendo a proposta aprovada. Nisto chegou um emissário do referido capitão, trazendo a ordem para que não fosse abandonada aquela passagem, e, mal o emissário desaparecia, o grupo abandonava o rancho e tomava, por sua vez, a direção do Amamby, dando-se por satisfeitos os empregados da Mate Laranjeira, por não terem sido pressentidos.

De Baunilha à Guaíra – Descrição da marcha – A resistência e o estoicismo do brasileiro, principalmente do soldado revolucionário

Estávamos em Guaíra, o reduto inexpugnável do Paraná.

E quanta abnegação, quanto heroísmo, paciente esforço e boa vontade para se chegar a esse ponto!...

Descer de Tibiriçá à Guaíra é uma viagem simples e cheia de atrativos pelas variadas belezas que a natureza acumulou nessas portentosas paragens. A vegetação exuberante das margens do Paraná, o acidentado do terreno em recortes graciosos a cavaleiro de praias de brancura surpreendente, onde brincam pequenas ondas douradas pela luz vivíssima de um sol reverberante; ilhas de formas bizarras pintalgadas de verde caprichoso, como cromos a enfeitarem as águas que correm mansamente aqui, rumorejantes ali e em caixões furiosos mais além; a vivacidade e variedade das cores de inúmeras orquídeas; dos verdes da ramalhadas; as flores aquáticas colorindo e arredondando as orlas de pequenas ilhotas; ao longe, limitando o vale grandioso, a silhueta das serranias... tudo isso encanta a vista do mais despreocupado e empolga soberanamente o alegre turista, enquanto os seus ouvidos são acariciados pela orquestra dos habitantes das matas extensas. E um concerto admirável onde não faltam as notas cômicas ou burlescas do *jazz-band*, soadas amiúde pela estridente araponga, pelo grasnar do gordo e luzidio pato selvagem, que em bandos e num bater de asas vigorosas atravessam o espaço projetando negras e movediças sombras nas águas rebrilhantes; pela capivara arisca que imita os sons de descargas de vapor de uma locomotiva; pelo urrar do tigre orgulhoso e senhor dos escuros socavões das serras; pelo gemido sentimental da pomba sempre medrosa; pelas lamentações ininterruptas dos bugios, macacos e saguis que, aos grupos, em exercícios de acrobacia, pulam de árvore em árvore, de ramo em ramo, e que parecem fazer o acompanhamento baixo da orquestra, composta de músicos selvagens... Entretanto, tanta beleza, tanta grandiosidade ocultam flagelos que a natureza gera em seu seio para hostilizar duramente o homem.

Dormir alguém em uma ilha, embora respirando a fragrância de flores desconhecidas ou embalado pelo rumorejar das águas, é quase um sacrifício; nuvens de mosquitos, em formatura aérea de combate, nos atacam, aos grupos, obrigando-nos a uma defesa contínua e que consiste em abanarmo-nos constantemente com pequena ramagem, depois... os carrapatos de diversos físicos, desde o invisível micuim até o metálico dez reis ou estrelo dos mineiros... Penetram sorrateiramente pelas aberturas das roupas e afincam-se, ávidos de sangue quente, ao corpo do desgraçado, que se levanta em desespero. Além, a infantaria das formigas, num desfilar incessante, ferrão em riste, castigando o invasor de seus domínios. De quando em quando, ouve-se o seco chocalhar de uma cascavel... E assim, sem tréguas, acossada por vários inimigos, num agitar descompassado de mãos e cabeça, a vítima busca a praia. E se procura na água um refrigério, se tenta suavizar o ardor, que, como uma gafeira canina, lhe corrói a pele e lhe aquece o sangue, ao chegar à beira da corrente, retrocede mais apavorado ainda: pacientes e inumeráveis crocodilos, baterias de artilharia blindada, ali assestadas, esperam a presa. Se retorna à mata, encontra as ortigas, a unha de gato, a tiririca, o aguilhão do taquarussu, o vespeiro que aparece ao quebrar-se um galho, as aranhas monstruosas, a taturana, a manada furiosa das queixadas e caetetus, o bicho de pé que aos milheiros irrompem do excremento do tapir...

No relatar tanto suplício, tanta dificuldade, o leitor ainda não faz uma ideia precisa dos tormentos a que está sujeito quem a pé caminha pelas matas das margens do rio Paraná ou quem o percorre embarcado tendo de fazer grandes estágios em suas ilhas...

E ainda há mais: pois não fiz menção do trabalho afanoso das aberturas de picadas: cipós entrelaçados, taquaras bravias, árvores com espinhos, solo ingrato para uma marcha a pé descalço, tudo concorre para atormentar a travessia. Além do peso de um fuzil, os soldados revolucionários conduzem sabre, cartuchos, facão de mato, machado, cunhetes de munição, metralhadoras, canhões arrastados por meio de grossos cabos presos às ilhargas, os feridos conduzidos com todo o cuidado... E não raras vezes os bornais se esvaziam em meio da marcha e a fome ameaça abater esses valentes lutadores... há o perigo ainda de quem vadia rios e arroios profundos e correntosos, cheios de piranhas vorazes. Fervilham aos bandos e, em seus rápidos movimentos, dão a impressão de coriscos luminosos. E esse perigo aumenta para o soldado revolucionário, que não deve respeitar dificuldades e é obrigado a transpor o curso d'água, aconteça o que acontecer... Todos esses tormentos, todos esses sofrimentos foram suportados heroicamente pelo soldado revolucionário.

E desde São Paulo até Guaíra, noventa dias e noventas longas noites, o soldado revolucionário vinha retemperando a sua fibra em combate constante contra os inimigos: ora a natureza bravia e áspera; ora os homens, com suas ciladas e traições. E soubeste afrontar galhardamente o agreste hostil dos campos e matas; a perfídia e as balas de teus adversários...

Torturado às vezes pela fome; vestes em trapos; corpo pontilhado de erupções; pés martirizados pela dureza dos caminhos; enfrentando as balas inimigas, num desprendimento de vida que causava assombro; animoso sempre; sem desfalecimento, como o predestinado que segue a sua trajetória na terra, imperturbável, sincero, convicto, na defesa de uma grande e santa causa!... No meio de tuas desventuras, entre teus reveses, nenhuma palavra de arrependimento, nenhuma palavra de censura aos teus superiores e chefes!... Silenciosamente heroico foste cumprindo a tua missão. Cada soldado revolucionário era um ressuscitado de retirada da Laguna... era um brasileiro, resistente e tenaz até expirar o último alento de vida...

A ti, soldado revolucionário, que partilhaste sorridente todas as agruras que serviram de cadinho para acrisolar a tua capacidade de resistência; que soubeste vencer o receio de morrer, dominando a natureza bravia e enfrentando o homem inimigo, no meio da metralha; tu, que revelas a pujança de nossa raça, predestinada a dirigir o futuro da Humanidade, a ti dedico estas desataviadas palavras, no desejo sôfrego de exprimir o orgulho de que me sinto possuído de ser teu compatriota!...

Capítulo V

Estado do Paraná

De Guaíra a Porto Mendes — Conferência a respeito do momento revolucionário — Resolução inabalável de prosseguir a luta — Marcha para Piqueri

Apresentei-me em Guaíra com minha coluna às 10 horas da noite de 20 de outubro e, tomadas as providências para o acampamento, fui espairecer um pouco no Estado Maior Geral, natural centro de palestra dos comandantes de corpos, e aí recebi uma paternal repreensão por parte do venerando general Isidoro, por um mal-entendido nas ordens do iminente chefe para o arrebanhamento de uma partida de gado existente em Piraí no vale do rio Iguatemi.

Embalava-me a doce esperança de que a minha coluna permanecesse em Guaíra por alguns dias retemperando forças para novos empreendimentos. Tal esperança desfez-se com a ordem recebida pela madrugada para levantar acampamento e embarcar incontinente em um trem que a partir nos esperava. Rapidamente embarquei a tropa, e no quartel-general me deram as instruções para acampar em Porto Mendes, o que tudo foi cumprido.

Na minha nova posição de Porto Mendes, permaneci unicamente dia e meio, seguindo logo para Piqueri, a 32 léguas da margem do Paraná.

Antes de partir para internar-me no estado do Paraná em busca da pequena povoação de Piqueri, atendendo ao estado de saúde de Monsenhor Landell de Moura, abalada pelas caminhadas e consequentes atribulações e má alimentação, providenciei o embarque do nosso bondoso sacerdote para Buenos Aires e bem assim do sargento Mineirinho por ferimento recebido em combate, seguindo os dois para aquela capital pelo vapor Bell.

O general Miguel Costa, que veio a Porto Mendes acampar com o resto de sua brigada, convidou, antes de minha coluna pôr-se em marcha, a todos os comandantes para uma conferência, à qual compareceram o tenente coronel Estillac Leal, major Coriolano de Almeida e eu.

Reunidos em uma das dependências do edifício da administração da empresa Mate Laranjeira, dignou-se o general Miguel Costa dar-nos confidencialmente as seguintes explicações, definindo a situação melindrosa em que se encontrava a revolução:

a) que a entrega ao inimigo, pela ingenuidade do major Arlindo d'Oliveira em Jacarezinho, dos 220 homens sob o seu comando, acarretava ao exército um considerável prejuízo, pois tratava-se de uma força regular e disciplinada, cujo claro era difícil ou talvez impossível preencher;

b) que a brigada Padilha estava desfalcada de oitenta praças e alguns oficiais;

c) que a falsa notícia do aniquilamento completo do grosso do exército em ilha Intendência, fizera desertarem para a República do Paraguai unidades inteiras da brigada do Mesquita, estando no momento com um efetivo insuficiente para formar um batalhão;

d) que a mesma falsa notícia fez, infelizmente, eco entre os oficiais superiores que se achavam em Guaíra, sem comunicação, quando o inimigo operava no dito Jacarezinho, obrigando o coronel João Francisco a tomar a chefia da revolução, reduzida, em seu entender, unicamente aos corpos que tinham atingido Guaíra;

e) que, finalmente, a revolução ressentia-se da falta de alguns prestigiosos companheiros que foram operar no Rio Grande do Sul, por ordem do supracitado coronel João Francisco.

Isto posto, acrescentou o general Costa que o estado das operações e a localização das forças eram estas: na margem esquerda do Paraná, ocupávamos, como era sabido, os portos de Guaíra, Mendes, Santa Helena, Iguaçu e intermediários; no interior, sertões do estado do Paraná, estávamos de posse da estrada carroçável que liga os portos já mencionados à Guarapuava no trecho até Catanduva e com patrulhas a léguas adiante próximo em Formigas. Por sua vez, o inimigo concentrado em Formigas impedia o avanço das nossas forças de Catanduva e fazia marchar uma coluna pela cidade que saindo também de Guarapuava, vinha em curva a Porto Mendes, passando por Piqueri, deixando Catanduva à sua esquerda. Nesta marcha de flanco, o inimigo procurava restringir o nosso campo de operações e ameaçar a retaguarda, provavelmente teria alcançado já a fazenda de Campo Mourão em Piqueri.

Os comandos das posições por nós ocupadas estavam assim distribuídos: Guaíra, general Padilha; Mendes, general Costa; Santa Helena, tenente Diogo; Iguaçu, coronel João Francisco; Catanduva, coronel Estillac.

Terminando, acrescentou ainda o general que a situação financeira não era boa e que o efetivo da tropa para grandes empreendimentos se achava reduzido, pelo que apelava para a boa vontade de todos, a fim de se prosseguir a luta sem esmorecimentos.

Interpretando o sentir dos companheiros, tomei a palavra. Declarei ao general Miguel Costa que todos nós ali presentes ficávamos cientes do enfraquecimento da revolução quanto a homens e recursos, mas que afirmávamos eu, o major Coriolano e coronel Estillac que, independente do apelo à nossa boa vontade, estávamos dispostos a qualquer sacrifício em prol da revolução, sem medir consequências e sempre obedientes à inteligente direção do general Isidoro, e isto o declarávamos em nome de toda a oficialidade sob nosso comando.

Imediatamente, recebi instruções para seguir com minha coluna no mais breve espaço de tempo para Piqueri a fim de impedir a marcha de flanco que estava fazendo o inimigo, desalojando este, caso estivesse de posse da localidade.

Esta ordem foi seguida com a ponderação de que Piqueri estava a 32 léguas do meu posto de partida e a vinte de Campo Mourão, donde já devia ter saído o inimigo com o fito também de ocupar o mesmo ponto para base de suas operações sobre o nosso flanco e retaguarda. Assim devia eu fazer as diligências para tomar posição em primeiro lugar, tendo em vista que a minha coluna era de infantaria e a do inimigo era de cavalaria. Tratando-se, entretanto, de uma picada de trânsito difícil, talvez me fosse possível cobrir as 32 léguas em menor tempo que o inimigo.

Escusado é dizer que a premência do tempo me compeliu a trabalhar a noite inteira para preparar a coluna a fim de pôr-se em marcha pela madrugada, o que consegui graças à boa vontade e entusiasmo de meus oficiais, inferiores e praças.

Marchando já durante duas horas dentro da picada e sob a verdejante abóbada da mata secular, avistei rodando em sentido contrário à coluna uma carroça conduzindo dois passageiros, que fiz deter para informações. Interrogando àquele que me pareceu figura principal, soube estar na presença do sr. Julio T. Allica, de nacionalidade argentina e senhor do enorme latifúndio que nos rodeava. Regressava dos limites de seus ervais em Campo Mourão onde fora abafar uma revolta estalada entre seus empregados. Disse-me ter visto o inimigo em marcha para Piqueri, achando difícil batê-lo ou impedir seu avanço com uma tropa relativamente diminuta como a que eu comandava.

Quanto ao número do adversário, afirmou parecer-lhe de três mil homens mais ou menos.

Colhidas as informações acima e outras de menor importância, despedi-me do acaudalado latifundista que tranquilamente continuou a viagem para sua residência em Porto Artaza, enquanto eu apurei o passo para alcançar a coluna, a cuja testa novamente me coloquei, continuando a marcha sem outro incidente até chegar em Piqueri que encontrei desocupada e sem sinal do inimigo. Chegamos aí após quatro dias de trabalhosa viagem.

Acampamento da "Coluna da Morte" – Em Piqueri – Nos domínios de Julio T. Allica, que parece ter sido encarregado pelo governismo para preparar emboscadas nas margens do picadão entre Piqueri e Pensamento – Prisão de Santa Cruz e seus capangas – Um numeroso núcleo de escravos, em terras brasileiras – A vida dos potentados, proprietários dos ervais

Acampei a tropa sobre a margem esquerda do rio que dá o nome à povoação dos domínios do sr. Allica e sabendo o inimigo distante, deixei para o dia seguinte os serviços de defesa para dar descanso aos soldados, por falta de sapatos. Mal fora dada ordem de descanso, os oficiais e praças, sem preocupação de abrigo, foram se deitando ao relento e daí a pouco toda aquela gente dormia profundamente, estabelecendo-se completo silêncio, cortado de vez em quando pelo tinir das armas das sentinelas que se rendiam. O sono da "Coluna da Morte" prolongou-se sem interrupção, desde as 13 horas até o amanhecer do dia seguinte.

Despertos e refeitos do cansaço, começou em toda a coluna o afã do preparo do rancho numa alegre e confortadora matinada.

Somente depois de ver a tropa alimentada convenientemente, comecei o serviço de localização de guardas, postos avançados, patrulhas e entrincheiramentos, tudo previamente combinado com a oficialidade. Organizei a minha posição aproveitando quanto possível as condições topográficas do terreno.

O povoado de Piqueri, pequeno agrupamento de umas vinte casas construídas de madeira, é a sede de um dos departamentos da elaboração de erva mate, na seção norte dos grandes ervais do sr. Julio T. Allica. Está situado em uma colina sobre a margem direita do rio, assentando-se no barranco deste as primeiras construções; da outra banda ergue-se outra colina mais elevada. Esses terrenos ocupam uma superfície de mais ou menos 450 hectares, sendo em grande parte cultivados.

O rio Piqueri, que tem aí sessenta metros de largura, corre as duas colinas citadas e vai perder-se na grande mata.

O picadão que vem de Guarapuava a Porto Mendes surge de dentro da mata, galga a colina do povoado, passa para o outro lado do rio Piqueri, transpõe a colina fronteira e esconde-se novamente na floresta até encontrar o caudaloso Paraná. O serviço de transporte de passageiros e cargas no Piqueri é feito por meio de balsas.

Estabeleci meu P. C. atrás e na fralda da colina fronteira ao povoado; em cima, um posto de observação com uma metralhadora pesada e na margem do rio, à direita e à esquerda do porto uma série de trincheiras numa légua de extensão, guardando a boca do picadão dos lados da Guarapuava e impedindo qualquer tentativa de passagem pelo Piqueri.

A minha estadia na seção norte dos ervais do Sr. Allica foi bastante prolongada, dando-me tempo de tomar diversas providências para prevenir-me contra qualquer surpresa, estudando o terreno dentro das matas em um grande perímetro.

Aos meus ouvidos, logo após a minha chegada, veio o rumor de que o sr. Julio Allica ordenara em combinação com o governo do Paraná, de quem recebeu armas e munições em quantidade, preparar nas margens do picadão de Guarapuava, entre Piqueri e o lugar denominado Pensamento, próximo a Campo Mourão, várias emboscadas contra qualquer força revolucionária que se aventurasse marchar por aqueles sítios.

A prudência aconselha, mormente em tempo de guerra, que toda dúvida seja esclarecida. Em razão disto, tratei de cortar pela raiz, por meios enérgicos, a possibilidade de ser levado a efeito o mal que os rumores denunciavam e, para tal fim, prendi o administrador geral dos ervais, um tal Santa Cruz e todos os capangas que o acompanhavam, pondo-os em rigorosa incomunicabilidade. Ao mesmo tempo, ordenei ao dito Santa Cruz que determinasse, perante mim, aos capatazes presentes que fossem a todos os ranchos ervateiros e trouxessem a Piqueri a totalidade dos empregados do sr. Allica naquela seção, inclusive mulheres e crianças, bem assim o gado vacum e cavalar.

De acordo com a minha vontade e em cumprimento às ordens do administrador geral, embrenharam-se na mata os capatazes, destino aos inúmeros ranchos que abrigam os trabalhadores. Passados quatro dias, começou a chegar o pessoal, formando-se depois uma multidão de mais de mil indivíduos andrajosos, tendo cada um em si os característicos da vida miserável que passavam sem os mais rudimentares cuidados de higiene; uns, bestializados pelos maus tratos, riam alvarmente, olhar parado, em ponto fixo imaginário. A grande maioria com os artelhos deformados pelos bichos de pé, faces intumescidas pela ancilostomíase ou pelo mal de Chagas, movia-se lentamente; mulheres cabisbaixas, quase inconscientes sofrendo idênticos males, deixando aparecer pelos rasgões das saias, pernas esquálidas; sentavam-se aos grupos pelo povoado, tendo ao redor crianças cor de âmbar, ventres crescidos, sonolentas e tristes como velhos chineses desesperançados da vida.

No meio desse rebanho humano que parecia ter surgido de ignotas paragens onde o sol não penetra e não existe civilização, destacam-se arrogantes, supurando saúde, bem vestidos, finíssimos e franjados ponchos ao ombro, vistoso lenço de seda ao pescoço, botas de estilo carnavalesco, retinindo as esporas de prata, os famosos capatazes, modernos e sanhudos feitores, sem alma e sem consciência, brutais até a violência, encarregados

FIGURA 8 – Coronel Luís Carlos Prestes
O Cavaleiro da Esperança

de exaurir as forças daqueles escravos até o aniquilamento, para extrair da mata bruta a preciosa folha que, remetida aos moinhos de Buenos Aires, se transforma em ouro.

O trabalhador do erval é, sem dúvida alguma, um verdadeiro escravo olvidado pela lei de 13 de maio de 1888, que dele não cogitou. Na generalidade, nasceu ele na hospitaleira República do Paraguai, onde a fortes quantias adiantadas é arrebanhado para além das fronteiras de sua Pátria e internado nos ervais do Oeste do Paraná, sendo depois entregue a um capataz que o recebe, mostrando ao desventurado as insígnias de mando a que tem de sujeitar-se, conforme o caso: um chicote e um revólver calibre 44. De aí em diante, o estrangeiro a quem acenaram com as libérrimas leis brasileiras perde a sua individualidade nas mãos de estranhas gentes.

O capataz, em matéria de autoridade, é um ser único, *sui generis*; nele se concentram as atribuições que vão desde o soldado de polícia até o Supremo Tribunal Federal e possui dentro do cérebro estúpido um código de castigos que começa no pontapé e segue até o fuzilamento, e às vezes a autoridade do brutamontes estende-se também pelos domínios da religião, impondo ao escravo a sua própria crença.

O escravo é sempre paraguaio ou brasileiro, porém o capataz, este, na sua quase totalidade, viu a luz do dia na província de Corrientes, República Argentina, cujos filhos, com raras exceções, têm contra o brasileiro e o paraguaio uma manifesta antipatia.

O sistema de escravatura nos referidos ervais toca ao auge quando o escravo tem família; pois as primícias das virgindades de suas filhas são o fruto ótimo que permeia a atividade do capataz, e mesmo a esposa ou companheira não é jamais respeitada, tendo o desafortunado trabalhador de aceitar tudo isto sorrindo ao seu algoz, como agradecido pela preferência que deu à família, distinguindo-a com a desonra.

Se, com humildade, o escravo reclama contra a má alimentação; se na hora do acesso da malária, ergue os olhos súplices ao capataz implorando um descanso; se de seu peito oprimido brota um suspiro, traindo a nostalgia que lhe vai na alma, em qualquer desses casos, sente imediatamente no dorso nu e encurvado caírem as correias causticantes do vil instrumento de suplício empunhado pelo impiedoso capataz; e, se se revolta contra o vergonhoso cativeiro a que o sujeitaram, depois de falazes promessas na generosa terra guarani, rápido como um raio um tiro o abate!...

Imagine-se que soma de poderes não enfeixa em suas mãos o tirano que exerce o cargo de administrador em uma zona onde se explora a indústria extrativa da erva mate!...

Para os créditos de um país civilizado de que goza o Brasil, ainda há maiores afrontas... Os brasileiros nascidos naquelas terras que a natureza criou generosa e que os capatazes dos ervais transformaram em verdadeiro inferno, vivem e morrem como animais sem benefícios das leis do registro civil; da instrução pública e outras de amparo social, para não falar em códigos como o penal e o civil que ali não têm aplicação.

O que aí fica descrito vai talvez surpreender os meus compatriotas que nunca atravessaram as matas do Paraná e dessa surpresa nascerá provavelmente a pergunta:

Por que somente este livro que agora lemos nos descreve coisas tão assombrosas, quando outras obras, que por aí andam com descrições das zonas, fazem daquele trato de terra um paraíso?!...

A resposta é muito fácil. Se alguém até hoje não descreveu ou denunciou os sofrimentos por que passam os trabalhadores dos ervais, é porque os que têm escrito livros sobre as zonas em questão por ali viajam com os recursos que lhes fornecem as empresas ervateiras que os cercam de todo conforto. São cuidadosos em ocultar a chaga hedionda que rebaixa a nossa civilização. Depois, as misérias dos ervais não residem nas estradas reais, e sim nos ranchos espalhados pelas matas, servidos por complicados trilhos, semelhantes aos caminhos de bugres. O itinerante literato faz a viagem de Curitiba aos portos do rio Paraná, rodando em cômodo automóvel, tendo em cada parada um preparado banquete regado a champanhe. E para alegrar-lhe as noites no coração da floresta, no rancho de um subadministrador, topa sempre com baile adrede improvisado, onde as mulheres, com roupas novas de cores berrantes, bailam o *chopim*. Essas criaturas foram vestidas às pressas com roupas de empréstimo para quebrar a monotonia local e alegrar as vistas do infeliz literato que, fumando um puro havana, se embala em macia rede cearense.

O nosso homem literato ou jornalista chega ao termo da viagem e hospeda-se na casa do administrador geral ou na do proprietário dos ervais; aí, um palacete moderno acolhe em seu seio tudo quanto existe de luxo e conforto sem faltar a bem servida mesa, reluzente de prataria e faiscante de cristais da Boêmia, sendo o ambiente, suavizado pelos acordes de harmoniosa orquestra. À noite, um baile chique, fino, elegante e ilustrado com a presença de formosas damas e turistas da aristocracia argentina, acabam de convencer o itinerante de que realmente o paraíso existe e está colocado no vale do Paraná.

Nos intervalos dos tangos, funciona o alto-falante e o nosso amigo ouve, comodamente sentado, sério e comovido, trechos de óperas ou, a estourar de riso, a letra pornográfica de uma canção popular executada em *bata-clan* portenho. Ora, bem sabem os que possam se surpreender com as grandes revelações contidas nestas páginas que a última impressão é a que fica sempre arraigada em nosso espírito e, sugestionados por ela, externamos os nossos sentimentos. E quem, depois de uma recepção na suntuosa casa de um proprietário de erval, escreve um livro, só faz ressaltarem belezas extraordinárias, esquecendo-se até o autor de que em sua viagem os seus olhos não viram moeda brasileira circular por aquelas zonas e seus ouvidos não escutaram o doce idioma de Camões. Não fossem o automóvel, os banquetes, os bailes e o alto-falante conspirando contra o escritor, este teria sentido quão longe estava do Brasil, embora viajando em terreno brasileiro.

A traição de Santa Cruz valeu-lhe uma surra de espada – A "Coluna da Morte" aumentou seu efetivo – O contrabando na fronteira do Paraná – As mercadorias nacionais ou nacionalizadas estão assinaladas somente com estampilhas que levam o escudo da República Argentina

Comovido pelo aspecto daquela pobre gente que veio tangida pelos capatazes até Piqueri, socorria-a com os recursos de que podia dispor e aconselhei-a tomasse rumo de Porto Mendes, estabelecendo-se naquela zona ou passagem para o Paraguai, se assim entendessem. Aceito o meu conselho, em poucos dias Piqueri foi evacuado, ficando unicamente 93 homens que voluntariamente assentaram praça na minha coluna.

O meu fito, afastando aquela gente dos ervais entre Piqueri e Campo Mourão, foi estabelecer o deserto naquelas matas, privando o inimigo de qualquer auxílio e, principalmente, prevenir-me contra as emboscadas que foram denunciadas. O bom êxito que obtive devo-o à ameaça de morte que fiz ao administrador Santa Cruz se alguns de seus emissários tentassem iludir as minhas determinações e não regressassem a Piqueri.

Incorporados que foram à coluna os 93 voluntários, pediu-me Santa Cruz licença para fazer-lhes algumas recomendações, no sentido de regressarem aos ervais logo que tivessem baixa.

Reunidos os recrutas, Santa Cruz se dirigiu a eles e, em linguagem guarani, lhes falou por algum tempo. Desejoso de saber o que havia dito o administrador, chamei à parte um paraguaio que assistia à discurseira e fui informado que Santa Cruz prevenia aos voluntários de que, à medida que fossem regressando (pois minha coluna seria batida pelo governo), seriam recebidos a chicote ou a bala e o que tinham de melhor a fazer era desertarem.

Ciente do proceder traiçoeiro de Santa Cruz e com o fim de quebrar-lhe o prestígio moral perante aquela gente, depois de severa repreensão e alguns panos de espada, desarmei-o, bem assim os seus capangas, entregando a uma escolta com ordem de conduzir todas à fronteira, expulsando-os do território brasileiro.

O pessoal que marchava para Porto Mendes e adjacências, ao saber que tinha sido deposto o despótico Santa Cruz, volveu quase todo a Piqueri, tendo-se me apresentado 287 homens e 113 mulheres, pedindo consentir que ficassem agregados à coluna e deles dispusesse eu como melhor entendesse, manifestando desejos de aproveitar aquela excepcional ocasião para gozarem um pouco de liberdade, o que por mim foi consentido. E, como o único serviço que podia dar aos homens era o das armas, fiz com que assentassem praça no meu batalhão os que estavam em idade e tinham robustez física suficiente.

Graças ao incidente narrado, a "Coluna da Morte" elevou o seu efetivo a 556 homens e, como faltassem armas para os novos soldados, requisitei-as com urgência ao Estado Maior na retaguarda, que levou mais de trinta dias para satisfazer em parte essa requisição, o que teve como consequência ser burlado o meu plano de tomar a ofensiva, atacando as posições inimigas imediatamente e marchar até Guarapuava.

Havendo material e elementos de transporte em abundância fora das necessidades da coluna, aliviei o acampamento, mandando ao Estado Maior duzentos burros, trinta carroças e os arreamentos correspondentes. Quanto ao pessoal inapto para as armas, foi empregado nos serviços auxiliares.

Na retaguarda de minha posição, fiz construir uns cinquenta ranchos para o alojamento dos não combatentes (mulheres e crianças) e organizei um serviço de policiamento; ordens severíssimas foram dadas para que a soldadesca tratasse as mulheres com o devido respeito, de modo a não haver queixas por parte dos pais ou maridos.

O serviço de abastecimento era feito com a maior regularidade, sendo entregue a cada família uma vaca leiteira. Os recursos para manter o acampamento provinham do gado que apreendi e das grandes roças de milho e mandioca existentes na orla da mata. Quanto à roupa, distribuí as que encontrei nos depósitos e bem assim as confeccionadas com os tecidos que recolhi de um esconderijo dentro do mato em grande quantidade, fruto de um avultado e usual contrabando, vindo da Argentina, destinado a certos negociantes que disso vivem em algumas cidades do Estado. Esses contrabandos passam pelos portos fiscais da república, com toda liberdade e sem cerimônia.

Em matéria de contrabando, verifiquei por aqueles lados tanta coisa gorda e interessante, que publicá-la iria perturbar a tranquilidade de muita gente. E para que denunciar atos e costumes sobre uma matéria tão conhecida de negociantes e de empregados de fazenda, que ali vão de vez em quando?...

Quase que em toda a zona servida pelas repartições fiscais e arrecadadoras das margens do Paraná, de São José e São João para baixo, bebe-se da cachaça a champanhe, fuma-se desde o quebra-queixo e espanta-mosquitos, passando pelo cigarro de luxo, até o puro e aromático charuto de Havana. Comem-se as mais finas conservas; usam-se chapéus e calçados de toda classe; tudo comprado em estabelecimentos situados dentro do território, mas que não levam estampilha de consumo. O único distintivo que apresentam é o escudo da República Argentina.

Um dia talvez resolva escrever um pequeno livro sobre o assunto e dedicado ao Ministério da Fazenda, servindo-me de apontamentos que tomei e documentos que apreendi. Sei que chamarei contra mim a odiosidade de muita gente; mas prestarei um serviço ao país se conseguir, por parte dos poderes públicos, a reforma dos aparelhos fiscais naquelas remotas paragens, abrigo de uma população tão avultada que o próprio governo não pode suspeitar.

Informações colhidas do inimigo – Apreensão de grande quantidade de gêneros em Campo Mourão, às barbas do inimigo – Seis cadáveres servindo de pasto aos urubus – Fuzilamento dos implicados nesse crime nefando

A vida de acampamento seguia com toda regularidade e o meu estacionamento prolongava-se sem que tivesse esperanças de receber tão cedo ordem de marcha.

À medida que os dias se sucediam, minhas patrulhas iam progredindo no aproximar-se do inimigo igualmente estacado em Campo Mourão. Os meus espias já não tinham limites na sua audácia e levaram esta ao extremo de se mesclarem com os governistas. Traziam-me depois preciosas informações do que faziam e muitas vezes do que pretendiam fazer os chefes adversários, pelas naturais indiscrições dos tenentes comissionados que viviam se pavoneando pelo meio da tropa. É claro que patrulhas e espias, cada qual em sua missão, no desejo de se elevarem no meu conceito, se estimulavam no cometimento de verdadeiras temeridades, cujos resultados eram esplêndidos para o conhecimento perfeito em que me punham. Até dos menores detalhes das posições inimigas, elementos de guerra, número de tropa, inclusive o pormenor da disposição de ânimo dos sargentos e oficiais subalternos com a nota do comportamento de cada um, de tudo eu tinha ciência; de forma que por esse lado a minha tranquilidade era absoluta.

Um dia, dois oficiais – o capitão Bispo, já promovido a este posto, e o tenente Gastão Maire – me pediram licença para romper a monotonia do acampamento e diverti-lo, indo, com uma companhia e carroças suficientes, a Campo Mourão arrebatar ao inimigo a grande quantidade de milho, arroz, feijão, carne seca e açúcar depositados em ranchos situados a uns quinhentos metros das trincheiras da cavalaria do capitão Mello. Atendi a solicitação e para lá seguiram os citados oficiais com uma companhia de guerra e mais um piquete de cavalaria, levando a reboque carroças e cargueiros. Voltaram quatro dias depois com um formidável carregamento de gêneros alimentícios que foram por nós armazenados. Depois, apresentaram-se os expedicionários, trazendo pela frente 38 bois de corte.

O assalto foi simples; os audaciosos oficiais, com a infantaria, em pleno dia, invadiram os paióis de mantimentos e carregaram as carroças, enquanto o piquete de cavalaria arrebanhava o gado, pondo-se em marcha de regresso aos gritos e assuadas sob o olhar atônito das sentinelas e o espanto e surpresa de grupos de soldados que assistiam àquele espetáculo.

O pessoal do nosso acampamento festejou a façanha com uma alegre churrasqueada, ouvindo dos soldados da pitoresca expedição os mais interessantes incidentes e picarescas anedotas, entre outras esta:

Entregues à faina de transportarem os gêneros dos depósitos governistas para as carroças, estavam os soldados de infantaria, alegres e despreocupados como se estivessem trabalhando em armazéns de pacíficos fornecedores da revolução, quando, em dado momento, surgiu entre eles um parlamentar trazendo três exemplares de uma mensagem escrita a lápis azul em um papel de embrulho, exortando-os em nome da Pátria e da humanidade, a abandonarem a revolução, tendo como fecho as palavras: – "Vinde a nós. Oh! soldados iludidos que vos receberemos de braços abertos", escritas em caracteres vermelhos. A resposta foi feita também a lápis no verso de um dos exemplares e mandada às trincheiras, terminando assim: tudo está muito bem, mas o *Vinde a nós* não pega.

No Estado Maior, o capitão Bispo e o tenente Gastão, impressionados e não compartilhando da alegria geral do momento, dando-me conta oficial da expedição, disseram-me ter encontrado no terreno que separa Dois Córregos na picada do rancho denominado Gavilam, seis cadáveres e, entre eles, dois de mulheres, todos horrivelmente mutilados, um deles com a cabeça e as pernas separadas do tronco e que uma das mulheres estava em estado de gravidez. Estes macabros destroços humanos serviam de banquete a um bando de urubus.

Terminada a relação do fúnebre achado, procedi imediatamente a um rigoroso inquérito entre os paraguaios e cheguei à conclusão de que se tratava dos cadáveres de pretensos conspiradores contra o regime férreo em vigor nas propriedades do sr. Allica. Os *conspiradores* foram cruelmente massacrados pelos capatazes, sob as vistas do sr. Allica e do administrador geral Santa Cruz, dias antes da minha chegada a Piqueri.

Em vista da justiça sumária ser hábito naquela terra, logo que pude apurar com verdade a responsabilidade dos assassinos e os nomes destes, destaquei uma patrulha em Porto Artaza para prender o sr. Allica, Santa Cruz e seis capatazes, que eram inquestionavelmente os delinquentes.

A patrulha conseguiu prender e trazer à minha presença quatro dos assassinos, justamente quatro capatazes que, sem mais considerações, foram fuzilados.

Convém notar que sobre o crime, vítimas, autores e execução sumária fiz um processo escrito, contendo provas suficientes que recaíam todas contra aqueles quatro, com depoimento até de testemunhas presenciais.

De acordo, portanto, com as declarações da maioria daqueles infelizes paraguaios e pelo resultado do inquérito procedido, acuso nestas páginas, por esses crimes cometidos, os srs. Julio T. Allica, Santa Cruz (cunhado daquele) e os capangas Antonio Rojas, Antonio Romano, Serafim Fernandez, Antonio Machado, vulgo Severo, e Florentino Antonio, vulgo Bango. Todos conseguiram homiziar-se, naquela ocasião, no Paraguai e República Argentina. Sei, entretanto, hoje que o sr. Allica continua à frente de sua empresa e Santa Cruz reside em Posadas. A respeito deste último, principalmente, a Justiça brasileira deve a todo custo abrir rigoroso inquérito para apurar o número de estupros cometidos em inocentes criancinhas de 8 a 10 anos e pelos nefandos assassinatos de mais dois operários.

Os autos daquele processo foram para o Estado Maior da brigada.

O 15 de Novembro – Situação das forças revolucionárias e das dos governistas – Abertura de uma picada para surpreender o inimigo que debandou – Nelson de Mello foi o heroi do Paraná – Emboscada ao inimigo – Seu desbarato – Chega à Guaíra a patrulha que durante dois meses atravessava a mata, abrindo uma picada de 32 léguas às margens do Piqueri

Chegamos, assim, a 15 de novembro. Comemorada a gloriosa data, mandei tocar alvorada por toda banda de corneteiros e tambores; às 6 horas, o hastear da bandeira foi feito ao som do Hino Nacional, cantado por toda coluna, inclusive os voluntários paraguaios, assim chamados porque somente falavam o guarani e castelhano, mas eram nascidos em terras brasileiras.

Ao meio-dia, depois de uma preleção sobre a Proclamação da República e os seus próceres, houve uma festiva churrasqueada seguida à noite de animado baile.

No dia seguinte, 16, chegou o correio do Estado Maior, trazendo-me o mapa das posições das forças revolucionárias, assim distribuídas: sobre a margem esquerda do Paraná, guardando os portos, em Guaíra, um batalhão de infantaria sob o comando do major Asdrúbal Guayer, em Foz do Iguaçu, o Estado Maior General, uma companhia de guerra com uma peça de artilharia 75, sob o comando do major Jesus; e nos portos intermediários, pequenos destacamentos comandados por tenentes; sobre a estrada real de Guarapuava, em Cascavel, o quartel general da divisão; em Belarmino, dois batalhões de infantaria sob o comando dos majores Nelson de Mello e Olyntho Tolentino de Freitas Marques, um regimento de cavalaria sob o comando do saudoso capitão Bonifácio da Silva e uma seção de artilharia ao mando do capitão Filinto Müller, formando uma brigada sob as ordens do coronel Estillac Leal com seu P. C. na retaguarda, em Isolina; e na estrada que liga Iguaçu à Cascavel, em Depósito Central, duas seções de artilharia, enfermaria, intendência e oficina mecânica, formando uma praça de guerra, comandada pelo capitão Aníbal Nunes. Finalmente no picadão, sobre Piqueri, a "Coluna da Morte". E a nove léguas para trás, no lugar do general Miguel Costa, um batalhão de infantaria sob o comando do major Coriolano de Almeida, um esquadrão de cavalaria comandada pelo tenente João Ayres.

O inimigo, que já havia recuado de Formigas sob a pressão das forças do major Nelson, entrincheirou-se adiante, na Serra de Medeiros em frente a Belarmino, e aí defendia a custo a nova posição contra os vigorosos ataques do major Nelson e da cavalaria do capitão Bonifacio que tinham tomado a ofensiva, combatendo dia e noite, e mais tarde com o auxílio do major Tolentino. Na minha frente o inimigo continuava estacionado e em D. Carlos, Mato Grosso, concentrava-se com forças vindas de Ponta Porá e Campo Grande.

No dia 17, o correio trouxe-me a comunicação oficial de ter sido elevado ao posto de marechal, por aclamação, o general Isidoro Dias Lopes e do levante no Rio Grande do Sul, pelo que o exército revolucionário ficou constituído por duas divisões, denominadas, Rio Grande e São Paulo, comandadas respectivamente pelo coronel Luís Carlos Prestes e general Bernardo de Araújo Padilha.

À tarde, novas comunicações: a brigada Estillac Leal havia conseguido galgar a Serra de Medeiros, sendo obrigada, depois, a estabelecer-se abaixo da mesma serra, pela falta absoluta de água, tendo seguido como reforço o batalhão Coriolano; de D. Carlos, o inimigo destacava reconhecimentos à ilha do Pacu, ilha de Sete Quedas, Porto Xavier de Brito e margem direita do Piqueri, na sua foz.

Todos os serviços auxiliares mantinham-se funcionando com regularidade, inclusive a rede telefônica que ligava entre si todos os postos de comandos.

A inatividade, obrigada em Piqueri, contrariava-me e, para não continuar de braços cruzados, depois de me ser negada a permissão de atacar Campo Mourão e marchar sobre Guarapuava, tomei por mim mesmo a resolução de atacar o inimigo pela retaguarda na Serra de Medeiros, abrindo uma picada que me conduzisse ao ponto mais conveniente, e que teria um comprimento calculado de quarenta léguas, mais ou menos. Imediatamente organizei uma turma de sessenta homens práticos e iniciei o serviço.

Para verificar se de D. Carlos haviam destacado turmas para abrir picadas que facilitassem a marcha de patrulhas nas matas compreendidas entre Piqueri e Guaíra, mandei um pequeno destacamento descer a pé pelas margens do rio Piqueri, abrindo caminho a facão até Guaíra.

A 19, as comunicações de meus postos avançados me informavam que as patrulhas destacadas para a frente tinham anunciado que o inimigo, desde o dia 15, estava mandando contingentes buscar milho e mandioca nas roças adjacentes até o rancho Sumsum, a oito léguas, onde existiam grandes plantações.

Deliberei dar caça aos caçadores de provisões e por entre estreitas picadas laterais fiz seguir uma companhia dividida em pequenos grupos ao mando do capitão Filó, para uma emboscada nas imediações e caírem sobre o inimigo no momento oportuno.

Um esquadrão de cavalaria foi surpreendido e debandado. Não fosse a precipitação de um dos grupos da companhia do capitão Filó fazendo fogo antes do tempo conveniente, o esquadrão teria caído prisioneiro ou sido dizimado.

A 20, mandei em exploração o capitão Lyra com praças em uma canoa rio acima, até a foz do Chacu, que dista de Piqueri 22 léguas, donde voltou oito dias depois, trazendo as informações que necessitava.

No dia 22, para manter a disciplina, fui obrigado a mandar passar pelas armas um soldado pelo grave deito de agressão a um seu superior.

As notícias sobre a luta na Serra de Medeiros eram boas e más. O major Nelson, auxiliado com eficiência pelos majores Tolentino e Coriolano, fazia prodígios de valor e tinha rasgos de verdadeira temeridade. Seu nome já transpunha os domínios da imaginação, onde se colocam os verdadeiros heróis. Sem favor nenhum foi o herói do Paraná, sem desmerecer com esta afirmação a atuação dos mais companheiros.

A situação crítica em que se colocou ao estacar em sua rápida ofensiva trouxe-lhe por várias vezes sérias consequências, felizmente atenuadas com a sua atitude calma e serena, livrando-se com habilidade de perigos iminentes.

A situação manteve-se assim até o dia 23 de dezembro, quando recebi notícias sobre o quase esgotamento da munição. Esta notícia deixou-me bastante alarmado, o que motivou me dirigir ao general Costa, pedindo-lhe a permissão para ir auxiliar o major Nelson e procurar, por meio de um ataque de flanco, amenizar a situação, até que eu pudesse concluir a picada sobre a retaguarda inimiga.

Aceito este meu pedido, nos dirigimos no dia 24 ao P. C. do general Padilha, onde expus a este digno chefe o meu objetivo que foi aprovado. Nesse mesmo dia voltamos à Santa Cruz, e à noite festejamos a véspera de Natal com uma modesta ceia no meio da tropa.

No dia seguinte, 25, regressei bem cedo para Piqueri e ali preparei uma churrasqueada comemorando a data cristã.

A 26, parti, ao amanhecer, com a 11ª companhia, em direção à Serra de Medeiros. Tendo-me adiantado da companhia, cheguei à Santa Cruz às 4 horas. Mal acabava de cumprimentar o meu general, quando aparece em grande velocidade o Ford do meu batalhão, dentro do qual vinha um portador trazendo-me as últimas notícias sobre o inimigo de Campo Mourão. Eram as seguintes: o inimigo estava movimentando-se todo de Campo Mourão, com o objetivo de vir atacar Piqueri. Na dúvida de seguir o meu primitivo plano ou de voltar a Piqueri para pessoalmente dirigir o ataque contra o inimigo, consultei o general Costa, que me ordenou voltasse a Piqueri com a companhia em caminho e desse rápido golpe no adversário.

Imediatamente regressei ao meu acampamento, encontrando em caminho a tropa, a cujo comandante dei ordem de regressar no dia seguinte. Já havia coberto seis léguas de marcha.

Chegados a Piqueri, informei-me melhor da aproximação do inimigo e, como este ainda se conservasse bastante afastado, deixei para o amanhecer de 27 a execução do meu plano.

Na madrugada deste dia, saí com duas companhias, atravessei o rio Piqueri e às 10 horas, já me achava instalado da emboscada. Às 14 horas aparece o adversário e, apesar da precipitação com que agiram meus grupos, conseguimos desbaratar o grosso do inimigo, que saiu em louca disparada, sendo perseguido até uma distância de dois quilômetros. Salvaram-se alguns que estavam montados em cavalos bastante corredores.

Com aquela surra ficamos tranquilos e certos de que o sr. capitão Mello, comandante inimigo, por muito tempo não viria molestar-nos.

Com esta movimentação do inimigo, o Estado Maior, por prudência, recomendou-me ficar mais alguns dias em Piqueri.

No dia 1º de janeiro de 1925, organizei uma pequena festa no acampamento, havendo à noite reza e bailes.

Ao mesmo tempo festejávamos a notícia da chegada a Guaíra da patrulha que há dois meses havia se embrenhado pela mata, a fim de reconhecer as margens do Piqueri, cobrindo assim 32 léguas de caminho que me separava daquele porto. A esta alegria juntou-se a de recebermos os valorosos rapazes José Giacomelli, João Aguillera e Paschoal Marques Moura, pertencentes ao meu batalhão e que tinham sido aprisionados pelo inimigo quando a unidade Arlindo se entregou no rio Paraná. Como esses rapazes fizessem parte da guarnição de vigilância do navio, tiveram que acompanhar a rendição.

Narraram-nos eles que depois da entrega de todo pessoal, o sr. Antonio Gomez e Quincas Nogueira, que auxiliavam com civis o coronel Péricles, sem atender a autoridade deste oficial, repartiram entre si os prisioneiros civis, que foram internados no fundo de seu ervais e obrigados a passarem a mesma vida que as companhias ervateiras do Paraná dão aos seus empregados.

Não faltou até o chicote que caiu nas costas desses infelizes paulistas. Para mais aterrorizarem-lhes a estadia nesse malfadado e misterioso sertão de Mato Grosso, assistiram como são *respeitadas* as leis e os códigos brasileiros.

O sr. Quincas Nogueira mandou fuzilar um infeliz paraguaio que tencionava fugir.

O sr. Quincas Nogueira já é criminoso no Rio Grande do Sul; criminoso em Corrientes; criminoso no Paraguai; de modo que mais um crime cometido não o tornaria mais criminoso, e além disso era um dos nomeados pelo governo atual... a tenente-coronel da reserva... do exército brasileiro...

O auxílio que prestou ao coronel Péricles e ao governo, interceptando a passagem dos revolucionários pelo rio Paraná, outorgou-lhe o direito de ficar a salvo de processos antigos, continuando o avanço em algumas léguas mais de terreno público.

Pois bem; Giacomelli, Paschoal e Aguillera, não se conformando com a situação de escravos, conseguiram fugir em uma canoa, depois de dois meses e meio de cativeiro. Após uma viagem penosa que durou quinze dias chegaram a Guaíra, reunindo-se imediatamente ao meu batalhão.

Foi para mim uma satisfação e motivo de orgulho a incorporação desses dois grupos, um fugindo à escravidão e o outro constituído pela patrulha que foi cumprindo seu dever em uma missão cheia de sacrifícios. Conseguiriam alcançar a meta desejada, demonstrando tanta abnegação, estoicismo e boa vontade.

Foram uns heróis!...

Nota: A título de curiosidade transcrevemos do "El Diario" de Assunção de 25 de outubro de 1913.

Notícias de Polícia
Extradição

"Evasão de um famoso criminoso.

As autoridades de Humaitá detiveram no domingo p. p. a pedido das autoridades argentinas, os sujeitos Nogueira Lívio da Silva, brasileiro, e Guillermo Ripoll, argentino.

O primeiro se achava preso na cadeia de Corrientes e subornou o segundo-fotógrafo da polícia dessa cidade evadindo-se juntos.

Ao primeiro foram-lhe encontrado 103 libras.

Serão enviados ao país vizinho, que solicitou sua extradição.

A 'A Capital de Rosário', em seu número de 21 do corrente, trazia a respeito de Nogueira o artigo que transcrevemos.

Acaba de fugir da Cadeia de Corrientes, um dos mais famosos criminosos que se conhece até hoje, de nacionalidade brasileira e a respeito do mesmo faz graves acusações à polícia de Corrientes.

Faz um ano mais ou menos deu-se o curioso caso de que três nações disputavam a um mesmo tempo, a extradição do famoso criminoso brasileiro Nogueira."

Como os leitores se lembrarão, a chancelaria negociou sua entrega, por solicitação da Justiça do Rio Grande do Sul, ante a qual devia responder, entre outros crimes, pelo do assassinato de uma família inteira, quatro pessoas maiores e três crianças, crime praticado nas imediações de Uruguaiana e que teve a triste honra de aterrorizar as povoações do alto Uruguai pela ferocidade que demonstram seus autores.

O criminoso Nogueira fugiu para a República Oriental e na mesma casa onde procurou refúgio, na fronteira, (Santa Rosa) em véspera de ser denunciado, cometeu outro crime. A polícia oriental o perseguiu, porém, Nogueira chegou a território correntino, onde pelas relações que tem com o seu protetor João Francisco, tinha a esperança de burlar a ação da Justiça.

Instalando-se em São Tomé e enquanto transitava o pedido de extradição conseguiu com ardis levar a sua própria casa um secreta brasileiro que lhe seguia a pista e ali mesmo lhe deu morte, depois de tê-lo submetido a horríveis torturas e de o ter feito confessar o plano de captura estabelecido pela polícia brasileira.

Este novo crime determinou uma paralisação das negociações diplomáticas para a sua entrega; estabeleceu-se que cabia julgá-lo em primeiro lugar a justiça Correntina e depois de cumprir a pena que esta lhe impusesse, seria entregue ao Brasil ou R. Uruguai, para os respectivos julgamentos.

Em tal situação, o seu protetor empregou toda sua influência que era muito e muito eficaz em Corrientes para obter a liberdade. Chegou a se dizer que tinha efetuado um depósito no Banco da Nação em São Tomé, na soma de 40.000 pesos para remunerar a certas personalidades que interviessem no julgamento e cujos nomes andavam de boca em boca.

Com efeito, soube-se que estava pronta a sentença que o absolveria. Adianta-se que o governador Vidal, alarmado pelos comentários que a respeito se faziam, ordenou aos funcionários aludidos, a dilação do julgamento e que não se ditasse sentença alguma, e assim aconteceu.

Agora chega a notícia de sua fuga; talvez não tenha havido outro recurso a empregar para cumprir com os desejos do poderoso João Francisco protetor de Nogueira.

Este feito que se apresenta rodeado de tantas sombras, deve ser esclarecido prontamente; o decoto nacional o impõe. É sabido que três países se interessam pela prisão desse famoso criminoso que se acha debaixo da custódia da polícia Correntina e cuja fuga compromete o nome argentino.

Não é possível admitir-se a evasão de um célebre delinquente e poderoso, de cujos propósitos tinham perfeito conhecimento o chefe de polícia e o ministro do Governo daquela província.

O ato se agrava pelos antecedentes relatados que conduzem a estabelecer esta presunção que pelo decoro nacional quiséramos ver desmentida; mas que pela investigação foi confirmada; e o criminoso foi posto em liberdade!

Etc. etc.

O "La Libertad" diz:
"Cabe ajuntar Nogueira é um perigoso e ativo contrabandista.

O último repugnante crime de Nogueira é o do assassinato de uma família, que assim aconteceu: comprou os sítios de um pequeno fazendeiro da costa brasileira pagou e obteve certificado de venda e retirou-se dizendo que viria buscar o gado no dia seguinte.

Ao entardecer, silenciosamente no fundo de uma lancha desembarcou com quatro homens bem armados e chegou até a casa de seu cliente; oculto em um bananal, ele e seus homens, esperaram que chegasse a noite para levar a efeito o assalto à família e roubar-lhe o dinheiro que tinha entregue pela manhã e se elevava a mais de 6.000 pesos ouro.

Quando se achavam de emboscada, sentiram a aproximação de três crianças de 11, 9 e 7 anos, netos do estancieiro. Os bandidos, ante o temor de que as crianças denunciassem a presença deles, deram-lhes morte da maneira mais fria e brutal.

O pai das crianças, vendo que não regressavam, dirigiu-se pouco depois ao mato em busca dos filhos e coube-lhe igual sorte; recebeu uma punhalada, na sombra e foi degolado.

O assalto à casa deu-se em seguida: foram mortos o velho e uma filha do mesmo. Somente salvaram-se um camarada que fugiu e a mãe das crianças que se achava em pleno parto e que deve sua vida à misericórdia de um dos assassinos encarregados pelo execrável Nogueira de degolá-la também.

Esse é o tipo do criminoso que acaba de evadir-se da cadeia de Corrientes."

E ajunto: esse é o tipo do fiel defensor e auxiliar do general Nepomuceno Costa, que teve a honra de ombrear ao mesmo acampamento com muitos oficiais do nosso exército, nas margens do Paraná.

Na Serra de Medeiros, o valoroso major Nelson de Mello sustenta com vigor as suas posições atacadas por numerosas forças inimigas – A derrota dos governistas – Visita a Catanduva – Abertura de uma picada para surpreender o inimigo em Formigas – O bravo major Virgílio detém um ataque inimigo – Prisão do dr. Nathel Camargo e de um seu companheiro – Prosseguimento da abertura da picada, cujos trabalhos exaustivos duraram onze dias longos e tormentosos

As últimas notícias do desenrolar da ação na Serra de Medeiros não nos eram favoráveis, muito embora a competência militar, bravura e serenidade do major Nelson de Mello que vinha, há muitas semanas, resistindo aos ímpetos do inimigo, que o atacava furiosamente de frente e pelos flancos, com tropas frescas chegadas a todo momento para o coluna Rondon. Este general lançou mão do recurso de fazer chegar às nossas trincheiras boletins noticiando a derrota da "Coluna da Morte" e o meu falecimento (pela vigésima vez) em combate no Campo Mourão, além da retirada do marechal Isidoro e do general Padilhão, para Buenos Aires, abandonando a revolução. Os efeitos perniciosos foram sentidos por nossas forças, mormente quando foi dada a ordem de recuar para Catanduva, a fim de colocar a brigada Estillac em melhor posição estratégica, evitando assim ser envolvida pelo inimigo, que abrindo picadas havia lançado o 2º batalhão, Afro Marcondes, na nossa retaguarda em Isolina. Aí essa força inimiga foi completamente derrotada por forças dez vezes inferiores, composta de doentes, cozinheiros etc.

Se o general Rondon mandasse repetir o ataque em Isolina, empregando forças de maior capacidade de comando militar e se se apoderasse da posição, iminente perigo nos estaria reservado, pois que a brigada Estillac Leal ficaria completamente envolvida. Este receio é que determinou o recuo da Serra de Medeiros. Entretanto, a soldadesca, como é fácil de compreender, não estava e nem podia estar no conhecimento de semelhantes considerações do Estado Maior da brigada e compreendeu a ordem do recuo como o início da retirada geral, motivada pelos fatos apontados nos boletins do general Rondon.

Assim estavam as coisas quando, a 6 de janeiro, fui chamado à presença do general Miguel Costa, que me convidou a uma excursão a Catanduva, onde chegamos às 11 horas.

Conforme meu costume, depois dos cumprimentos à oficialidade da brigada que operava no setor de Catanduva, fui visitar a tropa, penetrando nas trincheiras. Os soldados, ao avistarem-me, manifestaram grande alegria. Com eles conversei carinhosamente e compreendi a razão do desânimo reinante, e pacientemente demonstrei-lhes, em palestras mantidas de grupo em grupo, a situação real das tropas revolucionárias, desmentindo os boletins do general Rondon, tarefa que se tornou facílima pela minha presença ali, atestado vivo da falsidade de tais boletins, que me davam como morto em combate.

Julgo dever explicar que o general Miguel Costa, ao levar-me consigo em excursão à Catanduva, não me disse que minha presença ali era necessária para levantar o moral da tropa, mostrando a esta que eu, de fato, estava vivo e que, portanto, as afirmativas da retirada do marechal Isidoro eram um recurso de guerra empregado pelo inimigo. Não o disse, porém eu, depois de minha visita às trincheiras, é que o compreendi perfeitamente. O caso é que o aparecimento de alguns chefes em Catanduva levantou o moral da tropa que defendia esse setor.

Marcado pelo general Costa o nosso regresso para o dia seguinte, passamos parte da noite em conferência na barraca do Estado Maior da brigada, sugerindo o coronel Estillac a conveniência de ser aumentada sua brigada com a metade de minha coluna, que iria reforçar o flanco direito naquele setor. A sugestão foi aprovada, menos por mim que atrevi-me a fazer perante aquela brilhante oficialidade reunida ali (entre outros os valorosos Nelson de Mello, Tolentino de Freitas, Coriolano d'Almeida, Filinto Müller) estas ponderações:

Que eram evidentes os prejuízos causados à revolução pela tática adotada na retirada, desde São Paulo – de jamais se tomar a ofensiva, mesmo quando havia excelentes oportunidades. Seguindo-se o mesmo procedimento quanto à Catanduva, o resultado seria funesto, porque o governo, dispondo de grandes recursos, iria aos poucos acumulando tropas e elementos de guerra em redor da posição até que os defensores desta, exaustos e sem probabilidades de socorros eficientes, acabariam na melhor das hipóteses por abandonar o setor, de recuo em recuo, o que equivaleria à derrota, pelo quebrantamento da tropa, desconfiada como já estava de tantas retiradas que lhe esfriavam o entusiasmo.

Natural era que se tomasse uma decisão urgente, no sentido não só de melhorar a situação como também de animar a tropa, decisão esta que seria por mim atacada. Permiti-me aconselhar que fosse consentido que a coluna sob meu comando executasse um movimento sobre qualquer ponto da retaguarda inimiga, de preferência Formigas, passando nós assim de envolvidos a envolventes.

A dificuldade única que poderia surgir para a execução do meu plano era a de não haver caminhos. Quanto a isto, existindo na minha coluna mais de uma centena de homens afeitos ao serviço de abertura de picadas, mandaria abrir uma de Santa Cruz ao ponto mais conveniente, deixando assim a meu cargo e sob minha responsabilidade única o êxito da expedição; que de qualquer maneira eu sairia na retaguarda do inimigo.

Tive a satisfação de ver minhas ponderações aceitas e, como consequência, recebi ordens de executar o plano que nelas se contínha.

Entrando em ação, comecei por tomar ali mesmo as informações de que carecia sobre o ponto a atacar. Desde logo preferi Formigas.

Todos os oficiais presentes haviam já estado em Formigas por ocasião da retirada de Belarmino para Catanduva, com exceção do general Miguel Costa, de forma que eu não podia ter escolhido melhor fonte de informações do que a que se me apresentava naquela conferência. Todos foram solícitos em dar os esclarecimentos que lhes pedi.

Tratava-se de uma pequena povoação situada em um campestre no coração da mata. A estrada real de Catanduva a Guarapuava atravessava o centro da povoação, que, uma vez por mim ocupada, fecharia o inimigo, impossibilitando-o de mover-se de Catanduva e de receber reforços. Apertado pela retaguarda, pensei, e atacado vigorosamente pela frente, seria derrotado, salvo se tomasse com tempo a iniciativa de abrir picadas pela floresta e nela se internasse. Mesmo nesta hipótese a derrota seria completa. A natureza, áspera e hostil, representaria o papel de cavalaria perseguindo os fugitivos.

Preocupado com esses pensamentos e sabendo que a posição que eu iria ocupar poderia ser facilmente entrincheirada, retirei-me da reunião e fui repousar o resto da noite.

Pela manhã regressei ao meu acampamento, recebendo do general Miguel Costa, que ficou no seu P. C., algumas recomendações relativas à deliberação tomada durante a noite.

Antes de dissolvida a reunião, fiz ver aos oficiais presentes a necessidade das forças que ficavam em Catanduva levarem um ataque vigoroso contra a frente inimiga no momento em que o comandante da brigada recebesse o aviso da chegada de minha coluna a Formigas. Pedi, além disso, e com insistência, que a notícia do novo plano combinado não saísse do círculo dos oficiais e deixassem a tropa na crença de que continuavam os serviços na picada que projetei de Piqueri a Serra de Medeiros; pois o general Rondon, segundo o depoimento de prisioneiros, já estava inteirado da abertura daquela picada e por aí esperava um ataque. Para isso ele colocou no local provável da saída, na serra, um batalhão de infantaria protegido por quatro peças de artilharia 75. A razão de tal picada não mais existia por ter eu mandado parar o serviço; porém, havendo conveniência de distrair para ela a atenção do chefe das forças governistas, enquanto eu iria surgir no outro lado, fiz divulgar a notícia da continuação dos serviços de abertura daquela estrada. Se recomendei discrição para as medidas tomadas antecedentemente, é porque as proximidades das trincheiras do setor de Catanduva com o inimigo permitiam confabularem entre si os soldados das duas forças, que consistiam em ameaças mútuas e indiscretas, inteligentemente aproveitadas pelos Estados Maiores de gregos e troianos. Foi assim que em Belarmino o inimigo soube, por um grito de um soldado fanfarrão: "espera aí, negrada, que o Cabanas agora mesmo vai sair na retaguarda de vocês", que se estava abrindo a já citada picada de Piqueri, que depois os exploradores do general Rondon puderam localizar. Além disso, ninguém pode obstar a loquacidade de prisioneiros e desertores, que os há em todos os tempos e em todos os exércitos.

Passei em Piqueri quase toda a noite organizando a expedição e dando ordens ou fazendo recomendações relativas à segurança dos que haviam ficado. Comigo iriam três companhias completas, sendo que uma sairia dois dias depois de minha partida, ficando guarnecida a posição pela companhia restante com uma peça de artilharia 75, chegada nesse mesmo dia, tudo sob o comando do capitão Mário Barbosa.

Pela manhã iniciei a marcha para Santa Cruz, onde cheguei às 12 horas do dia 9, fazendo esse percurso, que é de nove léguas, em um dia e meio. Dei descanso à tropa até o dia seguinte e, recebendo a comunicação de que a situação de Catanduva estava modificada, por ter o inimigo saído na retaguarda, em Centenário, por uma velha picada, onde foi detido pela força ao mando do bravo major Virgílio, fiz levantar acampamento e segui para o rancho Capucaí, ponto inicial da picada que projetei para sair em Formigas.

No dia 10, à noite, acampei em Sapucaí e, apesar das chuvas torrenciais ao amanhecer de 11, uma grande turma de trabalhadores, sob minha imediata direção abria caminho na floresta, trabalho que sem descanso foi seguido durante onze dias longos e penosos. A 15, fomos obrigados a parar para a construção de uma ponte de dezesseis metros sobre o rio Ano Novo, sendo a maior das três anteriores construídas sobre arroios.

A 17, terminando o serviço de construção de pontes nos pusemos novamente em marcha, sempre através da densa mataria que rompíamos à custa de um trabalho insano a golpe de facão e machado. A chuva não cessava de nos inquietar. E com o trabalho de cortar galhos e árvores, grossos bagos de água eram despejados sobre os valorosos soldados revolucionários que, descalços, seminus, pessimamente alimentados, entregavam-se dedicados ao rude serviço de preparar caminho dentro da espessa mata...

Ora pântanos, ora trançado de taquarussus, ora terrenos crivados de espinhos que se despenhavam dos majestosos pinheiros, ora tocos de taquaras, aparados pelos abridores de picadas, tudo isso era transposto com estoicismo e resignação pelos meus soldados.

Durante o trajeto foram construídas mais quatro pontes, fustigados sempre pela chuva impertinente...

A alimentação limitou-se então ao milho cozido, que naquelas paragens tem o nome de *locro*.

No dia 18 à noite, completando 25 quilômetros de picada, chegamos à base de uma montanha com diversas furnas, que aproveitamos para abrigo. Estávamos a uma légua de Formigas; e como o terreno se prestasse, o aproveitei para base das minhas patrulhas, as quais nessa mesma noite começaram o seu penoso serviço de exploração, entregando-me eu e a tropa em folga ao descanso de que carecíamos.

Conforme minhas ordens, as patrulhas prenderam e trouxeram à minha presença alguns ervateiros que dentro da mata tinham seus ranchos. Em um destes, encontraram pela madrugada de 19 dois indivíduos que dormiam despreocupados em suas redes de campanha. Descobertos que foram pelo capitão Filó, ao receberem voz de prisão, um deles, o de mais idade e que pelo aspecto deveria ser um cavalheiro de representação social ou um oficial de alta graduação (como pareceu ao capitão Filó), teve o gesto imprudente de empunhar o seu revólver e tomar uma atitude agressiva, fato que determinou dois soldados da patrulha dispararem suas armas, ferindo em uma das mãos o companheiro do citado cavalheiro, que então, ante os estampidos, resolveu entregar-se. Conduzidos à minha presença, cheguei ao conhecimento de que se tratava do dr. Nathel de Camargo e de um seu empregado. Aquele era primo do dr. Afonso de Camargo, ex-presidente do estado do Paraná, de quem obteve uma grande concessão territorial. É um verdadeiro latifúndio na zona, em uma extensão de vinte léguas de frente por dez de fundo, segundo me afirmaram, isto é, a bagatela de duzentas léguas quadradas.

Natural foi a minha surpresa em encontrar, no seio da floresta e quase desacompanhado, o grande latifundista paranaense... Exercia então, por esporte, o ofício de sargento-mor da seção de indicações de picadas para o general Rondon e por espírito comercial era fornecedor geral das tropas governistas em operação naquela zona.

Com as atenções devidas a tão elevado personagem, interroguei-o, curioso por saber o que o trazia por aqueles desertos.

Minha curiosidade foi satisfeita; o dr. Nathel de Camargo afirmou andar percorrendo seus depósitos de milho para avaliar a quantidade subtraída pelas forças governistas e poder apresentar à cobrança a conta respectiva. E se por ali andava fora das estradas e internado na mata, era por prudência, para evitar um mau encontro; quanto aos croquis que consigo levava, determinando todas as posições das forças do governo e das da revolução, eram simples traços localizando os seus ranchos no seio da mata e que nunca se prestou a guiar o general Rondon...

Não houve meios de fazer o dr. Nathel confessar o auxílio que sempre prestou às forças que nos atacavam, apesar de ter eu certeza que tais auxílios foram dados principalmente nos dois últimos ataques à nossa retaguarda. Quis que também a mim fossem fornecidos esclarecimentos sobre as posições inimigas e nada consegui; então lancei mão da ameaça de fuzilá-lo; mas mesmo assim não obtive resposta satisfatória. Protestava sempre sua inocência por entre lamentações. Estas aumentaram de vulto quando o interrogado teve ciência do nome da pessoa com quem falava, pois que chegou a *verter água*, sem esperanças, ensopando as calças.

Depois de acalmado, mostrei a condição tristíssima da tropa, sem roupas de abrigo, descalça e sem serviços médicos; apelei para os seus bons sentimentos a fim de minorar a miséria em que nos achávamos, propondo que, em vez de fuzilamento de que se tornou merecedor por andar voluntariamente a serviço do general Rondon, mostrando picadas que conduziam à retaguarda de nossas forças, seria perdoado com a condição de fornecer às tropas revolucionárias 100 contos em dinheiro ou o equivalente em roupas e calçados, por meio de um cheque contra Buenos Aires, onde me disse ter conta corrente, o que aceitou. Por essa razão, mandei-o apresentar ao quartel-general em Cascavel, acompanhado de um ofício em que relatei o acontecido; que o mesmo dr. Nathel perante o general Padilha assinaria um cheque ou ordem de 100 contos contra Buenos Aires.

Juntei ao mesmo ofício os croquis que foram apreendidos e mais uma recomendação para que tivesse cuidado com a picada que ia de Sítio à Floresta, uma na retaguarda, a sete quilômetros do setor de Catanduva, e outra sobre a direita das linhas inimigas, conforme estava assinalado nos próprios croquis apreendidos.

Assim seguiram o dr. Nathel e o seu camarada, escoltados para serem apresentados ao general Padilha. Sucedeu, porém, que a escolta, por ter-se demorado em caminho, foi surpreendida pela noite, sendo obrigada a pousar com os prisioneiros em plena floresta, onde ao amanhecer foi atacada e desbaratada por uma patrulha governista que deu liberdade aos mesmos prisioneiros, dos quais não tive mais notícias.

Se não fora a confiança depositada na escolta pelo capitão Aníbal Brayner Nunes, que, a serviço do Estado Maior, seguia o mesmo destino que aquela, o dr. Nathel não teria se escapado, porque seus condutores não pousariam no caminho. Àquele oficial roguei que mantivesse a mesma escolta debaixo de suas vistas e ele, confiado, seguiu viagem adiante.

Na mesma noite de 19, em que foi a escolta desbaratada, e muito embora a informação que deu a custo o citado dr. Nathel de haverem mais de 2 mil homens em Formigas, marchei sobre esta localidade sem esperar a chegada da companhia que deixei em Piqueri. Tive, porém, de voltar às furnas porque a passagem de uma profunda depressão do terreno dificultou o avanço da tropa e, tendo amanhecido, não era prudente um ataque em pleno dia.

A coluna toda, a um de fundo, chega à beira desse abismo. Para transpô-lo, cada soldado deixava-se escorregar pelo talude, indo cair no fundo, formado de lodo. Depois, para subir a íngreme encosta do lado oposto, agarrava-se a galhos de arbustos, a fiapos de taquaras, a torrões de terra... Várias vezes o seu ingente esforço era completamente perdido, porque, mal seguro nos frágeis ramos ou finos brotos de taquaras, resvalava e novamente ia ter ao fundo lodacento.

De quando em vez, alguns encorajavam os que tombavam, sendo os mais estropiados conduzidos por valorosos companheiros, que nessa dignificante missão subiam e desciam várias vezes os bordos daquele precipício. Quando a coluna toda transpôs esse vale profundo, tínhamos gasto doze horas a fio de trabalho incessante. E os soldados estavam quase irreconhecíveis, tal o estado lastimoso em que ficaram pelo barro que amassavam com os pés, mãos e corpos. Tendo amanhecido como já disse, não se efetuou na noite de 19 para 20 o assalto a Formigas, mas logo que começou a declinar o dia 20, demos início à difícil passagem do malfadado barranco.

Transposta aquela depressão, pus-me novamente em marcha, e na metade do caminho, onde havia uma clareira, mandei fazer alto, dividi a força em quatro grupos, de cinquenta homens cada um, reservei o comando de um para mim, entregando os demais separadamente aos capitães Bispo, Filó e Ribeiro, com ordem de marcharem atrás do meu grupo, a um de fundo, seguros pelos ombros até a orla da mata que limita a povoação de Formigas e aí ocuparem, rapidamente as seguintes posições: o grupo do capitão Filó, na boca da estrada de Guarapuava; o do capitão Ribeiro, na picada Centenário em ameaça à retaguarda da brigada do coronel Varella; o do capitão Bispo, a cem metros sobre a direita do capitão Filó; quanto a mim, me colocaria em Formigas no começo da picada em que marchávamos; tudo na orla da mata em linha de atiradores e em círculo ao povoado. Recomendei-lhes, por último, que ao ouvirem às detonações de minha metralhadora, sobre o acampamento inimigo, todos rompessem fogo a um tempo e na mesma direção, visando a maior casa do povoado, onde, segundo informações dos meus guias, podia estar o general Rondon. Deviam também ter o cuidado de cortarem, antes, os fios telefônicos ou telegráficos que encontrassem. Desta maneira e vendo que bem tinham compreendido minhas instruções, com um gesto ordenei a marcha e fomos ocupar as posições determinadas, às 4 horas mais ou menos da madrugada de 21, correndo tudo, até então, conforme meus desejos.

Chegada a Formigas – "A Coluna da Morte" espreita o inimigo como a fera espreita a vítima – O assalto – A debandada apavorada do inimigo – Os prisioneiros – A morte do tenente Clementino de Oliveira e do dr. Antônio Batista Leite – O major Mello "Satélite" – Situação crítica da "Coluna da Morte" em Formigas

De acordo com o estabelecido no capítulo anterior, cada comandante de grupo ocupou sua posição. Nenhuma sentinela inimiga se apercebeu da nossa chegada à beira de Formigas, que ficou desde então com os seus guardiões, debaixo do olhar perscrutador da "Coluna da Morte".

Cinco horas da manhã. Silêncio completo reinava no acampamento inimigo. As sentinelas dormiam, armas entre as pernas, sentadas nos parabalas das trincheiras. A tempestade que havia se desencadeado, durante o trajeto da picada, cessara de intensidade. Os primeiros raios de sol se filtravam suavemente através das árvores e sua luz tênue, ainda inexpressiva, se projetava na bandeira da Cruz Vermelha que balançava plácida, serena e triste à porta de uma barraca inimiga!... O homem é uma fera disfarçada!... Chegava eu de surpresa àquele acampamento e não me continha de alegria e prazer por ver os meus inimigos descuidados, calmamente entregues ao descanso. Todos os meus soldados antegozavam a vitória que iam alcançar contra os seus compatriotas. E esse prazer era tanto maior quando percebiam que não tinham sido pressentidos pelo inimigo.

Quanto maior a surpresa, mais mortandade, mais alegria!... A "Coluna da Morte" estava ali atenta, num vigiar constante, observando o momento mais propício para o assalto...

As gotas de orvalho caídas durante a noite como pranto celeste nas folhas verde-escuras da mataria, apresentavam reflexos prateados, semelhando gemas das minhas Diamantinas. Negros canhões, monstros, em tocaia, se enfileiravam à direita da casa do Estado Maior, assinalada pelo pavilhão nacional hasteado na tosca fachada. Em dado momento surge de uma barraca um soldado, toalha ao ombro, em direção a uma pequena poça fronteira ao posto de uma sentinela, onde se espreguiça. Saudou-a com um "bom-dia, camarada" e, mergulhando as mãos em concha no fresco líquido, baixa a cabeça para banhar o rosto, quando de todos os lados rompe sobre o descuidado acampamento um terrível fogo de fuzilaria acompanhado de uma assuada formidável, salientando-se os gritos de "Cabanas chegou"!...

O despertar daquela gente foi terrível. De todas as barracas e das casas saltava gente tomada de assombro, correndo em todas as direções, sem ordem, sem comando, gesticulando como louca, estonteada e entregue unicamente ao instinto de conservação. Raro aquele que estava vestido completamente e muitos os que estavam nus.

Passado o primeiro momento do pânico, viam-se soldados em disparada furiosa em direção à orla da mata; outros abrigando-se pelas ondulações naturais do terreno e outros que se organizavam para a defesa, salientando-se a guarnição da artilharia que a peito descoberto ocupou o seu posto na bateria e rompeu fogo contra os assaltantes mais próximos e que era o meu grupo. A primeira granada matou, ao meu lado, o municiador e o ajudante da metralhadora com a qual eu atirava, produzindo as demais, diversas baixas entre mortos e feridos.

O troar da artilharia manejada por aquele grupo de destemidos produziu um movimento forte de reação por parte dos que não tinham ainda alcançado a mata. Um oficial só, com uma metralhadora pesada, bravamente fazia fogo, e já magotes de soldados, mesmo sem comando, estendiam-se em linha de atiradores.

O momento não comportava indecisões. Se desse eu o sinal de retirada, a dispersão de minha coluna seria fatal, por isso, ante a gravidade da situação, aumentada pela inferioridade do número dos atacantes, coloquei-me à frente do meu grupo e em passo de carga carreguei energicamente, acompanhado depois pelos demais grupos.

Quis com esse golpe aproveitar a confusão e pânico que ainda reinavam no acampamento inimigo. Travou-se o combate a arma branca, ou para melhor dizer, a facão, porque não dispúnhamos de baionetas; e após alguns minutos, os soldados governistas ante os golpes da nossa arma, cuja defesa não lhes ensinaram nos quartéis, foram presos outra vez de terror e pânico. Debandaram abandonando o terreno. Sumiram-se pela espessura da mata, deixado armas e bagagens...

Um caso curioso passou-se no momento da carga. O meu grupo, ao transpor uma pequena elevação de terreno, deu de frente, a uns oito passos, com um oficial sentado em uma metralhadora e que nervoso atirava. Tomado assim de surpresa, foi morto com um tiro de revólver, em pleno coração. Esse oficial chamava-se Clementino de Oliveira.

Ao valente patrício oficial e àqueles que tão heroica e honrosamente enfrentaram e caíram em Formigas à frente das armas do meu batalhão, a minha homenagem de respeito!... Bravos! Bravos porque não fugiram e souberam defender denodadamente o seu acampamento.

Senhor da posição, reuni a tropa no centro do povoado, organizei e fiz seguir a seus destinos patrulhas de perseguição e vigilância. O resto da tropa sob o comando do capitão Filó foi postada na boca da estrada que vinha de Catanduva, para prevenir um contra-ataque. Isto feito, fui visitar a casa principal do povoado (dando crédito às notícias antes recebidas), onde deveria estar o general Rondon. Lá encontrei flores em profusão, uma mesa de jantar artisticamente preparada, camas bem arrumadas, indicando personagens, e em decúbito dorsal, próximo a uma porta de saída, o cadáver de uma mulher. O primeiro prisioneiro que fiz deu-me a informação de que o general Rondon, devido ao desconcerto de sua limusine, retardou a chegada a Formigas, onde já deveria estar, sendo para ele as homenagens de tantas flores, e que se não fosse aquele incidente ocorrido no dia anterior, teria o grande sertanista chegado a tempo de ser colhido com o seu Estado Maior dentro da casa tão bizarramente enfeitada.

Terminada minha visita à referida casa, mandei os prisioneiros, que eram muitos, abrir covas para enterrar os mortos, o que faziam muitos deles chorando copiosamente, na crença de que estavam abrindo a própria sepultura.

Desfazendo-se depois a fúnebre impressão pelo enterro dos mortos, voltou a alegria aos improvisados coveiros. Todos os feridos, de parte a parte, foram recolhidos à barraca-hospital da Cruz Vermelha, instituição pela qual todos nós demonstramos o maior acatamento, sendo ali todos convenientemente medicados por uma turma de enfermeiros. Morrera no ataque o respectivo médico diretor, dr. Antônio Batista Leite, por ter cometido a imprudência de abandonar o hospital, correndo para o centro do acampamento. A fatalidade fez com que o ilustre facultativo abandonasse o único lugar seguro e perfeitamente garantido, porque minhas ordens para se respeitar a barraca assinalada com o pavilhão da Cruz Vermelha eram severíssimas e foram cumpridas.

Esperava a chegada da companhia que deixei em Piqueri, com ordem de pôr-se em marcha e reunir-se comigo dois dias depois, para assim reforçado cair sobre as trincheiras inimigas em Catanduva. A companhia deveria estar a duas léguas de Formigas; portanto tal reforço, dentro de uma hora, poderia chegar ao povoado. Determinei que a tropa estivesse em ordem de marcha para o ataque final ao destacamento Mariante.

Entrementes, chegavam mais prisioneiros, uns que se apresentavam por não oferecerem segurança os esconderijos onde se tinham ocultado, outros, pela convicção de haver sido derrotada a coluna Rondon e outros, ainda, trazidos pelas patrulhas. Foi assim que tive em minha presença o tenente médico dr. José Athaíde da Silva, o qual, pela falta de facultativos nas forças revolucionárias, incorporei à minha coluna, onde prestou relevantes serviços pela sua dedicação e atos de humanidade, assistindo aos enfermos indistintamente com carinho extraordinário.

Com o tenente da administração, Eliézer Lopes Lobato, se apresentaram também dezessete soldados de artilharia; deles pensei servir-me para guarnecer os quatro canhões que ali estavam abandonados pelo inimigo e fiz-lhes uma proposta neste sentido, que foi aceita de boa vontade, indo logo com eles à bateria para organizá-la e depois dispô-la no sentido de proteger o meu avanço.

Infelizmente fui burlado no meu intento por ter o tenente Altamiro Braga, ao retirar-se, quando viu-se perdido, inutilizado as peças levando com ele as respectivas cunhas.

Interrogado um dos prisioneiros, vim a saber que o 2º B. C., com um efetivo de seiscentos homens sob o comando do major Mello, por alcunha nas fileiras do exército de Satélite, me ameaçava pela retaguarda, devendo estar, pela hora que levantou acampamento de Pouso Alegre, a dois quilômetros mais ou menos de Formigas. Não tinha tomado ainda disposições contra esse ataque iminente, quando recebo aviso do comandante da companhia que deixei para trás, de que estava sendo atacado dentro da mata por forças governistas ali levadas pelas indicações fornecidas pelo dr. Nathel Camargo; uma comunicação do major Acauan para o comandante da praça de Formigas, julgada ainda por ele em poder dos governistas, comunicação esta apreendida em mão do respectivo portador que foi aprisionado, me dava ciência que, sabendo estar eu em marcha sobre a dita praça, já estavam tomadas as providências para que o destacamento do coronel Varella me tolhesse os passos.

Como se vê, naquele momento a minha posição era crítica. Três informações, cada qual mais alarmante, colocavam-me perante o inimigo nesta situação: na frente, as trincheiras de Catanduva com as forças do coronel Mariante; pela direita e pela retaguarda, respectivamente, já em marcha para um contra-ataque a Formigas, o destacamento do coronel Varella, e o 2º B. C., o único reforço que eu poderia esperar, batia-se neste instante com um contingente do mesmo coronel Varella, justamente na linha que poderia garantir-me uma retirada em ordem.

Ora, a única solução para esse difícil problema, pelo menos a que encontrei no momento, era manter-me onde me achava e defender-me até o desespero, mas, para que a defesa fosse eficiente, necessário era estudar os arredores do terreno e aproveitar-me de todas as vantagens que pudessem me oferecer. Sem perda de tempo embrenhei-me na mata para verificar os pontos mais aproveitáveis à colocação da tropa. Então, foi quando vi que a solução de conservar-me na praça, sendo a única encontrada, não deixava de ser perigosíssima porque todas aquelas informações que recebi na conferência de Catanduva sobre as vantajosas condições do terreno caíram por terra. Não encontrei nenhum acidente que pudesse ser aproveitado para uma defesa. Restava-me o recurso de fazer trincheiras, desistindo de executá-lo por falta de ferramentas e tempo; além de tudo, descobri inúmeras picadas que seguiam em direção às posições inimigas e uma faixa de terra coberta de mato ralo na frente de Catanduva, que facilitava um desbordamento do inimigo.

Em todo caso, como não havia outro meio, deliberei aguardar o adversário. Para isto, mandei um próprio ao capitão Mário, comandante da companhia que lutava na mata, dizer-lhe que nos arredores do lugar onde ele se achava existia um córrego seco de difícil passagem e que aí fosse colocada a companhia, mantendo-se em defesa até segunda ordem.

Ao capitão Bispo determinei que com seu grupo tomasse posição, de modo a tolher os passos do 2º B. C., tendo debaixo de vigilância duas picadas que iam para a Serra de Medeiros e Pouso Alegre; na frente de Catanduva fiz estacionar o grupo do capitão Filó; o grupo que agia sob minhas ordens imediatas foi dividido em pequenas esquadras com a missão de defender todas as picadas que vinham ter à praça. Estabeleci o meu P. C. no centro do povoado para dali dirigir qualquer ação, e mandei que o grupo do capitão Ribeiro marchasse sobre o destacamento do coronel Varella, demonstrando ir atacá-lo, mas o seu verdadeiro objetivo era fixá-lo onde se encontrava. Com algumas praças tiradas de diversos grupos, organizei um contingente com a missão de guardar os prisioneiros que, em número de 87, foram conduzidos juntamente com os feridos às furnas, onde antes estive abrigado.

Disposta a coluna conforme acima fica descrito, esperei o ataque do inimigo, sem poder calcular por que lado seria iniciado.

Não nego que a ansiedade e a dúvida que trabalhavam meu espírito eram perturbadoras. Unicamente me animavam a grande fé que depositava na boa estrela da "Coluna da Morte" e a certeza que em todos os casos o perseguido vale por seis perseguidores. A nossa situação era então a seguinte: na frente, ocupando o trecho de Catanduva a Formigas, às ordens do coronel Mariante, 2.200 homens, dos quais podia perfeitamente destacar-se um contingente de seiscentos para enfrentar-me, sem prejuízo da frente que combatia com a brigada revolucionária do coronel Estillac; na retaguarda, em marcha, o 2º B. C., com o efetivo de seiscentos homens; na direita, o destacamento do coronel Varella, composto de 1.200 homens; tudo em um total de 4 mil combatentes que, se se movimentassem em harmonia, esmagariam totalmente a "Coluna da Morte", que somente se compunha de 280 homens, inclusive a companhia do capitão Mário que se batia fora de minhas vistas. A desproporção era desanimadora, não só quanto ao número dos combatentes, como também ao material de guerra; minha coluna contava apenas com cinco metralhadoras pesadas e não possuía artilharia; ao passo que o adversário dispunha de todos os elementos de guerra e tudo em abundância.

A determinação do número de combatentes inimigos e o detalhe de sua distribuição me foram inspirados pelos mapas, boletins e outros documentos que encontrei em Formigas. Ao dr. Batista Luzardo, em sua visita à Catanduva e ao Estado Maior, fiz entrega de tais boletins e mapas.

A situação em Formigas – Quase realizou-se o rifão: "Ir buscar lã e sair tosquiado" – O inimigo nos ataca por vários pontos – A situação se agrava – A retirada foi efetuada sem ser pressentida pelo inimigo – Os troféus apreendidos em Formigas – As fitas do general Rondon

No capítulo antecedente ficou mais ou menos descrita a situação em que me achava em Formigas, na iminência de justificar o velho adágio de "ir buscar lã e sair tosquiado".

Estava, como disse, resolvido a defender-me até o desespero, e no momento em que a brigada Estillac atacasse vigorosamente o inimigo na sua posição, em Catanduva, como ficou combinado, eu reuniria todos os meus esforços e avançaria estrada Catanduva afora, abrindo caminho como pudesse por entre os destacamentos do coronel Mariante, de modo a colocar a posição principal deste comandante entre dois fogos, realizando desta maneira o objetivo que me levou a Formigas.

Necessário é notar-se que ataquei Formigas ao amanhecer do dia 21 e que, às 15 horas do mesmo dia, já tinha preparado a defesa e traçado todos os meus planos.

Estávamos a postos, prontos a receber o embate que sentíamos próximo, e este não demorou, porque poucos minutos depois da hora referida, a metralhadora do capitão Filó anunciava que estávamos sendo atacados por aquele lado, onde travou-se renhido tiroteio, provocado por forças do coronel Mariante. Ao mesmo tempo ouvia-se a fuzilaria do combate que o capitão Ribeiro travava com as patrulhas do coronel Varella.

FIGURA 9 – Em Formigas
Comandante Cabanas – Fotografia tirada por um prisioneiro legalista em Formigas, horas depois do assalto.

Seguia a luta entre os dois referidos grupos com as forças adversárias, aguardando eu o resultado para tomar a iniciativa que as circunstâncias exigissem. Meia hora depois, senti que a intensidade do fogo diminuía do lado do capitão Filó, e nesse instante três portadores chegavam à minha presença vindos simultaneamente dos grupos que se batiam: o do capitão Filó comunicava-me que o inimigo tinha sido repelido; o do capitão Ribeiro, que as primeiras patrulhas que enfrentara bateram em retirada, e o do capitão Mario, relatando que o adversário não conseguindo transpor o córrego seco, entrincheirou-se do outro lado e que com ele tiroteava.

Depois de tão alentadoras notícias e quando esperava que o fogo cessasse, deu-se o contrário; ele recrudesceu intensamente, avançando forças do coronel Mariante em perfeita ordem, procurando um desbordamento pelo mato ralo e pelas picadas.

A situação agravava-se e eu, sem dispor de gente para reforçar o grupo do capitão Filó e os pequenos destacamentos das picadas e medindo a consequência desastrosa para mim do desbordamento que faziam os governistas, tratei de impedi-lo; o que consegui graças ao fogo cerrado de uma metralhadora por mim mesmo manejada do centro do povoado, dominando todo o terreno e varrendo-o em todas as direções onde o inimigo se descobria.

A luta era geral e vigorosa em todos os pontos, salvo na retaguarda. As balas choviam dentro do povoado de uma maneira extraordinária e minha metralhadora, para evitar concentração de fogos sobre ela, mudava de posição de momento a momento.

Os ataques eram impetuosos, feitos em perfeita ordem, e minha gente, apesar da inferioridade numérica, resistia valentemente, insensível ao cansaço e à falta de alimentação. Assim fomos até o anoitecer. Em dado momento rompeu a fuzilaria na retaguarda. O capitão Bispo entrava em ação. O cerco de Formigas se fechava e a notícia do ataque em Catanduva pela brigada Estillac não chegava; a hipótese de me atirar com toda a coluna para aquele lado desaparecia.

Sumiram-se no horizonte os últimos reflexos do sol e o manto negro da noite envolveu os combatentes, sem que amortecesse a fuzilaria.

Trevas por toda parte... Debalde meus olhos procuravam na negrura do céu a estrela que sempre guiou a "Coluna da Morte"! E a bandeira de esperança de salvação naquele transe aflitivo não era também divisada, embora tremulasse oculta, então, aos nossos olhos de militar!...

Considerando comigo mesmo que a resistência somente poderia durar até amanhecer – porque durante a noite o inimigo não teria a audácia de um avanço decisivo contra a praça, cuja falta de elementos de defesa desconhecia e porque não era lógico entrar ali às apalpadelas –, tive a ideia de servir-me das próprias trevas para forçar a retirada, enveredando com toda a coluna pelo mesmo caminho por onde viera. Fui entrincheirar-me nas furnas, ponto de apoio para a primeira resistência em caso de perseguição. Depois cairia sobre as forças que atacavam o capitão Mário, no córrego seco já referido, e imediatamente, se fosse bem sucedido, daria um assalto sobre o flanco direito do destacamento Varella e depois... Catanduva.

Às 23 horas comecei a pôr em execução o meu plano de retirada, fazendo escoar-se para a picada das furnas silenciosamente e aos poucos todas as forças, deixando em cada posição cinco a seis homens resolutos atirando até que a coluna se internasse por completo na mata, trilhando a picada. Os últimos defensores de Formigas, a um sinal convencionado, mergulhariam na mesma picada, ficando o inimigo ignorando o abandono da posição. Assim não perceberiam que o fogo de nossa parte havia cessado, porque os atacantes se enfrentavam, por sua vez, tão próximos, que teriam mutuamente a impressão de que o fogo era respondido da praça e acabariam se tiroteando a noite inteira, o que de fato sucedeu.

Às 6 horas da manhã, toda a coluna, exceto a companhia do capitão Mário que estava lutando na frente, se achava em descanso nas grutas e o tiroteio estrelejava em Formigas, onde nem os feridos tinham ficado. Destes, em número de 16, que eram os mais graves, foram alojados em um rancho próximo às referidas furnas, sob a guarda de quatro enfermeiros, a quem pedi entregarem aos governistas, quando chegassem, um bilhete dizendo que ali ficavam os feridos de mais gravidade de um e outro lado, e que tivessem para eles os cuidados iguais aos que lhes dispensei até o momento de abandoná-los, premido pela impossibilidade de carregá-los.

Às 13 horas da tarde, avancei sobre o inimigo que, entrincheirado, combatia na picada contra a companhia do capitão Mário. Necessitava abrir passagem para, unindo-me àquela força, executar o meu plano de ataque ao flanco direito do destacamento Varella e em seguida chegar a Catanduva a marchas forçadas. Precisava esclarecer a situação, porque, não sabendo notícias do grosso das forças, estava eu sob a impressão de que os governistas haviam contornado pela própria picada aberta por mim e já se achavam na retaguarda de Catanduva ou Centenário. O meu auxílio, se assim fosse, era indispensável.

Seriam 14 horas quando alcancei o local onde se batia o capitão Mário. Dispus convenientemente a coluna e ataquei resolutamente o adversário, que em excelente posição e bem entrincheirado, sustentou os primeiros embates, convencendo-me logo que para desalojá-lo seriam necessários alguns dias, acrescendo a vantagem de reforços que ele somente poderia receber.

Assim lutamos até o amanhecer do dia 23, momento em que tomei a resolução de, abrindo picadas, retirar-me para Santa Cruz e daí a Catanduva.

Pus imediatamente em execução este projeto e levantei acampamento, internando-me com o capitão Mário pela direita da mata, precedido pela turma de abridores de picadas, cujos homens estavam suficientemente treinados nessa natureza de serviços. Assim é que esse trabalho foi executado com relativa rapidez, apesar das dificuldades que lhe são inerentes. Eu seguia à frente, indicando o rumo, o que obrigava a marchar junto com os abridores de picadas suportando muitas privações.

A rude e afanosa marcha ia agravar-se com a escassez da alimentação. Impôs-se prover a tropa com os recursos que aquela grande mata faculta, a caça.

Escolhi na tropa os mais fervorosos devotos de Santo Humberto e com eles organizei um grupo de caçadores, o qual justificava de fato essa denominação.

Bem provido de armas e munições, entrou o grupo de caçadores em função, seguido da infalível cachorrada dos acampamentos militares.

A nossa marcha não sofreu interrupção; os caçadores deviam em suas batidas seguir o mesmo rumo. As provisões não se fizeram esperar; no mesmo dia tivemos carne de anta e de caetetus em abundância, além de palmitos e outros produtos que as matas brasileiras generosamente fornecem aos que a elas recorrem. A 28, depois do lançamento de uma ponte rústica de 32 metros, passamos o rio Salto e a 30, depois da construção de outra ponte de quinze metros, estávamos na margem esquerda do Piqueri. A 1º de fevereiro, passamos o rio Sapucaí e às 16 horas acampávamos em Santa Cruz, mediante prévio reconhecimento feito pelas minhas patrulhas.

Estava finalmente vencida, depois de onze dias de marcha por dentro da mata, a etapa mais ingrata de exaustiva de toda a companhia, sem que o inimigo tentasse uma perseguição ou um reconhecimento durante aqueles trinta quilômetros de picada! O general Miguel Costa e sua oficialidade me deram o conforto de uma demonstração franca de alegria à minha chegada. Todos já me tinham julgado completamente perdido; de modo que a nova da minha incorporação às forças foi comunicada ao Estado Maior, tropas, destacamentos e demais postos, por meio de telefones.

Ao mesmo general fiz verbalmente a exposição da jornada a Formigas, tomada e retirada desta localidade. Narrei todas as peripécias da luta até o momento em que fui obrigado a abandonar a praça e não deixei de demonstrar a minha estranheza pela falta do combinado ataque por parte das forças de Catanduva, falta que não me permitiu desenvolver o meu plano de ação.

O general Costa teve a amabilidade de honrar-me com algumas explicações, que em resumo são as seguintes:

"Três dias depois de vos haverdes internado na mata, o inimigo conseguiu tomar posição na retaguarda de Catanduva, cortando toda ligação, e assim veio a impossibilidade da brigada Estillac levar um ataque para a frente, no dia em que tomastes Formigas."

Em continuação disse-me que fez tudo quanto era possível para uma ligação com a minha coluna, tendo as patrulhas chegado até o córrego seco onde se batia o capitão Mário, e observaram que o inimigo, em dado momento, abandonou as trincheiras que foram ocupadas momentaneamente por aquelas patrulhas, que empenharam todos os esforços para descobrirem-me, sem resultado porque não encontraram a picada pela qual me retirei com o capitão Mário. Entretanto a minha ida a Formigas não foi uma jornada estéril, pois trouxe para o exército revolucionário algumas vantagens de real valor, como por exemplo: a retirada das forças que tomaram posição na retaguarda da brigada Estillac; o completo desbarato do destacamento governista do coronel Varella, composto de 1.200 homens, que, pensando ser atacado, desorganizou-se por si próprio; e a sensível diminuição da pressão na frente de Catanduva para colocar forças nas inúmeras picadas onde o adversário achava possível que eu irrompesse, na ignorância em que estava de que tivesse me retirado ou estivesse avançando para atacá-lo em qualquer outro ponto, aproveitando-me da densidade da mata. Veio também o benefício de saber-se aproximadamente o efetivo do inimigo e suas posições, além do armamento e munição que o destacamento Varella deixou em abandono e que foram recolhidos pelas patrulhas, para não falar dos documentos importantes encontrados no arquivo do mesmo destacamento. Tudo isto, sem contar o arquivo de Formigas, a quantidade de munição, fuzis, duas metralhadoras pesadas, 39 prisioneiros, inclusive dois oficiais, setenta cavalos, muares, e as peças essenciais dos canhões que lá ficaram, assim, inutilizadas, bem como o ter-se a minha coluna se aprovisionado por completo de fardamento e calçado.

Ao anoitecer, reunida a oficialidade, foi, em presença desta, inventariado o arquivo que apreendi em Formigas. Entre outros documentos, encontramos ordens de dia descrevendo os grandes combates corpo a corpo e a tomada de Belarmino, onde soldados governistas em *cerradas cargas de baioneta* entraram pelas ruas, *heroicamente*, apossando-se *de casa por casa*, até a *posse* completa da cidade, e outro *combate terrível* em Campo Mourão com descrições detalhadas de *grandes feitos* e que teve como consequência a *derrota completa da Coluna da Morte e a morte do tenente Cabanas*. Estas ordens do dia eram firmadas pelo general Rondon, que esqueceu-se de que Belarmino é um descampado com um único rancho no centro. Não há ruas nem praças e nem mesmo tem antiguidade ou merecimento para ser promovido à vila. Quanto ao combate, *terrível*, que aí houve, terminou pela retirada calma e em ordem das forças revolucionárias depois de destroçarem por completo o 2º batalhão da polícia paulista que agia sob o comando do tenente-coronel Afro Marcondes de Britto. Em relação a Campo Mourão, lembre-se o leitor do que já escrevi e aí encontrará a verdade. Sobre minha morte, salvo o respeito devido ao ilustre general, sou obrigado, depois de bem considerar o caso, a pôr em dúvida a palavra do distinto comandante em chefe das forças que operavam no Paraná... Morre-se de bala, de enfermidade etc., mas não se morre simplesmente porque alguém tenha vontade que assim aconteça.

No arquivo encontramos um filme no qual se vê um correto e garboso batalhão de caçadores avançando em impetuosa carga de baioneta contra um grupo de jagunços de aspecto miserável, todos nus e armados de piques e de outras armas primitivas. Os caçadores eram do governo e os jagunços... também do governo, mas no filme pertenciam à revolução.

Todo homem tem suas fraquezas... Qual o homem que não deseja aparecer em uma fita de cine? Qual o comandante geral de uma tropa que não deseja filmar os atos heroicos de seus comandados? E depois da exposição da fita, como um *tableau*, aparecer o retrato do General Comandante? Por isso é explicável o fato do sr. general Rondon procurar fazer as suas fitas com o pessoal todo seu.

Às 10 horas da noite, o general Costa deu-me a notícia de que o resto de minha coluna deixada em Piqueri estava sendo atacada pelo inimigo vindo de Campo Mourão, e que o respectivo comandante que ali ficara, o capitão Mário Barbosa, mandara dizer não necessitar de reforços porque estava senhor da situação e não havia perigo de derrota. Pelo mesmo portador que trouxe a comunicação, mandei expor ao capitão Barbosa a conveniência de espalhar boatos de que eu marchava com a "Coluna da Morte" pela picada de Campo Mourão, quando o verdadeiro plano era outro.

Plano para atacar o inimigo em Pouso Alegre – O inimigo ataca Piqueri e é repelido – O general Rondon quase tornou-se meu conivente – A má sorte de Afro Marcondes – Os revolucionários, em número de 22, sendo 18 doentes, ao mando do valoroso major Virgílio dos Santos, repelem uma surpresa do inimigo e o desbaratam completamente – O deputado João Simplício propõe uma conferência ao marechal Isidoro, para acertarem bases de pacificação – Um armistício espontâneo – O capitão Mendonça do Estado Maior do general Almada propõe ao major Tolentino concertarem bases para uma paz honrosa

Sabendo das condições em que se achava o inimigo, ofereci-me ao general Miguel Costa para um novo ataque à retaguarda inimiga, em Pouso Alegre, povoação situada a cinco quilômetros de Formigas para o lado de Guarapuava. O oferecimento foi preliminarmente aceito, devendo porém ser o plano executado em combinação com o general Padilha, comandante da divisão e com quem devia entender-me prévia e pessoalmente; daí a ordem de marcha que recebera minha coluna.

Às 2 horas da tarde, parti para o quartel-general da divisão, em Cascavel, para submeter ao general Padilha o plano já combinado com o general Miguel Costa. Antes da partida formei minha coluna e agradecendo o grande esforço que fez na marcha de ida e volta a Formigas, disse-lhe que em breve estaria de regresso para solicitar mais um sacrifício que, como os anteriores, poderia ser prestado com a mesma abnegação demonstrada desde São Paulo. Oficiais e praças, com o maior entusiasmo possível, declararam estar dispostos a seguirem-me para qualquer parte sem indagarem de boas ou más probabilidades de êxito: que suas vidas pertenciam à revolução e que assim contassem com eles, como bem entendesse!

No mesmo dia cheguei a Cascavel, apresentando-me imediatamente ao general Padilha, a quem, sem mais preâmbulos, expus os motivos que ali me levaram. O general, com a sua reconhecida ponderação, fez ver que o plano era vantajoso e que os resultados poderiam ser satisfatórios se não fora a inconveniência da falta de munição; pois, para sustentar-me em Pouso Alegre, lugar em que nenhum reforço poderia ser dado à coluna, em razão da grande distância, deveria levar comigo pelo menos cinquenta cunhetes de cartuchos, e que ele não poderia, sem grave prejuízo para a divisão, fornecer-me essa munição, mas que meus serviços poderiam ser aproveitados em outro ponto. O inimigo já surgira por duas vezes na retaguarda da brigada Estillac. Assim julgava que eu poderia guardar uma picada vinda das linhas inimigas e que ia sair em Floresta a sete quilômetros sobre a retaguarda da brigada Estillac.

Aceitei as ponderações do general Padilha como ordem e dispus-me a cumpri-la fielmente, dando sem mais demora ciência pelo telefone ao general Costa do resultado da conferência, e pedi-lhe ordenar à minha coluna que 48 horas depois levantasse acampamento e se pusesse em marcha para Floresta, onde eu ia esperá-la.

Entendi dar aos meus soldados aquelas 48 horas de descanso para mais bem dispostos enfrentarem as vicissitudes da nova jornada. Acompanhado de minha ordenança, segui no dia seguinte para Floresta; alojando-me na casa do único morador ali existente, com o propósito de ir estudando o terreno até a chegada da coluna.

A 5, era avisado de que o inimigo, ciente de minha marcha para ponto diferente, tinha atacado vigorosamente a posição de Piqueri, sendo outra vez repelido e obrigado a fixar-se na margem oposta do rio, continuando o capitão Mário Barbosa a dispensar reforços e dando provas de sua tenacidade e valor. Infelizmente esta notícia veio acompanhada de outra bastante contristadora: o tenente Albertino Batista de Campos estava gravemente ferido por bala e sem os cuidados médicos que o seu estado reclamava, pelo que providenciei sua ida para Encarnación, onde mais tarde veio a falecer.

A 6, chegou a coluna, e a 7, o capitão Filó destacou-se com sua companhia para o ponto de convergência das picadas sobre a ala esquerda da brigada Estillac.

Em uma das incursões feitas nas florestas pelas patrulhas, foram encontradas duas praças inimigas, estando uma armada de um fuzil metralhadora. Cercadas e à voz de renderem-se, uma conseguiu escapar-se, caindo a outra prisioneira, que, conduzida à minha presença, contou, entre outras informações, que se meu ataque a Formigas tivesse tardado uma hora mais, o general Rondon teria caído prisioneiro, não acontecendo isto devido ao desarranjo do automóvel em que viajava para a mesma localidade (conforme já referi anteriormente). Concertado o auto, e sabendo o general da tomada de Formigas, deu atrás seguindo até perto de Guarapuava, fixando o seu P. C. em um vagão da estrada de ferro, donde expediu ordens de prisão contra o comandante da praça de Formigas e dr. Nathel Camargo. Destituiu o coronel Varella do comando que exercia e todos por suspeitos de conivência comigo! E por mais uma hora, o general Rondon também seria meu conivente! Contou mais a praça prisioneira que o pavor em Formigas foi tanto na hora do ataque, que muitos oficiais, arrancando as platinas, internavam-se na mata completamente desorientados, deixando seus comandados ao desamparo. Mas, recuperada a calma, longe do campo de ação, alguns desses oficiais informaram em Curitiba, a jornais governistas, que eu com cinquenta praças fôramos mortos no combate de Formigas e lá ficamos enterrados.

A 10, o capitão Filó repeliu dois pequenos ataques por forças inimigas e ainda os perseguiu até às trincheiras. O sr. Afro Marcondes não tinha sorte em suas investidas. A primeira vez, em Belarmino, depois de dois dias seguidos de observações, tal qual um novo Napoleão, avistou, do cimo de uma elevação do terreno, nossas quase desguarnecidas posições na retaguarda, e resolveu atacá-las.

Quatro oficiais, entre eles o nosso camarada Virgílio dos Santos, dezoito praças doentes e cinco cavalarianos repeliram dignamente a *surpresa* do 2º batalhão sob o comando do sr. Afro e ainda conseguiram fazer dezenove prisioneiros, tomar duas metralhadoras e perseguir todo o batalhão debandado até a Serra de Medeiros. O sr. Afro foi caipora mais uma vez. O capitão Paulino, que sempre teve um medo assombroso de bala; o pacífico major Herculano; o taciturno, meditabundo e romântico Shakespeare e o infeliz Afro Marcondes, puseram as mãos na cabeça e foram os primeiros a gritar: "Estamos perdidos!". Esta cena pode ser confirmada por qualquer soldado do 2º batalhão da Força Pública.

Os demais ataques que levaram à retaguarda de Catanduva tiveram o mesmo sucesso. Por tudo isso, o general Rondon resolveu retirar-lhe toda a confiança.

A 13, vinha de Iguaçu um telefonema dizendo terem chegado ali o deputado federal dr. Batista Luzardo e o capitão Travassos. O primeiro, em visita aos revolucionários, e o segundo, a fim de convidar o marechal Isidoro para uma conferência em Paso de Los Libres, República Argentina, com o deputado João Simplício, destinada a assentar as bases de uma pacificação, que pusesse termo à luta em que estávamos empenhados.

O marechal Isidoro, depois de pedir por escrito a opinião de todos os comandantes de unidades sobre o máximo e o mínimo das exigências a apresentar para deposição das armas, e com as necessárias garantias governamentais, seguiu para Posadas a encontrar-se com o deputado Simplício, que de acordo com as palavras do capitão Travassos, vinha em missão do governo da República. Este mais tarde, porém, afirmou oficialmente que o referido deputado agira oficiosamente e por conta própria.

A minha opinião, que por escrito mandei ao Marechal Isidoro, foi textualmente a que aqui transcrevo: "Anistia para os soldados". Queria dizer com isto que decretada anistia geral para as praças de pret, eu acordava em depor as armas e os oficiais fizessem depois o que melhor lhes parecesse, emigrando ou entregando-se a julgamento.

O resultado da conferência e os seus incidentes não cabem ser referidos neste livro. De resto, a divulgação pela imprensa foi tão vasta, que não há no país quem ignore o que houve.

Naqueles dias tive uma grande satisfação; a de conhecer e fazer relações pessoais com o deputado B. Luzardo, ilustre paladino das ideias revolucionárias no Parlamento Nacional. S. Exa. conviveu alguns dias conosco, vivendo a mesma vida rude dos acampamentos, visitando devidamente todas as linhas de frente, animando carinhosamente os soldados, incutindo valor e esperanças aos mais abatidos e elogiando os oficiais pela disciplina que encontrou na tropa, a boa organização desta e de todos os serviços auxiliares. Não ocultou o deputado Luzardo a sua admiração ante a habilidade e mesmo inteligência dos nossos mecânicos, que com a maior perfeição possível fabricavam peças de armamentos com uma justeza e precisão dignas dos grandes arsenais nacionais ou europeus. A admiração de S. Exa. subiu de ponto quando visitou o vapor *Assis Brasil*, construído pelos revolucionários, sem excetuar as próprias máquinas até as menores minúcias e que garbosamente sulcava as águas do Paraná, arvorando o nosso rubro pavilhão.

O nome de S. Exa. está gravado indelevelmente no coração de todos os nossos companheiros de luta e as saudades que deixou nos acampamentos, quando regressou ao Rio de Janeiro, não podiam ter maior intensidade.

No dia 20, apareceu nas trincheiras de Centenário um bilhete do punho do major Mello, comandante do 2º B. C., exortando as praças a se passarem com a promessa de serem perdoadas. Sob uma alacridade digna de nota, a soldadesca se reunia em pequenos grupos que se encarregavam de responder ao convite. Diversas foram as respostas enviadas ao major Mello, mas todas pediam notícias dos seiscentos marinheiros que S. S. anistiou com fuzilamento a bordo do Satélite por ocasião da revolta João Cândido. Alguns que acreditavam na imortalidade da alma ou na existência errante dos espíritos pelo espaço escreveram que os fantasmas iam puxar-lhe os pés à noite, na barraca.

À tarde, chegaram comunicações de que a coluna rio-grandense, sob o comando do valoroso Luís Carlos Prestes, alcançara Barracão, no estado de Santa Catarina, fazendo junção com as nossas forças que ali operavam sob o comando do coronel Fidencio de Mello.

O Estado Maior General ligava-se a Barracão por uma picada de noventa quilômetros, aberta após três dias de trabalho por uma turma dirigida pelo tenente Gastão Maitre Pinheiro de minha coluna, orientado pelo coronel Fidêncio. A abertura dessa picada foi determinada para levar-se a guerra ao Contestado e para, no caso de não vingar essa ideia, dar passo à coluna do coronel Prestes.

Ao anoitecer desse mesmo dia, o círculo de oficiais era alegrado com a presença do destemido e leal companheiro Juarez Távora, que regressava do Rio Grande via Argentina-Paraguai. Vinha abatido pelos três meses de privações em terra estrangeira, onde as chancelarias e consulados brasileiros coniventes com autoridades pouco hospitaleiras davam-lhe caça a fim de impedir que chegasse a Iguaçu. Távora foi obrigado certa vez a vender parte de sua própria roupa para obter alimentação.

Há dias reinava silêncio nas nossas linhas e nas do inimigo. Nenhum tiro se ouvia. A natureza do tiroteio era agora diversa. Entretinham-se em trocar chistes de parte a parte, pois a distância de trincheira a trincheira o permitia. Os convites para aderir à causa de cada um eram mútuos.

De nossa parte não se fazia fogo porque havia ordens severas de economizar munição em vista de sua escassez; e da parte do inimigo pareceu não haver o desejo de provocação. Assim estavam as coisas, quando, ao amanhecer do dia 24 de fevereiro, as nossas trincheiras foram invadidas por numeroso grupo de praças governistas, desarmadas e dando os mais inequívocos sinais de confraternidade que se estabeleceu imediatamente em toda a linha de Catanduva, reinando entre a soldadesca a maior alegria. Ruidosamente e aos grupos, começaram as visitas aos acampamentos de ambas as partes e as refeições em comum, acompanhadas do fornecimento de guloseimas de um lado para outro. O exemplo das praças foi seguido pelos oficiais subalternos que, aproveitando-se daquela trégua, se abraçavam rememorando fatos.

Ninguém sabia explicar o motivo que determinara esse armistício sem prévia combinação, e os comandantes de unidades, surpreendidos, não sabiam que resolução tomar no meio daquela ruidosa manifestação de paz que durou catorze horas, ocasião em que vieram às nossas trincheiras os oficiais superiores do inimigo para pôr termo a esses fatos, combinando com os nossos companheiros a remessa dos soldados para as trincheiras respectivas, isto sob palavra de honra mútua de não ser aproveitada a ocasião para efetuar prisões. Começou a troca dos alegres pacifistas, dando-se esta por terminada duas horas depois, quando avisado vim da minha posição de Floresta para Catanduva.

Ao chegar, soube que o inimigo, faltando com a palavra dada, aprisionara um oficial e oito soldados revolucionários, e como dentro de nossas trincheiras ainda existiam seis oficiais governistas fazendo as últimas despedidas e promessas de intervirem para que os prisioneiros fossem postos em liberdade, resolvi cortar o mal pela raiz e, assumindo a responsabilidade do meu ato, prendi os referidos oficiais mandando-os escoltados para o P. C. do coronel Estillac.

Nesse ínterim, o capitão Mendonça, do Estado Maior do general Almada, avançou até a zona neutra pedindo uma conferência com o comandante do setor. Atendido, para lá seguiram o tenente-coronel Mendes

Teixeira, chefe do Estado Maior, e o major Tolentino de Freitas, que ouviram a explicação de que no momento os nove prisioneiros não podiam ser postos em liberdade porque se achavam longe, no P. C. do coronel Mariante, e que se nós puséssemos em liberdade os oficiais (que prendi), ele, Mendonça, se comprometia a entregar os nossos companheiros no dia seguinte pela manhã, ao que respondeu o tenente-coronel Mendes Teixeira não ser possível soltar os oficiais, senão no momento da entrega dos nossos, ficando afinal combinado a troca para o outro dia.

Findo o assunto sobre prisioneiros, entrou o capitão Mendonça a fazer considerações sobre a inconveniência de uma luta entre irmãos e apelava para os camaradas presentes a fim de concertarem ali mesmo um tratado de paz,[1] a que o major Tolentino não anuiu, por tratar-se de assunto fora de sua competência, declarando mais que para combinar bases de paz era preciso autorização escrita do general Rondon em nome do governo da República. Depois o capitão Mendonça se entenderia com o delegado especial que fosse nomeado pelos revolucionários.

Assim terminou a conferência, retirando-se o capitão com a promessa de trazer oportunamente os prisioneiros e os poderes necessários para estabelecerem as preliminares da paz.

No dia seguinte pela manhã, depois dos avisos usuais, se aproximou da zona neutra o capitão Mendonça, sendo recebido outra vez pelo mesmo major Tolentino, que ficou inteirado da recusa que faziam os governistas, por entre evasivas, de restituírem o oficial e as praças que lá se achavam detidas; e... sobre as credenciais para tratar-se das preliminares da paz, nem referências...

Natural era que também ficassem detidos em nosso poder os oficiais por mim aprisionados. Ciente dessa resolução replicou o capitão Mendonça:

– Podem ficar com os seis oficiais, porque nós saímos lucrando na troca; para vocês, a falta de nove combatentes é muito mais sensível do que para nós a falta de seis tenentes comissionados.

E com esta terminou a conferência, e também o original armistício, ninguém sabendo até hoje quais os motivos que o determinaram e quem o iniciou.

---

1 Mais bem informados podemos agora dizer que não houve proposta de paz, apenas considerações relativas à luta entre irmãos.

Durante a conferência, o capitão Mendonça, referindo-se à minha pessoa, proferiu algumas frases pouco atenciosas e mostrou-se admirado de que oficiais do exército tivessem a seu lado na luta em que se empenhavam um tenente de polícia, que além dessa *inferioridade* de condição possuía maus instintos provados, como o degolamento de vários soldados governistas, cujos cadáveres foram encontrados em Formigas.

O parlamentar, *ex-ofício*, esqueceu-se de que se não fossem as forças policiais governistas, o exército talvez nunca pudesse chegar a Catanduva e que forças de polícia dos Estados escoltavam disfarçadamente em marcha ou em combate oficiais do exército por suspeitos. Os policiais e civis governistas não podiam admitir que fossem sinceros e leais, em combate, aqueles que desde 1922 se haviam comprometido à revolução. É certo que nem todos eram suspeitos. Há exceções honrosíssimas.

O fato de aparecerem soldados degolados em Formigas foi ocasionado pela natureza violenta do ataque a arma branca no momento em que os defensores da praça, passada a primeira surpresa, se reorganizavam dificultando seriamente a minha situação. E propriamente não houve degolamento. Houve golpes de facão mais ou menos profundos, desferidos no acesso da luta.

Tais fatos um comandante jamais pode evitar, pois é sabido que os soldados, no momento do entrevero, defendem-se como podem. Na intenção de anular seu adversário, não dispõem, no momento crítico, da calma necessária para escolherem o meio mais humano para eliminarem o inimigo. Foi o que sucedeu em Formigas de parte a parte. Muitos atacantes jaziam no campo de ação com o pescoço quase decepado e eu não me atreverei a chamar o comandante dos atacados de degolador porque bem sei que a ele não cabe culpa nos horríveis ferimentos que abriram a garganta dos quatro soldados de minha coluna que lá ficaram enterrados.

Desejava que me dissesse o capitão Alcides Mendonça Lima Filho como qualificar o procedimento do oficial governista que consentiu que Catanduva, que alguns facínoras, vestindo o uniforme do exército brasileiro de tão honrosas tradições, se apossassem de um sargento revolucionário, Manoel d'Oliveira, e depois de fazê-lo prisioneiro, o castrassem, cortassem-lhe as orelhas e em seguida o abandonassem nesse estado, até que a vida se lhe esvaísse com a última gota de sangue!...

Desejava também que me dissesse o capitão Mendonça como qualificar o procedimento do oficial ou oficiais governistas, da coluna Péricles, que consentiram nas margens mato-grossenses que alguns facínoras vestindo o uniforme do exército brasileiro, ao mando dos célebres bandidos Antonio Gomes e Quincas Nogueira, assassinassem fria e barbaramente o conhecido *sportman* Dudu e o seu não menos infeliz ordenança.

Dudu, em companhia do valente companheiro Adriano Metello Júnior e seus ordenanças, ao irem levar uma comunicação ao Estado Maior revolucionário, em uma lancha, rio acima, foram atraídos a uma cilada e depois, presos. Dudu e as praças sofreram requintes de barbaridades, seus corpos foram queimados com gasolina quando ainda não davam os últimos suspiros. O tenente Metello Júnior salvou-se pela feliz coincidência de ter encontrado, naquele momento, na coluna governista um amigo íntimo, que intercedeu para salvar-lhe a vida. Entretanto, os sofrimentos morais que padeceu ali no acampamento, durante sua prisão, amarrado a uma árvore, quase que não compensaram o interesse do amigo.

O filho de Antônio Gomes, de 12 anos de idade, justificando a lei do atavismo e precoce já na ferocidade criminosa, tentou por várias vezes, olhos injetados de sangue, fremindo de desejos bárbaros, com uma faca que afiava constantemente diante do prisioneiro, assassiná-lo.

O sr. capitão Mendonça não deve ignorar a ordem dada pelo general Nepomuceno Costa em Mato Grosso aos seus comandados, quando partiam para a linha de frente: "não poupem prisioneiros!". Esta ordem foi por mim conhecida em virtude de confissão feita pelo sr. tenente-coronel Avelino Nogueira ao prisioneiro Metello Júnior.

Também não deve ignorar o sr. capitão Mendonça como foram assassinados os expedicionários a Três Lagoas. Os autores desse crime se jactavam mais tarde com as seguintes frases: "Eu matei uma porção que levantavam as mãos. Eu só dizia: *Não aceito, não tem disso!*".

O comissionado Assunção foi o mais bárbaro e o mais criminoso. Entretanto ele hoje comanda o forte de Paranaguá!...

O que mais estranhei, no entanto, foi esse general do exército não se interessar pela parte militar da campanha de Mato Grosso, entregando-a a um veterinário do exército, destacado na frente como seu representante!...

Ocupou-se esse general, exclusivamente, em torturar e assassinar presos; obrigando-os a serviços forçados, nas construções do campo de aviação, encanamentos de esgotos, na plataforma de descarga dos trens, nos quartéis em Campo Grande.

Muitos dos presos políticos, não habituados a esses serviços, faleceram ou se inutilizaram em consequência de trabalhos excessivos e de maus tratos.

Grande parte desses atos eram insinuados por um tal Antero de Barros, indivíduo vingativo, que exercia simultaneamente as funções de Delegado Militar, mentor espiritual daquele general e talvez a de sócio de *indústrias nepomucênicas*. Felizmente, o sr. Nepomuceno já foi substituído pelo general Malan, que sendo um homem inteligente e honesto, soube-se manter acima dessas baixezas, e conquistar assim a simpatia do povo mato-grossense.

Que nos diz a tudo isto o sr. capitão Mendonça?

Isso ainda não constitui a vigésima parte das barbaridades cometidas por esses *defensores da legalidade*. Já que estou com a pena na mão, não posso deixar de descortinar aos olhos do povo brasileiro mais alguns atos cometidos por esses heróis.

Os nossos companheiros que caíram mais tarde prisioneiros em Catanduva, depois de serem obrigados a assistir com os governistas a uma missa em ação de graças – baseada não sem em que princípio cristão de que Deus abençoa os vencedores –, tiveram que fazer uma rude caminhada até Guarapuava nas mesmas condições em que se entregaram; nus, doentes e estropiados, conforme atestam os jornais e revistas daquela época.

Ao chegarem em São Paulo, em idêntico estado, foram recebidos brutalmente pela escolta que já os esperava na estação da Luz sob o comando do tenente Napoleão, da Força Pública. O *herói* que com seu destacamento em Araraquara debandou apavorado quando desta cidade se aproximaram algumas insignificantes patrulhas enviadas por mim; o mesmo *herói* que quando escoltava preso o nosso companheiro Mário Guimarães de Rio Preto para Araraquara, sem saber como, descuidou-se e *não viu* a fuga desse revolucionário. O delegado de polícia que agia com esse *herói* foi demitido, segundo os jornais, por suspeitas de suborno... O tenente não sofreu punição alguma... não sei por quê... Naturalmente porque aí soube *conscienciosamente*... defender a legalidade! O tenente Napoleão, na sua nova missão de guardião de prisioneiros na estação da Luz, mostrou mais ardor e mais severidade que em Rio Preto...

Os prisioneiros na Cadeia padeceram mesquinhos vexames iguais aos sofridos pelos companheiros que lá já estavam há muito tempo.

O sr. Pedro Dias de Campos, por exemplo, um dia receoso de ser esquecido, baixou de sua alta posição de Comandante Geral da Força Pública de São Paulo para ir pessoalmente às prisões do Estado, maltratar oficiais e praças, privando-as até de vestirem os seus uniformes, quando a Justiça do nosso país ainda não tinha, na sua alta sabedoria, dado o seu veredito!

Ainda mais, permitiu que seus camaradas fossem encarcerados nas células a pão e água, como os oficiais Ary Cruz, Arlindo d'Oliveira e outros, de onde saíram para outras prisões sem poderem caminhar de tão reumáticos e debilitados que estavam!

Se alguém tivesse narrado a verdade, ao governo, do papel que o sr. Pedro Dias de Campos desempenhou junto às forças governistas nos dias tristes de julho em 1924, este oficial não teria, jamais, visto a possibilidade de conquistar outro galão e ir maltratar indefesos prisioneiros.

Quanto aos conhecimentos militares desse oficial, de nada lhe valeram as suas visitas aos quartéis de Alemanha e França. O sr. Pedro Dias de Campos, que sempre aparece nas fotografias das revistas e jornais em primeiro plano e olhando fixamente como que receoso de não ser apanhado pela objetiva e querendo sempre imitar um prussiano, é bastante conhecido na Força Pública de São Paulo pela sua diminuta capacidade militar, tantas vezes fracassada; quer como comandante de unidade, quer como organizador, e quer como professor de tática, que por diversas vezes pretendeu ser no Curso Especial para o que se ofereceu mui imodestamente.

Suas conferências terminavam sempre por serem uma série completa de frases retumbantes, sem lógica militar, sem senso e incompreensíveis. Assim demonstrou sua *capacidade* como organizador, administrador e comandante durante a greve dos operários em 1917 e com a célebre questão das arruaças contra os alemães, concentrando os soldados da Polícia em diversos pontos estratégicos, de tal forma original que estes ficaram em poucas horas sem comando e passando fome; aí o seu comandante, perdendo a cabeça, não soube mais onde os tinha colocado, fazendo uma confusão extraordinária, "trocando alhos por bugalhos", a ponto de armas e soldados de uma unidade irem parar e constar nas relações de outras unidades, e muitos passarem como mortos, feridos, ausentes, desertores, extraviados etc. Agora, em 1924, reproduziu os mesmos casos com mais gravidade. Deixou os destacamentos do interior acéfalos e sem ordens. Estes na sua maioria sem orientação fugiram ou aderiram à revolução; enviou forças a Santo Amaro para nos atacar sem nenhuma ligação, o que ocasionou o sacrifício delas; ordenou ao tenente Pischer que resistisse no 4º batalhão, sabendo que este oficial estava envolvido, deixando de enviar-lhe reforços e munição; o mesmo aconteceu mandando o major Salgado para a Usina Elétrica do Pari, sem ligação nenhuma, obrigando desta forma que esses dois valorosos oficiais se rendessem por falta de recursos; e, finalmente, querendo imitar o sr. Dilermando, ajudou a organizar a fuga desastrosa, na noite do dia 8 para 9, das forças governistas, pelas ruas da Glória e Lavapés, abandonando fuzis e metralhadoras que nos deram um penoso trabalho para conduzir aos quartéis.

Por estas e outras habilidades de *grande militar*, foi elevado ao posto de Comandante Geral da Força Pública do Estado de São Paulo, a fim de que aproveitasse a oportunidade de honrar seu posto, indo maltratar seus camaradas de farda, agora prisioneiros nas cadeias à disposição da Justiça, que com esses atos foi desrespeitada!

Inatividade das forças combatentes – Situação angustiosa – A disposição das forças revolucionárias para levar um ataque simultâneo às diversas avançadas inimigas – A "Coluna da Morte" em emboscada, dentro da mata, surpreende o inimigo – O ataque do inimigo – O "21" perturbado pelo explodir das granadas – Calma do banqueiro – Chegada de mais três generais governistas – A presença do general Coutinho reacende o ânimo das tropas do general Rondon, que não se julga melindrado

A inércia em que estavam as forças, há muito tempo, diante de um inimigo que não se resolvia a mover-se e nem a dar um só tiro, mantendo-se em pacífica defensiva e sem que aos revolucionários fosse permitida a iniciativa de um ataque por falta de munição, tornou a situação intolerável e cheia de apreensões. Essa inatividade mais se acentuava com a notícia de que o marechal Isidoro e deputado João Simplício discutiam, em Monte Caseros, as bases de uma pacificação honrosa.

Entretanto mais precário se apresentava o estado geral de nossas tropas.

Privações de toda natureza, falta de alimentos, fumo, de roupas, calçados e os mais simples e usuais medicamentos.

Os soldados, atacados por moléstias, aliás comuns às trincheiras, como a disenteria e a sarna, para as quais não encontravam alívio.

A fome era saciada, aos poucos, por milho cozido ou assado, palmito e às vezes por brotos de taquarassú.

E coroando a situação moral indecisa, como para aumentar a aflição ao débil organismo físico, se desenvolviam em grande quantidade: o carrapato, o bicho de pé, a muquirana, os mosquitos e mutucas!

Com o coração oprimido, assistia a oficialidade o desânimo nas trincheiras e a melancolia que se estampava no rosto de cada um de seus defensores. O pranto e a tristeza têm as mesmas propriedades contagiosas que o riso e o entusiasmo. Naquele momento angustioso a oficialidade sofria também do mesmo mal-estar, do mesmo abatimento físico e moral que envolvia as nossas forças.

Percebia-se claramente que se o exército continuasse na completa paralisação em que estava, o resultado seria o seu aniquilamento. Urgia que o moral da tropa fosse levantado; que se modificasse aquela grave situação. Isso era um problema que a todos preocupava. Concorrendo para resolvê-lo, propus ao Estado Maior uma ofensiva geral por pequenos destacamentos de modo a dar-se um ataque simultâneo, abrangendo todo o semicírculo formado pelas linhas inimigas, levando ao ânimo do comandante destas a impressão de um envolvimento completo. Ora, se o adversário recuasse, seria levado até Ponta Grossa e, se resistisse, seria uma vibração proveitosa impressa às nossas forças. No primeiro caso despontaria o entusiasmo pela esperança da vitória, e no segundo, o despertar de uma perigosa inação. Continuar naquela atitude pacífica e sonolenta era o que de modo algum nos convinha.

O plano da ofensiva com seus detalhes foi aprovado pela oficialidade e aceito pelo Estado Maior General. Tratou-se logo de pô-lo em execução, distribuindo-se forças e comandos pela maneira seguinte: na frente, em Catanduva, o coronel Estillac com sua brigada de artilharia; nos flancos de Catanduva, à direita do inimigo, o capitão Filó com uma companhia de guerra; na esquerda, a cavalaria da brigada Estillac; na picada Centenário, o major Virgílio dos Santos, com uma companhia de infantaria; na picada denominada Cabanas[2] o tenente Hermínio com quarenta homens; na picada Sítio, eu com o resto de minha coluna.

Assim dispostas as forças, a ordem era atacar impetuosamente a linha inimiga logo que a artilharia do coronel Estillac rompesse o bombardeio. Se as linhas inimigas cedessem terreno, os atacantes, levando-as pela frente, pelos diversos caminhos que se abriram adiante, iriam eles concentrar-se em Formigas; e, nesta localidade, de acordo com as circunstâncias que o momento determinasse, dar-se-ia à tropa outra organização, mesmo porque a esse tempo já as forças do coronel Prestes estariam em contato com as nossas.

Por outro lado, na hipótese já formulada do inimigo não ceder terreno, deviam todas as unidades entrincheirar-se nos pontos conquistados, atirando espaçadamente e com precisão de modo a não malbaratar munição. A tropa permaneceria, assim, em atividade até ulterior resolução.

Isto posto, às 5 horas da manhã de 26 de fevereiro, foi dada a ordem de marcha geral, exceto para o grosso da brigada Estillac que já estava em posição. Todas as unidades e destacamentos puseram-se em movimento.

Depois fui avançando cautelosamente com uma patrulha oculta pelo matagal. Descobri que o adversário mantinha-se sem cuidado e sem vigilância, com seus soldados perambulando fora das trincheiras.

Com a maior segurança, fiz avançar a vanguarda para cair de surpresa dentro das trincheiras inimigas. Já considerava a posição tomada, quando um cão (duas vezes cão), sentinela inconsciente daqueles homens, deu o sinal de alarme, levando ao ânimo do comandante a desconfiança de que um perigo qualquer se pronunciava e fez incontinente sair uma patrulha para verificar o motivo do latido do maldito.

Estávamos tão próximos que ouvíamos e víamos tudo como vou relatando. Parece que a patrulha saiu de mau humor. Talvez considerasse intempestiva a ordem de seu comandante, porque o ladrar de um cão naquelas matas era coisa muito comum. Os soldados da patrulha avançaram, tomando, porém, precauções ao entrar na mata cerrada pela natural desconfiança que ela sempre inspira, mesmo em tempo de paz. Recomendei à minha gente o máximo silêncio e esperei a patrulha emboscado no mato, tal como

---

2 Este nome ficou por ter sido a que construí para ir à Formigas.

a fera espreita a vítima... O homem na guerra adquire instintos ferozes e seu maior prazer é matar o seu semelhante. E requinta essa ferocidade quando surpreende o inimigo. Se na sua surpresa faz tombar muitas vítimas, então ri e zombeteia. Não há religião que tenha força suficiente e bastante para deter o homem no declive de suas inclinações perversas. Em tempo de paz é um mascarado. Em tempo de guerra *arranca a máscara da face* e apresenta-se tal qual é: inimigo de seus semelhantes, feroz no extermínio, até de seus próprios amigos e irmãos.

Assim é que, escravos da fraqueza ou da contingência humana, esperei o momento em que o inimigo transpusesse o ponto onde estava preparada a emboscada. Cortaria depois a retaguarda e não me escaparia um só homem...

Tudo estava disposto para obter uma vitória completa. Porém nem tudo é como se pensa e se deseja. Infelizmente um soldado de minha coluna, não podendo conter sua nervosidade, dispara um tiro. Mata um dos patrulheiros, e os restantes destes, em rápida meia volta, foram, como flechas, cair nos seus entrincheiramentos. E como estivessem em alarme os seus companheiros, abriram cerradas descargas de fuzis e metralhadoras em todas as direções, varrendo a mataria. O resto de minha coluna avança contorcendo-se pelo solo, e todos convenientemente abrigados e estendidos em atiradores dentro da floresta, respondem ao fogo com a moderação de quem não dispõe de munição suficiente. Após algumas horas de fogo, tentei um desbordamento que não teve sucesso porque a linha de trincheiras inimiga abrangia mais de um quilômetro, extensão que devia percorrer abrindo picadas que o momento não permitia. Entretanto não cedi por minha vez um palmo de terreno sequer mantendo-me onde estava até o dia 28, cumprindo deste modo a ordem de fazer ato de presença e pôr a tropa em atividade.

Justo é que se diga que a nossa situação era precária porque tudo nos faltava. Cada distribuição de milho cozido (nossa alimentação habitual) marcava um ato de heroísmo para os distribuidores de rancho.

Nesse mesmo dia, ansioso por falta de notícias e apreensivo por não ter ouvido até então um só tiro de artilharia, chega finalmente um próprio trazendo uma carta do major Coriolano d'Almeida Júnior, dizendo-me que tomasse cuidado no avançamento, porque o plano tinha falhado em todos os pontos.

Vendo a inutilidade do sacrifício que estava fazendo para desalojar o inimigo entrincheirado na minha frente, formei a tropa e me recolhi novamente à Floresta, indo depois pessoalmente ao quartel-general, em Salto, saber o que se havia passado, isto é; a razão pela qual falhou a combinação do ataque geral às linhas inimigas. Uma vez em Salto, fui informado do seguinte:

Que a cavalaria, sob o comando do tenente D. Loyola, tomou após dois assaltos a posição que lhe fora indicada, e logo depois caiu em poder do adversário em um contra-ataque com forças muitíssimos superiores; que o capitão Filó, depois de um brilhante ataque, colocou-se em um terreno tão ingrato, que não lhe permitiu sustentar-se nessa posição devido ao cruzamento de fogos que convergiam sobre a sua tropa, sendo obrigado a recuar; que na picada Cabanas, o tenente Hermínio depois de uma marcha de três léguas, resolveu retirar-se ao seu acampamento sem dar combate; que o major Virgílio, tendo avançado quase duas léguas na picada Centenário, foi sair em uma emboscada preparada pelo major Mello, com forças dez vezes superiores e da qual livrou-se por um pitoresco estratagema, sendo obrigado a voltar à sua primitiva posição, trazendo três prisioneiros. Quanto à falta do bombardeio na frente de Catanduva, não encontrei quem se dignasse explicá-la.

Como se vê, voltaram todos às suas posições anteriores; de modo que mesmo a parte do plano que consistia em fazer ato de presença em frente a toda linha inimiga, não foi realizada. Enfim, com as marchas, recuos e pequenos tiroteios, proporcionou-se um *divertimento* à tropa. Quebrando-se a monotonia que empolgava os acampamentos e voltamos outra vez à mesma enervante inatividade.

Entretanto dois meses mais tarde o inimigo executava o mesmo plano com pleno sucesso.

A 6 de março, fugiram de Depósito Central, iludindo a vigilância do capitão Aníbal Brayner, os seis tenentes prisioneiros, por ocasião do original armistício de Catanduva. Esses oficiais, para chegaram às linhas governistas, cometeram um verdadeiro ato de heroísmo, porque heroísmo é afrontar as dificuldades que se antolhavam e que eram bem nossas conhecidas. Internaram-se na mata bruta sem caminhos, sofrendo toda sorte de privações, fugindo das patrulhas perseguidoras e das sentinelas, desarmados e arriscando a vida a todo momento. A fuga desses homens foi de funestas consequências para os revolucionários, porque aos fugitivos deve o Estado Maior inimigo as informações que obteve de nossas precárias condições, falta de munição e escassez de alimentos, além da informação exata do número de combatentes que possuíamos e como estávamos distribuídos.

No dia 9, o inimigo senhor da nossa situação rompeu hostilidades fazendo avançar a infantaria em ataques a vários pontos da linha e bombardeando as posições principais, não conseguindo porém tomar uma só trincheira.

Três dias levou o inimigo bombardeando as posições de Catanduva, empregando toda a artilharia de que dispunha atirando sem cessar, sem descanso de uma hora sequer e as granadas sobre as trincheiras caíam de forma infernal. As que não explodiam eram recolhidas pelos soldados, que chegaram a formar uma pilha de mais de quatrocentos daqueles projéteis de vários calibres.

O referido bombardeio, em vez de abater os nossos soldados, serviu, pelo contrário, para reanimá-los, despertando-os da apatia em que antes viviam. Cenas as mais pitorescas sucediam-se a todo momento, das quais destaco as seguintes:

Um grupo de praças jogava o "21" e no instante em que mais interessados estavam no jogo, explodiu junto ao grupo uma granada derrubando alguns jogadores e cobrindo de terra a improvisada mesa. Passado o natural atordoamento, um cabo apossa-se do dinheiro que estava a um lado. Os parceiros protestam e ele, com toda a calma, tira a camada térrea que cobria o baralho e a prova que com a figura da *bocca* havia *batido* 21 *real*, pois a queda que levou e o susto não lhe fizeram abandonar as cartas que tinha na mão; isto passou-se debaixo do bombardeio que continuava e do sibilar das balas de infantaria.

No fundo de uma trincheira guarnecida por um soldado e um tenente, (atirador e sentinela ao mesmo tempo), cai uma granada 75 e explode embaixo do estrado que servia de apoio ao soldado, que foi jogado de bruços a dois metros de distância, de onde rápido se levanta e, apanhando o fuzil que lhe escapara da mão, volta ao ponto de onde foi projetado e diz:

– *Discurpe* seu tenente, essa *peste* me fez abandonar o posto.

E assim passaram-se os três dias, dando os majores Tolentino de Freitas e Nelson de Mello, comandantes da frente, o exemplo da maior calma e coragem que tenho presenciado, andando eles placidamente de trincheira em trincheira, a descoberto, sob o sibilar das balas como se estivessem gozando as delícias de um passeio ameno e confortável.

De uma feita, almoçávamos ao ar livre junto à barraca do major Nelson e as balas de artilharia começaram a cair em volta da mesa, trazendo o desassossego aos comensais. Em dado momento, explodiu uma granada tão perto que, temerosos de estarmos sendo alvejados diretamente, nos levantamos todos, exceto o major Nelson, que com um gesto nos convidou a sentarmos dizendo:

– Continuem a comer; as granadas estão rebentando em toda parte e se tiver de matar alguém, tanto faz estar aqui como ali; o perigo é o mesmo.

E o almoço continuou, sob as sonoras gargalhadas do coronel Estillac Leal, que assim festejava o incidente ou a resolução de cada um de não ser o primeiro a levantar-se, embora fazendo das tripas coração. Felizmente nenhum acidente nos sucedeu; e não fora o próprio major Nelson ter dado por terminado o almoço, levantando-se em primeiro lugar, e este continuaria, pois que ninguém ousava abandonar a mesa pelo receio de ser alvo das gostosas gargalhadas do coronel.

Esquecia-me de dizer que o almoço foi oferecido em honra da chegada à coluna inimiga de mais três oficiais generais.

Realmente, para um exército onde um tenente-coronel, dois majores, dois capitães e duas dezenas de tenentes, em volta da figura simpática e veneranda de um general reformado, fizeram mover contra si dezessete generais da República, era uma honra digna de festejar a chegada de mais três na linha da frente, completando uma vintena. Era uma integral mobilização de generais, sendo o número destes quase superior aos dos primeiros tenentes da revolução. O governo lançou contra cada tenente um general, estabelecendo a equivalência de postos entre tenentes revolucionários e generais governistas. Talvez baseado nessa equivalência é que um soldado gaiato, depois do almoço acima referido, dirigiu-se a mim dizendo: "*senhor general*, dá licença, que eu vá ao mato".

O certo é que o número é um grande fator na guerra e não há nada para estimular tanto uma coluna que enfrenta um grupo de rebeldes, do que a proporção de 4 por 1, a começar dos generais e a terminar nos soldados. Assim era em Catanduva. O governo tinha quatro vezes mais forças que nós. A chegada de reforço de três generais mudou a situação. Novos planos foram concertados pelo inimigo. A operosidade e a tática do general Otávio de Azevedo Coutinho vieram trazer aos revolucionários a convicção que no outro lado havia homem ao leme e que dali por diante a nossa situação iria piorar, como sucedeu.

Nas trincheiras adversárias tão próximas que se ouviam as conversas travadas em voz alta, apagou-se como por encanto o nome do comandante em chefe, para surgir como um facho de esperança o do general Coutinho, que infundiu na soldadesca uma alegria e uma confiança sem limites. Parece que com o novo general chegara a vitória, tal o comandante da tropa. Apesar dessa demonstração de força, o general Rondon ainda continuou com o comando em chefe...

O BOMBARDEIRO DO INIMIGO – ASSUME O COMANDO PROVISÓRIO DA "COLUNA DA MORTE" O INTRÉPIDO E PRESTIMOSO COMPANHEIRO, MAJOR JUAREZ TÁVORA – DE REGRESSO DE IGUAÇU, E EM DEPÓSITO CENTRAL, RECEBI A DOLOROSA NOTÍCIA DA QUEDA DE CATANDUVA – REASSUMO O COMANDO DA "COLUNA DA MORTE" – CONSEGUEM ESCAPAR DE CATANDUVA O CORONEL ESTILLAC LEAL E O CAPITÃO FILINTO MÜLLER

Passados os três dias de intenso bombardeio, o inimigo reconheceu a inutilidade da artilharia grossa contra a posição em que estávamos, e nos concedeu tréguas por alguns dias.

Sabendo que os meus serviços de comandante em Floresta podiam ser dispensados momentaneamente, resolvi solicitar ao general Miguel Costa permissão para ir à Iguaçu. Conseguida essa licença, levava também a incumbência de providenciar fornecimento de fumo às trincheiras, artigo que muito mais do que os gêneros alimentícios fazia falta aos soldados. Desejava também trazer certa quantidade de enxofre que sabia existir escondido nas proximidades daquela localidade, a fim de aliviar os oficiais e praças do flagelo da sarna que nas fileiras lavrava de uma maneira desesperadora.

Aprovada minha resolução de suprir aos defensores de Catanduva as duas faltas, segui para Iguaçu no dia 27 de março de madrugada, sendo por ordem superior substituído inteiramente no comando da "Coluna da Morte" pelo bravo coronel Juarez Távora, a quem, conforme as combinações feitas com o general Miguel Costa, foram dadas instruções para a defesa do setor de Floresta, tomando-se em consideração o terreno e a quantidade reduzida de munição que não passava de oito cunhetes, bem assim as recomendações de como devia conduzir-se em relação às emboscadas que eu de antemão havia preparado.

À noite do mesmo dia da partida, cheguei a Iguaçu e no dia seguinte pela manhã, varejando casas e depósitos, arrecadei quatro rolos de fumo em corda e apossei-me de uma saca de enxofre que retirei dentre muitas escondidas em um rancho situado na mata.

A 28, de tarde, empreendi a viagem de regresso conduzindo em meu automóvel o fumo e o enxofre. Pernoitei em Depósito Central, local onde se acumulavam cento e tantos doentes, na maioria feridos em combates e passei a noite animando-os e curando-lhes a sarna que era, enfim, do que mais se queixavam.

No dia seguinte continuei novamente a viagem e a dois quilômetros mais ou menos de Depósito Central, encontrei um auto que vinha em sentido contrário e que parou ao aproximar-se do meu. Tratava-se do general Padilha, coronel Mendes Teixeira e major Guayer que, segundo me declararam eles, iam para Iguaçu, a fim de colocar ali o P. C. da Divisão. Ante o meu espanto, informou o general:

– Catanduva rendeu-se:

E a oficialidade? O Estillac, Nelson, Tolentino...

– Entregaram-se, meu filho.

– E a minha coluna?

– A sua coluna continua combatendo sob o comando do Távora.

A notícia assim recebida no meio da estrada era surpreendente e desoladora. Quase que sem despedir-me, mandei que o chofer tocasse a toda velocidade para Floresta; queria salvar a "Coluna da Morte" e levá-la para Iguaçu. Logo adiante esgotou-se a gasolina e eu, aproveitando-me de um cavalo que encontrei, galopei o resto da viagem parando um momento no P. C. do general Miguel Costa, que estava atendendo a um emissário do coronel inimigo Mariante e que trouxe uma intimação para que o resto das forças revolucionárias se entregasse dentro de uma hora. A resposta do general Costa era de que ninguém mais se renderia, levando a luta até à morte. Essa resposta foi dada depois de consulta prévia a todos os oficiais presentes, em cujo número eu me contava. Continuei a viagem e, a galope, até que o animal, vencido pelo cansaço, caiu, me arrastando na queda. Estava a uns quinhentos metros de Floresta, para onde havia recuado e se localizado a minha coluna, sempre dirigida pelo seu comandante interino, depois de haver bravamente rompido o cerco que lhe fez o adversário.

Apenas me tinha levantado do solo, me informou o coronel Távora que a coluna resistiu heroicamente aos combates que recebera, lutando dois dias sob a chuva que caía e dentro d'água até à cintura, tendo-se retirado em ordem com armas e bagagens e que ali estavam todos a salvo, dispostos sempre a combater. Quanto às emboscadas, não se havia utilizado delas.

Reassumi o comando e tendo recebido ordens de organizar a resistência onde me achava, até que chegassem os destacamentos do major Virgílio, do tenente Hermínio e do capitão Mário Barbosa, os primeiros de Salto e o último de Cascavel, recolhendo-se respectivamente os da picada Centenário, da picada Cabanas e de Piqueri, preparei-me para a ordenada resistência, ficando a coluna debaixo da mais rigorosa prontidão e disposta em trincheiras de emergência. Recebeu três cunhetes de munição. Os últimos que existiam!

Na noite seguinte apareceram, vindos de dentro da mata, em um abnegado esforço para não se entregarem ao inimigo, o coronel Estillac e o valente capitão Filinto Müller, acompanhados de algumas praças que conseguiram escapar do desastre de Catanduva e me relataram que o capitão Filó de minha coluna recusou entregar-se e, reunindo a sua companhia, entrou pela mata. Abrindo picada, foi ter ao picadão do telefone seguindo rumo à Iguaçu. Até o picadão vieram juntos com o capitão Filó, separando-se para virem ao P. C. do general Miguel Costa. Passaram em seguida a relatar-me os sucessos ocorridos depois de minha saída e a consequente queda de posição.

CAPÍTULO VI

A RENDIÇÃO DE CATANDUVA

A rendição de Catanduva, fato desastroso na história da revolução, merece um capítulo à parte. Por isso volto atrás para narrar o feito, tal como se deu conforme o testemunho fidedigno dos bravos camaradas que lá estavam.

No dia em que segui para Iguaçu, reinava calma absoluta nos acampamentos... Mas nesse mesmo dia à tarde a artilharia inimiga rompeu vivíssimo fogo contra as nossas posições, ao mesmo tempo que a infantaria caía com violenta carga de baioneta em todas as trincheiras e destacamentos isolados. Ao primeiro embate foi tomada, na ala direita, nossa posição, denominado Cájaty, guardada por 25 praças de cavalaria sob o comando do tenente Deusdet Loyola que foi obrigado a recuar por se ter esgotado a munição. O pequeno e valoroso contingente suportou o embate de um batalhão de infantaria de efetivo completo.

Enquanto isso, a ação desenvolvia-se na frente e na ala esquerda em sucessivos assaltos, todos repelidos valentemente até o desânimo por parte do adversário que mudou de tática. No dia seguinte, sem diminuir durante a noite a intensidade do bombardeio, o inimigo enveredou pela mata e abrindo picadas, contornou as trincheiras da referida ala e foi sair a 2.500 metros, na retaguarda, em uma fazenda denominada Queimada. Aí bateu o exíguo destacamento sob o comando do tenente Guariguassi, tomando posição depois na estrada de Iguaçu, e interceptando completamente nossa ligação entre Catanduva, minha coluna em Floresta e o P. C. do general Costa em Salto. Nesse ínterim, o coronel Juarez Távora, que me substituíra em Floresta, conhecedor que o inimigo tinha tomado Queimada e sabendo a posição em que se postou na estrada de Iguaçu, preparava-se para ir desalojá-lo, quando é por sua vez atacado pelo batalhão baiano e dois regimentos de infantaria e teve que fazer frente ao inimigo ao mesmo tempo que mandava um destacamento atacar os governistas na referida estrada, destacamento esse que caiu prisioneiro.

Ao anoitecer, o inimigo mantinha as posições conquistadas e o batalhão que tomou Cájaty fazia pressão sobre a ala em que se achavam as trincheiras da frente, ficando estas sob a ação de dois fogos.

A noite avançava; os nossos soldados detonavam os últimos cartuchos e a situação era gravíssima. Impossível seria prolongar a resistência.

Uma retirada não se poderia efetuar porque a retaguarda estava tomada, e tentar romper a passagem à baioneta equivalia a desabrigar a tropa das trincheiras, voltando as costas às inúmeras metralhadoras inimigas, o que redundaria em uma hecatombe.

Em tal emergência e sem a esperança de reforço que nem minha coluna podia prestar porque, por sua vez, sofria um impetuoso ataque de três batalhões e estava sendo envolvida, urgia tomar uma providência tendente a poupar, pelo menos, a vida de tantos bravos.

Assim reuniu-se a oficialidade em conferência e tomaram a única solução viável no caso: a entrega da praça, devendo pôr-se imediatamente a salvo como pudessem o coronel Estillac Leal e o capitão Filinto Müller, segundo resolução unânime.

Ao amanhecer de 30, o inimigo, sabendo não existir mais um cartucho, dá o sinal de carga de infantaria, e na nossa trincheira principal, da frente, agita-se tristemente uma bandeira branca. A praça é invadida. Clarins e cornetas estrugem aos ares tocando vitória e das trincheiras surgem os nossos soldados, pálidos, esqueléticos, vestes em trapos, andrajosos uns, com tangas de palmeiras, outros, sublimes e serenos, fitando curiosamente os corretos e elegantes uniformes dos vencedores. A alegria destes foi manifestada por uma algazarra atroadora.

O capitão Filó, que comandava uma companhia profissional emérita em abrir picadas e furar matas, resolveu escapar-se e, aproveitando a confusão, alarido e salvas dos governistas, mergulhou na floresta com todos os seus homens e foi surgir dezenove dias depois em Iguaçu.

Quanto ao grosso de minha coluna, graças à energia do coronel Távora e à boa disposição de ânimo dos oficiais e praças, logo que recebeu a notícia da queda de Catanduva, resolveu retirar-se sobre o P. C. do general Costa, o que conseguiu da forma relatada no capítulo antecedente, e ali estava a 1.500 metros de Floresta, protegendo, como já disse, a passagem dos contingentes de Centenário, Picada Cabanas e Piqueri.

E assim terminou a campanha do Paraná, desfalcando, com a queda de Catanduva, a heróica e brilhante falange paulista, que, durante dez meses, soube honrar o nome dos seus antepassados, soube resistir a todos os embates do adversário, soube, enquanto ainda tinha um cartucho, sofrer as vicissitudes da fome, das enfermidades, do calor, da chuva e do frio, restando dela, somente, a "Coluna da Morte", e uma companhia mista, que rodeando seus últimos chefes e, saudosos de seus companheiros cativos, procuraram campos e regiões novas, ligando-se ao intrépido Prestes, com a esperança de algum dia livrar seus antigos camaradas e executar o programa regenerador que manifestaram à Pátria, nos dias de julho de 1924!

Ave, Brasileiros!

A chegada do coronel Luís Carlos Prestes a Benjamin – Conferência entre os oficiais do exército revolucionário – Resoluções a serem tomadas – Aparece o primeiro piquete da cavalaria rio-grandense de Luís Prestes, comandado pelo brioso e bravo Siqueira Campos – A marcha de Luís Carlos Prestes – A conversa fiada sobre a paz – Organização das forças para nova campanha

Durante três dias ali estivemos. Os combates que se travaram deram para o inimigo os piores resultados e, se não fosse o profundo golpe que sofremos com a queda de Catanduva, eu ainda garanto que o faríamos voltar às suas antigas posições, tais as debandadas que nesses três dias ocasionamos nas suas fileiras.

Com o inimigo à vista, tendo passado já os destacamentos aguardados pelo general Miguel Costa, rumo a Cascavel, passagem que tinha eu a missão de proteger, como referi, tive ordem de recolher-me a Salto, onde me estabeleceria, mudando o mencionado general o seu P. C. para quinze quilômetros à retaguarda e depois para Cascavel.

De Salto, cumprindo ordens, segui para adiante e, fazendo estágio de doze horas em cada dez quilômetros, cheguei a Cascavel a 5 de abril, donde já havia saído o general Costa.

Sabendo que o capitão Mário Barbosa, que se retirava por outra estrada, não tinha passado ainda em Cascavel, resolvi esperá-lo e, tendo ele chegado a 6, levantei acampamento a 7, prosseguindo a jornada sob o contentamento das praças e dos oficiais que se reuniam novamente aos companheiros que haviam ficado em Piqueri, cujo comandante soube dirigi-los com tanta inteligência e bravura, combatendo até o momento em que recebera a ordem de retirar-se, o que fez durante a noite de 31 e mantendo sempre o inimigo à distância.

No mesmo dia 7 às 11 horas, acampei em Depósito Central, apresentando-me ao general Costa, que me aguardava.

Feita a apresentação e relatado o desempenho que dei às ordens recebidas depois que reassumi o comando da "Coluna da Morte", disse o general haver convocado todos os oficiais presentes para uma reunião àquela hora, à qual devia eu comparecer também.

Momentos depois, presente a oficialidade, o general Miguel Costa deu-nos a honra de informar que no dia 3 tinha ido a Benjamin, boca da picada que ia ter a Barracão, receber e conferenciar com o coronel Luís Prestes, ali chegado, precedendo a coluna rio-grandense que, com a maior abnegação e iludindo a perseguição do exército governista, havia atravessado o estado de Santa Catarina, tendo já passado o rio Iguaçu. E queria que todos os presentes, como bons companheiros, soubessem o que ficou assentado naquela conferência, e foi, em resumo:

As novas operações seriam deslocadas para o estado de Mato Grosso, onde não seria difícil obter munição de boca e de guerra, e bem assim, reorganizar a tropa e melhor prepará-la para uma nova luta em terreno mais propício. Deste modo, a coluna Prestes deveria seguir urgentemente para o porto Santa Helena, protegida pela coluna paulista que se colocaria no lugar denominado "Dois Irmãos", próximo a Depósito Central.

Uma vez que a coluna Prestes estivesse em Santa Helena, tomaria a coluna paulista o mesmo destino e depois ambas seguiriam para Guaíra, donde atravessariam o rio e se internariam em Mato Grosso. É certo que o porto de Guaíra fora por ordem superior desocupado após a queda de Catanduva, mas a ordem de nova ocupação já tinha sido expedida ao major Luís França de Albuquerque.

Informou ainda o mesmo general que, em atenção às circunstâncias do momento, resolvera mandar transportar para Saenz Peña, território paraguaio, todos os enfermos e feridos, onde ficariam aos cuidados dos enfermeiros disponíveis, levando consigo os poucos medicamentos de que dispunha a coluna e, para que os mesmos enfermos tivessem mais conforto, foi enviada uma carta à Legação do Brasil em Assunção, na qual se rogava ao respectivo ministro que dispensasse os possíveis cuidados aos compatriotas doentes. Em atenciosa carta respondeu aquele, comunicando o ocorrido.

Considerando o sacrifício da infantaria e na intenção de aliviar-lhe o trabalho, foi resolvido abandonarem-se em Depósito Central algumas peças de artilharia, previamente inutilizadas com a retirada de peças essenciais que ficariam ocultas em lugar seguro.

Terminadas que foram as explicações do general Costa, passamos a discutir o lado técnico das futuras operações, concluindo-se que devíamos adaptar o sistema de guerrilhas, dividindo o exército revolucionário em pequenas colunas, que teriam a máxima movimentação em atacar os centros mais populosos onde existissem elementos de guerra. Depois se determinaria uma concentração que seria a base das operações. Ulteriormente se tomaria a orientação que o futuro aconselhasse; e assim deu-se por finda a reunião, recolhendo-se cada oficial à sua respectiva unidade.

No dia seguinte, depois de uma insignificante escaramuça com patrulhas inimigas, seguimos, conforme combinado anterior, para "Dois Irmãos", local onde nos entrincheiramos para repelir os embates do adversário, até que a coluna Prestes chegasse a Santa Helena. O comando da nova posição ficou confiado ao coronel Juarez Távora, o qual dispunha, além da "Coluna da Morte" de meu comando, da companhia do major Virgílio, de um piquete de cavalaria, confiado ao comando do capitão Barbosa, de duas peças de artilharia e do pessoal disponível dos serviços auxiliares. Estes elementos e mais quarenta homens do major França, que no momento deviam estar em Guaíra, formavam afinal a coluna paulista ao mando do general Miguel Costa, cujo P. C. foi estabelecido na bifurcação da estrada Iguaçu-Santa Helena. A três quilômetros na frente das trincheiras, postou-se em vigilância o piquete de cavalaria, que durante seis dias ali se manteve resistindo de vez em quando a pequenos ataques das patrulhas inimigas. Findo esse tempo, passou o primeiro contingente da coluna rio-grandense sob o comando do tenente-coronel Siqueira Campos, indo pernoitar mais adiante.

Momentos depois, surgia com grande alegria nossa o capitão Filó com a sua companhia. Difícil me é descrever o estado em que vinha essa gente. Todos estavam com as vestes em tiras, estropiados e demonstrando grande cansaço pelos trabalhos que suportaram com estóica resignação e tenacidade, desde que se escaparam de Catanduva. Vinham, porém, todos dispostos e resolutos para novos empreendimentos. Finalmente estava reunida de novo a "Coluna da Morte".

À tarde acampou conosco outro contingente rio-grandense, que marchava sob o comando do tenente-coronel João Alberto, passando à noite o resto da coluna gaúcha. Estando esta, por assim dizer, desarmada, foi a ela distribuído todo o armamento de que dispunha o general Miguel Costa.

É digno de admiração e de orgulho para um brasileiro o arrojo do coronel Luís Carlos Prestes em rumar do Rio Grande do Sul ao Paraná, com uma coluna de mais de mil homens e apenas 150 armados!

Isto mais avulta o nome desse jovem cabo de guerra que, através de inúmeros obstáculos, fez a belíssima, grandiosa e estupenda marcha, única nos fatos militares do Brasil e do mundo antigo e moderno.

Várias vezes sitiado por forças dez vezes mais numerosas, comandadas por Claudino Nunes Pereira, coronel da brigada militar do Rio Grande do Sul e pelo civil Firmino Paim Filho, soube aquele destemido capitão do exército iludir os cercos, conduzindo suas tropas tranquilamente pelo rumo previamente determinado. As forças borgistas não sofreram uma derrota material, porque não se podia admitir que 150 homens armados da coluna Prestes pudessem, com certeza da vitória, enfrentar a seis ou oito mil, armados e bem municiados. Mas as forças borgistas sofreram a mais vergonhosa derrota moral, não conseguindo deter a marcha de Luís Carlos Prestes... Jornais *chimangos* e bernardistas chegaram a garantir que "dentro de dois dias toda a Coluna Prestes seria prisioneira, tal o sítio apertado em que a colocaram". E dois dias depois o bravo e destemeroso Luís Carlos Prestes transpunha, sereno e impávido, os limites de Rio Grande do Sul com Santa Catarina! Durante sua brilhante travessia pelos territórios de Santa Catarina e Paraná, os *chimangos* ligados então aos bernardistas também consideraram prisioneira por várias vezes a Coluna Prestes... E quando os jornais anunciavam tão ambicioso feito, eis que o denodado capitão Luís Carlos Prestes se incorpora às forças revolucionárias paulistas, revigorando a revolução brasileira!... E os que perseguiram, tiveram que reconhecer, pela improficuidade de seus sítios, dos seus cercos de ferro, que o capitão Prestes, com a sua capacidade militar, demonstrava não bastarem seis ou oito mil homens bem armados e municiados comandados por Claudinos, Pains etc. para deter-lhe a marcha triunfante!... Cessem as famas das marchas de Aníbal e de Alexandre; esqueçam as retiradas dos 10 mil de Xenofontes; de Napoleão Bonaparte; recordem as retiradas estupendas da Laguna... e a marcha de Luís Carlos Prestes, como um sol no céu da Terra, resplandece cheia de valor e de denodo!...

Salve Luís Carlos Prestes, orgulho de uma raça!

A minha satisfação em ver distribuir à coluna Prestes o armamento que tomei da brigada do general Martins Pereira, na zona da Mogiana, foi indizível. Em cada fuzil entregue ia um pequeno esforço do humilde autor destas linhas.

Nessa mesma noite, tendo-se recebido a notícia do regresso do marechal Isidoro, de Monte Caseros, onde fora conferenciar com o deputado João Simplício, seguiram para Iguaçu, a fim de falar com o chefe da revolução, o general Miguel Costa e o coronel Prestes, que voltaram no dia seguinte e nos comunicaram:

a) que o estabelecimento de um acordo para a deposição das armas, fracassou por exigências que não foi possível serem atendidas.

b) que as operações de guerra continuariam conforme foram estabelecidas pelo general Miguel Costa, na reunião de Depósito Central.

c) que as forças formariam uma só divisão comandada pelo mesmo general Miguel Costa e dividida em duas colunas, denominadas Sul e Paulista, esta sob o comando do coronel Juarez Távora e aquela sob o comando do coronel Luís Carlos Prestes.

d) que para os cofres da revolução entrou uma valiosa quantia em dinheiro, enviada pelo capitão Otávio Guimarães.
e) que sendo o plano da nova campanha de grande movimentação, acordaram os oficiais superiores, atendendo à idade e ao abatimento físico do marechal Isidoro, do general Padilha e bem assim ao delicado estado de saúde do coronel Estillac Leal, pedi aos três ficassem no estrangeiro até que fosse possível voltarem ao exército revolucionário, isto sem prejuízo da autoridade do primeiro, que seria sempre o comandante em chefe e cuja orientação e ordens seriam sempre acatadas, como até então. O pedido foi aceito, ficando estabelecido que ao mesmo marechal Isidoro seriam enviadas comunicações de todo o movimento revolucionário pelas vias julgadas mais seguras.
f) que conforme manifesto naquele momento exibido, o marechal Isidoro comunicava a sua ida para Encarnación e aproveitava o momento para dizer, na parte referente à coluna paulista, que agradecia profundamente e de todo coração o sacrifício feito por todos os oficiais e praças que com tanto brilhantismo vinham se batendo desde São Paulo e que lhe era notório o estado de precária saúde e cansaço de muitos companheiros de luta, dos quais não seria justo exigir o sacrifício da nova jornada a empreender-se; por isso, permitia o marechal aos que nessas condições se encontrassem, segundo o critério de cada um, resolverem o que melhor lhes parecesse, seguindo a coluna ou retirando-se para o estrangeiro em busca de tratamento ou descanso.

As comunicações dos itens acima foram transmitidas pelo próprio general Miguel Costa, em círculo de oficiais, onde se achavam presentes, além de outros cujos nomes me escapam à memória, os seguintes:

Coronel Prestes, tenentes-coronéis Juarez Távora, João Alberto, majores Alves Lyra, Virgílio dos Santos, Coriolano de Almeida, capitães Mário Barbosa, Filogônio Gomes, Alcides Mário da Silva, Thales Prado Marcondes, Morais, tenentes João Ayres, José Ayres, Manoel Pinto e o autor deste livro.

A conferência do marechal Isidoro com o general Costa, em Iguaçu, foi assistida, entre outros, pelo general Padilha, coronel Luís Carlos Prestes, coronel Estillac e capitão Filinto Müller.

O contingente rio-grandense sob o comando do destemido e audaz João Alberto – Santa Helena e Barro Preto – Homenagem da "Coluna da Morte" prestada diante do túmulo do inditoso oficial do exército, 1º tenente Azaury Sá Britto e Souza, às margens do São Francisco – Para Porto Mendes

Para dar um pequeno descanso ao contingente do coronel João Alberto que vinha do sul, ficou em "Dois Irmãos", seguindo em seu lugar, fechando a retaguarda da Coluna Prestes, o major Virgílio dos Santos com a sua unidade e artilharia. Pouco depois seguiam também para Santa Helena o general Costa e o coronel Prestes.

A 16, levantamos novamente acampamento e fomos pernoitar a trinta quilômetros adiante, tendo eu feito essa marcha com bastante dificuldade por ter recebido algumas queimaduras de caráter grave produzidas por ácido fênico, devido à inexperiência de um enfermeiro, que, em vez de ministrar-me, água fenicada para desinfetar algumas feridas, deu-me ácido fênico.

No dia seguinte, prosseguindo a marcha, acampamos na margem esquerda do rio São Francisco, e 24 horas depois estávamos em Santa Helena. À margem do São Francisco foi sepultado o inditoso moço e leal companheiro, Azaury Sá Britto e Sousa, 1º tenente do exército. Foi vitimado por uma pneumonia dupla.

Ao passarmos pela frente de seu túmulo, a minha coluna prestou-lhe a mais significativa e tocante homenagem. Fez alto e o silêncio respeitoso dominou a tropa durante a parada. Todos nos lembramos comovidos do inesquecível moço que com tanta bravura se bateu em São Paulo e mais tarde no Paraná. Uma das figuras mais salientes da revolução e ardoroso paladino das liberdades, veio encontrar o seu túmulo sob as frondosas árvores do Paraná!

Longe dos seus, de sua esposa e de seu filhinho, na hora suprema da agonia teve duas frases sublimes.

"Para a pátria dei minha vida. Para os meus, dei o coração".

Pobre Azaury! Uma lágrima deixei sobre o teu túmulo, lágrima sincera, de pesar e dor... única homenagem que te podia prestar naquele sítio solitário...

Santa Helena é um porto do rio Paraná, semelhante aos que existem no trecho Guaíra-Iguaçu, salientando-se, porém, pelo pitoresco da povoação que fica a cavaleiro do rio. Casas bem cuidadas se alinham em uma avenida arborizada com gosto e bastante movimentada, pois aí está a sede da Companhia Mercantil Domingo Barthe, com todos os serviços inerentes ao departamento do Brasil.

Não havendo alojamento para minha tropa, acampei em um campo próximo ao povoado.

A 20, recebi ordens de seguir por terra para Porto Mendes, e não havendo caminho, reorganizei a turma de abridores de picadas e fiz a coluna marchar a novo destino sob o comando do major Alves Lyra, pois, tendo-se agravado o meu estado de saúde, não podia dirigi-la pessoalmente. Fiquei para seguir depois pelo vapor do comando da divisão.

Apesar de enfermo, passei cinco dias em Santa Helena auxiliando o general Miguel Costa no serviço de escoamento da tropa e no de embarque do material de guerra.

A 26, pela manhã, acompanhando o comandante da divisão e seu Estado Maior, embarquei no vapor *Assis Brasil*, a reunir-me ao meu batalhão em Porto Mendes, local onde desembarquei às 18 horas do mesmo dia.

Em Porto Mendes – Exposição feita verbalmente pelo coronel Luís Carlos Prestes sobre a situação crítica dos revolucionários e a solução apresentada pelo mesmo coronel – Foi aceito o meu alvitre de eu atacar o inimigo com a "Coluna da Morte"

Pela segunda vez achava-me em Porto Mendes, propriedade da Empresa Mate Laranjeira. Comigo desembarcaram todos quantos vinham a bordo, tendo o general Miguel Costa estabelecido o seu P. C. em uma das dependências da citada empresa, junto ao comando da Coluna Prestes.

Imediatamente após nossa chegada, notei que o coronel Prestes, à parte, referia alguma coisa de grave ao general Miguel Costa.

Levado pela curiosidade, aproximei-me de meus ilustres comandantes e indaguei do que havia, ao que, atenciosamente, respondeu o coronel Prestes, mais ou menos com estas palavras:

– Nós estamos combinando aqui o melhor meio de passar esta mesma noite para o território paraguaio com o fim de atravessá-lo e alcançar a fronteira brasileira na serra de Maracaju, porque o major França quando tentava cumprir a ordem de reocupar Guaíra, este porto já estava em poder de uma força inimiga, vinda de D. Carlos, sob o comando do coronel Tourinho, e para impedir o avanço da dita coluna sobre Porto Mendes, o mesmo major França entrincheirou-se em um ponto da estrada que liga os dois portos, conseguindo, apesar de contar somente com quarenta homens, fixar o inimigo onde estava. Nesta ocasião chega a Porto Mendes a vanguarda da coluna Sul, comandada pelo tenente-coronel Siqueira Campos, tomando este comandante a resolução de juntar-se ao major França e atacar Guaíra. Quando já estava pronto a marchar, recebeu comunicação de que sobre Porto Mendes vinham outras colunas governistas, das forças do general Rondon, avançando pelas estradas de Piqueri, Lopes, P. Francisco e Britânia. Verificada a exatidão dessas comunicações, teve o coronel Siqueira Campos que preparar a defesa de Porto Mendes, colocando forças nos cruzamentos das mencionadas estradas e abandonando portanto a ideia de atacar Guaíra, que mesmo tomada, de nada nos serviria porque os governistas dali retiraram todas as embarcações.

Assim, continuou o coronel Prestes, o inimigo avança por todos os lados com forças muitíssimo superiores às nossas, melhor armadas e bem municiadas, de nada valendo os esforços do resto de todas as forças que se encontram em Porto Mendes. Logo só há um meio de salvação, que consiste no que já apontei: o Paraguai. Isto mesmo acabará sendo difícil porque estamos com o inimigo a um quilômetro e, chegando ele até à margem do rio, vai impossibilitar ou pelo menos dificultar a passagem e, antes que aconteça semelhante coisa, devemos passar esta noite mesmo.

A exposição que me fez o coronel Prestes era bastante judiciosa; entretanto, não pude deixar de ponderar que o internar-se uma coluna com efetivo de mais de mil homens assim às pressas em território desconhecido e deserto, sem levar os meios de subsistência nem sequer a cavalhada, que em último caso serviria para alimentar a tropa, podia acarretar um desastre maior do que aquele que se estava procurando evitar. Deste modo, o razoável seria ganhar mais alguns dias, buscando por todos os meios fazer recuar o inimigo mais próximo.

Obtive como resposta que já se tinha mandado uma coluna desalojar o adversário da posição mais próxima, sem o menor resultado. Então, repliquei:

– Eu estou doente. Isto, porém, não impede que eu vá atacar a coluna que nos está obrigando a uma resolução tão desesperada e, se vocês tomam o encargo de preparar para mim um contingente de cem homens da "Coluna da Morte", provendo-os do necessário rancho e da precisa munição, entregando-me o mesmo contingente amanhã às 5 horas da manhã, comprometo-me a desalojar os governistas, de maneira que a travessia se faça com calma. Peço que se encarreguem de preparar os homens, porque o meu estado de saúde reclama o descanso pelo menos de uma noite.

O meu alvitre foi aceito e providências foram tomadas para o preparo dos homens na forma que indiquei.

FIGURA 10 – Chegada a Guaíra: 1. Marechal Isidoro Dias Lopes – 2. General Costa – 3. Coronel Cabral Velho – 4. Capitão Filinto Müller – 5. Capitão Costa – 6. Dr. Tocci – 7. Dr. Brizzola

Antes de despedir-me, propus ainda, e aceitaram, que no caso de ser desalojada por mim a coluna na estrada de Piqueri sob o comando do major Mello, justamente a que ia eu atacar no dia seguinte, o plano das futuras operações sofria uma reforma radical, tomando o exército revolucionário o

rumo de Tibagi, no mesmo estado do Paraná, seguindo o picadão Piqueri-
-Guarapuava e deixando à direita todas as forças do general Rondon, cujos
movimentos se caracterizavam pela extrema lentidão. No momento que nos
vissem avançar pela estrada indicada, suporiam, logicamente, um ataque à
retaguarda pelas picadas transversais de Santa Cruz, dando em resultado
ordens de entrincheiramento nas estradas. Quando descobrissem o nosso objetivo de alcançar Tibagi, já estaríamos em Guarapuava e o general
Rondon, com o seu exército, ficaria detido na nossa retaguarda, sofrendo a
ingratidão do terreno que passaria a nos proteger logo que galgássemos as
serras e guarnecêssemos suas gargantas.

Para chegar-se a tal resultado, pedi mais, que fizessem aprontar um
esquadrão de cavalaria a fim de perseguir o inimigo que eu ia atacar; notando-se bem que essa perseguição deveria ser tenaz e prolongada. Este pedido
foi também aceito.

Terminadas as combinações, recolhi-me à barraca de onde saí somente
no dia seguinte ao amanhecer, para assumir o comando da tropa em questão. Esta, composta de cavalaria e infantaria conforme meus desejos, me
aguardava em formatura.

Abertura de uma picada para surpreender a retaguarda do inimigo, que debandou após cinco minutos de combate – Tomei duas metralhadoras pesadas, um fuzil metralhadora e 50 mil tiros de fuzil Mauzer – O inimigo perdeu nove homens – A passagem para o território paraguaio – A carta dirigida às autoridades paraguaias, pelos comandantes de unidades de forças revolucionárias

Sob uma chuva torrencial, assumi o comando da tropa, isto é, cem
homens de infantaria e um esquadrão de cavalaria; marchei em direção à
mata, em cuja orla postei, abrigada, a cavalaria, entrando com a infantaria
na estrada de Piqueri e antes de chegar às nossas trincheiras que mantinham um vivo tiroteio com o inimigo, me internei na floresta pela direita e
abrindo picada, em desbordamento, fui cair-lhe na retaguarda pondo-o em
debandada após cinco minutos de fogo e à voz de carregar a facão. O ata-

que e o combate foram rápidos. Chegado próximo às trincheiras inimigas, agarrei de surpresa uma sentinela pelo pescoço, enquanto o capitão Morais se apossava de outra. Depois, de rastos e silenciosos nos deitamos em linha de atiradores, tendo o inimigo à vista e que ainda não nos havia percebido. Coloquei-me no meio com uma metralhadora e, aos gritos costumados de "Cabanas está aqui", irrompeu a fuzilaria certeira sobre as trincheiras. O inimigo, assim acossado, resistiu, porém cinco minutos depois dei ordem de cessar o fogo, e com o grito terrível que tanto aterrorizava os legalistas e que a floresta repetiu mais vibrante, bradei:

"Preparar para a carga!"

"Desembainhar facões!"

"Corneteiro... toque avançar e o *pé espalhado*"...

Mal terminava de dar essas ordens, o inimigo, aterrorizado diante de nossos homens resolutos, foge em debandada.

Imediatamente dei ordens para avançar a cavalaria e tomei posse das trincheiras, as quais estavam dispostas em três linhas sucessivas.

Nelas estabeleci minha gente e aguardei o esquadrão que não aparecia. Tendo passado uma hora, fui em pessoa saber porque os cavalarianos não avançavam, nada encontrando. Este fato bastante me desgostou e motivou atritos que não vem a pelo relatar, esfriando o meu entusiasmo.

Segui até o P. C. do coronel Távora e aí encontrei deitado em doce sossego o comandante do esquadrão. Exortei-o a que cumprisse a missão que lhe fora confiada de perseguir o inimigo que eu havia desalojado. O oficial montou a cavalo e, com oito soldados, tudo que restava do esquadrão, entrou na estrada aventurando-se uns três quilômetros, regressando à tarde com a notícia de que o inimigo se tinha entrincheirado mais adiante.

Pela incúria do esquadrão de cavalaria, fracassou o plano de seguir-se para Tibagi. Recolhi-me com os cem homens a Porto Mendes, trazendo duas metralhadoras pesadas, um fuzil metralhadora e 50 mil tiros conquistados ao inimigo, que também perdeu nove homens.

Não havendo outro caminho a seguir, ficou definitivamente assentado marchar-se para Mato Grosso pelo território paraguaio, o que seria agora feito com calma necessária e sem atropelos, visto o adversário não estar mais na posição que tanto ameaçava a nossa travessia para o lado oposto do Paraná, pelo que pusemos mãos à obra no preparo da tropa e no arranjo das bagagens.

A 29 nos apossamos do vapor Bell e nele transportamos tropas, cavalhada, armas e bagagens para Porto Adela, República do Paraguai, levando três dias completos para ultimar a passagem que foi feita em muitas viagens consecutivas.

Ao comandante do Porto Adela, entregamos a carta transcrita abaixo, firmada por todos os comandantes de unidades, dirigida às autoridades da república amiga.

Eis o teor deste documento:

"Senhor Comandante do destacamento paraguaio do Alto Paraná.

Por circunstâncias excepcionais e inapeláveis, entramos armados em território de vossa Pátria.

Não nos move, neste passo extremo a que nos impelem as vicissitudes de uma luta leal, porém intransigente, pela salvação das liberdades brasileiras, nenhuma ideia de violência contra nossos irmãos da República do Paraguai.

Queremos apenas evitar a todo transe a renovação de um espetáculo, cuja brutalidade certamente nos sublevaria.

Há poucos meses, tropas governistas invadiram o território da República Oriental do Uruguai, para degolar fria e cruelmente vinte soldados e oficiais que, vencidos na luta desigual e heroica, procuraram abrigo, desarmados, à sombra da soberania daquele Povo.

E nada nos garante nesta contingência que esses singulares *defensores* da civilização de nossa Pátria desistam de repetir em vosso País o gesto vil de barbaria com que, já uma vez, afrontaram os nossos vizinhos do Uruguai.

Não descemos, por isso, desarmados o rio Paraná em cujo trajeto da costa brasileira estacionam tropas governistas, cujos escrúpulos não trepidamos em igualar à inconsciência feroz daqueles monstros que, em pleno dia do século XX e mais além de uma fronteira estranha, pisotearam sobre os cadáveres mutilados de seus irmãos.

Rogamos, pois, que transmitais aos legítimos representantes do Povo Paraguaio a expressão sincera de nosso respeito e os intereis de que praticamos, simplesmente, um ato de legítima defesa.

Comprometemo-nos explicitamente a respeitar vossas leis e ajudar-vos, se tanto fosse preciso, a defender a integridade de vossa soberania.

Declaramos mais que esse ato de defesa extrema o fazemos à revelia de nossos chefes, Doutor Assis Brasil e Marechal Isidoro Dias Lopes, com quem nenhuma ligação temos, no momento crítico de sua decisão.

Assumimos assim a inteira e exclusiva responsabilidade dele, certos de que a maioria do povo brasileiro, vosso amigo leal e desinteressado, vos pedirá escusas por aqueles que tudo sacrificaram pelo ideal sacrossanto de sua liberdade e vós, satisfazendo a petição, sabereis ser justos, sendo generosos".

Acantonamento em Porto Mendes, 27 de abril de 1925 (assinado) General Miguel Costa, Coronel Luís Carlos Prestes, Tenentes-Coronéis Juarez Távora, João Alberto S. Ramos, João Cabanas, Siqueira Campos, majores Coriolano d'Almeida Junior, Virgílio R. dos Santos, Paulo Kruger Lourenço, Moreira Lima, Djalma Dutra, Emídio da Costa Miranda, J. R. Hall, D. P. da Silva e capitão A. Salgado Vieira.

O MEU ESTADO DE SAÚDE NÃO PERMITIU QUE EU CONTINUASSE NO COMANDO DA "COLUNA DA MORTE" – O MEU RESTABELECIMENTO APÓS TRÊS MESES DE CAMA

Desde Catanduva vinha eu com a saúde bastante abalada. A falta de medicamentos e, portanto, de um tratamento conveniente, agravou a enfermidade de que sofria, e ao chegar em Porto Mendes, convenci-me de que meu abatimento físico não me permitiria continuar a campanha sem submeter-me antes a um regime médico rigoroso, somente possível em um hospital ou em casa particular, numa cidade onde tivesse os recursos de que necessitava.

Minhas energias estavam esgotadas. Fazer uma marcha atravessando lugares desertos e sem esperança de receber no caminho os cuidados que minha saúde requeria, seria um sacrifício inútil e sem proveito para a revolução. Demais, mesmo que eu quisesse seguir para Mato Grosso, teria que fazê-lo em um veículo qualquer, pois meus pés estavam em chagas e inchados, o que me dificultava andar. A maleita e as queimaduras, cujos resultados sentia, não me permitiam montar a cavalo, e exigir que me levassem em maca era um sacrifício para meus companheiros e um tropeço para a coluna.

A tudo isto acrescia a circunstância de que acostumei os meus soldados a me verem sempre na frente e em todos os ataques; daí o êxito obtido por mim em toda a campanha. Ora, dali por diante eu seria forçado a mudar esse sistema, até que me restabelecesse e este restabelecimento era bastante problemático, porque o mais certo seria chegar a Mato Grosso completamente inutilizado, mesmo que fizesse a viagem carregado e gozando um bem-estar relativo.

Desta forma e assim considerando, tinha resolvido deixar os companheiros, ir para Posadas em consulta médica, internar-me em uma casa de saúde, e logo que me restabelecesse, procuraria juntar-me ao exército revolucionário onde ele estivesse.

Solucionei o caso resolvendo definitivamente não ir a Mato Grosso, e disto dei ciência ao Estado Maior, de quem solicitei salvo conduto, que após algumas hesitações me foi concedido.

Conhecida a minha resolução em Porto Adela, fui procurado por uma comissão de oficiais, que, em nome de todos os companheiros, pediam-me não abandoná-los. Talvez cedesse ao pedido que, confesso, bastante abalou minha convicção, se não fora, depois de minha fraca negativa, receber de um exaltado uma espécie de intimação categórica, feita em termos pouco atenciosos para que continuasse a prestar os meus serviços...

Entretanto no meu íntimo firmei o propósito inabalável de, uma vez restabelecido, pôr-me inteiramente às ordens do meu querido e venerando chefe, marechal Isidoro Dias Lopes, propósito este de que, até o momento em que escrevo estas linhas, não me afastei.

Durante três meses guardei o leito. O restabelecimento veio afinal e, desde que tive alta, aguardo as ordens do ilustre marechal Isidoro.

Desta maneira, no dia 30 de abril desliguei-me do exército revolucionário que se achava em Porto Adela em ordem de marcha para Mato Grosso. Antes, porém, de minha partida, fiz formar a "Coluna da Morte", despedindo-me de todos os camaradas que com tanta abnegação e bravura souberam cumprir seus árduos deveres, sacrificando-se pela causa que nos levou ao extremo de combater pelas armas o governo da República.

Cientifiquei a mesma coluna de minha retirada e pedi carinhosamente aos oficiais e praças, apelando para os sentimentos de cada um, que não abandonassem o nosso simpático, valoroso e competente general Miguel

Costa, a quem alimentava a esperança de juntar-me um dia, depois de meu restabelecimento.

As lágrimas que vi brilharem nos olhos da maioria dos meus queridos comandados, paguei-as com outras que ali mesmo derramei. A profunda saudade que de todos tenho atesta o meu reconhecimento e carinho.

O exército revolucionário seguiu o seu novo destino e eu, alquebrado d'alma e de corpo, preparei-me para o meu exílio involuntário.

CAPÍTULO VII

NO EXÍLIO

A bordo do vapor Bell – Em Saenz Peña – Um interessante episódio – Um tenente comissionado governista que fora a bordo do Bell, então atracado naquele porto com a intenção de prender o tenente Cabanas, não o encontrou – Sua perturbação não lhe permitiu tomar uma xícara de café que lhe fora oferecida – Em Encarnación, Posadas e Buenos Aires

No dia 1º de maio de 1925, ao completar nove meses e 27 dias de campanha, tomei passagem no paquete Bell, que descia para Encarnación, cidade fronteiriça à de Posadas na República Argentina.

O comandante do Bell, apesar da violência sofrida pelos revolucionários, que se apossaram do vapor durante três dias para transportar a tropa a território paraguaio, recebeu-me a bordo com a máxima gentileza, dispensando-me toda a consideração possível.

Saímos de Porto Adela às 9 horas da manhã e navegamos sem novidade até o porto Saenz Peña, na margem paraguaia onde atracamos.

Mal havia fundeado o paquete que navegava com bandeira paraguaia, de Santa Helena, território brasileiro e local já ocupado pelas forças ao mando do coronel Mariante, fizeram sinais chamando o comandante das forças governistas. Pediram-lhe informar se era exato que eu me achava a bordo com muita gente armada. O comandante do Bell declarou então que a bordo viajavam muitos brasileiros, porém desarmados e em atitude pacífica; e que não me conhecendo, não podia afirmar se eu estava ou não entre os mesmos brasileiros. Então um oficial mostrou-lhe diversas fotografias minhas, pelas quais não foi reconhecida ainda minha presença a bordo.

Queriam ter a certeza se eu estava a bordo e para isto pediram ao comandante permissão de enviar ao vapor um oficial do exército, o que foi feito, apresentando-se a percorrer o paquete um segundo tenente comissionado que trazia consigo um álbum de fotografias e, bastante desconfiado, sem conseguir conter a agitação que lhe fazia vibrar o sistema nervoso, entrou no salão de refeições, olhando de soslaio os passageiros.

Aceitou um café que lhe foi oferecido. E a xícara sentiu então, por transmissão, os compassos desordenados do coração do comissionado e começou a tremer em suas mãos. Tremia tanto que o café chegou a ser bebido pelo assoalho.

De vez em quando, disfarçadamente olhava as fotografias do álbum e corria um tímido olhar pelas circunstantes. Afinal dirigindo-se a todos, perguntou:

– Os senhores não conhecem o Cabanas?

A negativa foi geral.

Eu, a um lado do tenente, considerava o meio melhor e o mais rápido de atirá-lo ao Paraná à primeira demonstração de que me havia reconhecido. Estava em território estrangeiro onde a autoridade daquele oficial era completamente nula. Uma violência e as circunstâncias me favoreceriam... Afeito como estava às asperezas da guerra, aquele tímido tenente teve sorte em não me reconhecer, e se me reconheceu, fez bem em calar-se. Cumpriu sua missão, sem comprometer-se e satisfez o desejo do tolo que o mandou ali em águas estrangeiras, dentro de um vapor revistar ou prender assassinos... Este ato demonstrava por parte do seu mandatário ignorância completa a respeito da soberania das nações e das delicadezas internacionais.

Até hoje não pude saber se a intenção do comandante de Santa Helena era apoderar-se de minha pessoa ou realmente o de verificar se eu descia para Encarnación.

Afinal regressou o tenente à Santa Helena e o vapor continuou sua viagem. Ao passar por Iguaçu, novas indagações foram feitas ao comandante do navio sobre minha presença a bordo, mas sempre negada.

Depois de Iguaçu, fez-se a viagem sem mais incidentes e desembarquei em Encarnación no dia 6 de maio.

Em terra fui recebido, como os demais brasileiros (que eram ao todo mais de noventa), pelo comandante da guarnição militar, o major Céspede, que auxiliado pelo delegado civil e uma escolta de vinte praças, nos pôs a todos em formatura e em coluna por quatro, ladeados pelos soldados armados a fuzil, fazendo-nos marchar até uma praça, onde foi dada a voz de alto.

Em forma estavam, além de sargentos e praças paulistas que tinham deixado a coluna revolucionária, os majores Luís França de Albuquerque, Jesus, capitães Mário Barbosa, Newton Nunes e Aníbal Nunes, tenentes Villani, Gouveia etc., e o autor destas linhas.

Aproveitando a parada, destaquei-me da fileira e perguntei resolutamente ao major Céspede:

– Por que esta medida de estarmos aqui presos e sob escolta, quando não somos criminosos?

– *Y quien és Ud? Métase en forma...*

– Eu sou o tenente Cabanas e protesto com todas minhas energias contra a violência de que somos vítimas em um país onde viemos buscar hospitalidade e que tão hostilmente nos recebe.

– *Pero señor teniente, yo no podía adivinar y ni tampoco podría creer que entre ustedes se hallaban oficiales. A mi me parecía tratarse únicamente de soldados salidos de la revolución y las providencias que Ud. ve fueron tomadas porque anteriormente algunos paisanos suyos en condiciones iguales cometieron en nuestro territorio algunos atropellos llevados por la miseria en que llegaron; entonces la superioridad de mi país resolvió agasajar a todos en un edificio apropiado y prestarles asistencia hasta que puedan trabajar por SUS subsistencias. No crea Ud. ni sus colegas y compañeros que tenemos malas intenciones y mala voluntad contra los brasileños que vienen a nuestro país, sean de la revolución o del legal de su Patria, esto le garantizo en mi nombre y en nombre de la colectividad paraguaya.*

– Então, senhor major, queira aceitar o meu pedido de desculpas pela maneira com que o interpelei e receba os meus agradecimentos pela forma atenciosa e delicada com que me respondeu, e creia, o povo brasileiro saberá ser reconhecido ao povo paraguaio pela maneira fidalga com que nos acolhe, oferecendo-nos uma hospitalidade de que tanto necessitamos. Quanto a nós, que aqui estamos presentes, desde já hipotecamos ao governo paraguaio na pessoa de V. Sa. a sinceridade de nosso agradecimento.

Passado o incidente, o major Céspede, sempre incansável em proporcionar hospitalidade aos emigrados, alojou as praças em um barracão, indo os que estavam doentes para uma enfermaria. Quanto a mim, aceitei a hospitalidade que me fora oferecida carinhosamente em casa de distinta família da cidade, e os demais oficiais alojaram-se nos hotéis.

Para atender às praças, consegui que diariamente fosse destacado um oficial no barracão onde elas se achavam conjuntamente com outras, antes ali alojadas. Formavam um núcleo de mais de 250 homens.

Na cidade encontrei no dia seguinte o general Padilha, coronéis Estillac, Mendes Teixeira, majores Simas Enéas, Dutra Jesus, capitães Filinto Müller, Alcides, Leocádio Rosa, Clélio Coelho, Perdigão Reis, e muitos outros, todos da coluna paulista. Quanto ao marechal Isidoro, soube achar-se em Assunção.

Agravando-se o meu estado de saúde e não encontrando em Encarnación, embora a boa vontade das autoridades, os meios convenientes ao meu tratamento, passei para Posadas, e desta cidade a Buenos Aires, onde finalmente, depois de dois meses e 15 dias de tratamento, me restabeleci.

Restabelecido – A fronteira Brasil–Argentina – O descaso do governo brasileiro

Mesmo fora da revolução, nunca deixei de interessar-me pela minha Pátria; por isso, as observações que tenho feito em relação ao descaso dos governos do Brasil pela fronteira com Argentina e Paraguai, na linha divisória Paraná-Iguaçu. Não posso silenciar tais observações, mormente conhecendo, como agora conheço, que o lema "tudo nos une e nada nos separa" não passa de uma grande ficção, fácil de ser verificada por quem, fora da esfera governamental, dos círculos diplomáticos e dos luxuosos salões dos Jockey-Clubs, passe em Buenos Aires uma temporada vivendo a mesma vida do povo portenho.

Em Buenos Aires, qualquer estrangeiro, com exceção do brasileiro, vive como na própria Pátria.

O brasileiro é o único que se sente estrangeiro, sendo como tal tratado. A todo momento soam-lhe aos ouvidos frases de desprezo para com o Brasil e os conceitos mais absurdos sobre a sua gente.

***

O governo brasileiro sabe perfeitamente com que facilidade nós, revolucionários, desconhecedores do terreno, invadimos o Oeste do Paraná; sabe que se nós nos fixamos naquela extensa zona foi porque o nosso exército era reduzidíssimo e não tinha recursos bélicos e pecuniários suficientes para empreender uma campanha superior a que fomos forçados a aceitar, sabe que a ocupação dessa imensa zona durou o tempo necessário que levamos para gastar o último cartucho e o último grão de milho; sabe que, sem recebermos recurso algum, nos mantivemos ali durante oito meses.

Suponhamos agora que, em vez do movimento militar de São Paulo no dia 5 de julho de 1924, se tivesse decretado nessa data uma guerra contra o Brasil. Que faríamos nós? Enquanto nos preparássemos ofensiva e defensivamente, a Argentina, pouco receando a fronteira do Rio Grande, pelo natural obstáculo do rio Uruguai, levaria à Posadas, pela sua estrada de ferro estratégica, forças de invasão; as transportaria com facilidade pelas suas inúmeras embarcações que navegam no Alto Paraná, aos postos do Oeste do Estado do mesmo nome e ali com o auxílio eficaz e já preparado das companhias argentinas ervateiras, arrendatárias de todos aqueles terrenos e portos, e possuidoras de mais de cinco mil peões, daria início a sua ofensiva. Alcançaria sucessiva e rapidamente com os numerosos meios de transporte de que dispõem essas companhias e o exército invasor, os pontos estratégicos – Catanduva, Medeiros e Chagu –, aí se fixaria, se é que não quisesse avançar até a linha férrea que liga São Paulo a Rio Grande do Sul e impedir assim aos estados sulinos receberem quaisquer recursos via terrestre. A posse de Guaíra e Piqueri impediria a ameaça de qualquer ataque de flanco provindo de Mato Grosso ou mesmo de São Paulo pelo rio Paraná. Já expliquei perfeitamente como esses dois pontos são inexpugnáveis. O exército invasor ali fortificado desafiará qualquer esforço nosso contra os mesmos.

Estamos em condições de colocar forças nas margens do Paraná, antes do exército invasor? As forças de Mato Grosso, para tomarem posição em Guaíra, levariam no mínimo quinze dias; isto é, se as empresas ervateiras, de nacionalidade estrangeira, não recebessem anteriormente ordem de impedir o desembarque dessas forças. As de São Paulo, Castro etc., via rio Paraná ou via Ponta Grossa, levariam mais tempo a chegar, mesmo a marchas forçadas.

Ora, em 24 horas o exército invasor está em Posadas e em 48 horas em Iguaçu. Daí em diante, existe dentro das companhias ervateiras um serviço de carretas perfeitamente organizado; estradas boas e bem conservadas pelas mesmas companhias; mapas descritivos, recursos de boca e guias práticos no serviço de picadas, caminhos, trilhos etc.

Agora pergunto como o caipira: Quem chega mais depressa? O Estado Maior que responda...

Iguaçu é um ponto estratégico. Lá não existe força armada. Mas, se houvesse uma companhia de guerra, que aconteceria em qualquer emergência?

Naqueles ervais existem centenas de homens que conhecem as dificuldades que essa companhia teria em receber recursos de Guarapuava, distante oitocentos quilômetros.

Se essas forças argentinas ou os peões das companhias ervateiras, em número reduzido, se firmassem na serra do Boi Preto, não era só a companhia de guerra, mas qualquer outra força não conseguiria desalojar o inimigo e na mesma serra o maior desastre lhe estaria reservado.

E o nosso exército que viesse em socorro, estaria sujeito, já desde Catanduva, a sérios fracassos ao transpor aquela perigosa estrada tão adequada a emboscadas, pois segue interminavelmente por entre a mata, cuja densidade não permite que se perceba a presença do inimigo, a uma distância de duzentos metros. E dentro da mata existem emaranhamentos de picadas por nós completamente desconhecidas, mas que são palmilhadas pelos proprietários, mordomos, capatazes e peões daquelas empresas argentinas e figuram também nos mapas particulares daquelas regiões. O sr. general Rondon pode informar ao Estado Maior das dificuldades que venceu, munições gastas, tempo, dinheiro despendido e vidas sacrificadas para avançar um quilômetro-picada.

As emboscadas sucessivas e com poucos homens podem facilmente deter um exército qualquer naquela longa marcha de Guarapuava às margens do Paraná, durante largo prazo, senão conseguir destroçá-lo.

Se esta é a situação da fronteira do Paraná, idêntica é a de Santa Catarina. Qualquer exército invasor chega a essa fronteira mais rapidamente que o nosso. O invasor, além de dispor das estradas de rodagem que vêm da linha férrea, Buenos Aires-Posadas, tem, em pontos convenientes, as concentrações estratégicas; concentrações essas compostas de armas ligeiras e de rápida locomoção e mobilidade. Em resumo:

Ou nacionalizamos essas regiões fronteiras ou as ligamos ao Brasil com uma estrada de ferro estratégica.

Na Argentina

Durante a minha estadia na República Argentina, pude perceber claramente que a nossa Pátria, em todos os seus departamentos onde se exerce a atividade humana, é deploravelmente desconhecida por aquele povo. A grandeza geográfica do Brasil, que abrange o território contínuo mais aproveitável, mais ubérrimo, mais saudável do planeta inteiro; a sua população, que ascende a mais de 35 milhões de habitantes, isto é, maior que a de todas as nações somadas do Continente Sul-Americano; a sua indústria variada e progressiva; o seu avultado comércio com o exterior, de borracha, café, erva, mate, couros, fumo, cacau, madeiras, pedras preciosas, ferro, manganês etc.; o seu estupendo desenvolvimento material, cuja capital de São Paulo está classificada a primeira cidade do mundo em maior número de construções civis, anualmente; o Rio de Janeiro, a mais bela e encantadora cidade do Universo, e de maior área e a que possui maior extensão de ruas asfaltadas, a mais bem iluminada; a sua belíssima e grandiosa baía, que pode conter todas as esquadras de guerra e navios mercantes de todas as Nações e ainda sobra água; que um só de seus 21 Estados (Minas Gerais) tem quase tanta população como toda a República Argentina...; que possui o Amazonas, o rio mais majestoso, cujas águas doces, impõem o seu domínio por dezenas de léguas dentro do oceano; em cuja foz existe uma ilha, que é maior que a Suíça; o Itajaí, cujas margens de panoramas fantásticos tornam o rio mais impressionante em paisagens deslumbradoras em todo o mundo; que usufrui o clima ideal no Planalto de Goiás, coração da Pátria; a inteligência do povo brasileiro, sua delicadeza privada, social e internacional; todo esse conjunto que eleva material, intelectual e moralmente um povo, tudo isso é desconhecido pelo argentino.

Desde as gerações passadas até a geração presente, o argentino tem desconhecido o Brasil e os seus homens. E esse desconhecimento continuará até que os seus dirigentes modifiquem os livros oficiais de ensino. São esses livros, a meu ver, os principais causadores da ignorância dos nossos vizinhos a respeito do Brasil, porque tais livros ministram informações errôneas e até infamantes sobre a nossa Pátria, quanto à população e qualidade de riquezas naturais, comércio, indústria, letras, artes etc.

Urgem medidas tendentes a sermos devidamente apreciados, como merecemos, sem reclame, nem alarde.

Essa revolução, que surgiu com o sol de 5 de Julho de 1924 e o acompanha em seu movimento aparente até os dias de hoje, assume para mim o caráter de uma fatalidade histórica.

O povo brasileiro, sem perceber, vai sendo preparado convenientemente nos árduos, mas necessários serviços de guerra, para no momento preciso defender as riquezas materiais de sua Pátria, a integridade de seu território, as suas tradições e honra de sua raça.

E oxalá possa eu ainda prestar o meu humilde, mas sincero concurso de brasileiro, que estremece sua Pátria acima de quaisquer interesses individuais ou políticos.

No Paraguai

Depois do meu restabelecimento em Buenos Aires, transportei-me para Assunção, capital da nobre e hospitaleira República do Paraguai.

Não oculto a prevenção com que pisei estas terras guaranis. Considerei o Paraguai uma continuação da Argentina...

Peço desculpas ao povo irmão pelo falso conceito em que o mantive.

Lindeiros com a Argentina; falando a mesma língua por serem da mesma origem espanhola; a moeda argentina tendo curso oficial neste País; seu comércio dependendo da Argentina... tudo me levava a crer que o Paraguai era um prolongamento daquela Nação. Acresce a circunstância da luta de 1870... Julguei que o povo paraguaio deveria ter ressentimentos nacionais contra os brasileiros.

Entretanto, as prevenções levantadas em meu espírito dissiparam-se ao contato desse povo heroico.

E ao atravessar o Paraguai para desempenhar determinada missão em Mato Grosso, mais me surpreendeu o elevado grau de hospitalidade que o povo paraguaio dispensa ao brasileiro. Viajei e viajarei pelo interior deste País, sem armas, sem dinheiro e sem *matula*.[1]

---

1 Diz-se da comida que se leva em viagem.

Não há rancho, por modesto que seja, onde viva um paraguaio, que não acolha com vivas manifestações de hospitalidade, a qualquer brasileiro, principalmente o desgarrado da revolução. Homens e mulheres paraguaias rivalizam nas atenções que nos são dispensadas.

A atmosfera que respiro em terras paraguaias é composta dos mesmos elementos dos da minha terra natal. Não fora a língua falada, a impressão de estar em minha Pátria não seria traída facilmente.

Quem, pela fatalidade, sente-se constrangido a ser abrigado por uma bandeira estrangeira, pode avaliar o bem moral que nos conforta, alenta e retempera nossas fibras, quando à sombra dessa bandeira gozamos um ambiente suave e impregnado de simpatias e afeições.

Que doloroso suportar um exílio em terra estranha, onde tudo se revolta contra nós, onde a hostilidade é palpitante, e onde não sabem respeitar a adversidade de estrangeiro!...

Bendigo o povo paraguaio, que compreendendo a situação moral e material de um emigrado, teve e tem a delicadeza sentimental de ampará-lo, sem ofendê-lo...

Deixo aqui ao povo paraguaio o meu imorredouro agradecimento e profunda gratidão.

Em Mato Grosso – A Empresa Mate Laranjeira

Conforme disse linhas acima, tive a incumbência de desempenhar determinada missão nesse Estado, e dentre algumas observações colhidas, saliento as que fiz em relação à Empresa Mate Laranjeira.

A Empresa Mate Laranjeira, no dia que começou os trabalhos na indústria extrativa da erva mate, plantou o primeiro marco que assinala o progresso e a civilização do sul de Mato Grosso, desde as margens do Paraná, Guaíra, até Porto Murtinho sobre o rio Paraguai.

Os municípios de Ponta Porã, Bela Vista e Porto Murtinho devem todas as suas pontes e estradas carroçáveis à Empresa Mate Laranjeira. A vida de trabalho intenso que no primeiro existe, tornando a vasta região pela qual se estende, a feira prometida do Estado, acolhedora de todas as atividades humanas, remunerando magnificamente o esforço pessoal dos que ali vão em busca de trabalho, desde o intelectual até o mais humilde operário, é o fruto da capacidade administrativa dos diretores da Empresa, a qual tem prestado à Nação, serviços inestimáveis, fazendo o levantamento de rios antes ignorados, lançando neles as suas lanchas e vapores que os percorrem em grandes extensões, facilitando assim os meios de comunicações e transportes entre a parte central dos municípios às margens dos mesmos rios, abrindo ao comércio da região o caminho para São Paulo. Suas estradas, abertas a golpes de ingentes sacrifícios por entre florestas até então inexploradas, ligando os distritos de Dourado, Amambaí e Nhú-Verá, às margens dos rios que tornou navegáveis ao Paraná, têm um fim comercial extraordinário e uma significação estratégica relevante.

As plantações sistemáticas e em grande escala que a empresa está fazendo nas terras que comprou ao Estado, garantem a este um futuro econômico igual ou talvez maior do que aquele que o café deu a São Paulo, isto para não falar no beneficiamento dos terrenos arrendados, cujo valor aumentou de modo incalculável, dotando-os de caminhos em todas as direções e constituindo pontes sobre o não pequeno número de arroios que os atravessam e entregues "de mão beijada" ao tráfego público, o que, sem dúvida nenhuma, fez avultar o patrimônio de Mato Grosso.

A empresa não limita a sua atividade àquilo que unicamente lhe pode acarretar lucros: ela contribui, de modo excepcional e sem reclame, com fortes quantias para as obras de caridade, de religião, de higiene e até de policiamento.

Nenhum forasteiro passa pelos caminhos que cortam os vastos terrenos da empresa sem que receba desta qualquer benefício; um cavalo, um arreio, dinheiro, um guia para quem não conhece as estradas, e alimentação em abundância, tudo isto é fornecido constantemente aos viajantes.

Mesmo no estrangeiro não deixa a Empresa Mate Laranjeira de socorrer espontaneamente o brasileiro, sem indagar suas crenças políticas.

Facultar meios de vida ao brasileiro na Argentina e no Paraguai é também como os funcionários da empresa revelam o seu carinho pelo Brasil.

Politicamente falando, a Empresa Mate Laranjeira podia e pode influir poderosamente no estado do Mato Grosso, a exemplo de outras companhias e empresas dos outros Estados do Brasil, pois é sabido como ali se fazer as eleições, a peso de dinheiro e sob o refulgir da espada da polícia mercenária... Ora, com uma pequena dose de boa vontade e abrindo os bolsos, a mesma empresa teria os votos da massa inconsciente do eleitorado e a espada daquela não seria desembainhada; mas a política não lhe interessa e, nas épocas eleitorais, severas ordens saem da administração para que nenhum empregado intervenha nos pleitos de modo a influir no resultado da votação, enquanto aquele que é eleitor tem a mais ampla liberdade de votar.

Os poderes constituídos do Município, do Estado ou da República são respeitados pela empresa, que nunca se negou a satisfazer as exigências dos mesmos, ainda que ilegais, de que muitas vezes são portadores funcionários pouco escrupulosos.

Nos automóveis, trens de ferro, lanchas e vapores da Empresa, viajam constantemente famílias e indivíduos de todas as classes sociais sem a menor contribuição, sendo tudo uma espécie de serviço público e gratuito de transporte, mantido pela Companhia.

Além disso, o bom nome do produto brasileiro que a empresa leva ao estrangeiro nunca é desmerecido, porque somente exporta erva pura e da primeira qualidade, exemplo que a maioria das particulares não segue, misturando ao produto folhas estranhas e nocivas à saúde, o que constantemente dá em resultado a inutilização do mesmo nos laboratórios de análises em Buenos Aires e a campanha dos jornais portenhos anunciando o fato com trombetas estridentes, aconselhando ao público abster-se do consumo da erva mate brasileira. E quando isto não sucede, o preparo da erva mate pelos particulares que não a falsificam tem o grave inconveniente da má seleção e harmonia de tipos pela falta de aparelhos e máquinas que tal indústria exige. Sendo os tipos diversos e o sabor da erva variável, pela deficiência técnica na colheita, elaboração e secagem sistemática das folhas, o consumidor prefere o produto paraguaio, que mantém um só tipo com igual sabor.

Calcule-se qual não seria a desmoralização da nossa erva mate nos centros consumidores, se não fosse o cuidado da Empresa Mate Laranjeira, que lança ao mercado o seu produto, inquestionavelmente o melhor que se oferece ao público e que atenua o desconceito da erva brasileira!...

Falei linhas acima da erva mate saída dos estabelecimentos particulares, incluindo neles elaboradores clandestinos e individuais, estes sem outros aparelhos que facões de mato e uma carreta de bois, que se internam como verdadeiros aventureiros pelos ervais, devastando-os sem dó nem piedade, sem referir-me a outras empresas que estão fora de Mato Grosso, porque o momento não o comporta.

Falam que o governo de Mato Grosso devia dividir os ervais em lotes e vendê-los a particulares, não prorrogando o contrato que tem com a Empresa Mate Laranjeira. Os que assim pensam laboram em um grande erro, porque o dispêndio do governo para manter um aparelhamento fiscal e compensador na zona seria enorme e os resultados exíguos, tendentes a diminuírem gradualmente até a extinção completa pela danificação dos ervais, na ânsia que teriam de exaurir-lhes a vitalidade para o enriquecimento fácil e rápido de cada foreiro ou pequeno proprietário.

Sabido é que um erval explorado em um ano, até o seu aniquilamento, fornece ao explorador o capital suficiente para sua relativa independência econômica e para o pagamento do preço que o Estado possa exigir pelo terreno, transformando-se depois o explorador em pequeno criador sem futuro e sem ambições de acordo com a indolência geral, em prejuízo do Estado, que verá desaparecer uma fonte de riqueza sem substituição de vantagens iguais por outra, visto como os pequenos criadores, na sua quase totalidade, pelo menos, em Mato Grosso, só produzem o necessário para o consumo próprio, e às vezes em quantidade insuficiente.

É comum verem-se no sul de Mato Grosso dezenas de pequenas propriedades onde os únicos alimentos são a carne e a erva mate, esta, na maioria das vezes, adquirida a troco daquela, das mãos dos exploradores clandestinos.

É triste dizer-se, mas a verdade deve ser proclamada. Vi, quando por ali andei, incógnito e disfarçado, buscando assuntos para este livro, em muitas propriedades territoriais onde se apascenta um gado que desmoraliza a raça bovina, cuja origem vem da mestiçagem do chifrudo franqueiro com raças já desaparecidas; a ausência de cereais e outros produtos vegetais; até a couve de tão rudimentar cultura é desconhecida.

Quanto ao resto nem é bom fazer-se uma referência, pois, quando muito, o que existe é aqui e ali, uma pequena plantação de mandioca, chegando ao cúmulo de proprietário rural abastecer-se de milho, principal alimento do seu cavalo de sela, nos armazéns da Mate Laranjeira.

Percorri quase todas as estradas do município de Ponta Porã e notei que por ali desconhecem em absoluto a indústria de laticínios; o queijo é coisa raríssima e a manteiga não existe, e apesar da propaganda dos poderes públicos, em todo Mato Grosso não se conhece uma só fábrica deste último produto.

Somente alguns proprietários rurais do município de Ponta Porã, possuem plantações de milho, alfafa, verduras e têm um gado regular, de que se mostram orgulhosos. As plantações, porém, de maior vulto, são feiras por iniciativa da Empresa Mate Laranjeira, não só nesta zona como em outras, possuindo o melhor gado cavalar, bovino e suíno.

Aproveito a oportunidade para aqui relatar uma passagem que muito caracteriza o assunto.

Estava eu hospedado na casa de um fazendeiro e ajudando, em um momento de ócio dos circunstantes, a falar mal do tenente Cabanas, quando, para mudar de assunto, elogiei a ação do dono da casa pela fartura de cereais e verduras que nela havia. Nisto tomou a palavra a senhora do mesmo, e disse-me:

– Olhe, *seu* moço, a gente daqui desconhece a verdura e tanto assim que uma vez almoçando em nossa mesa dois moradores da vizinhança e notando eu que eles não se serviam de um prato de repolho e de uma salada de alface, que com tanto cuidado preparei, chamei a atenção de ambos para as duas iguarias e obtive a esta resposta: *"Nóis não come pasto, siá dona"*.

Avalie-se o desastre que adviria da divisão em lotes dos ervais, para entregá-los a semelhante gente ou aos aventureiros!...

Pouca gente haveria capaz de bem conservar os pés de ervais e tratá-los de modo a aumentar a produção e estabelecer um tipo de agradar o consumidor, como o faz a Empresa Mate Laranjeira.

Se o governo decretar a estabilização dos tipos da erva, terá que gastar uma verdadeira fortuna para exame do produto a ser feito por técnicos bem remunerados no próprio local onde é elaborado e ensacado, isto é, no próprio rancho do explorador e dentro da mata, o que requererá um exército de técnicos, ajudantes e viaturas, além de uma multidão de guardas espalhados por postos fiscais a serem construídos, em número superior a duzentos, para cobrir a linha divisória desde a cabeceira do rio Apa até Guaíra, a fim de evitar que o produto não examinado se escape por algum ponto da divisa. Outra multidão dos mesmos guardas deveria ser localizada pelas embocaduras dos rios que deságuam no Paraná, não esquecendo também as sentinelas a serem postadas, de trecho em trecho, sobre as margens, para evitarem o embarque em lugares ermos e o desembarque clandestino antes da foz desses afluentes. Tudo isso seria custeado com uma verba extraordinária para armamento, munição, médicos, farmacêuticos, ambulância etc., sem contar outra ainda mais volumosa para o pagamento de fiscais, de guardas, inspetores, expedientes etc., e depois o anófele se encarregaria de lembrar também a necessidade do estabelecimento de hospitais nas desertas regiões onde a erva viceja... depois de tudo isto, teríamos ainda os decretos de aposentadoria para tais funcionários e outros tornados inativos pela malária, mal de Chagas e a conhecida úlcera de Bauru.

Tudo isto acontecerá quando a empresa abandonar fronteiras, caminhos, rios e outros pontos que fiscaliza atualmente por interesse próprio, e livre-se o governo, que da Argentina não surja um decreto proibindo a importação da erva mate brasileira, o que ainda não foi feito devido ao bom produto que a referida empresa ali entrega ao público. Para que tal não aconteça, a empresa mantém um tipo especial e um dispendioso serviço de propaganda que afinal redunda em benefício geral.

Enfim, quero terminar este capítulo lembrando mais uma avultada despesa para o erário público estadual: a de conservação de estradas de rodagem, pontes atuais, construção de outras, e o estabelecimento de um serviço de navegação nos rios Dourados, Amambaí, Ijuí e Igatemi. Lembro também que todos os serviços desta natureza, pelo menos no Brasil, pesam nos orçamentos sempre com déficits extraordinários.

Ao Povo Brasileiro

O motivo poderoso que impeliu à revolução grande parte do brioso Exército Nacional, brigada militar paulista e povo, é por demais conhecido de todos. Escusado é repeti-lo. Mas se as causas ainda perduram, é lógico que os efeitos não tenham cessado.

Sempre ouvi dos que se dizem republicanos puros que a República é o governo onde o povo é soberano. Sua vontade, manifestada através das urnas, escolhe o governador geral do Brasil; seus presidentes de Estado; seus senadores, deputados e para os demais cargos eletivos. Essas delegações concedidas pela soberania popular deverão ser exercidas durante períodos determinados e sucessivos. O maior período é para senador federal, que é de nove anos. Ora, justamente na República Brasileira é onde o povo não tem soberania!... e se algum dia resolve escolher um candidato seu para sobre ele acumular os votos, como poderia citar entre outros casos, os do sr. Irineu

Machado, Ruy Barbosa, Nilo Peçanha etc., esses votos não são contados ou, se forem contados, serão cortados no Congresso.

De todas as farsas em ação na nossa república democrática, é sem dúvida, sem discussão, a farsa eleitoral a mais descarada e imoral. Os exemplos pululam em todos os estados do Brasil, para nos eximirmos de relatá-los.

De todas, porém, a que sobressai, por sua monstruosidade, é a do Rio Grande do Sul. O sr. Borges de Medeiros governa o Estado por mais um quarto de século... Para permanecer no governo atual, conseguiu anular a votação do candidato que lhe disputou o poder, por processos que a moral política condena, e fez-se reeleger. E lá está no poder que usurpou. E a soberania do povo na república democrática brasileira, onde reside?... Malgrado o despotismo de que é preciso lançar mão para governar quem não tem apoio na opinião pública, o povo rio-grandense empregou o recurso extremo para defesa de seus direitos conspurcados e em desespero atirou-se à revolução... O Brasil inteiro vibrou, porque o mal que empolga o Rio Grande é comum a todos os estados. Daí a revolução que lavrou no País e que há de ser vitoriosa.

Para remediar tantos males, ao povo brasileiro cabe se manter sempre em revolução, para conquistado voto secreto; mas que todos os serviços inerentes a esse dever cívico tornado obrigatório, desde a feitura do requerimento solicitando a inscrição de eleitor até à expedição do título, sejam executados por autoridades federais; que os documentos que instruem o processo de qualificação, sejam requisitados pelas autoridades federais às repartições estaduais; que as mesas eleitorais sejam presididas por autoridades federais e a escolha dos membros, feita por indicação dos eleitores, perante a autoridade federal respectiva; que a apuração dos votos seja procedida diante de uma comissão de funcionários federais, sem intervenção de nenhuma autoridade estadual, que os diplomas devam ser expedidos também por autoridades federais nos Estados e que esses diplomas devam ser respeitados pelo Congresso Federal, sem discussão alguma em acatamento à vontade livre dos eleitores.

Que o povo brasileiro se mantenha em revolução até conseguir a aplicação uniforme da Justiça Federal em todos os estados; o respeito do pacto fundamental pelos régulos estaduais; uma reforma na distribuição das rendas, a fim de que a União seja equitativamente contemplada para atender, mais desafrontadamente, sua representação e seus serviços administrativos;

que se mantenha em revolução até conseguir a decretação do ensino primário obrigatório; que se mantenha em revolução até que não haja reeleição de presidentes de Estados!...

O governo que, durante 25 anos sempre exercido pelo mesmo homem, não conseguiu a simpatia popular, é um governo tirânico e mau; não conquistando a gratidão do povo, é porque nada fez em relação ao seu progresso, ao seu bem-estar!...

Assim é o governo de Borges de Medeiros.

O povo não lhe vota simpatia e muito menos lhe deve a mínima gratidão.

Essas desgraças da república democrática é que devemos impedir, reagindo com as armas na mão.

É tempo do povo ser integrado na posse de sua soberania, se não nos decretarem antes a falência do regime republicano.

Ao Povo Brasileiro ouso exortar:

Cumpri vosso dever e a nossa Pátria enveredará firme pela estrada larga da ordem e do progresso, em conquista dos gloriosos destinos que lhe estão reservados!

Continuai revolucionários, até que do Templo seja expulso o último vendilhão!...

Assunção (Paraguai) Setembro, 1926.

João Cabanas.

FIM

Aviso ao leitor que brevemente serão publicados os grandes feitos da "Coluna da Morte" sob o comando do intrépido e valoroso coronel Siqueira Campos, em sua marcha vitoriosa e quase fantástica desde o Porto Adela, sobre a margem esquerda do Rio Paraná, até o longínquo estado do Maranhão.

A chegada do Tenente João Cabanas e Heitor da Cunha Bueno a esta Capital

O aspecto da Estação do Norte – A partida do Ric
Uma entrevista interessante

Pelo rapido da Central, que deu entrada na "gare" do Norte, ás 21 horas, chegou hontem a esta Capital, o Tenente revolucionario João Cabanas, acompanhado do Capitão Heitor Cunha Bueno.

Esses officiaes revoltosos vieram escoltados por seis inspectores da policia do Rio e seguiram para o Gabinete de Investigações, em automovel particular, em virtude de Cabanas ter-se recusado ir no carro de presos do Gabinete.

Desde ás 18 horas e meia, enórme massa popular, aguardava a chegada do comboio que devia trazer o Tenente Cabanas, tanto na "gare" como no saguão, e na frente da estação.

O trem que os viajavam esses officiaes escoltados pela policia do Rio, aqui devia chegar ás 18 horas e 45.

A's 21 horas em ponto, o Rapido dava entrada na "gare" do Norte.

Uma turma de 50 inspectores de policia, mais ou menos, chefiada pelo Capitão Borba, do Gabinete de Investigações, fez o serviço de policiamento na estação, serviço que deixou bastante a desejar, desde a chegada do trem até o momento de Cabanas ser conduzido á Hospedaria dos Immigrantes.

Ao chegar á porta de sahida, onde se achava o carro de presos do Gabinete de Investigações, o Tenente Cabanas olhando-o, declarou: "Nesse carro não vou".

A policia, deante da resistencia de Cabanas em não querer ser conduzido num carro de presos e, attendendo tambem aos protestos dos populares, afim de evitar conflictos, resolveu conduzir aquelle official e seu companheiro, em automovel particular, até o presidio da Immigração.

A massa popular acompanhou o auto em que viajava o Tenente Cabanas, até o largo da Concordia.

NO RIO

HAVERÁ OUTROS OFFICIAES REVOLTOSOS NO RIO?

Nos circulos policiaes declara-se que ha suspeitas de que o Tenente Cabanas não era o unico official revolucionario escondido nesta Capital, e que outros elementos que participaram das sedições militares verificadas no governo passado aqui se acham escondidos.

A PARTIDA DO TENENTE CABANAS

Tanto os matutinos de hoje, como os vespertinos, trataram da prisão do Tenente Cabanas, remettido hoje para essa Capital, onde vae cumprir a pena a que foi condemnado pelo juiz Washington de Oliveira.

Ante-hontem, ás 21 horas, á vista dos boatos que annunciaram a viagem do ex-commandante revolucionario ante-hontem mesmo, foi grande a affluencia de populares na estação da Central. Isso poém não aconteceu então — fazendo-se o embarque sómente hontem pela manhã.

Cabanas chegou á estação acompanhado de forte escolta de policiaes e de outros agentes encarregados de conduzil-o a S. Paulo. Na hora do embarque, com o tempo ameaçador, poucos curiosos havia partir se agglomeraram junto ao carro especial.

Nessa occasião a senhorita Mercedes Cabana, visivelmente commovida, sem esconder as lagrimas, procurava despedir-se do ex-commandante da "Columna da Morte". A scena foi commovente. A joven, atirando-se aos braços do irmão, com voz chorosa dizia repetidas vezes:

— Meu irmão! Meu querido irmão!

A presença alli da senhorita Mercedes fez alguns jornaes annunciarem que ella partiria tambem para S. Paulo — o que não aconteceu.

Quando se ouviu o ultimo apito da machina, e o trem se poz em marcha, os populares saudaram tirando o chapéo, e rebouou uma salva de palmas de despedidas ao Tenente Cabanas.

UMA ENTREVISTA INTERESSANTE

Foi aqui publicada um interessante entrevista, que revela alguns aspectos da intimidade do Tenente Cabanas.

A Pensão Hispano-Brasileira, á rua do Rezende n. 89, é de propriedade do Sr. Xavier Barnabé, senhora e filhos, todos de nacionalidade hespanhola. O Sr. Barnabé é musicista, e a sua filha tambem. Isto explica o facto da pensão da rua do Rezende ser muito procurada por artistas. Agora alli mesmo estão morando as coristas da Companhia Esperanza Iris, que está representando no Theatro Republica.

A senhorita Leoner Barnabé, filha dos proprietarios, é quem dirige os negocios da casa — sendo tambem muito relacionada no Rio, onde lecciona musica a grande numero de jovens da sociedade. Foi justamente a senhorita Leonor que fez a um jornalista a seguinte narrativa:

— Certa vez, regressando eu da casa do Sr. Coelho Netto, onde fôra dar lições á sua filha Violeta, encontrei aqui o Sr. Arthur Veleiro, que me queria alugar um commodo. Aluguei. Mais tarde, voltando á nossa casa, o Sr. Arthur Veleiro nos pediu para collocar mais uma cama no seu quarto, pois queria trazer um amigo, empregado do commercio, de quem nunca se separava. Nós concordámos e satisfazemos o seu pedido. No dia seguinte, appareceu-nos com effeito o novo hospede, que nos deu o nome de João Silva. Era um rapaz de tratamento. Admittimol-o em nosso meio e ahi, ao cabo de alguns dias, começou elle a revelar-se.

"Como era natural, continuou a senhorita Leonor, sendo nós hespanhoes, falavamos de preferencia em hespanhol quando nos achavamos á mesa. Certa vez, porém, quando a discussão sempre animada abordava o episodio da revolução brasileira, o novo hospede, cujo timbre de voz ainda não conhecíamos, se tornou meio nervoso em sua cadeira, e disse:

— A mi me gusta tambien hablar su hermoso idioma...

"E o Tenente Cabanas, que para todos era sempre — o caixeiro João Silva, deslumbrou os presentes a discorrer com grande facilidade na lingua estranha, que não era a sua — e que elle dizia

— E' o senhor hespanhol? — perguntaram-lhe.

E elle pallido, á sorrir, respondeu:

— Não — sou brasileiro.

— E' verdade? — exclamaram. O Sr. fala tão bem o hespanhol...

João Silva, ou antes, o Tenente Cabanas, explicou que tendo viajado muito pela America do Sul, tendo estado ultimamente na Argentina...

Tinha-se revelado afinal o homem, que desde então começou a ser admirado por todos. Já ninguem na Pensão Barnabé queria sentar-se á mesa, enquanto não estivesse sentado o hospede desconhecido. E ás refeições todos ficavam attentos, á espera de que elle falasse. O "caixeiro" porém não dava signal de si. Esperava pelo mote. Alguem então o provocava:

— Então, "seu" Silva, que temos de novo hoje?

— A respeito de que? — perguntava. De uma dessas vezes, o maestro Barnabé, que, tendo em outro tempo escripto librettos de operas, deixara na Hespanha muitas relações nos circulos literarios, disse ao "caixeiro":

— Falemos da minha terra!

E Cabanas respondeu-lhe ao pé da letra:

— Para que falar do seu paiz, si estamos no maior paiz do mundo?

Todos concordaram com elle. João Silva então, discorrendo sobre as riquezas do Brasil, enumerava-se com absoluto rigor, e concluio dizendo:

— Precisamos de um Musolini.

— Oh, não! — gritavam todos. Mussolini, não!

— Não — porque? E' o homem que marca um seculo. A Italia está regenerada, e em pleno desenvolvimento financeiro, com o direito de cidadão assegurado em toda a sua plenitude.

Segundo a senhorita Leonor, Cabanas se mostrava muito erudito, de modo que ninguem o contradictava...

— Já vê — disse elle ao Sr. Barnabé que é inutil conversarmos sobre o seu paiz. Demais que póde conhecer o senhor da Hespanha, estando ausente ha tantos annos?

Mas a conversa girou sempre sobre a Hespanha — e Cabanas mostrou que conhecia bem o paiz de que falavam.

A senhorita Barnabé, nessa entrevista, contou outros episodios, pondo em relevo a figura do ex-revolucionario — que segundo se evidencia era na Pensão da rua do Rezende objecto da attenção de todos, até a chegar tambem a attrahir a attenção da policia.

O MAJOR CABRAL VELHO APRESENTOU-SE Á EMBAIXADA BRASILEIRA EM BUENOS AIRES

O ex-revolucionario brasileiro, Major Cabral Velho, apresentou-se á embaixada brasileira, em Buenos Aires, afim de ser repatriado.

OUTROS REVOLUCIONARIOS QUE SE REPATRIAM

A bordo do "Madrid" que deixou o porto de Buenos Aires, seguiram para o Rio de Janeiro, os ex-revolucionarios brasileiros Tenente Coronel Olyntho

FIGURA 11 – Recorte do Jornal do Commercio

MINHAS CONFERÊNCIAS
REALIZADAS NO EDIFÍCIO DO
CONSELHO MUNICIPAL
NO
RIO DE JANEIRO

UMA EXPLICAÇÃO

Minhas conferências

Já que não me foi possível realizar as conferências, que desejava fazer em Campinas, Juiz de Fora e Campos, pela arbitrariedade mesquinha do atual governo Federal, que não vacilou em descer de sua mais alta posição para perseguir e impedir a palavra de um cidadão, aproveito agora para aqui transcrevê-las e bem assim minha contestação ao diploma de intendente municipal, conferido ao dr. Pinto Lima no pleito de 16 de outubro deste ano, a fim de demonstrar, mais uma vez, ao povo brasileiro, que mesmo afastado da luta armada continuo a ser o mesmo humilde revolucionário de 5 de Julho de 1924.

Depois de ter tentado, por várias vezes, juntar-me à Coluna Prestes, por Mato Grosso (via Paraguai) e de esperar ordens do chefe supremo para invadir o estado do Rio Grande do Sul, por ocasião dos levantes em novembro de 1926 naquele Estado e de nada ter conseguido, resolvi, com habilidade, embarcar num vapor estrangeiro no porto de Montevidéu, para o Brasil, a fim de juntar-me à Coluna Siqueira Campos, que nesta ocasião achava-se nas divisas de Minas com Goiás.

Chegando a Santos em fevereiro, imediatamente segui para São Paulo e no mesmo dia à noite embarquei para o Rio, de onde tomei rumo a Belo

Horizonte, por achar menos perigosa a travessia por este lugar, visto ser eu menos conhecido, apesar de bem estar disfarçado.

Após vários dias de viagem a cavalo, tive notícias, pelos jornais, que o bravo Siqueira Campos se deslocava para a fronteira do Paraguai. Percebendo que o mesmo tencionava emigrar com sua gente e que desta forma não mais o alcançaria, resolvi regressar ao Rio, onde, uma vez aqui, procurei aproveitar a oportunidade para fazer uma operação que tanto estava precisando, quando a 24 de junho fui preso pelo 4º delegado auxiliar e uma turma de investigadores, à Rua do Resende, 89, onde me achava hospedado juntamente com meu irmão.

Posto em liberdade a 6 de agosto por meio de fiança requerida e depositada, procurei, tanto quanto possível, e à medida de minhas forças, percorrer o Brasil em propaganda dos ideais dos revolucionários de 5 de Julho, começando pela cidade de Campinas, onde fui impedido pelo delegado acompanhado de mais de vinte agentes, digo, capangas e desordeiros conhecidos naquela cidade, e assim se sucedendo em Juiz de Fora e Campos.

Nesta nova campanha, me acompanharam com estoicismo e abnegação os amigos dr. Virgílio Benvenuto e Amoaci Niemeyer, aos quais apresento aqui os meus protestos da mais alta estima e consideração.

João Cabanas
Rio, 12 de novembro de 1927.

CONFERÊNCIAS REALIZADAS PELO TENENTE JOÃO CABANAS NO EDIFÍCIO DO CONSELHO MUNICIPAL NO RIO DE JANEIRO

Exmo. Sr. Presidente e meus senhores:

Antes de iniciar a minha contestação e para justificar clara e verdadeiramente os motivos que me trazem aqui, peço licença para fazer algumas considerações sobre o Brasil nestes últimos quatriênios.

Em consequência da grande guerra, sofreram quase todos os países do Universo enormes prejuízos morais e materiais.

Os povos esgotaram-se fisicamente pelo mau passadio, durante longos anos ou nos campos de batalha, ou nos centros populosos, vítimas da miséria e da fome.

As cidades, o comércio, as indústrias arruinaram-se, destruídas umas pela metralha, outras pela deplorável situação econômico-financeira dos países envolvidos na conflagração.

Os regimes políticos abalaram-se ante tão grave situação, fazendo prosélitos, teorias sociais novas, nascidas do que podemos denominar a mentalidade da guerra.

Os povos, exaustos, compreenderam, afinal, que as guerras não são senão frutos de competições políticas, de ambições militares e capitalistas. Bateram-se, então, pela implantação de princípios políticos que, dignificando o homem com força de construção, dessem organização nova às sociedades.

As transições, porém, eram demasiadamente bruscas, donde conflitos sociais de consequências talvez mais funestas que as da guerra.

Derrubaram-se impérios e reinados, desapareceram dinastias! Os que não caíram, mantêm-se a custo, ameaçados pela onda remodeladora.

O Brasil, porém, saía brilhantemente da fornalha dantesca em que se debatiam os demais povos.

Sua situação político-social, bem como a econômico-financeira, era invejável.

Uma ânsia de progresso se notava por toda parte.

Os sábios conselhos, a prudência do eminente presidente de então, dr. Venceslau Brás, eram inteligentemente aproveitados por todos os brasileiros; os campos eram lavrados e das sementeiras surgiam lavouras; prosperavam as indústrias; a Nação possuía ouro; o câmbio mantinha-se alto, 16 d.

Sob tão serena e honesta orientação, o Brasil tomou animosamente a estrada de progresso da civilização e da paz.

Desta forma o País entregue, em 15 de novembro de 1918, ao novo presidente dr. Delfim Moreira, que, conservando tão grande patrimônio, elevado o câmbio a 18 d., o transferia ao sucessor dr. Epitácio Pessoa.

O governo do sr. Epitácio Pessoa

Não decresce de intensidade o movimento de progresso sobre a nova presidência.

Já não duvidamos mais: breve o Brasil se firmaria como potência de primeira ordem.

Esta certeza avolumava-se mais, ao saber-se que o dr. Epitácio Pessoa, homem culto e inteligente, trazia da Europa observações próprias, experiência colhida nos mesmos campos onde se digladiaram as nações.

Tivemos a ilusão de que essas observações, aliadas ao saber do presidente, salvariam a República da anarquia e dos males que imperavam na Europa, tentando desbordar para os países que, como o nosso, viviam em paz.

Os empreendimentos audaciosos e de grande vulto tomados pelo dr. Epitácio Pessoa ainda mais nos alentavam. As obras do Nordeste, as construções de quartéis, as manobras militares, tudo nos fazia prever novos surtos progressistas para o país.

Bem logo, porém, se desfizeram essas ilusões! As obras públicas, condenadas pela engenharia nacional, consumiam os recursos do Tesouro. O ouro começou a desaparecer.

Recorreu-se aos empréstimos externos, que não chegavam aos seus destinos, esbanjados misteriosamente nas próprias praças onde eram lançados.

O câmbio iniciou a sua descida vertiginosa e assustadora até cair na casa dos 4 d.

As emissões papel, feitas a rodo, depreciavam a nossa moeda.

O empréstimo dos 14 milhões para a eletrificação da Central desapareceu, e nem justificativa clara teve até hoje.

A letra dos 4 milhões, legado de erros; foi paga pela nação.

As obras públicas alimentavam parasitas e engordavam os filhotes dos... homens do dia... Gastava-se o dobro do que elas foram orçadas.

Nessa loucura de gastos e orgias, perdeu-se a consciência das responsabilidades e enlameou-se o caráter nacional. Pretendeu-se fazer concessões escandalosas ao estrangeiro, como as de Itabira Iron, comprometendo-se a nossa soberania e a nossa riqueza nacional, em benefício da cupidez dos estrangeiros e de brasileiros sem pudor.

A missão francesa, contratada nesse governo para instruir nosso exército, conseguiu impingir-nos material usado, ferro-velho que sacrifica vidas de preciosos e abnegados patrícios.

As comissões na Europa escandalizaram a nação! A maioria dos tais chamados homens públicos lá viviam em missões não bem definidas.

A vinda do rei Alberto deu ensanchas a novos inúmeros sacrifícios das finanças nacionais, fonte inexaurível onde se não saciam as ambições dos assaltantes do cofres públicos. O Tesouro cada vez mais se depauperava. As emissões redobravam. Empenhava-se, hipotecava-se tudo. Só faltava hipotecar-se a bandeira nacional! Maurício de Lacerda e Nicanor do Nascimento eram esbulhados na Câmara Federal. A politicagem invadiu os poderes públicos e solapou as instituições.

Não havia mais justiça. Esta, demorada e cara, quando não era deturpada pelos interesses dos politiqueiros. Não tínhamos mais instrução pública. Não tínhamos mais exército. O sorteio militar só o era para os pobres. Os meninos bonitos fugiam dele por meio de proteções políticas ou de absurdos *habeas corpus*. Ainda hoje estão em vigor esses recursos antipatrióticos.

Dominando por todos os lados a politicagem, quiseram impor ao povo, para o novo período presidencial, um moço desconhecido: dr. Arthur da Silva Bernardes.

Nada recomendava esse político à Presidência da República, senão os interesses das camarilhas e das oligarquias, principalmente a de São Paulo, em cujas mãos, finalmente, veio cair o país.

Estávamos em 1921.

Uma convenção de políticos, que se diziam representantes do povo, indicou definitivamente aquele nome às classes vivas da Nação.

O povo reage. Antepõe ao nome do ilustre e conhecido de um grande estadista: dr. Nilo Peçanha!... Como companheiro de chapa, o do venerando lutador e republicano altivo, dr. José Joaquim Seabra.

Desfraldou-se sobre a pátria a bandeira da "Reação Republicana".

A nação inteira, à sombra dessa bandeira, amparou os dois velhos republicanos.

Em memorável pleito cívico, vence o povo, brilhantemente, nas urnas... Mas o povo só tinha para garantir esses nomes e essa bandeira, o seu voto altivo e independente.

Os politiqueiros possuíam o Tesouro, as baionetas e os canhões. Com estas forças, destruíram as urnas, abafaram a vontade popular.

O Brasil inteiro chora o peso da sua vergonha! Nilo Peçanha, diante de tanto cinismo, definha de dor.

Foi então que a parte sã do Exército, não se conformando com o triste papel que lhe queriam fazer desempenhar, papel de algoz, papel de capanga, levantou-se e lança boca do canhão de Copacabana o tiro de protesto, o tiro de aviso...

O primeiro 5 de Julho!

Dezoito moços. Dezoito brasileiros, dezoito heróis, contemplam da murada do forte, sonhadores e vibrantes o efeito moral daquele protesto, daquele aviso.

Não queriam ver o efeito da destruição, o efeito material de uma granada. Queriam, sim, ver o efeito moral!

Aquele nada foi, mas este foi grande!

Satisfeitos saem do forte. Mas queriam sair como brasileiros. Vencedores ou vencidos, sairiam como verdadeiros representantes do povo que protestava.

As hienas, porém, os esperavam lá fora, na tocaia.

Leônidas teve ante si um adversário generoso, que o avisa da inutilidade de sua loucura defendendo com poucos homens a passagem de Termópilas.

Os dezoito heróis de Copacabana, porém, não tiveram adversários desse porte. Tiveram feras, tiveram covardes. Quatro mil homens ao mando de Epitácios, Fontouras, Nepomucenos e outros, trucidaram, rasgaram o peito indefeso daqueles dezoito bravos brasileiros!

O que seria uma fácil prisão tornou-se uma chacina completa e vergonhosa.

O protesto de Copacabana já não era mais um tiro de canhão. Passou a ser o sangue daqueles heróis, que correu pelos ladrilhos e asfaltos do elegante bairro. O protesto tinha dupla significação. Agora nem os séculos poderão apagá-los.

Epitácio Pessoa decreta o estado de sítio, logo em seguida. Não respeita a data que naquele ano festejávamos. Não respeita a presença de delegações estrangeiras que nos visitavam.

As prisões enchem-se de infelizes. No hospital, gemem três bravos: Siqueira Campos, Eduardo Gomes e Newton Prado. Este rasga desesperado as tiras que protegiam suas enormes feridas, causadas por baionetas manejadas por miseráveis e covardes consciências.

Newton Prado morre!... O tirano graceja, no leito dos três bravos, com sorriso irônico: "tanta bravura perdida"... Suprema afronta de quem não soube respeitar essa bravura!...

O país neste caos, antítese perfeita de 1918, é entregue ao nefasto Arthur Bernardes a mais mesquinha alma que apareceu depois da Inquisição Espanhola.

O governo do sr. Arthur da Silva Bernardes

Este homem digno de estudo por parte da medicina ocupou o poder amparado por aquelas mesmas baionetas que ainda estavam com tintas do sangue, dos heróis de Copacabana.

Nem mesmo o reflexo rubro dessas baionetas o comoveu.

A angústia do povo não o abala. A aflição das esposas, dos pais e dos filhos daqueles que estavam nas prisões, não o demovem do seu intento vaidoso e ambicioso. Não o envergonha a recepção e a repulsa que lhe fez o povo carioca a sua chegada. Não se atemoriza do futuro negro que se desenhava no horizonte do país, com uma luta fratricida e que já se vislumbrava. Tudo afronta cínica e malvadamente.

Será contra todos. Inicia novas prisões, novas perseguições e inúmeras vinganças.

Espezinha a toga da Justiça. Premeia os malvados, os servis e os bajuladores. Pisa na honra do exército, prende injustamente oficiais.

O câmbio continua a descer. Nova turma de parasitas mais esfomeados se aboleta no poder.

Chama uma missão inglesa, e aquilo que devia estar em segredo em nosso seio é desvendado aos olhos do mundo inteiro: a falta de competência técnica nas administrações públicas, a falta de vergonha e os roubos no Tesouro. Pede a essa missão conselhos. Necessita de conselhos alheios! Reconhece sua incapacidade, que já fora reconhecida pelo povo brasileiro.

O Supremo Tribunal é desrespeitado no Estado do Rio. A Bahia se vê ultrajada com o peso brutal dos canhões assassinos que para lá se enviam, a fim de dar pasto à vingança e aos ódios do Presidente da República. A Bahia, impossibilitada de reagir, vê com lágrimas nos olhos um seu filho varão ilustre J. J. Seabra ser ultrajado, caluniado, expulso, por assim dizer, do seu torrão para o exílio penoso.

O Rio Grande do Sul sofre uma traição. Os libertadores são traídos depois das promessas de Arthur Bernardes. Este une-se ao outro tirano, Borges de Medeiros, para abafar a voz de liberdade do nobre povo gaúcho, que soltou pelos pampas afora, depois de ter suportado 25 anos de tirania.

Irineu Machado é degolado no reconhecimento para senador, apesar dos treze mil votos que o povo carioca lhe dera sobre seu competidor.

Assis Brasil sofre, nas mesmas condições, idêntico esbulho.

O povo carioca sofre ainda mais. É o povo em que de preferência os tiranos descarregam com mais força todas suas paixões, ódios e vinganças. Mil torturas físicas e morais lhe são infligidas. Dão-lhe para chefe de polícia a consciência escura de Fontoura.

O comércio continua a sofrer a elevação de impostos. As indústrias, com a falta de braços e de técnicos, que só se dirigem para os países de moeda valorizada, lutam com mais dificuldades. O nosso câmbio vil impede-as de importarem maquinarias e matéria-prima.

O funcionalismo continua a perceber os mesmos vencimentos de vinte anos atrás, incoerentes com a excessiva alta de preços de todos os gêneros de primeira necessidade, aluguéis de casa, transportes, fretes etc. Consequentemente, a aposentadoria desse funcionalismo é aquela que foi estabelecida anos atrás, incompatível com as necessidades da época atual.

Esse mesmo funcionalismo continuava a trabalhar em pardieiros, edifícios velhos, alguns do tempo colonial, ameaçando ruínas, antiestéticos, prejudicando a saúde dos abnegados servidores do Estado.

O funcionalismo, com aposentadorias mesquinhas, sem amparo de cooperativas, tão difundidas no mundo inteiro, sem hospitais, via-se depois de trinta anos de serviço, alquebrado, doente, velho e preterido, obrigado a mendigar entre amigos ou entre agiotas um pedaço de pão, e o conforto que tantos anos de trabalho lhe davam direito, e a miserável aposentadoria lhe negava.

O operário continuava sem representação, sem o direito de protesto e da greve. Sem o direito da queixa e do lamento. A polícia dissolvia os comícios à pata de cavalo, encarcerava e deportava seus líderes.

A liberdade de pensamento e a de imprensa estavam cerceadas pela infame Lei Gordo, sancionada pelo antecessor Epitácio Pessoa.

Palmital, Guaratinguetá, Presidente Prudente assistem com a conivência do governo de São Paulo e ao mando de Ataliba Leonel, o fuzilamento, em plena porta dos colégios eleitorais, de dezenas de cidadãos.

Oficiais da milícia de São Paulo, como o primeiro-tenente Durval de Castro e Silva, com 24 anos de serviço e exemplar comportamento; delegados e funcionários como os drs. Gustavo Castellar, dr. Carvalho e dr. Paulo Barreiros são demitidos sem justificativas, somente para satisfazer interesses da politicagem.

As Fazendas dos Estados e da Nação eram continuamente condenadas por sentenças judiciárias a pagarem e indenizarem prejuízos de particulares que se sentiram por decisões arbitrárias de simples e absurdos decretos governamentais, sem que por esses prejuízos que depauperavam a nação houvesse responsáveis. A municipalidade de São Paulo, de uma feita, foi condenada a pagar mais de 50 mil contos a uma companhia estrangeira de frigoríficos. Empresas organizadas por politicoides ou filhos destes faziam pressão para obterem concessões escandalosas, como o caso do asfalto em São Paulo, onde o Tesouro ia ter um rombo de milhares e milhares de contos. Outras se organizavam para negociatas indecentes e indecorosas com terras involutas.

E vejam, meus senhores:

Enquanto no governo de Campos Salles um ministro ia para a prisão por um *negociosinho* de 900 contos, no governo bernardesco faziam-se negociatas criminosas de milhares e milhares de contos, dando-se prejuízos formidáveis à nação, sem que o cinismo e desplante de nossos dirigentes se abalassem!...

Os senhorios continuavam a elevar os aluguéis das casas.

Nossa representação no exterior era nula.

A Central do Brasil, o Lloyd e a Aviação Militar continuavam a fazer vítimas.

Nos armazéns reguladores de cafés em São Paulo, descobrem-se enormes bandalheiras sem responsáveis até hoje. O Amazonas, sem mais nada poder exportar pela incúria dos nossos dirigentes, que dali deixaram sair as sementes de *cautchu*, declarava-se, para vergonha da Pátria, quase em banca rota.

Em Santos, a praça recebe um golpe de 60 mil contos, roubo no qual estavam envolvidas pessoas de destaque na política do Estado e ainda impunes.

Nosso material de transporte ferroviário era deficiente, deixando apodrecer nos galpões das estações o produto de milhares de pequenos lavradores.

O nosso serviço de mar era feito por material condenado pelas leis marítimas. Esse mesmo material era ferro-velho adquirido nos países da guerra europeia.

Matarazzo e outros apadrinhados pelos políticos punham em suas cabotagens esse material condenado com supremo desprezo pelas vidas de suas tripulações, que devido à miséria e à falta de trabalho no país se arriscavam nas velhas carcaças marítimas.

Os falsificadores e os *trustes*, campeando impunemente pelas cidades, envenenando o estômago do povo, açambarcando e encarecendo os gêneros de primeira necessidade.

O estrangeiro protesta contra a qualidade dos produtos exportados, todos eles falsificados ou deteriorados, como a carne e a banha.

O povo vivia sem escolas, sem hospitais, sem auxílios, sem estímulo, sem direitos...

As populações do interior, morrendo à míngua, sem um palmo de terra, eram devoradas pelas endemias.

Era a miséria nos lares, a miséria no Estado e a miséria nas consciências.

Os vícios, as futilidades, os prostíbulos e os *rendez-vous* multiplicavam-se.

E, em volta de tudo isso, como um palácio faustoso e cheio de ouro, abrigando mendigos sem lhes matar a fome, toda esta portentosa riqueza do nosso solo, as minas inexploradas, as terras em latifúndios em mãos de politiqueiros ou de estrangeiros esperando as valorizações ou que algum desgraçado as vá cultivar em proveito do patrão, como servis...

Um Congresso surdo, mudo e cego!

Uma maioria parlamentar servil e bajuladora!

Um Congresso de bacharéis, de burgueses que nunca estiveram em contato com as massas populares, que nunca sentiram suas necessidades nem conheceram outro ambiente social que não o que em que tanta miséria se criava.

Congresso que nada dizia. Congresso que nada representava, porque não saíra das massas populares, das classes sofredoras do funcionalismo e do proletariado. Nem as classes industriais, nem as classes comerciais, nem as classes operárias tiveram alguma vez representantes nos poderes públicos.

Assim marchava o país nas mãos das oligarquias estaduais apoio da oligarquia federal, que, por sua vez, as alimentava.

Quente, porém, ainda no solo de Copacabana, estava com sua cor rubra o sangue generoso dos dezoito heróis que ali tombaram!... *(Pausa.)*

O segundo 5 de Julho

Foi nesse estado de coisas que chegamos, com uma indiscrição geral e visível, a 5 de Julho de 1924. Um punhado de brasileiros idealistas levanta-se enérgica e virilmente na madrugada deste dia e brada na capital de São Paulo o grito de Revolução!

Levanta-se com as armas nas mãos, com aquelas mesmas armas que a nação lhes confiara para defender a Constituição e as instituições.

Naquele instante, esse punhado de brasileiros demonstrou como sabia perfeitamente cumprir o seu dever.

A Constituição estava sendo desrespeitada por homens que se diziam governo e que se diziam legalmente reconhecidos por outro poder; o Poder Legislativo, constituído no mesmo legalismo. Tanto um como outro nunca foram eleitos pela vontade soberana do povo e pela verdade das urnas. Foram-no somente pelas violências policiais e pelos conchavos. Mesmo que assim não fosse, bastavam os desmandos desses que se diziam governo para justificar uma revolução como a de 5 de Julho de 1924, que ia ao encontro dos anseios e dos desejos da população brasileira.

Esse punhado de brasileiros atirou-se à luta. Não medindo sacrifícios em prol de uma causa nobre e justa, a qual, se não fosse vencedora pelas armas, congregaria e arregimentaria as forças vivas da Nação.

E... não nos enganamos. Aí está a opinião pública para provar em torno de quem ela está formada.

Os pretensos governistas nos negaram um programa político. Foi a eterna bigorna onde sempre martelaram. A falta de um manifesto e a falta de nomes que prestigiassem o movimento de 24 foram ponto de partida para nos negar o direito de chamar à nossa revolução – revolução política e social.

A nossa revolução foi chamada pelos bernardistas de revolução dos "tenentes", revolução dos "indisciplinados", revolução dos "mazorqueiros".

Essa denominação era infantil!

Manifesto programa político resumia-se em duas frases que o espírito e o liberalismo da nossa Constituição concretizavam: Representação e Justiça.

Essa frase não mais precisava ser escrita; não precisava ser publicada ou divulgada, porque ela estava no coração de cada cidadão e na consciência de cada brasileiro, que não se arrastava servilmente aos pés dos magnatas.

Desde 1922 que corria de boca em boca. Desde 1922 que um olhar significava Representação e Justiça: um aperto de mão, Representação e Justiça; um choro de fome de uma criança, Representação e Justiça; um queixume do funcionário que recebia miseráveis vencimentos, Representação e Justiça; um lamento, Representação e Justiça; um grito desesperado do industrial, do comerciante, do lavrador, do carteiro, do chofer, Representação e Justiça.

Com a verdadeira Representação iríamos moralizar os poderes públicos da República. Dividir as terras com o povo, seu legítimo dono. Terminar com os latifúndios ou taxá-los com pesados impostos quando inexplorados. Fomentar as indústrias nacionais somente com o que é nosso. Com Representação, podíamos fechar os cofres do Tesouro às falcatruas. Daríamos trabalho para o funcionalismo e para os operários. Construiríamos hospitais para os enfermos e asilos para os inválidos, montepio e socorros para a velhice, para as viúvas e para os órfãos.

Acabaríamos com os empréstimos, desipotecaríamos o que está empenhado, reorganizaríamos os serviços públicos, desenvolveríamos os meios de comunicação e transportes, daríamos escolas aos analfabetos, fundaríamos e fomentaríamos o ensino das artes que tanto eleva os sentimentos estéticos dos povos, sanearíamos o país, expulsaríamos os parasitas e os politiqueiros, equilibraríamos os orçamentos, terminaríamos com os contrabandos, aumentaríamos assim as exportações, que não ficariam somente reduzidas ao que era – o café de São Paulo, que constitui o maior perigo futuro para o Brasil no dia em que uma fatalidade, destas comuns nas lavouras, inutilizar os cafezais do meu Estado.

Com Representação, em nossa exportação figuraria significativamente a borracha do Pará e do Amazonas (menos a da polícia); o tabaco e as frutas da Bahia; o minério de Minas; o açúcar e o algodão do nordeste; o mate e os diamantes de Mato Grosso; o pinho do Paraná; o gado do Rio Grande do Sul. As nossas quedas d'água seriam a energia a movimentar a grandeza do país.

Com Representação teríamos governos livres, governos independentes, governos honestos e sérios, criando e construindo só conosco, para nós e para o mundo inteiro, sem imitações ridículas, praticamente, com cunho nacional e verdadeiramente brasileiro. *(Pausa.)*

Com Representação, nós teríamos o voto secreto, terminaríamos os conchavos e morreria a politicagem.

A Justiça pedia o povo brasileiro, não porque descrêssemos dos nossos juízes, mas porque ela era demorada, cara, desrespeitada e burlada a maior parte das vezes pelos interesses políticos.

Justiça demorada, justiça cara, não é Justiça!

Mal organizada, sem recursos, sem edifícios e locais próprios, sem auxílio de espécie alguma, com um aparelho burocrático e um número exíguo de juízes, criados por leis de muitos lustros atrás, essa Justiça era para o povo mais opressão do que Justiça.

Representação e Justiça queriam os revolucionários. Talvez um espírito renovador e criador pairasse sobre a consciência de todos, mas ninguém queria exigir o impossível fosse pôr em realidade tudo que espíritos moços sonham e idealizam.

Quanto ao nome ou nomes que prestigiassem a revolução, bastávamos invocar o nome e a memória do grande estadista Nilo Peçanha.

Perderam o seu tempo os que pretenderam desmoralizar a revolução, negando-lhe uma ideia, negando-lhe um nome.

A revolução as tinha e bem difundidas no seio de todos, tanto assim, que se ela se desfez no campo da luta armada, não se desfez na consciência de cada brasileiro. Ela está no espírito nacional, em todas as camadas sociais, na opinião pública, e mais se aviva com os atos prepotentes dos governos, das camarilhas e dos politicoides.

O que foi a luta em São Paulo, no interior de São Paulo, em Mato Grosso, no Paraná, no Rio Grande do Sul; o que foi a luta em todo interior do Brasil; o que foi a epopeia do raide da coluna paulista e da coluna gaúcha pelo Brasil afora, durante três anos, passando fome, sede e frio, descalços, sujos, rotos e esfarrapados e doentes os seus soldados, é inútil narrar porque toda a nação lhe conhece os detalhes.

Vinte e quatro generais comandaram diversos setores e os vinte e tantos mil homens, em média, que nos combateram, que nos perseguiram. Todos os politiqueiros que se julgavam atingidos pelo protesto que encarnava a revolução, quiseram nos embargar os passos. Todos os capangas, caudilhos, chefetes do interior, assassinos e chefes de cangaço foram arregimentados a peso de ouro às hostes governamentais, para auxiliá-las a sufocar, trucidar e dominar o punhado de brasileiros que se levantara contra o governo ilegalmente constituído.

A imprensa que estava subornada pelo dinheiro do Tesouro despejava pelas suas colunas toda bílis governamental em baixo calão, única arma digna de ser empunhada por esses favoritos da legalidade.

Os governistas e os revolucionários

Acusaram-nos de ladrões, incendiários, estupradores.

Ladrões, quem? Nós? Nós, que respeitamos todos os dinheiros públicos e particulares de São Paulo e por onde passamos?

E os 850 mil contos da capital de São Paulo que não foram sequer violados?

Nós, ladrões? Nós, que entramos pobres para a revolução e dela saímos paupérrimos?

Nós, que no exílio exercemos os cargos mais humildes, que fomos condutores, carregadores, estivadores pela falta de recursos para o nosso sustento?

Nós, que no exílio dormimos muitas e muitas vezes nos bancos dos jardins e nas praças públicas?

Nós, que ao retornarmos à Pátria, nos encontramos sem lares, nossas famílias desfeitas pelas vicissitudes, pelas perseguições mesquinhas da polícia, pela miséria que a ausência dos pais, dos esposos e dos filhos não puderam amenizar?

Nós, que muitas e muitas vezes, alquebrados pela fome ou pelas doenças contraídas na longa campanha revolucionária, procuramos no exílio as Santas Casas para recebermos socorros, por esmola, da ciência médica?

Nós, que vimos companheiros sucumbirem à míngua pela falta completa de recursos, outros inválidos e outros matarem-se pela miséria que os consumia?

Quem saqueou? Quem roubou?

Apontem nossas vítimas, mostrem, concretizem o que afirmam.

Acusam-nos de incendiários.

De quais incêndios? De Manduri? De Cardoso de Almeida? De Allica?...

Meus senhores: o que não se faria contra as propriedades de um Lampião ou de um Antônio Silvino, se eles porventura as possuíssem?

E não devia eu incendiar as propriedades desses outros Lampiões, ou de um Antônio Silvino se eles porventura as possuíssem?

E não devia eu incendiar as propriedades desses outros Lampiões desses Antônios Silvinos, políticos que abundam pelo interior, da nossa República?

Acusaram-nos de estupradores.

Tragam e citem os nomes das vítimas diante do grande tribunal que é a opinião pública. Não basta acusar. É preciso provar.

O que vimos nós, os revolucionários, entretanto, do lado da suposta legalidade?

Um estado de sítio nefasto para as liberdades de todos os cidadãos brasileiros. Um estado de sítio nefasto para a situação moral, econômica e financeira do país.

Uma polícia que se degradou sendo chefiada pelos Chagas, Moreiras Machados, Mandovanis etc.

Assassinatos nas prisões. A morte de Conrado Niemeyer. As extorsões, as chibatadas, as surras dentro das delegacias em presos inofensivos.

As populações pacíficas e laboriosas do Brasil, sofrendo perseguições e o peso de mesquinhos ódios, as prisões que se enchiam de inocentes e daqueles que não abraçavam o mesmo credo político, de roubos e bandalheiras dos parasitas do Poder. Eis o quadro!

A Lei de Imprensa imperando somente para os inimigos do governo, e protetora dos atos e deslizes dos potentados e burocratas governamentais.

A Revisão Constitucional feita nos aposentos particulares do Presidente da República, sem a análise da parte intelectual na nação, sem a crítica ponderada, sem a discussão e sem as luzes benfeitoras da imprensa cerceada pela censura.

Um Congresso que vota uma lei inconstitucional, concedendo favores escandalosos para a fundação e organização de um jornal e de uma revista, dando ao Tesouro prejuízos superiores a 200 mil contos.

A negociata que um filhote do governismo de um jornal prejudicando os cofres públicos em 16 mil contos.

Um empréstimo de 60 milhões feitos às ocultas e de que até hoje a nação não teve conhecimento.

Parentes do presidente, sem idoneidade profissional, nomeados com preterições odiosas, para o corpo diplomático.

Potentados do dinheiro condenados pelos juízes, perdoados pelo Executivo.

Deputados e filhotes do governismo, riquíssimos, com fortunas adquiridas em pouco tempo e misteriosamente.

A nomeação de magistrados hoje denominados pitorescamente: "desembargadores elétricos", prejudicando interesses e direitos adquiridos à força de anos e ao peso de trabalho e abnegação.

Os combatentes que defendiam o governismo apresentando fantásticas contas e faturas pelos gastos da campanha que iam depauperar o Tesouro, enriquecendo, entretanto, meia dúzia de "bravos defensores da legalidade".

A organização de batalhões patrióticos que consumiram verbas enormes não realizadas, eis ainda outro quadro macabro!

Enquanto essa mesma legalidade nos acusava de termos fuzilado centenas de brasileiros governistas, silenciava as atrocidades dos fuzilamentos de revolucionários em São Paulo.

Silenciava os massacres e o bombardeio da bela capital paulista e da sua população. Silenciava as atrocidades cometidas na "entrada triunfal" de suas forças, quando da retirada dos revolucionários de São Paulo, que já havia sido feita 24 horas antes, para supremo escárnio da "competência e habilidade tática e estratégica" de um Estado Maior composto de oito generais e um almirante, "Hindemburgs e Von Tirpitz" brasileiros.

Silenciava as derrotas das tropas governistas, infligidas pela exígua Guarda da Retaguarda dos revolucionários, comandadas por um tenente de polícia. Ela silenciava as violências cometidas por suas tropas contra as populações do interior.

Esquecia-se do massacre dos dezoito heróis de Copacabana!

Nós, se fuzilamos alguém, fuzilamos, repito, os emissários e os espiões dos Horácios de Mattos, dos Atalibas Leonéis, dos Quincas Nogueiras, enfim, de todos os Lampiões e Antônios Silvinos políticos que os enviavam às nossas hostes para, intrometidos nelas como amigos, lançarem a desmoralização praticando sob a bandeira revolucionária o saque, a pilhagem e o estupro.

Nós fuzilamos esses brasileiros, maus e criminosos. A falsa legalidade fuzilou, Carpenter, Correia, Newton Prado, Edu Sper e muitos civis indefesos e inocentes por todo o Brasil afora.

Enquanto nós confessávamos com dor a carnificina que resultava de uma luta leal corpo a corpo, a suposta legalidade silenciava os massacres de Catanduva e da Clevelândia!

Aí estão as diferenças com toda sua cruel realidade estabelecidas em simples e pálidas palavras, resumidamente, pelo mais modesto dos revolucionários, aqui presente.

O governo do dr. Washington Luís

O país, nessas condições, convulsionado por um movimento armado, agitado por ideias novas, ideias criadoras, que se revelaram naturalmente no decorrer da revolução, foi entregue ao dr. Washington Luís, a quem o povo o recebeu com as maiores esperanças, certo de que a paz seria feita, confraternizando-se a família brasileira, iniciando-se uma era de construção.

Esqueceu-se do auxílio prestado pelo dr. Washington Luís à legalidade em São Paulo. Esqueceu-se de que ele fora o braço forte do bernardismo, senão o inventor da candidatura do sr. Arthur da Silva Bernardes.

As esperanças avolumaram-se com os primeiros atos do novo governo: a suspensão do estado de sítio; a volta dos presos da Clevelândia e da Trindade; a liberdade da imprensa; a crítica teatral sem censura prévia aos atos da gestão bernardista. Tudo isso fez prever uma nova era de paz e de trabalho.

Esses atos talvez tivessem iludido mesmo a muitos dos meus companheiros, influídos no espírito do nosso chefe Isidoro Dias Lopes, de Miguel Costa e Prestes. Só eu não me enganei. Só eu não me iludi.

Não me enganei porque conhecia melhor os homens que ascendiam ao poder nacional. A sua mentalidade não é das que possam compreender da qual se punha a mocidade.

"A MOCIDADE É LEVEDURA MORAL DOS POVOS" (Ing.)

Revolução feita pela mocidade, ela tinha que marcar uma aurora nova e arrancar o país da sombra, ascendendo-o com os nossos anhelos inquietos.

Revolução feita pela mocidade que olha longe e gera forças criadoras.

Revolução feita pela mocidade que não pensa em ódios nem morre de inveja; que ri, canta, ama, estuda e trabalha confiando sempre nas próprias forças regeneradoras e unindo o cérebro ilustrado pelo saber ao braço rijo e ativo do trabalhador.

Revolução feita pela mocidade que compreende e se extasia ante as belezas da natureza nas suas harmonias, e que oxigena com sua alegria contagiosa a vida das sociedades, surgindo estas da rotina do ranço, da velharia.

Revolução feita pela mocidade que toca e rebate conclamando a geração de entoar hinos à pátria livre e grande.

Revolução feita para um povo que, como o nosso, contemplava o ontem, em vez de preparar o amanhã.

Revolução feita pela mocidade que não precisa de programas que marquem um fim, mas de ideias que ensinem um caminho.

Revolução feita pela mocidade que havia de se colocar bem à prova, não precisamos saber até onde ia sendo pra onde ia.

Revolução feita pela mocidade ousada e entusiasta, capaz de arrojadas, de honrosas empresas.

Revolução feita pela mocidade que não pereceu na indecisão.

Revolução feita por uma mocidade que não é peso morto para o progresso de seus concidadãos.

Revolução feita por uma mocidade cheia de ideais, que não se corrompe no ambiente das câmaras ou salões das fatuidades ou nos ministérios devorando as energias nacionais.

Rebelar-se é afirmar um novo ideal (Ing.)

Era a mocidade que não se prendia aos preceitos rotineiros: rotina, hipocrisia e passividade.

Bem sabíamos que a sociedade comodista não tolera qualquer esforço pela verdade e pela justiça. Bem sabíamos que ela não aceita a luta sem máscara, em que os homens, olhar claro e límpido, se fitam bravos e leais.

Bem sabíamos que essa mocidade seria qualificada, como o foi, de saqueadora, assassina, mazorqueira.

Sabíamos também, porém, que a rebeldia é a mais alta disciplina do caráter, quando visa à emancipação do homem, dos imperativos dogmáticos e do espírito rotineiro para criar, que é a sua finalidade suprema.

Bem sabíamos que a rebeldia livra a humanidade do lameiro do passado, fazendo-a beber águas cristalinas e puras, nascente da rocha de ideais alevantados.

Bem sabíamos que a rebeldia abateria o preconceito de que na obediência incondicional está o acerto, e fora dela, a intranquilidade do espírito e o erro.

Rebelar-se era não ter medo da responsabilidade de seus atos. Era agir com a sua própria vontade, não renunciá-la, não ser instrumento passivo, mas ter opinião, critério e iniciativa.

> Apenas a observação dos fatos históricos que pode nos ensinar tão precisamente como a renovação gradual das ideias resulta das substituições das gerações umas por outras. (Cournot)[1]

Meus senhores:

Não eram só anseios de minha mocidade que me faziam crer que não bastava apenas a mudança de um governo ou dos homens do governo que combatíamos. Achava que todo o povo, quando inebriado de princípios e preconceitos impostos por uma mentalidade estreita e vesga, ainda que pretendidamente da elite, deve sofrer estas convulsões provocadas pelas gerações novas obedecendo essa lei natural, esse fenômeno psicológico de tudo que vive, de tudo que sente, de tudo que vibra sobre a terra: o embate das gerações novas contra as gerações passadas.

Mesmo que não invocássemos em nosso favor, para justificar a revolução de julho de 1924, todos os males da República durante os últimos quatriênios, bastava o entusiasmo da geração de hoje para justificá-la.

O meu raciocínio é fruto de observações próprias, bebidas na história dos últimos movimentos sociais, ampliadas pela leitura dos livros instrutivos dos grandes comentadores e pensadores.

Alguns deles mostraram-me a significação das convulsões que agitaram e agitam todos os países que, como o nosso, são animados pelas energias de uma geração idealista, sonhadora, mas corajosa e capaz. E desvendaram-me que essas lutas das gerações novas contra as gerações velhas se manifestam sempre, com a força indomável que as armas não abatem. Esse sentimento se apura na educação.

"A esperança da pátria", diz Mirabeau, "reside principalmente na geração que surge, e o espírito da geração não pode ser visto como independente do mecanismo dos professores ou dos escritores que apreenderam suas primeiras opiniões".[2]

---

1 *Il n'y a que l'observation des faits historiques qui puisse nous apprendre au juste comment le rénouvellement graduel des idées résulte du remplacement de générations les unes par les autres.* Em francês no original.
2 *L'espoir de la Patrie reside surtout dans la generation qui s'éléve, et lesprit de géneration ne peut être regardé comme independant des maitres que l'instrument ou des écrivains qui vont sémparer de sés premiers opinions.* Em francês no original.

De fato, meus senhores, a educação reflete as concepções dominantes de uma sociedade, mas de uma sociedade da época que educa e não da época da geração que está sendo educada. Portanto ela, a que educa, fica sempre retardada, a uma geração pelo menos da geração educanda.

Esta que é a moça, que sonha e ambiciona, inicia já desde os bancos do colégio a guerra contra os seus mestres, que representam a concepção da sociedade do momento.

Por muito bem intencionada que esteja a geração que educa, a elite dominante, ela atrasa-se consideravelmente sobre a evolução geral, pois aquelas só vão comunicar as gerações novas, resultados já adquiridos, já consolidados, mas resultados de ontem.

A elite só pode dar às gerações novas ensinamentos adquiridos na época da sua geração escolar.

Por outro lado, as tradições pedagógicas atrasam ainda mais consideravelmente o ensino.

Os mestres, além disso, se acomodam aos regulamentos da casa. Aqueles anseios de renovação, na sua época juvenil, estão reprimidos pelo peso dos anos, da família etc.

O conflito entre alunos e mestres é fenômeno que se observa em qualquer classe, em qualquer aula escolar.

Nos atos da vida do homem e da sociedade, a prática provoca conflitos e influi também muitas vezes para estabelecer e fomentar convulsões sociais.

A prática, como as gerações estudantinas que avançam sobre as gerações pedagogas, avança por sua vez sobre a teoria.

Eis o que M. Espinas exprime em sua belíssima obra *Societes animales* e *Origines de la technologie*: "Em toda parte", diz ele, "a prática supera a teoria. Em toda parte, a ação se adaptou às circunstâncias sem o socorro do pensamento abstrato".[3]

As opiniões e as crenças são fatores preponderantes numa agitação, numa convulsão social.

S. Mill e Comte são partidários desta doutrina.

---

3 *Partout la pratique a devancé la theorie. Partout l'action s'est adapté aux circonstances sans le secours de la pensée abstraite.* Em francês no original.

S. Mill diz: "O estado das faculdades especulativas da natureza humana se manifesta no alcance da natureza das suas próprias crenças em relação ao homem e ao mundo (Lógica, t.II, p.528).". Mais adiante ainda diz: "As proposições admitidas pela inteligência determinam essencialmente o estado mental e político da comunidade"..[4] Por fatores, pois, intelectuais, S. Mill entende não somente os conhecimentos científicos mas todas as opiniões e crenças.

Pois bem, desses conflitos entre as gerações, entre a prática e a teoria, entre as opiniões livres e os dogmas que se agitavam com os desejos de construir e de criar mesmo fora dos princípios técnicos, científicos e sociais, é que nascem as revoluções, que geram novas instituições, novas organizações políticas e novos ambientes político-sociais.

As revoluções são frutos das gerações moças que sonham e idealizam, agem e pensam, afastando a velhice que nada mais sonha e que nada mais idealiza, que nada mais pensa, que nada mais cria, acomodada a interesses ou ao peso dos anos.

É a juventude, é a mocidade que, mesmo errando, sempre deixa um saldo a favor na balança do progresso nessas convulsões.

Quando eu vi que os atos do atual presidente da República não significavam outra coisa senão o cumprimento de seu dever e, portanto, esse ato em nada nos podia dar a ilusão de novos ambientes de uma nova era, publiquei para o povo brasileiro um manifesto que foi reproduzido na *A Vanguarda*, de 18 e 19 de fevereiro do corrente ano, e peço licença para ler:

Ao povo brasileiro

"A revolução que estalou em São Paulo a 5 de julho de 1924 não tinha por único escopo abater o governo de então – governo que mal se regia em pé, e que apenas vivia em consequência da publicidade paga e dos favores que lhes prestavam os aventureiros da política brasileira.

Essa revolução custou rios de sangue de abnegados patriotas, envergonhados de serem dirigidos por mentecaptos e ladrões, visava a um fim mais

---

4 *L'état des facultés speculatives de la nature humaine, manifeste dans la nature de croyances aux-quelles élle est arrivée au sujet de l'homme e du monde. / Les propositions admises par l'inteligence determinant essentiellement l'état mental et politique de la communauté.* Em francês no original.

alto, mais puro, mais nobre. Sendo assim, não se originou de uma luta de classe, como já por muitas e muitas vezes se quis insinuar; – originou-se, ao contrário de um despertar, tardio mas decisivo, da consciência nacional, da mocidade brasileira; e, se é verdade que a classe armada constituía quase a maioria absoluta dos elementos rebeliados, é também verdade que, dadas as condições atuais da ciência militar, ninguém que não pertencesse ao exército nacional ou algumas das forças organizadas militarmente pelos Estados poderia efetuar movimento algum, visto que essas mesmas forças seriam em qualquer oportunidade levadas contra a massa civil pelas autoridades ilegalmente constituídas...

Portanto, o fato de se haver levantado uma grande parte do Exército e de várias polícias dos Estados não significa, de modo algum – embora os jornais cor de rosa queiram afirmar o contrário –, que este grande movimento tenha sido um movimento exclusivo de classe. Significa, ao contrário, que nós, os militares estaduais ou nacionais, vieram simplesmente em auxílio dos civis – de todos os civis úteis à pátria, que conosco pensavam em uma rápida mudança de circunstâncias e de essências políticas no nosso país, era necessário provocar, ainda que fosse pelo simples desejo de fazer sentir aos potentados, que nem tudo é passividade na nossa alma, e que nem tudo é servilismo no nosso caráter.

A luta de classe seria uma infâmia. A questão pessoal contra o então chefe supremo do País seria uma covardia do mesmo modo que o despertar da consciência nacional foi um dever. Foi um dever que cumprimos como verdadeiros militares que somos e como cidadãos que nunca deixamos de ser. Nunca, mesmo nas horas mais tristes do nosso exílio, em que a miséria e o luto foram os nossos únicos companheiros – ou mesmo nos terríveis momentos em que a fome bailava uma dança dentro do nosso corpo, enfraquecendo às vezes, sem abater, porém, as nossas energias – deixamos de ter plena consciência da gravidade da situação do nosso País, e da beleza insuperável da nossa missão regeneradora. Missão que não estamos arrependidos, de termos levado às últimas consequências, e pelo desempenho da qual tudo sacrificamos, desde os nossos lares até aos nossos sonhos de paz e tranquilidade, desde nossas esposas e nossos filhos até o nosso sangue, a nossa juventude e a nossa vida. Hoje, portanto, já não existe o governo contra o qual se supôs, mas erroneamente, que a luta fosse dirigida; hoje, quando todos os pusilânimes esperam de nós uma capitulação vergonhosa para quem sabe o que é ser um militar e cidadão brasileiro; hoje, eu posso dizer alto e em bom som, a todos que tenham ouvido para me ouvir:

A luta não cessou, a luta não cessará nunca, enquanto persistir o mesmo estado de coisas existentes antes do nosso pronunciamento.

Não importa mudar as pessoas que são os personagens maldestros da comédia política; não importa estar este ou aquele nome na presidência da República mais infeliz que o sol ilumina. O que realmente importa, o que pesa no destino, o que pode alterar o prisma das coisas é a mudança total dos costumes políticos do Brasil. A república que chamam brasileira não é a República Brasileira que sonhamos desde 1889.

Abaixo a república feita para mascarar inconfessáveis manias czaristas de presidentes que só o são pelo favoritismo das camarilhas, da politicalha!

Abaixo a república infame que, na Constituição antiquada, dá direitos e impõe obrigações ao povo brasileiro, mas que na realidade fria dos fatos se esquece dos direitos sacrossantos dos povos, para só se lembrar de que basta um decreto arbitrário para assassinar as consciências que brotam e que têm fatalmente de triunfar, para só se lembrar das obrigações, do cárcere e da ignominia!

Abaixo a república que amordaça o pensamento dos cidadãos que nasceram livres e que livres devem e podem morrer!

Brasileiros! É este o regime que é preciso derrocar; é por este regime que eu vô-lo digo: a luta não cessou, a luta não cessará. O regime do czarismo republicano tem de cair. Se ele não cair agora, cairá depois, se ele não cair agora, cairemos nós, os soldados e cidadãos livres do Brasil, cidadãos que o roteiro evolutivo da humanidade seja escurecido por mais uma vergonha que nos oprime, porque nós fomos os únicos tolerados e os únicos sustentadores.

Chega de bastardismo político. A hora é grave; e de duas uma: ou a política se regenera, se torna sã e útil, ou nós a destruiremos de qualquer forma, mesmo que seja novamente pela espada e pela metralha.

Se não valerem os gritos do povo que sofre, valerão mais que qualquer decreto legalista, os roncos poderosos das bocas redondas dos canhões!

Não queremos anistia. Anistia é sinônimo de perdão. Perdão só merecem os que delinquem, os que se tornam réus de lesa humanidade. Não é com anistia que se afoga um ideal.

Se somos réus, somos réus de amor e de glória. Se somos réus, somos réus porque muito amamos nossa pátria e porque tudo demos, damos e daremos pela redenção de um povo, que não só é o maior e o mais progressista do mundo devido às infâmias da politicalha.

Se o povo brasileiro hoje é pequeno, como realmente o é, isso se deve à férrea, à crassa estupidez de um regime abominável que o mantém de joelhos, boca amarrada e braços amputados. Dê-se liberdade de agir, de pensar e de falar e de votar ao povo: deixe-o erguer-se, sair da posição genuflexa que tanto o desviriliza, desde que a República se proclamou, e ver-se-á então que o povo é grande, que o povo é nobre.

Deem-se terras ao povo para trabalhar, abram-se as minas infinitamente ricas que a natureza deu ao Brasil; nacionalizem-se as indústrias e o comércio, intensifique-se a cultura moral, política e filosófica; abram-se escolas onde hoje só se veem cárceres; dê-se ar e leite às crianças e trabalho aos homens; deem-se direitos às mulheres; proteção aos fracos; deem-se terras a todos os brasileiros de boa vontade, para que possam ter um recanto de onde tirar os frutos necessários à sua subsistência; dê-se ao Poder Judiciário o Exército Nacional, único que pode ter consciência exata para utilizar esse exército externa e internamente, o único que pela Constituição distribui justiça e quer ver as suas decisões cumpridas; afastemos o Exército Nacional dos demais poderes e da politicalha que o utiliza para abusos e ações prepotentes contra o povo, envolvendo-o na politicagem rasteira; ponha-se um canhão onde houver uma ameaça à liberdade e à soberania do país, dentro dos seus limites naturais, e um sorriso de confiança em cada boca do cidadão brasileiro; rasgue-se o país de estradas e caminhos, audaciosamente, ligando todos os brasileiros numa mesma consciência nacional, no mesmo interesse e num mesmo desejo de amor e patriotismo, de trabalho e de estudo. Assim a pátria será grande, a pátria será santa, a pátria será suprema e inolvidável!

Todo Estado é princípio de unidade e de organização; é a abolição do indivíduo egoísta. Nós, para sermos fortes, temos que abolir a consciência individual que gera o egoísmo pessoal; temos de criar a consciência coletiva que gera o bem, sem estrangular o direito natural de cada indivíduo.

É delinquente de lesa-humanidade todo aquele que puser seus interesses pessoais acima dos interesses coletivos.

É delinquente de lesa-liberdade todo aquele que, sendo livre, não respeita a liberdade dos demais.

O Brasil deve viver doravante como um único corpo de gigante formidável. E nós, desde o chefe supremo da revolução até o seu último vassalo, nada mais podemos nem devemos ser do que consciências unidas, orientadas por um mesmo ramo, sustentada pela mesma fé, aspirando ao mesmo fim e lutando pelo mesmo bem da mesma coletividade.

Quando formos consciências desta forma, então se poderá pensar em fazer substituir, através dos séculos vindouros, esta grande terra que nos foi dada, e do gozo da qual a politicalha trôpega e balofa até agora nos vem privando.

Brasileiros, a luta não cessou, não cessará enquanto este novo estado de coisas não se apresentar uma realidade palpável, prática e empolgante. Os tempos são outros. Não somos nós os que devem ser perdoados. Os que devem receber, os que devem pedir anistia: os que necessitam de perdão são os inconscientes rotineiros que até hoje nos sacrificaram, martirizando o povo, vilipendiando a liberdade, apagando a luz dos cérebros, para vencer pela ignorância ambiente e sufocando o amor nos corações, para vencer por meio da apatia e da estagnação dos sentimentos.

Este é meu grito de guerra. Este é meu grito – grito que eu lanço ao povo, que amei demais. Este grito vai impresso em letras vermelhas, cor da bandeira do meu batalhão que levei vitoriosamente através dos mais áridos desertos e através das mais emaranhadas florestas, vencendo obstáculos de toda sorte, soldados de toda idade e generais de todas infâmias; é a cor da futura bandeira que já de anunciar ao povo do Brasil a hora da redenção, do trabalho, da paz e da força e do amor!

A luta continua, porque meu lema é este:

Quem luta vence, quem não luta se escraviza.

Pampas do Rio Grande, 13 de dezembro de 1926.

(a.) Cabanas"

***

Cessada a luta pelas armas, perambulando como estávamos pelo exílio, muito dos moços que haviam tomado parte na revolução resolveram dedicar um pequeno tempo às suas famílias de que havia três anos não tinham notícias, devido não só à censura como também às dificuldades que a polícia bernardista estabelecia na correspondência dos exilados; eu fui um deles que para o Brasil vim nesse propósito, quando vi impossível a continuação da luta pelas armas.

Preso, em junho deste ano, achei que não devia ficar inativo dentro das prisões.

Aquelas observações que meu entusiasmo de patriota me ditaram antes, durante e depois da revolução, e as que eu fazia das grades do cárcere, quis transmiti-las à nação toda, mostrando que os meus protestos ainda estavam de pé. Da própria prisão escrevia aos jornais as minhas impressões com relação aos infelizes imigrantes dos Estados do norte, que chegavam em levas a São Paulo. Eis um deles:

"Presídio da Imigração, 28 de junho de 1927.

"Caro dr. Mário Rodrigues. Estou na Imigração, célebre geladeira, pois não conheço coisa mais fria que isto. Melhor. Se um dia passear nas regiões polares, não sentirei frio. Já estarei acostumado.

Apresso-me a escrever-lhe, primeiro para saudá-lo pela sua nova prisão. Essas prisões honram o Brasil: sinal de que há caracteres ainda. Nem todos estão no rebanho da carneirada. Segundo, para agradecer-lhe o oferecimento que me fez de advogados; terceiro, para lhe narrar, ainda que palidamente, porém bastante revoltado, o que há dias assisto das grades da prisão; a chegada dos imigrantes. Chegam italianos, russos, espanhóis etc. Todos têm um ar de decência estão regularmente vestidos e aparentando bastante saúde. Estes vêm da Europa, da Europa conflagrada em miséria, onde já há o bolchevismo, tido por nossos homens como regime de miséria. Até aí nada de particular. Agora temos o lado triste do que é nosso: a chegada de outros imigrantes. Os que vêm dos demais Estados do Brasil, baianos, cearenses, sergipanos etc., são todos brasileiros natos. Uma miséria! Uma vergonha! Triste contraste fazem com os imigrantes europeus.

Rotos, sujos, esfarrapados, pálidos, verdadeiros tipos de "jecas"; descalços, doentes, apresentando nos seus aspectos os característicos do brasileiro descrito por Euclides da Cunha. Esses vêm do próprio coração do Brasil. Chegam aos milhares e ainda ficam por lá muitos milhares. Esses fazem parte da sociedade brasileira. Esses e o resto – os outros 36 milhões – são os que constituem o tal povo brasileiro que o dr. Júlio Prestes diz estar amparado por leis liberais e boas. Constituição protetora e regime de grandes benefícios sociais. Esse é o tal povo que não está sujeito a teorias dissolventes e anárquicas; que vive em terras férteis, em país riquíssimo, mas... que também vive em palhoças, com impaludismo e sem dispor de um palmo de terra, apesar dos oito milhões e quinhentos mil quilômetros quadrados que tem em volta de si.

Povo feliz!... Entretanto que contraste faz ele ao lado daqueles que da Europa para aqui vêm na doce ilusão de procurar trabalho e um melhor bem-estar.

Que ironia! E eles, os grandes profissionais da política, vivem por aí a proclamar que fizemos uma revolução sem ideais e sem princípios. Quando não incoerentes como o dr. Júlio Prestes, usam a frase que o dr. Coriolado Góes me atirou na face, mas que não recolhi, com marcado desprezo: – "O sr. diz ter feito revolução pelo povo e para o povo? Mas que povo? O Brasil tem povo? O povo do Brasil é um povo doente" (?)... É verdade, é uma grande verdade.

O Brasil tem um povo doente e, como tal, para que trabalhar e fazer revoluções para esse povo? *Ptchi*!... Não vale a pena. É melhor desprezá-lo ou dizer-lhe que já vive bem. Engraçado, não é? Infelizmente esse é o pensar, essa é a mentalidade dessa gente. Não aprovam, não aplaudem, não concordam conosco, de que devemos, antes de tudo, pôr no governo homens de ação, de amplos horizontes, de grandes visões, para rasgar, custe o que custar, ao país com estradas, facilitando assim o comércio e o intercâmbio de gêneros de primeira necessidade entre o sertão e as cidades, mobilizar ao mesmo tempo um exército de médicos, farmacêuticos e professores. Os primeiros para combater o impaludismo, o beribéri, a tuberculose, a lepra, a sífilis, fiscalizar o pão, o leite e a carne; os segundos para combater a ignorância e a incultura.

Construir ao par disso, combatendo a usura dos proprietários e dos açambarcadores, casas higiênicas e baratas, para o funcionalismo, para os operários e também cooperativas. Dar-lhes montepio, socorros mútuos, asilos, enfermarias, aumentando-lhes os vencimentos para melhor enfrentarem a carestia da vida, olhá-los com carinho e legislar em favor do lar brasileiro, para que não se veja na dura necessidade de enviar seus filhinhos já aos 10 anos para as fábricas, a fim de ajudá-los, em vez de enviá-los aos liceus ou às escolas; fazer a partilha de tanta terra que sem cultivo está nas mãos dos politiqueiros; abrir as minas para dar trabalho a todos; perseguir tenazmente aos que nos fornecem alimentos deteriorados; olhar e controlar o leite, alimentação primordial das crianças, futuros cidadãos brasileiros.

Enfim, não concordam nem compreendem essas medidas que representam a base, a estrutura sobre a qual se irá construir tudo o que é necessário para o progresso da nação, para a disciplina coletiva, para o bem individual e social e para a construção do Estado forte, soberano e independente.

Só com a felicidade econômica e moral do lar de cada cidadão é que se poderá obter uma boa vontade e uma disciplina no povo, que prestigiará então o governo no fortalecimento do regime, para dar um caráter verdadeiramente à Constituição, a elevar as instituições, a compreender o que é o voto, para saber dar e distribuir Justiça.

Os homens públicos do Brasil não concordam, não nos querem ouvir. Desprezam-nos como desprezam o povo doente, que, aos milhares, vejo chegar aqui na Imigração. Chamam-nos de indisciplinados e mazorqueiros. Continuem, porém. Não mudem a orientação de governar e veremos quem rirá por último.

(A.)"

Não ficaram nisto meus artigos, mostrando os erros e os males dos governos e da nossa sociedade. Muitos outros artigos foram mais tarde publicados.

Obtida minha liberdade em agosto último, por meio de fiança, resolvi ir dizer ao povo o que aquela mocidade revolucionária queria, o que aquela mocidade revolucionária ansiava. Minhas frases seriam pálidas, não teriam o brilho dos conceitos de um Maurício; não teriam a eloquência dos brilhantes oradores que o público brasileiro está acostumado a ouvir, mas possuíam uma sinceridade que ninguém podia negar, um patriotismo que talvez chegasse ao extremo da loucura, mas que era preferível à indiferença, ao incivismo dos graduados da República.

Quis reunir, também, ao desejo de bem servir à minha pátria, o desejo de mitigar as dores dos companheiros que no exílio estavam e estão passando as mesmas misérias que eu passei. Misérias dolorosas, misérias cruéis, que aumentam nossas dores com as saudades da nossa pátria, com as saudades do nosso céu, com a lembrança dos nossos campos, com a recordação das nossas canções e das nossas famílias.

Sem querer aproveitar minha popularidade para satisfazer ódios ou vinganças, quis utilizar-me dela para essas duas nobres missões, evitando tanto quanto possível as manifestações, as palmas e os aplausos que naturalmente a imaginação popular quer conceder-me, mas que eu não as mereço nem as posso receber, sempre que elas não sejam dirigidas à causa ou visem também a meus companheiros.

As minhas conferências

A primeira das minhas conferências seria realizada em Campinas, estado de São Paulo, e para evitar justamente violências ou prevenções policiais, que previa, avisei o chefe de polícia, do meu intuito, explicando-lhe que tanto quanto possível eu mesmo evitaria manifestações de ódios ou paixões por parte de exaltados. O chefe de polícia conformou-se.

Em Campinas, o mesmo delegado regional nada teve que dizer.

Coincidiu, porém, a minha conferência com o dia da chegada, e das eleições, para Vice-Presidente, do candidato do Partido Republicano Paulista.

A minha conferência meia hora antes mereceu do público o favor de uma grande afluência e interesse. A chegada do candidato e as eleições correram friamente, obtendo o dr. Heitor Penteado uma votação irrisória.

O P. R. P. não podia de forma alguma olhar com bons olhos a recepção que o tenente Cabanas havia tido. Era necessário mostrar que só o P. R. P. podia e devia obter recepção igual. Foi dada ordem de se impedir, custasse o que custasse, a conferência anunciada.

A conferência de Cabanas – Proibindo o ex-comandante da "Coluna da Morte" de falar ao povo campinense, a polícia condenou uma página de sadio patriotismo e de nobre concitamento à união dos povos sul-americanos.

É a seguinte a conferência que o tenente Cabanas deixou de realizar em Campinas, em virtude da violência policial:

"Senhores:

Durante a longa peregrinação e o ainda mais longo e penoso exílio a que me forçou a atividade de militar revolucionário, tive o ensejo de percorrer grande parte do sul do Brasil e de conhecer bem de perto a vida das principais nações da América Meridional. Estudei na medida do possível, por essa ocasião, as condições de existência apresentadas pelo povo, em suas diferentes camadas sociais; observei as circunstâncias políticas em que se encontram as regiões brasileiras que confinam com outros países, como a Argentina, o Paraguai, a Bolívia e o Peru; procurei analisar com a maior imparcialidade e com o indispensável sangue frio que se faz mister quando se estudam problemas de certa transcendência a situação real do que conquistamos no concerto das nações ibero-americanas; e apesar das circunstâncias muito especiais em que me encontrava então, pois eu era um revolucionário que a fatalidade da sorte das armas atirou, nem eu sei como, para longe da pátria.

Sem dúvida, eu não fui pedir à chancelaria as informações necessárias para a formação do meu juízo em torno da situação do Brasil e na América do Sul. Também não foi em banquetes lautos, de aparente cordialidade e de mal disfarçada indiferença ou antipatia, que procurei ouvir a voz íntima dos povos que visitei. Fugi de tudo quanto se envolvia na atmosfera enganosa das palavras e das indicações oficiais, por terem estas perdido todo o valor da eficácia, devido ao uso e abuso impróprio que delas se tem feito e se continua fazendo.

Vivi com o povo, em contato vivo com as massas. Andei quase perdido no meio das massas populares, das massas sofredoras, dessas que labutam de sol a sol, e que são as que fazem no seu trabalho obscuro e metódico, o futuro, o destino dos grandes países modernos. Com elas e por elas meu coração palpitou e meus olhos observaram de dia, de noite, nos teatros e nas tabernas, nas oficinas e nos cabarés, nas redações dos jornais e nas estivas, sem esquecer os bairros de miséria nem os campos onde se transcorre uma existência simples e rude, entrecortada de entusiasmo pueril e repentino quando a estação do ano é prometedora, e retalhada de desânimo e de maldições atrozes quando as inclemências meteorológicas ameaçam destruir tudo e infelicitar a todos.

E é preciso que eu diga com a franqueza habitual de quem lutou e de quem já conhece da vida todas as amarguras, sem ter perdido, por isso, o idealismo patriótico que considero como principal virtude do soldado moderno: conservei esse idealismo, aumentando até certo ponto o sentido da realidade prática.

Na Argentina como no Paraguai, no Uruguai como no Chile, ou em qualquer outro país da América do Sul onde soa o harmoniosíssimo idioma espanhol, o povo, a massa que trabalha e que pensa, a multidão sem forma que não ouve, nem participa, nem compreende os discursos de cordialidade oficial e epidérmica, cujas únicas consequências verdadeiramente vultosas são as despesas dos banquetes em que tais discursos se proferem – esses milhões e milhões infinitos de cabeças que meditam, de corações que sabem odiar e sabem amar, de olhos que sabem ver e comparar, não alimentam nenhuma sombra sequer de simpatia para com o Brasil. O Brasil é ainda para eles uma ameaça, um monstro informe e mal conhecido, um perigo sempre possível, que mais cedo ou mais tarde desencadeará uma catástrofe qualquer para destruir o futuro alheio.

É inútil usar de frases bonitas, repassadas de intenções meramente gramaticais. O que é necessário é ver a realidade positiva, consultar a marcha dos fatos, indagar das paixões extraordinárias que animam o espírito dos povos, e tirar conclusões exatas, francas, iniludíveis.

E o Brasil na América do Sul, seja pela sua força militar, pelas suas perspectivas de um futuro único na terra, seja pela sua imensidade territorial, pela diversidade da língua que fala ou pela majestade serena da sua intensa cultura espiritual, é visto como um intruso, como um país rotineiro e inimigo dos seus vizinhos, inimigo daqueles países onde até certo ponto a vida passou no tempo. É visto como uma coisa perigosa, que deveria ser suplantada, esmagada, para não perturbar com o brilho dos seus atos de heroísmo e de cultura, de abnegação e de generosa fraternidade, a mesquinhez tranquila e cômoda de certos sentimentos que se abrigam nos corações que pulsam para além das nossas fronteiras.

São sentimentos que as chancelarias ignoram por completo, e que mesmo que não ignorassem, também não poderiam nem deveriam confessar, para evitar complicações que viriam destruir o comodismo preguiçoso da diplomacia atual. São sentimentos ignorados por todos nós brasileiros, porque nós, neste suave otimismo que a nossa natureza e o nosso progresso de iniciativa particular nos proporcionam e facilitam, inspiramos na alma de terceiros sem o querer, e devido à falta de compreensão clara dos nossos intuitos civilizadores por parte dos que nos contemplam. São sentimentos, afinal, que dão origem a mal-entendidos, a má vontade, a má-fé, a atitudes de hostilidade e de voluntária incompreensão definitiva.

E não se diga que só os outros países, em síntese, são os únicos responsáveis por essa incompreensão. Não. Também isso não é verdade. Os responsáveis por essa situação em que se encontra o Brasil presentemente na realidade da opinião alheia, somos, até certo ponto, nós mesmos. São a indolência revelada e confirmada a cada passo em tudo quanto se relaciona com as relações internacionais do Brasil, o nosso otimismo fácil e quase infantil, segundo o qual todos devem ver o Brasil com os mesmos olhos com que nós o vemos e a inépcia de nossas chancelarias, que não conseguiram ainda, apesar dos milhões que dispenderam e continuam a dispender, fazer com que as coisas brasileiras, os homens brasileiros, a técnica brasileira se tornassem conhecidas e amadas no exterior...

De tudo isso, o mal está na falta de notícias exatas, verídicas, relativas ao Brasil e conhecidas fora das nossas fronteiras. Está na irregularidade dos nossos serviços telegráficos, na imperfeição do nosso aparelhamento postal, na absoluta ineficácia dos nossos medrosos métodos de propaganda, na mentalidade estreita dos nossos homens de governo, desses homens que sobem ao poder apenas pela mediocridade que representam e não pelo valor positivo que concretizam.

Não venho agora fazer censuras a quem quer que seja; de nada valem censuras verbais, sem outro alcance que o desafio de meditações solitárias e pessoais. Venho relatar a verdade que constatei, dizer o que vi e o que vejo, com absoluta imparcialidade e com o intuito exclusivo de esclarecer o quanto possível a mente dos que se deram ao trabalho de vir ouvir a minha palavra. Outra não poderia ser a minha missão neste momento. A censura real, a censura de fato me caberia fazer, como brasileiro, que zela pelos destinos se sua pátria e, como soldado que tem a obrigação de lhe conhecer as necessidades; mais essa censura eu já a fiz, levantando-me de mão armada contra poderes ilegalmente constituídos, essa eu já fiz durante e depois do trágico período da revolução efetiva, quando me arrolei entre os mais obscuros, porém também entre os mais leais servidores do Brasil, no supremo esforço para a sua redenção. Era uma censura feita a golpes de patriotismo sadio, que os governos interpretaram a seu modo, considerando-a rebelião, mas que o povo, o grande povo brasileiro, soube compreender como explosão do desejo de tantos anos sopitado de construir um futuro melhor e mais digno para o Brasil inteiro.

Neste instante, porém, o que me cabe dizer é apenas proporcionar esclarecimentos, expor sumariamente os resultados de minhas observações particulares e leais; e visto que tais resultados não dão margem a alegria nem otimismos bem fundados de qualquer espécie, é meu dever também indicar, de acordo com os meus recursos, os remédios que suponho sejam úteis e eficazes, tendentes a melhorar nossa situação no concerto dos países sul-americanos.

Creio firmemente que o que nós brasileiros devíamos fazer é trabalhar no sentido de ser organizado um serviço amplo de informações, de notícias a serem gratuitamente distribuídas com larguza nos países da América Espanhola; um serviço de informações exatas, honestas, dando conta da nossa atividade comercial e industrial, do nosso melhoramento de condições gerais de vida, do nosso progresso de cultura artística e científica, e de tudo enfim que constitui a nossa grande vida de povo realmente e inegavelmente grande. Um serviço de propaganda capaz de esclarecer o espírito dos nossos vizinhos, mostrando-lhes que o que nos anima não é um propósito de rivalidade, porque nenhum país da América do Sul possui coisas tão belas e tão grandes, que possa inspirar inveja ou despeito aos brasileiros.

Esse serviço seria fornecido tanto às instituições particulares, tanto à imprensa como às associações de classe, concorreria com toda a certeza para modificar o errôneo conceito que os outros povos formaram infelizmente a respeito do Brasil.

Assim procedendo poderíamos formar uma atmosfera mais cordial na realidade prática dos fatos. Poderíamos estabelecer no espírito de todos os povos do nosso continente a anulação de preconceitos e de temores absurdos, e ao mesmo tempo iniciar uma nova idade de compreensão mútua, de simpatia e de amor.

Filhos do mesmo solo americano, é justo que marchemos para o futuro de mãos dadas, coração aberto, sem receios de humilhação nem de rivalidades inoportunas, e procurando conservar igual, o mais possível, o nível geral de cultura e do progresso de todos, auxiliando os mais fracos e os mais pobres, estimulando os mais fortes e os mais ricos.

É necessário que o Brasil ame os seus vizinhos, mas é também indispensável que os nossos vizinhos amem e respeitem o Brasil. Isto seria coisa fácil de conseguir, desde que se procurasse divulgar notícias úteis e leais por todo o continente americano, informando do que se passa no Brasil.

Este, senhores, é o meu verbo de paz. Verbo que eu espero encontre eco favorável no coração dos que me ouvem, em nome de uma coletividade revolucionária que lutou e que sofreu, e que continua a sofrer sem desanimar nunca para a conquista de uma nova aurora de luz e de brasilidade efetiva".

***

Violar um direito necessita ser justificado. Um plano diabólico foi arquitetado pelos dominadores da política paulista.

O delegado de polícia regional prestava-se à sua execução.

Assim, vinte minutos antes de se dar início a conferência, aproveitando o momento em que eu me achava sozinho na caixa do teatro, onde ela se ia realizar, aparece-me o delegado acompanhado de uns cinco beleguins e uns cinco capangas desordeiros. Compreendi logo o que eles intentavam: provocarem-me para estabelecerem o conflito, onde, talvez, eu, que me achava desprevenido, levasse a pior parte. Mesmo que eu saísse ileso do conflito, seria encarcerado outra vez, porque se alegaria, com testemunhas falsas, ser eu o promotor da agitação, desacato à autoridade etc. etc., o que me custaria, como é fácil de ver, a quebra da fiança.

Mais que o receio de uma ofensa pessoal e física tive ao de que me chamassem de homem ignorante e pouco inteligente, que se deixara cair como uma criança em um ardil grosseiro e infantil.

Recebi, pois, o delegado e seus beleguins, com tanta educação e urbanidade, que percebi neles a vergonha afoguear-lhes as faces a ponto de se derreterem em mil desculpas, atitude muito diferente da que tiveram de início.

Desculpei o delegado, pois esses coitados não são mais do que meros instrumentos dos politiqueiros de São Paulo e dos mandões.

A minha conferência, entretanto, era muito simples. Junto-a para que todos a conheçam.

Tendo fracassado o golpe do P. R. P. e dando os jornais do Rio e de São Paulo a notícia de tão vergonhoso atentado aos direitos do cidadão, mormente quando estes direitos eram os mais sagrados que possui o homem, pois são direitos "naturais" e não "políticos" ou "sociais", os politiqueiros do meu Estado tomaram-se já não de ódios políticos, mas sim de ódios pessoais. O próprio dr. Júlio Prestes não escapou a essa influência.

Eles não esqueciam também que o meu livro, *A Coluna da Morte* – que já está na sexta edição, com uma tiragem de 30 mil exemplares (não é reclame) – andava desvendando a verdade das inúmeras bandalheiras dos políticos de lá, das vergonhosas derrotas dos batalhões chamados patrióticos por eles organizados, cantados nos recintos dos Congressos e custeados excessivamente pelo Tesouro público da Nação. Os comandantes então, até o dr. Júlio Prestes Ataliba Leonel etc., viram como o Brasil em peso conheceu o verdadeiro ponto e lugar de onde comandavam as suas "bravas e aguerridas tropas", muitas léguas atrás, o que em absoluto não concordavam com o que constava nos anais das Câmaras estaduais e federal.

Vendo eu a impossibilidade de realizar o meu desejo no meu próprio torrão, procurei outras plagas e lembrei-me casualmente de Juiz de Fora como poderia ter-me lembrado de Belo Horizonte.

O tema seria o voto secreto e nossa aproximação sul-americana.

A conferência de Juiz de Fora

Como é fácil de adivinhar, eu não podia de forma alguma falar em outro lugar sob pena de isso ser um desacato ao ato do P. R. P., que me proibiu uma conferência em território paulista.

Quem assim procedesse, deixando-me falar, seria réu de delito de desrespeito às divindades do P. R. P.

A conferência anunciada não foi proibida pelas autoridades civis de Minas. Os politiqueiros de São Paulo alarmaram-se. Era preciso impedi-la a todo custo. Mas como, diante da envergadura do dr. Antônio Carlos?... Não se embaraçaram. Ali estava o general Nepomuceno Costa, que, bem insuflado, avivando paixões que todo homem medíocre tem, recordando-lhe os desastres de Mato Grosso, impediria a conferência. E não se teriam enganado se o dr. Antônio Carlos admitisse que qualquer um, pelo simples fato de comandar uma região, tivesse ingerência na sua autoridade de Chefe de Estado.

O dr. Antônio Carlos garantiu a minha conferência e avisou assim que o Chefe do Executivo de Minas era ele.

A minha conferência versou sobre o voto secreto e sobre a aproximação sul-americana. Só esta última parte posso juntar, porque a do voto secreto vai ser lida quando me referir à conferência de Campos. Ei-la aqui:

"Um ponto capital da nossa política exterior, que diz respeito ao apreço que tem o estrangeiro para com o Brasil, é, fora de qualquer dúvida mesquinha, o desenvolvimento inteligente e bem orientado das nossas relações de todo gênero com os países que ficam para além das nossas fronteiras.

Compreende-se que eu, tanto na conferência que ia proferir em Campinas há ainda poucos dias, como nesta e como em outras que se seguirem, se não me faltar o apoio do povo para o qual e com o qual venho dando os melhores dias da minha juventude atribulada, procure falar com certa insistência do problema do Brasil posto em relação com os outros países americanos do norte e do sul.

Este problema constitui, aos olhos de todos quantos queiram ver a vida assim como ela é, o problema que poderíamos chamar de vital para a nação brasileira.

Se toda a Nação é grande apenas enquanto os outros países a consideram de verdade grande, lógico me parece que devemos cuidar de tal assunto com carinho, com o desvelo que a nossa pátria nos merece.

Durante as longas peregrinações que a sorte das armas, infelizmente contrárias às aspirações nobres de todos os revolucionários, me forçou em países estrangeiros, quis e consegui observar ponto por ponto a situação do Brasil no conceito dos povos que visitei.

Não é preciso dizer que as observações que fiz muito me entristeceram, pois só então foi que pude verificar quanto de trabalho nos resta a fazer para que a América do Sul se desvie do mau caminho por que parece ter entrado, e que nos conduzirá fatalmente a mal-entendidos e dissensões de toda espécie.

Há no Brasil uma opinião desanimadora a respeito das outras nações do nosso continente, da mesma forma que há nesses outros países um critério de julgamento errado, um critério de julgamento do Brasil que, além de ser pouco favorável a nós, é quase ofensivo aos nossos brios de povo culto e civilizado. E o resultado a que cheguei, depois de bem longas meditações, é este:

As relações entre todos os países da América Latina neste agitado período da evolução estão seriamente ameaçados por ter os males imagináveis. Se entre os governos existe cordialidade de mensagens e entre eles apenas se troam palavras quase ternas, um exaltando as belezas e o progresso do país de outro, não devemos esquecer que os povos, as grandes massas são indiferentes a tais expressões de simpatia apenas oficial. Essas expressões tão batidas já deixaram de ter qualquer significado na mente do povo.

Isso se verifica nos nossos dias e talvez mais claramente nos nossos dias do que em outra época qualquer, porque as notícias que o povo conhece, divulgadas na América Espanhola a respeito do Brasil, se referem quase unicamente a fatos sensacionais, a assassinatos extraordinários, a futilidades domésticas, a expansões patrioteiras e não patrióticas e falam de intenções imperialistas, ideias fixas de domínio militar e financeiro.

De outro lado, as informações que os hispano-americanos conseguem obter em relação à vida dos brasileiros, quando não são as que acima referi, tratam de revoluções que não se fazem, silenciando em torno das que se fizeram, de atos de má fé, de má vontade, de insegurança política, de instabilidade econômica e de tantas outras coisas, mais ou menos equivalente, que não vem a pelo enumerar.

Seguindo-se esse caminho, não é possível esperar que se verifique o milagre do estabelecimento da cordialidade, do conhecimento real e leal de parte a parte, seguindo-se esse caminho, mau entre todos os maus, quem pode preconizar uma era – mesmo longínqua – de fraternidade efetiva, de lealdade sem peias, de tranquilidade sem obstáculos e de pacifismo eficaz?

Continuando as coisas nesse pé em que atualmente se encontram, é natural que os povos sul-americanos procurem distanciar-se um dos outros, cada vez mais, e isso poderá trazer-nos prejuízos incalculáveis à primeira vista e que por certo influirão no rumo e nas virtudes do imenso futuro que o Brasil tem diante de si.

Ninguém poderá decifrar, ninguém poderá desvendar o mistério dos fatos que nos conduziram à situação presentemente observada. Há de parte a parte uma incompreensão que não se justifica, uma atitude errada que não se explica, uma vontade de ver e de julgar que nenhum homem preocupado com os interesses de todo o continente americano deve tolerar por mais tempo.

Não é possível conceber como é que povos irmãos por necessidades geográficas, por semelhança histórica, por igualdade de ideais políticos e civilizadores e também por afinidade senão por igualdade de raça, se ignorem, façam mesmo questão de se ignorarem entre si, ao ponto dessa ignorância voluntária se pôr em evidência com todas as características verdadeiras da franca hostilidade, do inconfessável desejo de esmagar, por meio do ridículo ou da pilhéria vulgar, do chiste inoportuno, até as coisas grandes e as ideias realmente belas de procedência alheia.

Para remediar tamanho mal, para anular o quanto possível os efeitos desastrosos que esta situação pode nos trazer, o único caminho que vejo, digno de ser seguido por todos nós, é o da intensificação de comunicações, é o da distribuição recíproca de notícias úteis, exatas e leais, a propósito de cada um dos povos sul-americanos, e, sobretudo, a intensificação das relações intelectuais e afetivas, além das artísticas e científicas.

Mas é preciso uma intensificação real, prática, sem a tolice de aparatos oficiais, pouco confortadores e nada promissores; uma intensificação que não fique apenas nas extensas laudas de papel, nem nas maçudas páginas dos livros pouco lidos, nem nas colunas dos jornais que não transpõem a nossa fronteira.

Uma intensificação de fato, que vise a chegar até o coração do povo, até o coração de cada um dos que formam a grande massa popular, pois é nos corações das massas que se devem cultivar os sentimentos de cordialidade e generosa afeição mútua.

Nos nossos dias, dados os problemas que se nos apresentam como aparentemente insolúveis, devido à incapacidade das autoridades e das chancelarias, ninguém tem mais o direito de crer nos discursos dos governos, das embaixadas ou coisas mais ou menos a isso parecidas.

Um indivíduo culto pode inventar toda classe de expressões animadoras, mesmo ocultando os seus sentimentos hostis, completamente contrárias às vezes às próprias palavras que profere. A hipocrisia hoje está elevada à categoria de regra diplomática, e nós, os soldados do povo, que lutamos pelo povo e com o povo, na conquista de um destino melhor para todos os que sofrem as tristes consequências das mentiras oficiais, devemos também de levantar o nosso brado contra a inverdade de tais relações de afetos que se proclamam e que não existem.

Devemos trabalhar para que as amarguras da sorte coletiva sejam minoradas, sejam até anuladas, de verdade, no coração e nos espíritos de todos os americanos.

É preciso, antes de tudo, fazer com que os nossos vizinhos conheçam os nossos ideais de paz e de trabalho, a nossa cultura, a nossa boa vontade e a nossa boa fé, o nosso grande desejo e o nosso grande sonho de felicidade geral.

Vem ao caso referir-me à visita da delegação argentina de juristas que se acham agora entre nós, e que veio para representar a Federação dos Institutos de Advogados daquele país, oferecendo admirável oportunidade para assinalar os efeitos que poderá ter um intercâmbio intelectual nas relações internacionais.

E isto ressalta mais aos olhos de todos, quando se considerar que em países limítrofes e com entendimento intelectual e político, depende principalmente do conhecimento das suas classes de homens que pensam e que dirigirem ou estão destinados a dirigir as massas.

Antes de tudo não é demais lembrar como esta visita, que é a segunda que nos faz uma embaixada de grande organização de homens de direito e de cultura geral do país vizinho e irmão, representam, por vários motivos facilmente adivinhados, um gesto de tocante desejo de fraternidade, de camaradagem.

A Federação de Instituto de Advogados da República Argentina é o órgão de coordenação das classes jurídicas desse país, ao qual já se acham filiados vários Institutos de advogados provinciais, e outros mais se estão preparando também para aderirem à mesma Federação.

Em rigor, não se poderia, portanto, reclamar melhores credenciais para representação dos juristas argentinos, além dos fartos títulos de valor que aquela federação já possui. Há alguns anos, esta poderosa e não menos prestigiosa federação tomou a iniciativa, sem dúvida muito simpática, de enviar ao Brasil uma delegação incumbida de estreitar as relações intelectuais entre os advogados dos dois países amigos.

Entretanto, senhores, é preciso não esquecer que missões como essa, se não são realmente inúteis, também não, na realidade, são úteis quanto seria para desejar. Porque elas se limitam agir beneficamente apenas nas altas esferas da diplomacia e das personalidades oficiais, onde de duas, uma: ou os sentimentos cordiais são sinceros, e portanto inútil se torna a finalidade da missão intelectual, por não ser necessário estar batendo sempre na mesma tecla, ou não são sinceros, e de nada vale e nada podemos nem devemos esperar de uma esfera de gente que sorri odiando, de gente que saúda só pela circunstância social em que se encontra, e não porque um forte elo de simpatia a ligue aos terceiros que são saudados. O que é necessário, como já disse há poucos minutos, é divulgar na inteligência das massas populares os elementos indispensáveis para o estabelecimento de laços afetivos profundamente enraigados na alma coletiva.

É preciso destruir o belo conceito político da diplomacia contra a diplomacia, para formar o outro mais humano e mais útil na verdade, que será o do povo com o povo, pois hoje só o povo, devido à inépcia dos governos, é que poderá salvar a América de conflitos fraticidas e inúteis em sua finalidade íntima.

Para essa obra extraordinária de paz e de humanidade, para essa obra generosa de conhecimento mútuo, de compreensão elevada e até de amor, eu, como brasileiro que sou e como soldado que nunca deixarei de ser, trago a minha contribuição sincera, a sinceridade da minha palavra, a palavra do meu coração revoltado contra todas as injustiças que os governos praticam.

Esta sinceridade não é igual à sinceridade engraçada das personalidades medíocres, cujo único valor está no cargo oficial que ocupa. Não, meus senhores. Vós bem o sabeis. É a sinceridade de um militar que fez tudo o que pôde fazer para redimir a nossa nacionalidade do labéu ditatorial que ainda hoje a oprime. É a sinceridade profunda feita de carne, de espírito e de sangue, de um soltado que não hesitou nunca em enfrentar a boca raivosa dos canhões destruidores, lutando sem cessar para reprimir abusos e, sobretudo, para formar um governo que emanasse das camadas populares, um governo que não fosse divorciado do povo e de seu povo, um governo que fosse o próprio povo, pois o povo é a única entidade digna de dirigir os destinos do país que habita.

Senhores: venho lembrar-vos de que se é verdade que os outros povos da América sempre nos julgaram, na realidade íntima dos seus corações, um povo fraco e humilde, não é porque nós, os brasileiros, sejamos fracos e humildes; não é porque sejamos ineptos ou vis.

Eu sei o que é ser brasileiro. Sei também que se o seu valor não é por todos reconhecidos amplamente, isso se deve ao fato de serem os nossos governos sempre divorciados do nosso povo; se deve ao fato de que os nossos governos nunca souberam zelar pelo nosso crédito no exterior, nunca souberam valorizar as nossas grandes virtudes aos olhos de quem, por natural sentimento de emulação, estava predisposto a nos considerar inferiores, em todos os sentidos da vida moderna.

Mas eu proclamo sem medo de contestação: o Povo brasileiro é grande. Se o povo brasileiro sempre pareceu pequeno aos olhos de terceiros, é porque nós sempre temos vivido de joelhos diante da tirania. Mas isso é preciso acabar. Povo brasileiro, sede vós mesmo! Levantai-vos! Quando vos levantardes, o mundo verá que sois grande e forte, o mundo verá que sois possante e generoso.

Então, toda a América, todos os países da terra inteira, vos amará, porque sois dignos, de fato, do mais puro, do mais santo amor!".

Cabanas em Juiz de Fora

Foram estas as informações prestadas ao sr. Ministro da Guerra pelo general Nepomuceno Costa, comandante da 4ª Região:

"Em obediência aos dispositivos regulamentares, cumpre-me informar a V. Exa. sobre o assunto do noticiário de alguns jornais, que, mal orientados, deturparam os acontecimentos.

Não é exato que este comando tivesse pensado em obstar a realização de uma pretensa conferência de um rebelde. Se tivesse resolvido obstá-la, ela não se realizaria, pois eu nunca recuei de uma resolução tomada, resolução que sempre tomo após ponderado estudo.

Aceitei no momento, por ser tolerante, a interpretação errada de que a Constituição da República garante a liberdade do pensamento, mesmo que se trate da propaganda de inversão da ordem e do desrespeito aos poderes constituídos.

Também não proibi, por me faltar base legal, o comparecimento dos meus comandados, pois tratava-se de uma reunião pública, com entradas pagas a dois mil réis.

A minha partida forçada para Belo Horizonte, onde fui passar revista às tropas do meu comando e realizar o grande certame desportivo militar, ofereceu oportunidade para que se fizesse durante a minha ausência a projetada reunião.

Antes de partir, aconselhei aos meus comandados que se abstivessem de qualquer manifestação hostil, no que fui obedecido.

O conferencista, prudentemente, não se excedeu na linguagem.

Por lealdade, pois eu sou aqui um delegado do Poder Executivo, devo declarar à V. Exa. que, interpretando fielmente os artigos 14 e 72 da Constituição da República, eu não permitirei que, no território da minha região, a manifestação de pensamento tenha tanta elasticidade que vá de encontro aos preceitos do Código Penal da República e ao decoro de um povo que, se presumindo culto, tem obrigação de respeitar as instituições constitucionais que a força armada é obrigada a sustentar (art. 14).

E não é só em virtude do artigo 14 da Constituição.

A dignidade de uma função pública qualquer, máxima de um chefe de tropas, exige que se coíba com rigor o alastramento da demagogia, pois esta só pode trazer infelicidades à nação.

O governo da República pode estar tranquilo quanto ao território de minha região. Eu manterei a ordem, agindo dentro da lei, e castigarei aqueles que exorbitarem, confundindo licenciosidade com liberdade.

Alheio às lutas partidárias, a minha ação terá somente em vista a felicidade da pátria, pela tranquilidade e operosidade das classes produtoras.

É tudo quanto julgo necessário informar à V. Exa., em cumprimento do regulamento militar".

***

O General Nepomuceno recebeu, entre outros, os seguintes telegramas:
"Santa Cruz do Rio Pardo – 9 de setembro de 1927 .Como presidente do diretório político do município de Santa Cruz do Rio Pardo, cuja Câmara foi extorquida na quantia de vinte contos de réis pelos mazorqueiros de 1924, à frente dos quais estava Cabanas sob ameaça de saque e depredações quando assolavam esta zona em fuga desabalada para o porto Tibiriçá, apresento incorruptível defensor da legalidade daqueles dias ominosos os protestos de minha solidariedade e admiração pelo seu gesto de civismo espera sua atitude de firmeza recente questão suscitada por uma conferência daquele militar condenado pela Justiça do país. – Atenciosas saudações – Leônidas Vieira".

***

"Maceió – 10 de setembro de 1927. Meu nome e dos oficiais, felicito eminente chefe legalista Mato Grosso. Ato agressor e verrinas Cabanas tem principal escopo denegrir caráter exército – Alberto Mendonça – capitão comandante 20 B. C.".

***

"Belo Horizonte – 9 de setembro de 1927. Ocupado sessão noturna Senado não pude comparecer estação hora partida especial apresentar votos boa viagem distinto amigo. Esta capital guarda com orgulho e entusiasmo comovente e grata impressão do brilhantismo da parada militar dia 7 aqui realizada sob seu supremo comando. Cordiais saudações. – Alfredo Sá – Vice-Presidente do Estado de Minas".

***

Em resposta, enviou os seguintes:

– Leônidas Vieira – Presidente diretório – Santa Rita Rio Pardo. Muito grato vosso telegrama. Saberei corresponder expectativa dos republicanos defensores da legalidade.

A minha vida está inteiramente ao serviço da pátria e da lei e no caminho que tracei não me deterão obstáculos.

– Capitão Alberto Mendonça e oficiais do 20 B. C. – Maceió. – Muito me confortou vosso telegrama e da oficialidade do 20 B. C.

O bravo capitão da jornada de Mato Grosso pode estar certo que nem um só momento esmorecerei na defesa da República contra a demagogia que pretende levar nossa pátria ao abismo da anarquia.

Pela Constituição e pelas autoridades constituídas, o Exército nacional empenhará seus esforços até o extremo.

Realizada a minha conferência em Juiz de Fora, sem incidentes de qualquer espécie, por ter ido a Belo Horizonte o sr. general Nepomuceno Costa, segundo ele mesmo confessou em informação prestada ao Ministro da Guerra, vim para o Rio de Janeiro a fim de escolher novo lugar para outra conferência. No dia imediato, 6 de setembro, os jornais do Rio davam o teor de um telegrama enviado àquele general pelo Clube Republicano Paulista e assinado por políticos de destaque na situação do Estado de São Paulo.

Os termos do telegrama que mais adiante eu transcrevo inspiravam e refletiam não mais um ódio pessoal e um ódio político dos senhores dominantes do meu Estado contra mim, mas sim um desafio e uma provocação à política de Minas Gerais, a quem avisavam: "Cuidado, pela razão ou pela força, em qualquer caso da política nacional, a vontade nossa dominará".

É claro que tal telegrama provocou uma reação do povo altivo de Minas.

O general Nepomuceno, vendo nesses telegramas talvez a pasta do Ministério da Guerra no quatriênio futuro, ou talvez neste mesmo, encheu-se de autoridade e fez suas as palavras do C. R. P.

Se esse gesto, de general, lhe traz benefícios futuros, o gesto que em seguida teve na sua informação ao Ministério da Guerra foi desastrado. Foi desastrado, meus senhores, porque eu não posso crer que um militar que condenou a ação da Justiça dando-me liberdade por fiança, chamando-a de ditatorial, possa futuramente desempenhar um cargo com o qual a justiça tem relações muito íntimas.

Além da ofensa ao Poder Judiciário, ainda se estendeu em considerações e interpretações dos textos da nossa Magna Carta, rebelando-se contra estes. (*)

O tal telegrama e essas informações do general Nepomuceno Costa provocaram comentários dos jornais e no próprio Congresso Federal, abrindo prematuramente uma questão nacional, qual essa da sucessão presidencial.

Estava com receio do tenente Cabanas! "Quem duvida de suas forças, está vencido". (Ing.) É verdade.

A política paulista, temerosa da conferência do tenente Cabanas em Campinas, impede-a.

O General Nepomuceno Costa, obedecendo a sugestões da mesma política, tenta impedir outra conferência em Juiz de Fora.

O governo do dr. Sodré, por imposição da referida política, impede minha conferência em Campos.

O governo dirige ou homologa tudo. Temerosos de uma conferência do tenente Cabanas, não tendo firmeza em lutas abertas e em suas próprias forças, utilizam-se de expedientes, de estratagemas e de estranhos.

Vencidos!...

Enquanto isso, eu sigo minha rota imperturbável em minha ação, confiante em minhas forças morais.

A justificação que o líder da bancada fluminense deu à nação sobre a proibição da conferência que iria realizar em Campos, taxando-a de subversiva, não é verdadeira. Senão, vejamos:

"Povo campista: depois de tantas lutas em tantos meses, depois de tantas emoções por que passamos, é para nós, e para mim particularmente, soldados da revolução, uma honra pisar terras campistas e saudar o seu povo, este povo que tem o orgulho de registrar nas páginas de sua história e na história do Brasil os gloriosos feitos de Bento Pereira, o exemplo da coragem e do patriotismo da mulher brasileira; terra que foi o berço do grande poeta Cruz e Souza, rodeando num amplexo democrático a raça negra e a raça branca; terra que tem como filho o imortal Patápio, o rouxinol da flauta, o exímio musicista; terra que glorificou, vendo nascer em seu seio uma das mais brilhantes mentalidades do Brasil, o grande estadista Nilo Peçanha, o ardoroso propagandista, companheiro do íntegro Sebastião de Lacerda, pai do caloroso tribuno Maurício de Lacerda, uma das glórias da geração moderna; Nilo Peçanha, campeão da reação republicana, o bom brasileiro, o idealista que, mesmo nos últimos momentos da sua vida, só teve frases de alento, frases de estímulo para o povo brasileiro, frases de esperança para um futuro maior da nossa querida pátria e frases de perdão para seus inimigos e que são os inimigos da nação.

Nilo Peçanha, meus senhores, é a imagem, é o nome que ainda ilumina a estrada pela qual o povo tem vontade e quer brilhar: a estrada da honra, a estrada do dever, a estrada do trabalho, a estrada da moral, do civismo, do patriotismo. É nessa estrada que seu espírito tão elevado e tão puro vive como que materializado, brilhante, aureolado pela coroa da santidade e dos mártires, ensinando-nos o final dela como objetivo principal que temos a alcançar: a grandeza da Pátria.

Nilo Peçanha não desapareceu, vive, meus senhores! Vive, malgrado sua matéria, obedecendo à lei natural, se tenha desfeito em cinzas! O seu espírito paira sobre todos os nossos corações; reflete-se em todos os nossos atos cívicos; impulsiona, guia e guiará sempre o povo brasileiro nos seus grandes empreendimentos. Nilo Peçanha deixou-nos na tenacidade o exemplo de virtude, a honradez, a impolutez do caráter que não se destruiu e que não se destrói e que fica como exemplo a todas as gerações presentes e futuras, que se congregaram para derrubar as oligarquias, as ditaduras, as tiranias, os prepotentes e os magnatas que vivem vaidosos em posições conquistadas à força de miséria e à força de chicanas políticas, julgando-se intangíveis. Vaidade infantil! Posições assim conquistadas nada dizem na consciência do povo! Podem rodeá-las de músicas e de flores, de sorrisos e de palmas e do aparato oficial. Pouco importa. Quando essa música não é um hino entoado pela voz do povo, quando essas flores não são lançadas pelas mãos do povo, quando esses sorrisos não são sinceros, quando essas palmas são compradas e não homenagens populares, essas posições, repito, nada significam na consciência do povo.

São posições fictícias, incertas que só se mantêm alimentadas por forças brutas, pelos truques da politicagem e pelo dinheiro que explora a miséria de muitos cidadãos fracos de espírito e de caráter.

Quando, porém, essas posições são conquistadas passo a passo, com sacrifícios, com a própria inteligência, com a honestidade, com valor e patriotismo numa luta leal, com o mesmo emblema de caráter de um Nilo Peçanha, então assim, elas são seguras, são positivas e ninguém se atreverá e poderá derrubá-las, a não ser a morte, desígnio final e infalível que Deus dá a todos os seres, dia mais ou dia menos.

Mesmo com a morte, restará, entretanto, desses seres a lembrança de seus caracteres, única coisa que nem a ação da natureza nem a maldade dos homens nem as ingratidões, ódios ou paixões, poderão derrubar, poderão fazer esquecer.

Eis o que fica de Nilo Peçanha, senão bastassem os seus atos administrativos, de estadista, de político e de grande brasileiro, que tantos benefícios deram ao país quando à frente de seus destinos.

Campos, meus senhores, mostra a verdade destas asserções; Campos recorda sempre seu filho e honra a sua memória em todas suas manifestações, intelectuais, agrícolas e industriais; município rico, creio que o mais rico do Brasil, com a particularidade de tudo ser nosso e de tudo ser nacional, bem mostra que as energias de um Nilo Peçanha, que as virtudes e o patriotismo de um Nilo Peçanha são honradas e correspondidas pelo seu povo.

Eu te saúdo, nobre povo campista, e nesta saudação, pálida em expressões, mas elevada em sinceridade, vai toda a alma, alma de um brasileiro que só deseja para o Brasil inteiro as mesmas qualidades de civismo que vos deixou Nilo Peçanha e que bem as demonstrais em todos os vossos atos de vida pública e particular.

Meus senhores, antes de abordar o assunto principal de minha conferência, desejo dizer-vos que o meu propósito, vindo falar ao nobre povo de Campos, não é, nunca foi e não pode ser o de ideias subversivas, de propagar princípios revolucionários, de atiçar o fogo da rebelião contra os poderes constituídos da República.

Não tenho querido nem mesmo me referir aos males que nos tem infligido, como o das oligarquias que sugam e absorvem as energias moças do organismo robusto da Pátria, que nós, soldados ou simples cidadãos, temos defendido e havemos de defender com o nosso amor e o nosso sangue.

O meu fim é aproveitar a popularidade que me veio dos acontecimentos em que me vi envolvido, transformá-lo em recursos para aquele punhado de bons, valorosos e honrados brasileiros que no estrangeiro sofrem os horrores do exílio.

Cessada a luta pelas armas, os corações se deviam unir de modo que, apreendendo todos na sábia lição dos fatos a realização da obra colossal da construção da nossa grandeza econômica, financeira, moral e política, postos à altura da opulência da natureza, nos apresentemos aos olhos do mundo como uma nação capaz, forte, vitoriosa e unida.

Os ódios pessoais, as vinganças partidárias, os rancores e as iras não devem sobreviver aos embates das armas, que não empunhavam mãos criminosas e sim consciências boas e espíritos altos ao serviço desinteressado da pátria e da República.

Por isso é que venho percorrendo o território da minha pátria, na preocupação de uma obra humana, de puro amor, aos que, por sentimento de maior nobreza, tanto têm sofrido pela terra comum, onde caiu, abundante e generoso, o sangue de toda uma mocidade dominada pelo mais sadio patriotismo.

Não faço obra de sedição!

Não posso, porém, agora, depois de conhecido e lamentável incidente de Juiz de Fora, onde tão altamente se colocou o governo do honrado dr. Antônio Carlos, deixar sem comentários o seguinte que vem publicado no "Correio Paulistano" de 6 do corrente:

"A atitude do sr. general Nepomuceno Costa, comandante da 4ª Região Militar, impedindo que os elementos subversivos, condenados pelos tribunais do País, realizassem na cidade de Juiz de Fora a propaganda de seus intuitos de agitação (?) causou a melhor impressão possível. Não só porque envolve um alto espírito de disciplina ao respeito à ordem e à dignidade do país, como também porque representa o sentir da nação inteira contra a obra nefasta dos que se constituíram fomentadores habituais da desordem. Nunca, como neste instante, o país se sentiu tão forte dentro do seu espírito construtivo, para a justa defesa do seu patrimônio moral contra os últimos pregoeiros recalcitrantes de uma campanha sem ideais e sem patriotismo, em que só se empenham certos indivíduos sem a maior significação pessoal e política."

O gesto do Sr. General Nepomuceno Costa foi oportuno e justo. (E o do dr. Antônio Carlos que me garantiu a conferência, o que teria sido, inoportuno, injusto?) Despertou por esse motivo, os aplausos de todos os brasileiros que têm noção clara dos seus deveres fundamentais de respeito às autoridades constituídas e ao decoro de nossas leis, significando esses aplausos, o C. R. P. dirigiu, em data de ontem, àquele brilhante oficial do nosso Exército o seguinte despacho telegráfico, cujos termos altamente expressivos (ora se não!...) consubstanciam um nobre e vivo protesto de solidariedade.

Eis o teor do telegrama:

"General Nepomuceno Costa. 4ª Região Militar – Juiz de Fora – Minas.

O C. R. P., por seus diretores e sócios, *amigos devotados da legalidade* (os grifos são meus) de que V. Exa. tem sido um dos mais intemeratos e eficientes defensores, traz à V. Exa. o seu protesto de solidariedade ao nobre e desassombrado gesto, opondo-se a que se lance aí a semente da mazorca, por um réu de lesa-pátria, assim condenado pela Justiça da República.

Esta nós havemos defender com V. Exa., pela razão ou pela força. Cordiais saudações. (Ass.) – Sílvio de Campos, Ataliba Leonel, Marcondes Filho, Luís Fonseca, Cyrillo Junior, Thirso Martins, Manoel Fernandes Lopes, Flamínio Ferreira, A. A. de Covello, Luciano de Gualberto, Godofredo da Silva Telles, Paulo Setúbal, Ralfo Pacheco e Silva, Américo de Campos, Diógenes de Lima Rosa Sobrinho, Raul Jordão de Magalhães, Fausto Mattarazzo, Nicolino Mattarazzo, Almírio de Campos, Sinésio da Rocha, Nestor Macedo, Spencer Vampré, Paulo de Campos, Oswaldo F. de Carvalho, Orlando de Almeida Prado, Vergueiro de Lorena, Deraldo Jordão e Ulisses Coutinho."

Eis aqui, meus senhores, outro comentário, indiscutivelmente oficial, assinado por um tal Gregório de Mattos e publicado no mesmo jornal, na mesma data, intitulado:

"Pela Dignidade Nacional".

A brilhante atitude do general Nepomuceno Costa.

Ao sr. General Nepomuceno Costa, expoente de brio e bravura militar brasileira (?), o C. R. P., por seus diretores e sócios, enviou-lhes um expressivo telegrama hipotecando-se plena solidariedade pelo desassombro com que o ilustre militar, interpretando o espírito cívico dos bons brasileiros, se opôs a que se lançasse nas gloriosas terras de Minas a semente da mazorca, cizânia impatriótica que lá queria praticar e semear um prófugo da lei, réu de lesa-pátria, respondendo ainda por esse crime à Justiça do país.

O pregoeiro da arruaça é um perfil que se recortou sinistramente nos dias escarlates da revolta: o ex-tenente Cabanas. Estigmatiza sua farda, que foi vestida para defender as nossas instituições o crime de ter maquinado contra a pátria; comandou a 'Coluna da Morte'.

Que era a 'Coluna da Morte', de tão cinematográfica epígrafe?

Um corpo errante de força rebelde, que havia rompido as comportas da disciplina (tal qual, digo eu, o general Nepomuceno em 93) e se desencadeava pelo Estado para chacinar patrícios e depredar cidades, deixando após si, como uma horda de Átila, a ruína, o saqueio e o massacre.

Seu comandante iniciara sua triste celebridade com um ato que desonra os galões da blusa de um soldado: a indisciplina e a rebelião. A nação dá aos seus bravos defensores uma espada para defendê-la (para defender a nação sim, mas para defender maus governos, não). Quando essa espada sai da bainha para violar o juramento prestado – que é defender a ordem e a lei – o gesto passa a ter significado de Brutus: tem todo o horror de parricídio.

A 'Coluna da Morte' só teve a sinistra beleza da ferocidade armada, que prêa e chacina os cidadãos inermes. Semeou o pavor e o alarme. Deixou um rastro de sangue e de lágrimas em seu caminho.

Qual o seu ideal? A causa já estava perdida. A revolução jugulada. O Brasil trabalhador e honesto, cioso da paz dos seus lares, da honra das suas mulheres, do fruto do seu trabalho, repelira o levante. Ficou esporádica e andeja, sem objetivo nem sentido; sob o comando do ex-tenente Cabanas, essa 'Coluna da Morte', que matava patrícios, espancava crianças (esse sr. nunca foi às prisões e por isso ignora que as maiores visitas e os melhores amiguinhos que eu tinha eram justamente as crianças que lá me iam beijar), atemorizava mulheres, movendo-se pelo Estado com as armas que o Estado lhe dera para defender esses mesmos lares, assegurar as vidas dessas mesmas suas vítimas, manter a integridade do nosso solo e a honra da nossa Pátria...

(E que faziam então os defensores da legalidade, pergunto eu, que dispondo de tantos recursos não conseguiram evitar todos esses crimes?)

Continuando, o Sr. Gregório de Mattos diz: Que há de humano nessa atitude? Que há de heroísmo numa força de metralhadoras e de canhões (quais canhões? Os de pau que eu fabriquei em Mogi Mirim?) agredindo populações civis e invadindo cidades abertas? Que finalidade tinha a coluna? Chacinar? Saquear? Violar? Incendiar? Espalhar o terror e o pânico?

Pois bem: o comandante da 'Coluna da Morte', caçado pelo polícia após tantos crimes, processo afinal, pela Justiça (que aliás processou-me por crime muito diferente daqueles que o assignatário do artigo aponta), após tantas depredações, ainda sob a ação legal desta, por um desses fenômenos que somente se explicam diante da injusta tolerância brasileira, resolveu de encarnação e transformar-se, em Minas, em pregador e conferencista! O grotesco toma as proporções do incivil. Do drama à farsa... (o sr. Gregório admite que de fato fui a Minas, sem intuitos rebeldes, querendo-me transformar em pregador. Logo... é o mesmo que reconhecer que não teimava em revoluções, o que vai de encontro com o telegrama do C. R. P.).

É claro que essa lamentável comédia revoltou todos os bons brasileiros, aqueles que amam a paz e o trabalho, que dignificam nossas tradições pelo seu amor à ordem e ao regime.

Era tolerar demais admitir essas ridículas inversões dos valores. Entre os nobres espíritos que se opuseram (e os que não se opuseram, não seriam nobres?) a essa irrisão cuspida contra o prestígio das nossas leis e das nossas autoridades, está o nome ilustre e a bravura provada do general Nepomuceno Costa. Seu gesto tem uma eloquência rara (e bem rara). Tem um significado alto. Ele diz: Basta de tanta licença! Basta de tanto escárnio atirado aos brios da nação! O Brasil reage, violenta e decisivamente, pela razão ou pela força. Contra os apóstolos das mazorcas, contra os perturbadores da ordem, contra os inimigos do nosso trabalho honrado, do nosso sacrifício e da nossa fortuna. (Quantas fortunas apareceram agora depois da vitória da legalidade!...) Não há mais lugar para os empreiteiros de bernardas, para os industriais da desordem, para os inimigos do prestígio nacional.

Esse gesto diz que estamos dispostos a reagir, custe o que custar, de maneira decisiva e radical, (no mínimo engolir Minas), contra quaisquer perturbações que venham abalar nossa paz interna ou nosso crédito, a dignidade da autoridade constituída ou a sagrada intangibilidade da lei. A honra do país não pode estar à mercê do espírito de insubmissões de Miguéis Costas ou demagogos que nada têm a perder (é lógico, não fomos nós que levamos os dinheiros de São Paulo).

O Brasil tem seu prestígio continental assegurado pelo esforço e pelo sacrifício de muitas gerações de denodados brasileiros, que o fizeram grande na guerra e na paz (gerações, aliás revolucionárias, de 1922, de 1889 etc., que o sr. Gregório se esqueceu de frisar), com as armas e com as enxadas, com seu civismo e com seu trabalho. Tem a fortuna (bendita fortuna) dos seus filhos a defender, porque ela não foi adquirida no saqueio das bernardas (essa carapuça não serve para nós, revolucionários, que estamos paupérrimos, deve servir naturalmente para algum amigo ou amigos que ele conhece, hoje, ocupam boas posições e estão bem de fortuna na legalidade), mas no árduo trabalho, no esforço, do eito do cafezal e no campo, no comércio e na indústria, nas profissões liberais e nos empregos.

Merecia, pois, a atitude do general Nepomuceno Costa a efusiva adesão que lhe deram os prestigiosos paulistas que assinaram o telegrama de aplauso enviado àquele oficial que honra as fileiras do nosso exército.

É seu gesto uma lição de civismo de um *aviso*. (O grifo é meu).

Até ontem, a ebulição irrequieta de todos os elevados diabólicos da desordem criou a explosão vencida e esmagada das bernardas; há-de, para felicidade do Brasil, para garantia das ordens e da prosperidade dos brasileiros, uma reação inversa se operar: a da indignação combativa dos elementos sadios da nação, que hão de assegurar imperturbada a nossa paz e o prestígio das nossas instituições custe o que custar. Pela razão ou pela força. (Pobre lema chileno, como estás e por quem estás usado!)". (Assig.)***

Os próprios títulos dos escritos, senhores, são uma mentira. Eu sou um revolucionário confesso, bem o sei. Disto não estou arrependido, porque o fui por amor à pátria e nunca por sentimento de cobiça, que a minha pobreza atual bem o demonstra.

Não sou também um foragido. A sentença que me condenou está apelada, não passou em julgado e pende da decisão do Egrégio Supremo Tribunal Federal, que, a requerimento de um ilustre patrício, admitiu a fiança que, para solto me defender, prestei na forma da lei. Sou, pois, um cidadão e, como tal, com direito às garantias estabelecidas na Constituição Federal. Negar isto é desconhecê-la ou pretender desconhecê-la.

É a própria Carta Republicana, a lei maior que me dá a segurança de poder, onde quer que me apeteça, falar aos meus concidadãos.

O ato do general Nepomuceno Costa, portanto, não seria senão uma violência, tanto mais séria e grave quando é certo S. Exa. é um soldado em serviço público, exercendo uma autoridade que lhe impõe, acima de tudo, o dever de respeitar a lei.

Pela legalidade, portanto, não seria o gesto infeliz dessa alta patente, que não sopita os velhos rancores, nascidos de refregas militares com a minha coluna, que S. Exa. não pode vencer em nenhum encontro.

Em prol da legalidade foi o ato do eminente dr. Antônio Carlos, que no dizer do telegrama do seu ilustre secretário da Segurança Pública, não podia permitir que se impedisse no território da gloriosa e lendária Minas liberal o exercício de um direito assegurado pela própria Constituição.

O telegrama do C. R. P., embora subscrito por próprios políticos estreita e intimamente ligados ao P. R. P. ao situacionismo político do meu estado, como os drs. deputados Ataliba Leonel, membro da Comissão Diretora do P. R. P., dr. Sílvio de Campos, A. A. Covelo, Luciano Gualberto e outros, poderia ser considerado um simples excesso de uma associação particular, associação essa, digamos de passagem, há pouco apontada como clube e espelunca que explorava jogos de azar.

Mas o "Correio Paulistano", órgão oficial do P. R. P. e porta-voz da política dominante de São Paulo, publicando tal telegrama, precede-o de comentários, onde se diz que a "a atitude do general Nepomuceno Costa causou a melhor impressão porque envolve um alto sentido de disciplina, de respeito à ordem e à dignidade do País". E, acrescenta: "o gesto do general foi oportuno e justo. Despertou por esse motivo os aplausos de todos os bons brasileiros que têm noção clara dos seus deveres fundamentais, de respeito às autoridades constituídas e ao decoro de nossas leis".

Pergunto-vos agora: o sr. dr. Antônio Carlos, que me garantiu o direito constitucional assegurado ao cidadão, não foi oportuno e justo? Não terá S. Exa., que é uma bela figura de democrata, "noção clara de seus deveres?".

Podia S. Exa., para cuja educação cívica se apelava, permitir que o comandante da região militar, sem apoio na lei, impedisse a conferência de um cidadão, na terra de Minas?

Que significa o aplauso do "Correio Paulistano", órgão do situacionismo paulista, ao telegrama subversivo do C. R. P.?

Senhores: eu sou um revolucionário, sim, mas eu fiz a revolução exatamente para que se estabelecesse, no Brasil, o regime da legalidade, que políticos como esses do "Correio Paulistano" vêm transformando em rendosa indústria. Mas não tenhais dúvidas quanto ao futuro. Ele se desenha em traços vivos nesse telegrama, que é uma séria ameaça à política liberal e democrática do dr. Antônio Carlos.

Ali se diz que, pela razão ou pela força, hão de eles defender a sua República.

É um aviso, a que, com o sr. Antônio Carlos, podíamos responder vitoriosamente: a nossa República não é a vossa, porque não é a da nação, não é do povo. Contra a vossa e por esta, se a tanto formos obrigados, saberemos pelejar também, pela razão ou pela força.

***

O dr. Antônio Carlos, como verdadeiro estadista de visão, como homem que sabe arar o próprio sulco, aproveitando a expressão de Inginieros, onde devem ser semeadas as sementes das plantas liberais que não são nem mais nem menos que as leis democráticas que regem hoje a humanidade, soube achar a verdadeira ferramenta, que aprofunda esse sulco, a fim de que ninguém o possa destruir com suas pisadas torpes e perversas. Esta ferramenta é o voto secreto.

Todos vós sabeis, malgrado as afirmações dos amigos do P. R. P., que o voto secreto é a chave que fechará de uma vez a porta das rebeliões descontentes, das crises, das imoralidades políticas e governamentais, das fraudes, do restabelecimento das finanças: que melhora a vida econômica de cada cidadão, evitando que estes trabalhem juntamente com suas esposas e filhos, exaustivamente, sem resultado pecuniários que lhe resolvam a carestia da vida, o elevado aluguel do pardieiro onde vive; que nos livre das oligarquias, das camarilhas e das ditaduras.

O voto secreto é a chave que serve também para outra porta, abrindo-a e permitindo que as energias novas dos espíritos e moços da juventude saiam cheios de entusiasmo e fé para a rena, a fim de lutar civicamente pela realização dos ideais coletivos, defendendo o Direito, criando, colaborando com todas as classes, que procuram levantar o nível geral das inteligências e dos caracteres, procurando também formar em cada indivíduo um ser consciente e digno conhecedor de seus deveres.

Em nosso programa revolucionário de 5 de Julho, de 1922 e 1924, figurava em primeiro lugar, para a reforma das leis eleitorais, o estabelecimento do voto secreto. Não sabeis o quanto é para nós comovente, três anos após, cessada a luta das armas, bem triste para todos, aliás, mas que não pôde ser evitada, contemplemos, justamente na terra de Minas, que mais combatemos, implantado no meio de paz e de concórdia, sem ódios e sem rancores, sem humilhações e sem empáfias, esquecendo-se do passado para só se pensar no presente, que há de guiar o futuro, contemplemos, como disse, implantado o voto secreto, um dos pontos capitais do nosso programa.

E a prova de que estamos solidários com esse gesto de grande visão política, moral e social do dr. Antônio Carlos, todos nós brasileiros livres e conscientes, vós a tendes na alegria de que nos achamos possuídos ao contemplar a realidade do voto secreto em Minas.

Que este era o nosso desejo, está provado na própria propaganda e nos artigos que, à medida das nossas forças, todos nós íamos publicando nos jornais da República. Quero aproveitar a oportunidade para ler um dos meus artigos, publicado em dezembro último na "A Manhã" do Rio de Janeiro.

O voto secreto

"A defesa da soberania do Estado e do povo está nas mãos dos governos que regulam sua ação pela lei. Para isso os governos e as leis devem representar a vontade popular.

Quando, porém, esses governos e essas leis, não têm esse caráter democrático, então fatalmente, tarde ou cedo, ou desaparecem a nação pela indiferença popular, ou aparece a necessidade da soberana vontade do povo, empregando, para obtê-la desde os meios suasórios dos protestos, comícios, greves, até o recurso violento e supremo das revoluções.

Para evitar que desapareça a nação ou que apareçam as crises, as rebeliões e as revoluções, a principal função dos governos é sustentar e defender a soberania popular.

Compreenda-se bem o que eu quero dizer. Se por ventura nos abandonamos a uma ditadura, pouco importa se singular ou coletiva, mesmo que esta seja a elite da nação, o povo, entregue indiferente a esta direção, cai na indolência e, sem vontade, mais tarde, quando a ação natural das leis do tempo fizer desaparecer essa ditadura, o povo, desacostumado a dirigir-se por si próprio, perde a cabeça e cai nos caos da anarquia e nas mãos do estrangeiro imperialista. Por outro lado, se o povo antes disso não se submete à ditadura ou à oligarquia; se quer de fato, nomear seus legítimos representantes, sejam eles maus ou bons, protesta primeiramente com suavidade e depois, se nada conseguir, protesta com as revoluções. Foi desta forma que se iniciaram os movimentos que derrubaram todas as organizações feudais e realistas dos séculos passados.

Houve Césares, houve um Carlos Magno, houve Luíses XIV, houve Napoleões que, enquanto vivos, souberam manter sozinhos as instituições por eles mesmos estabelecidas para o sustento de seus regimes.

Mortos, porém, desaparecidos, quem mais soube guiar seus povos, que tudo haviam abandonado e enfeixados em suas mãos? Ninguém... A ninguém lhe foi acessível os cargos políticos da Nação com a aprovação popular, a ninguém lhes foi permitido pleiteá-los no conceito popular... Tudo dependia da vontade exclusiva desses homens, daí o completo desconhecimento de que o povo tinha na procura de homens públicos e daí a falta de elementos que estivessem no momento identificados com os problemas vitais da nação. A maior parte desta desconhecia os mais comezinhos princípios políticos, e faltando ao povo a compreensão nítida de seus deveres, se entregava à confusão das ideias, das ambições e da anarquia, que iam derrubar aqueles formidáveis impérios de que nos cita a história, para voltar novamente a cair noutra ditadura, tal qual como agora na Espanha ou na Itália.

Se a capacidade intelectual, se a energia e a inteligência de um homem sabiam manter com sua presença esses colossais impérios, a ignorância popular pela falta da soberania, popular, base fundamental que serve de alicerces a todos os países, não os mantinha na sua ausência e pela sua morte.

Portanto, a principal função dos governos é manter a soberania popular a fim de que ela saiba identificar-se com os problemas vitais do Estado e da nação, para nos momentos graves sabê-los resolver por si mesmo.

É muito mais preferível que um povo erre na boa intenção de evoluir do que deixá-lo cair na indiferença.

À exceção do Brasil, nos demais países da América essa função de defender e sustentar a soberania popular tomou caráter mestre pelas concepções e estabelecimentos de leis eleitorais que permitem ao povo manifestar sua soberana vontade.

Diz Pinto Serva, o grande lutador pela implantação do voto secreto:

Em todos os países civilizados, de organização política mais recente, o voto secreto é matéria de disposição constitucional. O artigo 17 da Constituição da Alemanha diz o seguinte: cada Estado deve ter uma Constituição Republicana; a representação popular deve ser eleita mediante o sufrágio universal, igual, direto e secreto, por todos os alemães, homens e mulheres, segundo o princípio da representação popular.

A Áustria e o Uruguai também o têm nas suas constituições e os outros países que não o consagram nos textos constitucionais, o consagram em leis. Em nosso país, as leis eleitorais são defeituosas; só visam beneficiar interesse das oligarquias estaduais, que giram, por sua vez, em torno do Executivo da Nação, a quem dão todo poder e força para fazer e desfazer a seu bel-prazer o que bem entender, nascendo daí a tirânica pressão dos governos e de suas camarilhas nas questões palpitantes das candidaturas. No Brasil, o povo não é consultado porque ele não tem legítimos representantes, visto como os que assim se denominam foram eleitos em eleições violadas, amparadas por leis ainda mais viciosas, deficientes e criminosas.

Os senhores por acaso viram alguma vez no Brasil se consultar o povo, por meio dos comícios, manifestos etc., qual era o melhor cidadão para os cargos eletivos da nação?

Os chamados representantes, temerosos de uma eleição séria, certo de que o povo havia de impor sua vontade, expulsando-os dos poderes públicos, constituem-se em *diretórios* ou em *convenções*, que não passam de meras oligarquias reunidas, e aí *indicam*, ou melhor dito, *nomeiam* os candidatos para as vagas existentes nos mesmos poderes públicos.

Depois procuram mascarar essa *nomeação* com um aspecto liberal e democrático, *ordenando* as eleições que, por sua vez, não passam de meras farsas pela maneira fictícia por que são feitas.

Os caciques ou cabos eleitorais pagos regiamente arregimentavam meia dúzia de eleitores, ou à boca de trabuco, ou pagos para votarem – seja com empregos públicos, seja com as rendas do país.

Estes caciques prendem as cadernetas dos eleitores e, no dia das eleições nas bocas das urnas, armados até os dentes, entregam-lhes os respectivos títulos, ameaçam e facilmente verificam, visto como o voto é descoberto, se os cidadãos obedecem ou não aos interesses das oligarquias, e... coitado de quem votar contra esses interesses! Ver-se-á perseguido, demitido se é funcionário do Estado, e terá sua vida pública e privada completamente arruinada!

É assim que se vence uma eleição no Brasil!...

Vê-se claramente que esse sistema, além de ser criminoso, modernamente condenado sob todos os pontos de vista e de direito, cansa, irrita e oprime o povo, que torna-se então rebelde ou indiferente e apático no que concerne ao importante dever cívico de escolher os homens e os governos que devem manter e defender a autonomia nacional, a soberania popular e que saibam administrar o país.

Ora, um povo que se adapta ao renunciamento da sua soberana vontade está moralmente esgotado no preparo de uma definitiva organização social, na construção de uma nacionalidade na autonomia própria – popular e nacional.

Volto a usar palavras de Pinto Serva, publicadas no 'Jornal do Commercio', nesse mesmo jornal que, há nove meses, não admitindo a discussão dessa matéria em suas colunas, nos chamava de bandoleiros. É o mesmo jornal que aceita hoje o que aos brasileiros dizíamos, eu e meus companheiros, na revolução: eis porque o caráter brasileiro se degradou e a vida pública e nacional é um caos. O nosso governo não é, como devia ser, o governo do povo, pelo povo e para o povo. O nosso governo, por uma estranha aberração, é o governo dos políticos, pelos políticos, para os políticos.

Os poderes dos nossos governantes não se originam do consentimento dos governados, como devia ser; mas são usurpados porque os nossos governos nomeiam seus sucessores sem audiência, nem consulta, nem participação do povo.

A defesa da soberania popular, para a qual o direito do homem criou o voto, voto Secreto, livre e altivo, é pois, para o Brasil, um gesto inadiável e se deve fazer na forma mais urgente que as circunstâncias indiquem. Sem ele, sem esse direito, com a existência de subterfúgios lançam mão das camarilhas e dos governos para negar o verdadeiro direito de votar livremente, é incontestável que hão de nascer ou as rebeliões contínuas ou o renunciamento – como já expliquei – a toda e qualquer ideia do povo sem interessar pela criação de governos honestos, fortes, patrióticos, inteligentes, democratas e liberais.

Sem o voto, com a criminosa inexistência desse direito, os governos aparecem mal constituídos, nefastos e politiqueiros, ambiciosos e prepotentes; não darão ao povo leis sábias, garantias judiciárias e civis; não fornecerão toda ordem de estímulos e facilidades; hão de arruinar a nação, econômica e financeiramente; não se hão de preocupar da sua organização social, do seu bem-estar enfim, e no futuro, o espírito da nacionalidade há de desaparecer pela falta de solidariedade que uma forçada indiferença cívica pode gerar.

Hão de vir as revoltas ou as submissões ante a ambição de espertos politiqueiros profissionais, erigidos em verdadeiros senhores feudais, atrabiliários e autoritários pela força que lhes emprestam as oligarquias governamentais, escudadas em suas mercenárias baionetas.

É incontestável o que afirmo: ou o povo, ante a ameaça da perda de suas qualidades de cidadão e, desta forma, de sua soberania, é arrastado para as revoluções, ou fica num servilismo único, sob o látego daqueles tiranetes e... daí para a queda fatal nas mãos do estrangeiro, é um passo...

Não está demais martelar nessa tecla em que cada cidadão brasileiro há muito e a todo momento vem batendo: para evitar que o país caia no caos das revoluções ou do domínio dos caudilhos ou dos estrangeiros, devemos exigir leis, onde o cidadão possa encontrar amparo para erguer-se nobre e virilmente para a defesa de sua opinião, em terreno leal e cívico, enaltecendo desta forma a nação com a maior e a mais pura glória dos nossos tempos: a faculdade de pensar, falar, discutir e votar livremente.

Dessa liberdade, nascerá indiscutivelmente a vontade soberana do povo, sem necessidade das revoluções, expressa então pela maioria e reunião dos votos individuais e independentes, que os cidadãos podem oferecer nas lutas cívicas do país.

Compreende-se que ao lado das leis que irão conceder ao cidadão o direito de falar, discutir, pensar e votar livremente, apareçam outras prevenindo o relaxamento da vontade e a insinuação criminosa, na hora solene da concepção do voto, permitam o livre exercício do mesmo sem a imposição natural que nascem nestes momentos da amizade, da influência do número de eleitores de um mesmo partido – quase sempre impressionante para o vulgo –, da eloquência de hábeis oradores, do interesse etc. etc.

Se os governos futuros querem ser bons, devem afastar-se da politicagem desenfreada, das ideias de prepotentes de ditadura, permitir e tolerar que o povo defenda civicamente seus direitos, sua soberania, concedendo-lhe para isso liberdades amplas.

Seria um grande passo nesse desiderato o estabelecimento no Brasil do voto secreto. Este, ao par de uma maior educação cívica, de novo implantará definitivamente a democracia na nossa infeliz pátria.

E se os governos vindouros não concorrerem para este anelo, os bons brasileiros não devem poupar os esforços nem lutas para sua concepção.

A Argentina, que sofria do mesmo mal que o nosso país, inaugurando o voto secreto teve os maravilhosos efeitos imediatos que o sr. Onório Silgueira, presidente da Federação dos Colégios de Advogados da Argentina, nos narrou quando nos fez sua visita:

> Entre nós, argentinos, não se discute mais sobre a conveniência ou não da instituição do voto secreto, visto ter ele apresentado os melhores e mais amplos resultados. Introduzido pelo grande Saenz Pena, ele veio influir muitíssimo na liberdade eleitoral acabando a face comercial do voto que antes, nas eleições apresentavam. Antes da adoção do voto secreto, nas lutas eleitorais, por toda a parte do país, verificaram-se compra de votos, subornos, compressão etc.

Isto é uma verdade, senhores, digo eu, porque eu mesmo tive oportunidade de assistir a várias eleições lá, no Uruguai e no Paraguai. É invejável, é comovente a maneira pela qual se fazem as eleições naqueles países. O povo, já perfeitamente compenetrado em seus deveres, vai depositar seu voto com consciência e com um entusiasmo indescritível e único. Antes disso, os candidatos fazem a sua propaganda. Os próprios eleitores a fazem com toda a ordem, educação, sem coação e sem a pressão policial e de capangas. Durante um mês, antes das eleições, nas ruas, nos bares, se fala, se discute, se comenta, se analisam os candidatos. Formam-se verdadeiras festas, caravanas, corsos pelas avenidas com verdadeiro cunho cívico.

No dia das eleições, os colégios e seções eleitorais estão simplesmente guardadas por um policial, que, sentado em um modesto banquinho na porta, desarmado, dá mais a impressão de um simples contínuo do que um mantenedor da ordem, tal a tranquilidade impressionante de que está possuído na sua missão e tal a cultura cívica daqueles povos. No Brasil, esse soldado, cheio de ordens e avisos superiores, estaria tremendo de pavor e dar-se-ia por muito feliz se, terminada as eleições, ele se encontrasse ainda com vida.

No Brasil, uma seção eleitoral é guardada por forças armadas e embaladas, ficando centenas delas em rigorosa prontidão nos quartéis, como que prontas para uma guerra internacional. E rara é a vez que não saem formidáveis conflitos com a perda de dezenas de vidas preciosas e inocentes.

O respeito na apuração e a compreensão do dever são tão nítidos naqueles povos que, para evitar qualquer impressão ou qualquer insinuação de que há pressão policial, as urnas são conduzidas à Junta Apuradora Central simplesmente pelos bombeiros, cuja farda, emblema de sacrifícios desinteressados e abnegados, é suficientemente significativo e respeitado!

A apuração leva muitas vezes meses e meses. A última do Uruguai levou cinco meses e, vejam os senhores, um país pequenino, com 1 milhão de habitantes, leva cinco meses para apurar suas eleições; no Brasil que tem 8 milhões e 500 mil quilômetros com 38 milhões de habitantes, se apuram as eleições em menos de 24 horas!...

Mas continuemos o que dizia o dr. Honório Silgueira.

O sigilo estabelecido pelas cabines secretas impede qualquer vigilância e espionagem nesse sentido.

Uma das maiores vantagens que trouxe para o país, além dessa, foi a completa cessação das revoltas e agitações que os pleitos eleitorais antes provocavam em todas províncias do país. Hoje não mais se verificam os degradantes episódios comuns às eleições anteriores à instituição do escrutínio secreto. O recinto eleitoral não mais se transforma em campo de batalha, nem os homicídios se registram. A lei Saenz Peña deu por terra com todas violências. Atualmente as eleições decorrem na mais ampla ordem e liberdade, como se fosse dia de trabalho ou dia de festa.

Sobre o voto secreto não se fazem críticas. Outros pontos do nosso regime eleitoral estão sendo objeto de estudos.

Meus senhores, parece mentira, eu continuo, que em países tão pequeninos e de cultura bem menor que a nossa, já se tenha adaptado o voto secreto sem que ninguém indagasse se de fato o povo estava apto ou não a receber essa lei. Entretanto, no Brasil, que possuímos uma mentalidade e uma cultura superiores, os politiqueiros querem e ainda alegam que o nosso povo não pode compreender o que é o voto secreto. Só nos faltava mais esse insulto às nossas faces!...

Agora, que vou terminando minha conferência, mais uma pequena referência ao P. R. P. e ao C. R. P. e a toda aquela camarilha de São Paulo, que, enviando um telegrama ao general Nepomuceno, pretendeu amedrontar o presidente de Minas e este humilde orador.

O C. R. P. descobriu que a teima do sr. general podia ser também uma teima do P. R. P., descobriu também que este tinha as baterias encobertas prontas para atirarem e daí ordenarem a ordem de fogo, demasiadamente precipitados. Porém, como essas baterias eram de papelão e estavam bichadas pelos vermes do interesse, o tiro foi malsucedido.

Elas não me meteram medo e muito menos ao dr. Antônio Carlos, por que nós estávamos e estamos estribados no direito, na lei, na honestidade, na dignidade, num profundo patriotismo.

O C. R. P. julgou que, hipotecando sua solidariedade ao desrespeito que se pretendia fazer ao Poder Civil do dr. Antônio Carlos, iam talvez obter o agachamento deste e pedido de clemência meu.

A resposta a teve. A minha foi a saliva que lhes serviu de creolina profilática; a do dr. Antônio Carlos, foi aquela em que lhes apontou, serenamente, o direito, a lei, a história gloriosa do seu torrão, a liberdade e a democracia tradicional mineira.

Essas foram as únicas razões e as únicas forças que por agora usamos.

Ao terminar, meus senhores, peço-vos que vos congratuleis com o povo de Minas, felicitando-o pela conquista que acaba de fazer enviando ao Congresso o projeto do voto secreto e incitando esse povo já que será amparado por leis protetoras a que todos os cidadãos aptos se alistem, mas se alistem tendo em mente que isto é um dever imperioso, como dever é trabalhar, como dever é amar seus pais, esposas, filhos e pátria.

Que o gesto de grande visão política administrativa e social do dr. Antônio Carlos não fique somente reduzido a lei; é necessário que cada um cumpra seu dever e corresponda com civismo e inteligência a esse gesto e que cada um saiba interpretar o desejo de seu presidente, não coagindo os outros ou se coagindo a si mesmo com receios infundados.

E lembremo-nos todos, campistas e mineiros, paulistas e pernambucanos, enfim todos os brasileiros, destas frases belíssimas de Pinto Serva: Só são fortes, respeitados e prósperos os povos que se caracterizam pelo cumprimento do dever não só nos governantes como nos governados, na massa popular como nos Poderes Públicos. A luta pela direito pela realização dos ideais coletivos é o que singulariza as nações na vanguarda da civilização. Nenhum povo se ergue a um nível elevado pela simples ação do valor de um estadista ou governante, mas sim pela compreensão do dever em todas camadas sociais, pela consciência dos direitos e pelo civismo difundido em todas classes da população.

São estas as minhas últimas palavras, simples palavras de soldado que traz ao povo de Campos, renovando as minhas saudações e que, estou certo, são acompanhadas por aqueles outros brasileiros que no exílio estão sofrendo amarguras de saudade e de miséria".

Eis aí senhores, membros do Poder Verificador, a conferência de Campos.

Diante das violências cometidas pelo governo atual contra a minha pessoa, estaria eu errado em afirmar que a mudança de governo e que a liberdade dos presos da Clevelândia, da Trindade, e de outras prisões, a suspensão do Estado de sítio, aliás, um dever, nada significavam?

Previa ou não previa a mesma rotina dos governos passados acanhada e sem horizontes?

O abandono a que foi relegado o caso da Revista do Supremo Tribunal não é um crime?

A lei acelerada, que talvez seja posta em execução hoje mesmo à porta deste Conselho, encerrando-me em algum cárcere infecto, não mostra as verdades das palavras do meu manifesto de fevereiro?

A presença de Chagas distribuindo Justiça no Exército, não é um insulto?

A presença de Moreira Machado nas recepções, representando o sr. Prefeito, não é uma afronta?

A miséria e o mesmo estado de coisas dos governos passados, com a agravante de uma estabilização fictícia, não justificam as minhas previsões?

O plano da estabilização já provocou comentários de entendidos que, mais brilhantes, puderam aclará-lo.

Irritou-nos a taxa vil em que foi fixado o câmbio.

O dr. Epitácio Pessoa, em discurso memorável, no Senado, demonstrou como essa decisão governamental era infeliz e rebaixava a mentalidade do país. O que provocou, porém, mais indignação às classes vivas do país foi a subserviência do Legislativo aprovando o projeto da estabilização apresentado pelo Executivo, quase sem debates.

Ninguém, salvo poucos, procurou saber, mesmo reconhecendo a necessidade da estabilização se o projeto era ou não constitucional, defensável à situação financeira da República.

Ninguém quis, ao menos por dever, salvar a responsabilidade ou mesmo as aparências de ética parlamentar estudando o projeto.

Entrou nas duas casas legislativas como uma bala e de lá saiu com a mesma velocidade.

Para que temos, pois, um Congresso, senhores?

Para funções decorativas? Para que a minoria trabalhe? Para tão só aprovação das ordens do Executivo? Para se reunirem em dias de recebimentos de subsídios? Então feche-se esse Congresso!...

A estabilização sem uma política rural agrária, na minha modesta opinião, está errada.

Querem estabilizar, para a conversão em ouro da moeda? Mas onde está o ouro? Onde o equilíbrio orçamentário? Nas rendas alfandegárias?

Estas tendem a diminuir com a taxação elevada sobre os produtos importados.

Na exportação? A exportação nacional é diminuta por muitos motivos e ela não nos deixa saldo: primeiro, porque não temos braços para fomentar a produção das indústrias dos campos, como não temos o maquinário necessário ao fabrico de produtos exportáveis; segundo, porque o contrabando impera nas fronteiras, dificultando o desenvolvimento de indústrias nacionais; terceiro, porque nula é a propaganda no exterior, sem embargo do exército de filhotes de tal incumbido; quarto, a produção agrícola exportável encontra dificuldades inúmeras na falta de vias de comunicação, na insuficiência de transportes e na excessiva alta de fretes, taxas ferroviárias e papéis burocráticos, agravada ainda mais com a política de estabilização.

A par desses estorvos que entravam a importação e a exportação, deixa a legislação brasileira latifúndios incultos nas mãos de politiqueiros, conservando-se os governos inativos em face da enorme área de terras devolutas do Estado.

A administração não tendo, então, onde arrecadar ouro, recorre aos empréstimos e, para tanto, empenha mais o Brasil; as suas economias se limitam às obras públicas, perdendo-se com isso o material nelas empregados e quanto nelas já se gastou, bem mais necessária à sua conclusão; fingindo querer equilibrar os orçamentos destrói as esperanças do funcionalismo; eleva as tarifas, escorcha o contribuinte, dificulta a vida do povo e embaraça o intercâmbio interno de mercadorias.

É bem de ver que sem a entrada por nenhum lado do ouro e ante necessidades resultantes do serviço de juros e amortizações de empréstimos de passados governos e mesmo do estabilizador, os minguados depósitos de ouro vão desaparecendo como desapareceu o da C. de Conversão, transferidos ao Banco do Brasil em virtude do contrato ruinoso do Tesouro.

Não serão os empréstimos que hão de valorizar a nossa moeda!

A divisão das terras, que entregues ao povo e aos colonos com fáceis vias de comunicação, retalhadas em pequenas propriedades, é que dará ouro ao País.

Cada decímetro quadrado de terra cultivada será uma moeda de ouro.

O dr. Washington Luís tem a prova disso na Sorocabana e em todas as regiões paulistas divididas em pequenas propriedades. Ali existe abundância, fonte de ouro.

A política agrária nos dará produção para exportar.

Os nossos mercados, por sua vez, terão os gêneros barateados pela concorrência.

O governo, sem lançar mão de novos impostos sobre senhorios, comerciantes e industriais, terá facilmente onde aumentar suas rendas com o aparecimento de milhares e milhares de produtivas propriedades.

Não precisará suspender as obras de utilidade geral e reformando as repartições públicas, resolverá o problema da carestia da vida do funcionário e do povo; equilibrará os orçamentos sem dano a ninguém, porque na paz e na fartura todos crescerão com a pátria rica e livre.

Eis aí a verdadeira política de estabilização!

Eu torno a repetir, meus senhores, que os atos do governo atual vêm provar que não é a mudança de homens da mesma política que há de fazer cessar o mal-estar do Brasil.

Nenhum ato político administrativo de benefícios aos interesses públicos apareceu até hoje.

Os dois atos de vulto no governo atual foram o da Conferência Parlamentar e o da Estabilização.

O primeiro foi assinado pelo intendente Paiva, que tão desairosamente nos deixou perante as nações deste continente, dado o silêncio guardado diante da doutrina imperialista do fascismo relativamente aos seus emigrantes.

Esse silêncio bem mostra que os nossos homens públicos não têm noção das próprias responsabilidades, não compreendem que a nossa verdadeira política internacional está na confraternização dos povos sul-americanos.

Acostumados à politicagem que só trabalha por trás das cortinas, deram ao estrangeiro essa mesma triste impressão da soberania nacional em face das relações internacionais.

Segundo, a estabilização, já vem dando os prejuízos que todo o mundo vê dentro e fora do país.

Sem mais esperanças do câmbio subir, o comércio, os bancos e as indústrias retraíram-se e lutam com mil dificuldades. A elevação das tarifas, como acima já disse, prejudica todo movimento de intercâmbio.

Os demais atos, do governo atual, só foram atos de vingança e de satisfação de paixões pessoais.

A cassação da carta de cidadão de Miguel Costa mereceu deste homem uma bela e serena resposta: a que se dá aos que se julgam onipotentes, aos que possuem a pretensão de tudo saber, de tudo fazer sozinho.

Quero extrair somente algumas linhas dessa resposta, que aqui junto para quem a quiser:[5]

Do bravo chefe revolucionário general Miguel Costa, recebeu o nosso diretor a seguinte carta em que agradece a solidariedade dos "seus patrícios" brasileiros, diante do gesto brutal do governo do Sr. Washington Luís que pretendeu cassar-lhe o título de cidadão brasileiro:

"Paso de los Libres, 19 de agosto de 1927.

Illmo. Sr. dr. Nereu Rangel Pestana – São Paulo – Afetuosos cumprimentos. Aberto em minha mesa de trabalho, como reflexo de vossa altivez, tenho neste momento o número 4.455 de 'O Combate', de 16 de julho do corrente ano.

Há muito tempo sentia o desejo de, como revolucionário, dirigir-vos meus aplausos pela leal atitude que assumistes em face dos acontecimentos que ensanguentaram o país, na esperança de colher dias de mais liberdade.

A esse desejo, juntou-se mais tarde o dever de enviar-vos meus agradecimentos pela atuação que tivestes como vanguardeiro, na campanha que a imprensa livre assumiu contra o ato do governo pretendendo cassar-me os direitos de cidadão brasileiro. Agora, chegando às minhas mãos o citado número de 'O Combate', tornou-se este dever uma obrigação, tal a altivez com que tratais do assunto na resposta que dais ao sr. professor Villaboim.

Permiti, pois, que vos felicite como cidadão e vos agradeça como amigo.

Não pretendo discutir as causas que levaram o atual chefe do Executivo a visar-me individualmente em sua ira.

---

[5] Respondendo a um gesto brutal, o general Miguel Costa agradece aos paulistas a sua solidariedade.

Sabia bem e sei melhor agora, que o homem em vulgar ama o servilismo e se cerca mesmo de bajuladores, mas não tolera os que ousam dar um passo à frente. E o atual presidente, acostumado a domesticar caracteres servis, não só não me poderá tolerar, como influirá para que não me tolerem os satélites que vivem da luz e do calor do seu poder de escravocrata. Haja vista, o eco de seu pensar repercutido no discurso do líder da Câmara, e em meia dúzia de jornais orientados pela sombra rotineira do presidente Washington Vargas.

Quantos homens, aparentemente viris, se afeminam ao sopro da vaidade de S. Exa., porque a domesticação lhes facilita a luta pela vida!...

Alguém chegou até a insultar-me chamando-me de 'patife', esquecendo-se que lavrava contra si o atestado de caluniador e covarde, pois sabe bem que esse 'valente' que, ao contrário, já dei sobejas provas de que não sou patife, e que só o tolero, porque a distância geográfica que nos separa dá-lhe segurança para que possa ladrar à vontade.

Blasfemam outros que sou um 'traidor', que voltei contra meus 'protetores' as armas que me confiaram; que não tinha os motivos das cartas, como meus camaradas do Exército; e, finalmente, que sou um 'estrangeiro indesejável'.

Parece incrível que, nesta época, haja quem pense encontrar ouvintes tão ingênuos, que se deixem sugestionar por esses cantos de sereia!

A esses três argumentos poderia responder:

1º) As armas não nos foram entregues para apoiar protetores de quem quer que seja; elas não pertencem ao indivíduo que ocupa o poder, pertencem à Nação. Esta é representada pelo governo, quando ele age de acordo com a opinião pública. Em caso contrário, o governo é um intruso, não representa senão o punhado de bajuladores que o cercam, tolhendo a vontade soberana do povo.

Para garantia do poder, existe a força pública (forças de terra e mar), a qual tem por missão defender as instituições e repelir o inimigo interno e externo.

Quando o governo desrespeita as instituições, torna-se inimigo da pátria. É traidor o militar que não volta as armas contra esse inimigo, para fazer respeitar as leis.

São casos de desrespeitos às instituições, por parte do governo: desviar a ordem lógica das coisas, em benefício próprio, de parentes, de seus correligionários políticos ou de quem quer que seja; tirar para si, ou para outros, os dinheiros do Estado, ou empregá-los em fins para os quais não foram destinados; agir fraudulentamente com o voto, desrespeitando a vontade do eleitorado; intervir indevidamente nos estados; não respeitar a Justiça; criar leis anticonstitucionais para tolher a expressão do pensamento, e outras coisas mais.

Creio que isso está mais que provado que existia em 1924, e não exige esclarecimentos.

Nesse estado de coisas, se o ideal patriótico, adormecido e impotente diante da compreensão da tirania, não reagir, dá-se fatalmente o fenômeno a que se refere Ingenieros: – '... a nação se humilha. Os cidadãos voltam a condição de habitantes. A pátria, a de país'.

Quem é o traidor? O que se revolta para salvar a pátria, ou o que concorda com essas misérias humanas, para não perder as graças dos todo-poderosos, que lhe garantem o pão, em troca da domesticidade do caráter?

Em 1924, todos esses fatores perniciosos estavam em jogo. Em São Paulo, com a relatividade da comparação ao resto do país e ocultos por máquina compressora melhor aparelhada, não apareciam com a mesma importância, nem em igual número. Mas apareciam ainda, como no caso de Palmital, no espancamento bárbaro do povo provocado pela polícia civil, quando agitado aquele pelo direito inviolável da greve pacífica, pedia melhor compensação para seu trabalho; na mão forte dada aos sindicatos exploradores dos gêneros de primeira necessidade e dos aluguéis de casa; na proibição aos oficiais da Força Pública de assistirem às discussões no Congresso do Estado, sob ameaças de prisão como se deu em 1923; na exclusão ilegal de oficiais da citada Força, garantidos vitaliciamente por lei, como foi feito com o primeiro tenente Durval de Castro e Silva; no afastamento acintoso de oficiais superiores do comando de batalhões, só por haverem servido na casa militar de político dissidente, sem que esses castrados morais, ou seus chefes e colegas – quase todos 'grileiros' ou prevaricadores – protestassem – e em muitas coisas mais que guardo ainda para não atacar pessoas. E não havia com isso motivos para revoltas!

O movimento, sempre foi dito, desde o primeiro dia, não era contra São Paulo, pouco importando que o presidente fosse recente ou antigo. Se não explodiu com o próprio sr. Washington Luís, foi sorte de S. Exa., talvez... Não importa saber a causa agora; saber-se-á mais tarde.

2º) Quanto à segunda parte, verifica-se pelo exposto, que o principal motivo para a Revolução não foram as cartas célebres.

Em 1922, talvez fosse esse o móvel principal; em 1924, os insultos das cartas eram fatores de menor importância, sendo os principais a deslealdade traiçoeira, da parte do governo, às tropas do general Clodoaldo, que seus pares não souberam vingar; a perseguição aos implicados no movimento de 1922 e os abusos de poder, acima expostos.

Os que dizem que o insulto das cartas era dirigido aos oficiais do Exército, e não à Força Pública de São Paulo, poderia responder que, fazendo dita Força parte integrante do Exército, em consequência do acordo publicado pelo 'Diário Oficial da União', de 29 de setembro de 1917, o insulto era extensivo a seus oficiais, e que, se não o fosse, o direito de legítima defesa, pode não ser só em relação ao indivíduo, como também na defesa legítima de terceiros.

Com os oficiais do Exército fui solidário, pois, e não me arrependo, por isso, se a totalidade não correspondeu ao gesto; a parte que procedeu com virilidade, soube-se colocar à altura de sua missão.

Ademais, me era lícito optar, entre as duas causas, pela que me parecia justa e digna.

3º) Em relação à terceira parte do que me acusam, enganam-se os que não querem perder as graças das sobras que ficam dos banquetes feitos com o Tesouro. 'Estrangeiro' é o indivíduo estranho ao meio em que forma a coletividade de uma nação. E tanto é assim, que no Brasil a Constituição não considera mais estrangeiros os que se tenham aclimatado ao meio nacional em consequência da assimilação dos costumes, revelada em vários atos. Não vem ao caso enumerar aqui as formas pelas quais se adquire ou perde a nacionalidade brasileira; o assunto foi bem ventilado no decorrer da questão que me diz respeito.

Como poderia eu ser estranho ao Brasil, único meio que conheço, pois foi aí que empreguei toda minha existência?

Estranho sou aqui de onde escrevo, deste meio cujas leis, língua e costumes ignoro completamente. Julgadores espantosamente estranháveis são os que pretendem imiscuir-se na consciência alheia! O ideal patriótico é o cidadão quem o sente; não lho dá seu antagonista.

Bela doutrina! Para eles, sou estrangeiro no Brasil; para os que me observam na Argentina, sou estrangeiro também, pois o fato de ter nascido aqui não me faz argentino nem na aparência.

Tínhamos, até agora, um povo sem pátria: os judeus; daqui por diante, teremos outros despatriados: os que se revoltaram contra os desmandos do governo – os revolucionários brasileiros.

Blasfemam outros que sou 'traidor', que voltei contra meus 'protetores' as armas que me confiaram, que não tinha os motivos das cartas, como meus camaradas do exército, finalmente, que sou um 'estrangeiro indesejável'.

Parece incrível que, nesta época, haja quem pense encontrar ouvintes tão ingênuos, que se deixem sugestionar por esses cantos de sereia!

A esses três argumentos poderia responder:

Primeiro: as armas não foram entregues para apoiar protetores de quem quer que seja: elas não pertencem ao indivíduo que ocupa o Poder, pertencem à nação. Esta é representada pelo governo, quando ele age de acordo com a opinião pública. Em caso contrário, o governo é um intruso; não representa senão o punhado de bajuladores que o cercam, tolhendo a vontade soberana do povo.

'... Quando o governo desrespeita as instituições, torna-se o inimigo da Pátria. É traidor o militar que não volta as armas contra esse inimigo, para fazer respeitar as leis...'.

Não achais, sr. Redator, que não deve gastar tempo em responder a esses julgamentos doentios?

Eu vos afirmo, porém, que, se o país onde nasci é a República Argentina, esta não é a minha pátria. Minha pátria é onde repousam os restos de meus pais; onde nasceram e vivem meus filhos, onde formei o patrimônio do que sei e sinto; onde empreguei toda uma existência; onde cresci e me fiz homem – é o Brasil. Para o Brasil, tenho vivido e *viverei*.

Tentando justificar o ato do governo contra a minha pessoa, os apaniguados deste têm dito coisas tão cediças, que chegam muitos a revelar a ignorância da diferença existente entre 'país', 'estado', 'pátria' e 'nação' evidenciando dessa forma a sua pouca noção do que é o verdadeiro patriotismo.

Aqui fica o que vos pretendia dizer em traços gerais, visto como isso e muito mais já está bastante debatido no caso de que tão ruidosamente a imprensa tratou.

Resta-me somente, por enquanto, agradecer a justiça que a imprensa livre exerceu no assunto e estimar a amizade que demonstraram os brasileiros a minha minúscula pessoa.

Seja, pois, esta a portadora dos agradecimentos que vos envia o admirador, amigo e *patrício*, Miguel Costa."

Aí tendes, meus senhores, uma das mais belas partes da carta de Miguel Costa em resposta ao ato prepotente e mesquinho do presidente da República.

Aí tendes, meus senhores, a resposta serena de um homem consciente a um ato arbitrário e truculento de pura vingança.

Quanto a mim, propriamente, vejo-me perseguido e vigiado em todos os meus atos de vida pública e vida privada. Minha correspondência é violada, retrasada e a maior parte das vezes não chega a seu destino. Acompanham-me constantemente secretas e inspetores de segurança.

Inúmeros "amigos espontâneos e de coração" me aparecem a cada volta de esquina com mil oferecimentos, cuja generosidade me faz pensar na "verba secreta" da polícia.

Meus verdadeiros amigos são molestados e vigiados por essa polícia que tem um "olho maior do que o de Moscou".

Infelizes soldados da revolução, a quem eu continuo a dedicar minha sincera estima, amizade e apoio moral, constituem para a polícia objeto de cogitações, suposições, planos e manobras policiais, mais formidáveis do que os planos do Sr. Coriolano, em procura da correspondência de Moscou. Mas... ele necessita empregar a "verba secreta"...

A polícia bem sabe que não há nada entre os revolucionários. Bem sabe que estamos todos em um período de calma, no que concerne a um movimento armado.

O perigo não reside em nós. O perigo está nesse vulcão – o povo que ruge aos pés do Sr. Washington Luís, depauperado pela fome, pela miséria e pelo mal-estar em todos os brasileiros, agravado com a má administração dos governos municipais, estaduais e federal.

Os atos prepotentes das oligarquias, o monopólio dos postos de representação e dos cargos públicos constituem ainda maiores males, pois separa, profundamente, o povo de seus governos, abolindo todo e qualquer princípio de democracia e não permitindo intromissão de ideias renovadoras, que intensifiquem qualquer cidadão com as questões palpitantes políticas, sociais, administrativas, financeiras, econômicas, cívicas etc.

Tomem cuidado, pois, que esse vulcão, em vez de fazer transbordar suas lavas por canais que as levem ao mar tranquilo do esquecimento e do trabalho, poderá convulsionar tudo.

E nesse dia, Deus tenha compaixão do Brasil!...

Por que e por quem foi lançada a candidatura do dr. Pinto Lima

Em fins do mês de setembro, o nome do sr. Pinto Lima conseguia de dois políticos adversários e irreconciliáveis do Distrito Federal uma aproximação amistosa, da qual resultou a recomendação do seu nome para a vaga de intendente municipal, ao eleitorado do primeiro distrito: sr. Cândido Pessoa, deputado federal e os srs. irmãos Penidos, conforme declarações bastante divulgadas pelos jornais desta capital (que abaixo transcrevo). Nessa mesma data, os srs. Paulo de Frontin, Mendes Tavares e Irineu Machado, faziam por sua vez um acordo no qual se resolvia apoiar a candidatura Pinto Lima.

"A candidatura Pinto Lima a intendente pelo 1º distrito – os srs. Frontin e Mendes Tavares vão lançar, hoje, o nome do sr. Breno dos Santos."

Em uma das salas das comissões da Câmara, reuniram-se ontem os deputados Nogueira Penido, Flávio da Silveira, Cândido Pessoa e Machado Coelho, que lançaram, definitivamente, a candidatura do sr. Pinto Lima a intendente municipal pelo 1º distrito, na vaga decorrente da opção do sr. J. J. Seabra, eleito pelas duas circunscrições eleitorais da capital.

Os quatro deputados acima, após um entendimento cordial, resolveram adotar uma forma conciliatória, lançando assim o nome do sr. Pinto Lima, o ilustre vice-presidente do Instituto dos Advogados Brasileiros, figura proeminente na política do Distrito Federal, e que nas últimas eleições disputou uma cadeira de deputado.

A apresentação do sr. Pinto Lima dependeu de um acordo, pois, como se sabe, o sr. Nogueira Penido tinha antes como candidato, o sr. Eugênio Bittencourt, que desistiu da sua candidatura, sendo que os srs. Cândido Pessoa, Flávio da Silveira e Machado Coelho tinham também candidatos seus, que eram, respectivamente os srs. Carlos Moreira Guimarães, Henrique Maggioli e Floriano de Góes.

À reunião de ontem dos cinco deputados pelo 1º Distrito não compareceu, apenas, o sr. Henrique Dodsworth.

É sabido que o senador Irineu Machado apoia a candidatura Pinto Lima, que é repelida pelos senadores Paulo de Frontin e Mendes Tavares. Nesse sentido, os dois chefes bernardistas têm promovido reuniões preliminares, de apoio ao nome do sr. Breno dos Santos. Ao que ouvimos, hoje haverá uma reunião de todos os elementos da facção Mendes-Frontin, a fim de lançarem a candidatura Breno.

Assegura-se que a essa reunião comparecerá o sr. Machado Coelho. Este deputado, porém, à vista da sua atitude de ontem, homologando com o srs. Penido, Cândido Pessoa e Flávio da Silveira, não poderá, por certo, emprestar o seu apoio aos srs. Frontin e Mendes, máxime quando se sabe que o ex-delegado auxiliar não foi eleito deputado pelos elementos da facção Mendes-Frontin.

Os vários grupos políticos em que está dividida a população eleitoral do Distrito acordaram definitivamente em adotar o nome do dr. Pinto Lima para disputar a vaga existente no Conselho Municipal, pelo 1º distrito.

Ontem, em ligeira nota, dissemos que essa candidatura havia conciliado os blocos divergentes, de um modo que era lícito esperar que o seu lançamento se fizesse oficialmente.

E foi exatamente o que aconteceu.

Os dois maiores grupos, os dos srs. Paulo de Frontin e Irineu Machado, estão com as forças bastante equilibradas. Ambos estão evoluindo para a formação de partidos, de modo que nada aconselhava um balanço de forças.

A simples prudência mandava acolher um nome insuspeito a ambos, simpático à população, e capaz de dar brilho ao legislativo municipal.

A escolha do nome do dr. Pinto Lima foi, por tudo isso, excelentemente recebida, quer nos meios políticos, quer nos meios intelectuais e sociais, onde o ilustre advogado, vice-presidente do Instituto da Ordem dos Advogados, desfruta das melhores simpatias e admirações.

É necessário, entretanto, desvendar alguns mistérios da política do Distrito Federal, para que se conheça a verdadeira psicologia desses acordos.

Uma cadeira no Senado Federal estaria proximamente em disputa. Para ela já olham as duas facções políticas, chefiadas pelos srs. Irineu Machado e Paulo de Frontin.[6]

Essas facções estão mais ou menos equilibradas. As duas duvidam da vitória e temem uma derrota.

Não lhes convinha de forma alguma que por uma vaga de intendente, de pouca duração, se abrisse uma luta prematura, que lhes descobrissem os flancos...

A derrota de hoje seria a derrota de amanhã.

Essa foi a ideia de ambos os chefes de prestígio no Distrito Federal.

Da conciliação dos srs. Cândido Pessoa e Penido, ainda resultou outra maior, na qual entraram os srs. Flávio da Silveira e Coelho.

Reunidos estes srs. àqueles chefes de facções, iniciaram todos pelos jornais a propaganda do candidato que entrou em uma questão de interesses políticos, como Pilatos no Credo.

Isto nos deu e ainda nos dá a impressão de que não foram as qualidades políticas, e muito menos republicanas, do sr. Pinto Lima o que animou aos políticos do Distrito Federal a recomendar este nome ao eleitorado.

Foram interesses pessoais, foram interesses partidários de momento.

Ninguém deixou de ver que essa coligação entre elementos sabidamente irreconciliáveis, era fruto de interesses pessoais e partidários. Essa

---

6 Toda a luta política do Distrito, com suas intrigas, com os seus partidos nascentes, com os ataques, marchas e contramarchas dos movimentadores do eleitorado, tudo isso gira em torno de um ponto: a senatoria, na renovação do Congresso.
Muita gente pode supor que as escaramuças começam muito cedo. Nós, pelo contrário, pensamos que começam tarde.
A senatoria pertencerá a quem, no momento da eleição, dispuser de maiores simpatias do eleitorado. Quem será esse homem?
Frontin, Maurício, Seabra, Cândido Pessoa, Penido, todos se empenham na catequese da população sufragista, cuja mobilidade pode ser medida pelo que acaba de acontecer ao sr. Irineu Machado. Senhor da maioria do Conselho, o sr. Irineu dormiu imprevidentemente sobre os seus louros.
E numa bela tarde, eis que o seu sol sofreu um eclipse, passando a fortuna a bafejar o sr. Frontin. Esse câmbio curioso não é considerado estabilizado pelo sr. Frontin, a quem a vida tem ensinado coisas excelentes. S. Exa., como dragão legendário, dorme com um olho aberto. Quem pode lançar sobre o futuro um olhar profético e assegurar quem seja, no momento do pleito, o favorito da opinião?
É possível que o Sr. Frontin reconquiste sua cadeira. Mas o que é certo é que para ela tem voltadas suas melhores esperanças vários paredros, entre os quais o sr. Seabra.
Todo esse movimento, a que assistimos, anuncia uma áspera refrega.

coligação passou a ser denominada 'saco de gatos', muito pitorescamente pela população do Rio, e de 'conchavo' pelos mais discretos.

Todos lhe proclamaram de imoralidade que infelizmente envolve todos os municípios e Estados do Brasil.

Quanto ao sr. Pinto Lima ter aceito ou não essa recomendação, não está na minha alçada criticá-lo.

Há, porém, na minha vida, momentos de descanso espiritual que me levam a raciocínios filosóficos, que uma vez ou outra, com a minha pouca cultura e fraca inteligência, vou passando o papel e é uma destas reflexões que eu para a continuação deste capítulo, trouxe para aqui.

"São homens os que aram o próprio sulco." (Ing.)

Eis aqui uma frase perenemente atual que deve sempre presidir nossa vida.

Arar o próprio sulco! Convém e convém mais que a ninguém aos homens da nossa raça, compreender bem o que é isso: "arar o próprio sulco".

Arar o próprio sulco é meditar primeiro e querer depois; é pensar, ao ser orientado o arado; é saber e sabê-lo com certeza absoluta, sem titubear para *onde* e não *até onde*; é escolher a ferramenta que faça esse sulco bem fundo para que não possam apagá-lo com suas pisadas torpes e perversas; é eleger o terreno em que o trabalho não seja infecundo.

Porém, há sulcos de sulcos: o que lavra o seu no infinito campo da filosofia, o eterno ardil da arte, não necessita olhar para os lados, porque tem de concentrar toda sua atenção para adiante.

Entretanto, o sulco que se abre na história dos povos para encaminhá-lo rumo ao ideal, requer também voltar a vista em torno, porque, junto ao sulco guia, hão de vir outros sulcos paralelos: um só não prepara a colheita e tem que se cuidar de que o não perturbem, outros sulcos desordenados e divergentes.

Deixemos isto, por agora, e pensemos somente nesse incitamento de Ingínieros, para buscar em si próprio o germe de toda energia e a norma de toda nossa conduta.

Desde meninos, na escola, até mais tarde, como homens nessa outra grande escola, que é a vida, devemos, cada qual, forjar-se um ideal e impormo-nos à obrigação de caminhar para ele: não com a ilusão vã de alcançá-lo (mesquinho ideal seria aquele que o esforço do homem conseguisse) senão para se consagrar em persegui-lo e sentir como nos aproximamos incessantemente dele que quanto mais se afasta, mais nos chama.

Só é homem o que sabe forjar um ideal, porque somente o que descobriu esse ponto luminoso em sua existência tem a mira que lhe permite traçar o sulco de sua vida.

No procurar esse ideal, no embrenhar-se nele com essa vontade de histoloco que esquadrinha e entranha da vida; no mimá-lo com as delicadezas com que o amante acaricia o amor de seus amores; no consagrar-se a ele com a fé consciente de quem sabe o que quer, está o ponto de partida da existência do homem que ara o seu próprio sulco.

É frequente crer que se tem um ideal, porque circunstâncias do momento, influências passageiras, sugestões fraquíssimas, no-lo põe ao alcance da nossa inteligência ou do nosso coração.

Isso, porém, não é ideal; é uma caricatura do ideal; pior talvez; é o ideal alheio que emprestado o tomamos para, iludindo nosso dever, encher o vácuo que em nosso íntimo deixa uma inteligência preguiçosa e um ânimo vacilante.

Não: o ideal tem que ser nosso, absolutamente nosso, intimamente nosso, criado por nós mesmo, acariciado por nós mesmos, por nós mesmos procurado; porque é inútil julgarmos que os demais hão de lhe dar o que nós não lhe damos.

E engendrá-lo para que o esforço alheio o conquistasse sem o nosso concurso seria tão imoral como engendrar filhos para que o cuidado de estranhos o fizessem homens.

Igualmente absurdo é tomar emprestado o ideal alheio. Significa isso a preguiça mental para procurar o próprio e, convertidos então em mercenários do pensamento estranho, nunca pôr-se-á a seu serviço, toda essa ânsia e essa dedicação que por lei natural estão reservadas para o próprio.

Por isto, vida perfeita de um homem, que saiba sê-lo, é a do que encontra pelo esforço máximo de sua inteligência e de suas qualidades de energia, o ponto de mira, para encaminhar seu sulco e pela concentração de sua vontade, a certeza de traçá-lo, fundo e firme.

***

A dependência passiva é incompatível com a dignidade.

Os comodistas, os indecisos, os que não têm confiança em si mesmos, em suas qualidades, entregam-se aos demais mendigando favores, mendigando proteção, mendigando esforços alheios.

Esperam tudo dos poderosos, invocam leis, favores, mercês.

Com homens tão pequeninos, as nações são pequenas.

Elas só crescem, elas só se engrandecem quando possuem homens gigantes pelos ideais, homens de iniciativas, homens que querem e fazem.

O hábito de confiar na sua própria inteligência, na sua própria iniciativa, sem recorrer aos poderosos, é a mais segura escola de hombridade, despertando o sentimento da responsabilidade...

O homem digno, pensa, quer e faz. Se triunfa, não avilta sua vitória, julgando que a deve a outros. Se é vencido, sai satisfeito da luta, pronto para outra, se tiver oportunidade, mas sereno, sem ódios e sem paixões.

O homem justo nega sua cumplicidade no mal. Despreza os favores que pode receber por esse mal e envergonhar-se-á desfrutá-los. Todo privilégio imerecido lhe parece imoralidade.

O homem justo inclina-se respeitosamente ante os valores reais, admira os dos outros e aspira possuí-los ele mesmo. Evita o contato dos difamadores, foge dos bajuladores, não propala nem divulga o que os demais possam dizer de seus semelhantes ou de seus adversários e muito menos ir repeti-los nos jornais, mesmo que seja nos "A Pedidos".

Por quem e por que foi lançada a candidatura do tenente Cabanas

Diante do que disse desde o início da minha contestação, é fácil deduzir-se o por que foi lançada a candidatura do tenente Cabanas a intendente municipal.

O povo, ansiando terminar com todos os males do Brasil, desejando findar de uma vez os seus sofrimentos morais e físicos, sociais e econômicos, procurava, antes de se lançar a uma violência, alguém que viesse auxiliá-lo pelos meios legais na sua luta contra as oligarquias.

Além disso, não via com bons olhos a formação de "conchavos" políticos em momentos de tanta angústia por que passa. Ainda mais, quando esses "conchavos" vinham a público para recomendar um nome que teve um dia a infelicidade de ir defender carrascos da população carioca, como Chagas, Moreira Machado, Mandovani etc., condenados pela opinião pública.

Nenhum brasileiro aprova ou aprovou os atos desses rafeiros policiais; nenhum brasileiro supõe que ainda haja alguém mesmo que por dever profissional ou humanitário se esqueça de que ainda há milhares de lares desfeitos pelas mãos daqueles indivíduos, e tenha a coragem de ir tentar tirá-los do único lugar em que merecem estar – na Cadeia Pública.

Revoltou-se, pois, ainda mais a alma do povo do Rio de Janeiro com o gesto dos "conchavos", que também se esqueceram de que o seu candidato era monarquista confesso, quem em absoluto não pode ocupar com sinceridade um cargo dentro dos poderes republicanos do país, nem defender, lealmente as instituições republicanas.

É o próprio candidato que confessa condená-las.

Aqui está, meus senhores, o trecho de seu depoimento no inquérito, da Revista do Supremo Tribunal, em plena Câmara dos Deputados em 1925, um dos órgãos constituídos da República, que o seu coração, suas ideias e seus sentimentos não podiam ver com bons olhos:

"Pouco me interessavam, dizia o candidato, naquela ocasião, as relações do sr. F. Fontainha com o sr. Venceslau Brás.

Não perco a ocasião de declarar e, peço licença para fazê-lo ainda uma vez, que sou monarquista. Nada pretendia e como não pretendo da República, e nada peço aos Poderes Constituídos para mim. (Tomem nota todos aqueles que me ouvem – nada pretendia, como não pretendo da República e nada peço aos Poderes Constituídos para mim). Assim pouco me importavam as amizades etc., etc."

Mais adiante: "Fui adepto fervoroso da candidatura do sr. Arthur Bernardes, e aqui está presente o sr. deputado Nogueira Penino que pode dar seu testemunho". (Reunião Câmara 23 de outubro de 1925).

Isso implica dizer ao povo que, na simplicidade do seu raciocínio assim o entende, meus senhores, o sr. Pinto Lima, monarquista confesso, foi um dos muitos, como o sr. Washington Luís, que contribuiu para a ascensão do sr. Bernardes à Presidência da República, o que vale em dizer que foi um dos muitos que contribuiu para a desgraça da República no quatriênio passado. Não vai nisto uma crítica às ideias do sr. Pinto Lima. É uma simples consideração que faço para mostrar a repulsa do povo a uma candidatura que ele sabia produto de uma coligação refutado imoral; a um moço que, embora possuidor de belíssima cultura, inteligência e de outros predicados pessoais, não podia com sinceridade e com republicanismo defender as instituições seriamente abaladas pelos desmandos e pela politicagem desenfreada dos governos, nos momentos por que passa a República.

"*Cabana indicado para o Conselho Municipal – Alvo revolucionário*

A candidatura de João Cabanas a intendente municipal e que acaba de ser lançada por elementos políticos do Distrito Federal, alheios a grupos de profissionais da politicagem, tem despertado vivo entusiasmo, nos arraiais liberais da cidade. Por outro lado, nas esferas contrárias, onde profissionalismo politiqueiro erigiu os seus domínios, o eco desse movimento tem produzido efeito bem diverso. O que se observa ali é o pavor pela vitória do heroico soldado. O seu nome assim lançado ao sufrágio popular da capital da República, entre os sindicatos dos postos eletivos, parece estar produzindo o mesmo efeito que produzia antes a notícia da aproximação da apavorante 'Coluna da Morte', no ânimo débil dos 'nepomucenos' da legalidade, pelos ínvios sertões brasileiros. Contraposta à indicação, nascida de um conchavo igual a todos os outros, do nome do Sr. Pinto Lima, advogado de retumbante nomeada e de tal confiança, que não hesitou em aceitar o patrocínio ingrato da causa dos matadores de Conrado Niemeyer, o maior supliciado do consulado bernardesco, a candidatura do revolucionário indômito apresenta um contraste impressionante, vivo, entusiástico.

Daí os justificados temores das adesões que lhe vão chegando.

Daí os justificados temores dos que pretendem preencher, por um acordo que não descontente a nenhum dos grupos politiqueiros, a vaga atual, de intendente pelo 1º distrito da capital da República.

Mas essa repulsa tinha que ser concretizada de qualquer forma e ela iria se manifestar do mesmo modo que usava a coligação: com o voto.

Lançou-se ansioso o povo à procura de um nome. Nessa procura chegou ao mais obscuro nome dos brasileiros, mas que se achava entre os dois mais patrióticos: o do tenente Cabanas.

A falta de tempo e a urgência não comportavam hesitações em procurar outro nome que representasse não só patriotismo e honestidade, mas sim cultura e inteligência. Aceitas as sugestões de alguns brasileiros e lançou-se o nome do tenente Cabanas contra o do dr. Pinto Lima.

O nome do tenente Cabanas, era aquele mesmo nome que, no segundo 5 de Julho, entre Isidoro, Costa, Távora, Müller, Nelson, Afilhado e outros, lançara seu protesto contra os desmandos dos governos e das gerações velhas, na grande ânsia de fazer da República a mesma República que ele povo, sonha há 35 anos: grande e majestosa.

O tenente Cabanas, que se achava em São Paulo em tratamento, aceitou a luta não vendo nela o fruto que ele pessoalmente podia colher e os benefícios que em proveito próprio poderia obter. Viu somente um meio, um novo campo onde podia continuar a luta em benefício da coletividade. Viu mais um meio de poder mostrar que o povo estava com a sua consciência desperta, que o povo continuava com seu protesto latente, que o povo estava cansado de politicagem, que o povo queria que alguém estivesse a seu lado e que com ele trabalhasse pela pátria. Eram os ideais de 5 de Julho que estavam em jogo e não o nome do tenente Cabanas. Eram os ideais de 5 de Julho que ele ia defender, como simples soldado desse grande chefe que é o povo soberano, e não o seu de tenente Cabanas.

Se a vitória houvesse, como de fato houve, João Cabanas haveria de suprir as qualidades intelectuais que exige um cargo eletivo e que lhe faltam, com a boa intenção, com o patriotismo e com a honestidade, qualidades estas que reconheço possui-las, também, o dr. Pinto Lima."

A significação das duas candidaturas para o povo carioca

Uma foi a defesa dos interesses pessoais e partidários, pulando-se até por cima dos sentimentos e dos escrúpulos naturais de republicanos.

A outra foi a defesa dos ideais de 5 de Julho indo ao encontro dos sentimentos e dos anseios de todo bom republicano, de todo bom brasileiro.

A primeira era a entrega da República aos monarquistas.

A segunda era a entrega da República aos republicanos.

Aquela era querer monarquizar a República.

Esta era querer republicanizar a República.

O pleito: seu lado mora e seu lado jurídico

Lado moral

A minha candidatura lançada pelo povo foi acolhida com simpatia pelos jornais da capital, e a ela se referiram em termos que muito me sensibilizaram, e que eu tive de aceitar, porque qualquer referência a meu nome era uma referência aos ideais de 5 de Julho, visto como eu me achei envolvido entre os que se bateram com as armas nas mãos por esses mesmos ideais.

Eu aceitei a indicação do meu nome e fiz as declarações necessárias com a simplicidade que caracterizava um soldado.

Eis aqui uma delas, publicadas em quase todos os jornais do Rio:

"Cabanas, candidato do povo ao cargo de intendente! – em carta à 'A esquerda', o bravo comandante da 'Coluna da Morte' aceita a luta – seu programa é o da revolução de 5 de julho

A propósito da agitação espontânea e popular de seu nome para disputar as próximas eleições a uma vaga de intendente pelo 1º distrito desta capital, recebemos do tenente João Cabanas a seguinte carta:

'Ilmo. sr. diretor de 'A Esquerda' – Saudações.

Não sou um profissional da política, nem nunca me senti com pendores para esses torneios que exigem, muitas vezes, a renúncia de ideais superiores. Isto, entretanto, não significa que eu me tenha desinteressado pela sorte do país, estragado pelos maus políticos e maus cidadãos que exploram o regime em seu proveito pessoal.

A falência da nossa democracia, entregue a um sindicato bem organizado, deve-se à falta de sinceridade daqueles que se inculcam seus servidores, quando em verdade só veem nela um meio de vida cômodo e rendoso.

Sem ser político, quando se me ofereceu ensejo de servir à República, com o risco de minha vida, não relutei. O Brasil exigia de todos os bons brasileiros este arriscado tributo, a fim de desviá-lo de rumo errado. Aderi à Revolução com todo entusiasmo da minha sinceridade porque via nela o remédio heroico que o momento aconselhava.

Não me cumpre aqui dizer nada de minha atuação na revolta de São Paulo. Fiz o que pude e o que o meu patriotismo me aconselhou naqueles lances terríveis.

Fomos vencidos? Sim, mas os efeitos morais da revolução aí estão, refluindo na mentalidade nova que se condensa em torno de ideais mais nobres e alevantados. Sente-se que o povo, na sua expressão mais legítima, adquiriu a consciência de si mesmo e já não se deixa arrastar pelos políticos calculistas e insinceros.

As aspirações do povo voltam-se agora para rumos novos, desprezando as lábias dos seus falsos mentores.

Eu, como bom brasileiro, assisto da minha obscuridade a essa transformação e intimamente me regozijo por haver concorrido de armas na mão para que se operasse o milagre cívico que assistimos.

Foi assim que me veio surpreender o lançamento de minha candidatura para a vaga de intendente pelo 1º distrito desta capital.

Vacilei. Mas refletindo bem, cheguei à conclusão de que fugir a essa luta, só porque as probabilidades de vitória são precárias, seria uma covardia. Depois, mais do que a certeza da vitória, devo saber corresponder com cavalheirismo ao apelo que o povo carioca me faz, honrando-me com a agitação espontânea de minha candidatura.

Tratando-se de um movimento genuinamente popular, que surge como uma reação contra o profissionalismo político ainda em voga, não me é lícito declinar do convite.

Aceito-o. Aceitando-o, assumo perante o eleitorado carioca um compromisso que a praxe manda seja divulgado em programa. Entendo, porém, que melhor programa é o passado, são os atos e as ações do homem, em dado momento quando não havia lugar para cálculos, nem oportunismo. Meu programa, portanto, é o da revolução de 5 de Julho!

Eis, em síntese, o que eu entendo, que deve ser o programa de bom brasileiro dentro e fora das assembleias.

Em qualquer circunstância, vitorioso ou vencido nas urnas eu serei o mesmo soldado decidido pela boa causa da República saneada e do Brasil unido e forte.

Era isto o que eu desejo dizer pelas colunas da 'A Esquerda', um dos legítimos órgãos das aspirações nacionais.

Rio de Janeiro, 12 de outubro de 1927 – João Cabanas'".

Dispondo somente de três dias para distribuição das cédulas, atirei-me a esse serviço, democraticamente, como verdadeiro filho do povo que sou, pelos cafés, pelos bares, pelos restaurantes, pelas repartições públicas, pelas docas, pelas fábricas etc., etc., explicando aos eleitores quais os princípios que eu verdadeiramente iria defender no Conselho e qual a minha ação, caso vitorioso.

O eleitor tinha toda liberdade de fazer a análise do programa dos dois candidatos e votar em quem melhor entendesse, ficando isso a cargo da sua consciência e do seu civismo e frisando: que eu mais desejaria um voto consciente, que mil inconscientes ou de mera simpatia a minha pessoa.

Quinta-feira, sexta e sábado, durante os dias respectivos dediquei-me a esse serviço.

Propaganda, propriamente dita não houve, por falta de tempo e por falta de material de toda espécie.

Os gastos não foram além de 500$000, em impressão de cédulas, no aluguel de um automóvel etc., etc.

Não tive nenhuma caderneta presa, nem retida em meu poder.

Não difamei meus adversários. Não implorei, nem comprei votos. Encontrei eleitores, apaixonados de seus adversários. Entramos em discussões serenas, sem ódios e sem paixões, no terreno das ideias. Nenhum zangou-se comigo nem eu me zanguei com ninguém.

Quanto ao meu adversário principal, ou melhor dito, ao procedimento daqueles que o apoiavam, junto algumas notícias dos jornais[7] que me pareceram mais interessantes, transcrevendo somente, sem comentários longos, os seguintes:

"Aos eleitores meus amigos, recomendo no pleito de domingo, 16 do corrente, o nome do dr. Augusto Pinto Lima para intendente municipal, candidato aceito pelo meu eminente amigo senador Irineu Machado. Outrossim, aos amigos eleitores da 10ª seção de Santo Antônio, que ela foi mudada para a Rua do Lavradio, 56 – sala esquerda. – Rio, 13 de outubro de 1927 – Zoroastro Cunha.

N. B. – As carteiras eleitorais que se acham em meu poder podem ser procuradas em meu escritório, à Rua do Lavradio, 8, sala 5, em qualquer dia útil".

Ardentes palavras do sr. Maurício de Lacerda, de condenação à política dos conchavos

O preenchimento de uma vaga no Conselho. Será chamado as urnas o eleitorado do 1º distrito, visto o sr. Seabra, que havia sido, em votação

---

7 O eleitorado do 1º distrito chamado a preencher a vaga existente no Conselho Municipal.

expressiva, sagrado pelas duas circunscrições, ter optado pelo segundo. O pleito, como sempre em pugnas tais, correrá um tanto desanimado, se bem que, havendo, desta feita, dois candidatos, desperte maior interesse, nas rodas políticas do Distrito. São contendores os srs. Pinto Lima e o tenente João Cabanas, o chefe da 'Coluna da Morte'. Ambos contam com valiosos elementos.

Sobre o pleito ouvimos o dr. Maurício de Lacerda. O vibrante defensor das liberdades públicas, com a sinceridade que o caracteriza, condenando a política de conchavos, disse-nos:

'A luta em que estamos empenhados contra a política profissional, buscando a eliminação desse trambolho que nos embarga o passo há três lustros, para uma política de ideias e de partidos, impõe uma repulsa ao seu sistema de conchavos, da qual se proscrevem, todos os princípios e todas as sadias divergências espirituais, para visar unicamente a conquista dos cargos públicos.

Na eleição de amanhã está, como nunca esteve, bem definida essa tese. O candidato de todos os políticos profissionais das panelinhas eleitorais do Distrito é o sr. Pinto Lima. Seu nome no pleito não exprime a política desta hora, em que o Brasil se biparte entre oprimidos e opressores, desde que ele vem comum de dois, isto é, pertence à repressão da 'legalidade' bernardista e à oposição civil a essa 'legalidade'. A um dos dois terá de faltar. A alguém há de trair. Assim se compreende que a política profissional tenha encontrado uma severa repulsa a mais esse conchavo típico da política de renúncia a princípios, pela conquista de cargos e de subsídios. Alguns elementos ergueram, por isso, o nome do tenente Cabanas. Como recurso de combate, não só às correntes oposicionistas e bernardistas escandalosamente unidas, como valendo uma réplica à mentalidade de arrocho do atual Presidente da República, que violou em Cabanas a liberdade de consciência dos brasileiros, a lembrança pode ser justificada e mesmo abraçada por aqueles que visam esses dois escopos combater a política profissional e resistir à reação oficial.

Como Intendente, examinarei, à luz dessa tese, o caso eleitoral ocorrente, e, no Conselho, farei o mais severo exame das atas e do valor moral de um pleito, em que os compadres políticos desabrocham, após longa hibernação, nessa flor de conchavo, que é a candidatura Pinto Lima, apoiada em Mendes Tavares e Irineu e defendida por Penido e Pessoa, fidagais, inconciliáveis adversários pessoais e políticos.

Sei, de resto, que o sr. Pinto Lima é um candidato governamental, das graças do Catete e ungido por este e seus amigos. Não está, pois, nos casos de Seabra, que era um expoente claro das reivindicações de 5 de Julho, mas na de um simples produto de uma coligação de heterógenos, em que pode haver de tudo, governistas e neo-governistas, mas não há, isso eu afirmo, um só elemento que se possa dizer represente 'lealmente' a reação nacional contra a oligarquia.

Nessas condições, embora não tenha candidatos neste pleito, compreendo e aprovo a reação que se deseja, com o nome vermelho de Cabanas contra a candidatura multicor do simpatizante do Catete, Sr. Pinto Lima. Aguardo o pleito para no Conselho sustentar os princípios da nossa reação política e sustentar os direitos do povo contra os instrumentos da ditadura presidencial do Sr. Washington.***

"A propósito da candidatura do dr. Pinto Lima à vaga de Intendente municipal, recebemos a seguinte comunicação, com o pedido de publicação:

'Ao eleitorado do 1º distrito, com especial menção ao de Santo Antônio.

Aos eleitores meus amigos recomendo no pleito de domingo, 16 do corrente, o nome do dr. Augusto Pinto Lima para intendente municipal, candidato aceito pelo meu eminente e prezado amigo senador Irineu Machado. Outrossim, aos amigos eleitores da 1ª seção de Santo Antônio, que ela foi mudada para a Rua do Lavradio, 56, ala esquerda.

Rio, 13 de outubro de 1927 – Zoroastro Cunha.

N. B. – As carteiras eleitorais que se acham em meu poder podem ser procuradas em meu escritório, à Rua do Lavradio, 8 sala 5, de qualquer dia útil'.

O sr. João Cancio da Silva, que apoia a candidatura do tenente Cabanas, enviou-nos este telegrama:

'O Globo – Rio, 14 – Trago-vos meu apoio à candidatura do tenente João Cabanas, pedindo a todos os meus amigos do 1º distrito que o consagrem nas urnas, domingo, na qualidade de revolucionário, que nunca incapacitou um cidadão digno de figurar no governo da República. – João Câncio Silva".

O sr. Virgílio Benvenuto, em carta que nos escreveu, declarou não ser cabo eleitoral, como se disse na imprensa. Lançou a candidatura do tenente

Cabanas, por ter grande admiração pelo comandante da 'Coluna da Morte', companheiro de glórias de Prestes e Siqueira Campos, essa trindade heroica".

"Entre o candidato do conchavo e o da revolução de 5 de julho, qual prefere o eleitorado carioca? – Maurício de Lacerda apoia decididamente a candidatura de Cabanas! – Barttlet James solicita o voto de seus amigos em favor do comandante da 'Coluna da Morte'.

Fere-se amanhã, o pleito para preenchimento de uma vaga de intendente municipal pelo 1º distrito desta capital.

Este fato não assinalaria na política local um acontecimento de significação ponderável se não houvesse nele o entrechoque de duas correntes que hão de se definir, de modo preciso, as diretrizes do povo carioca nesta quadra de afirmação da energia e do caráter nacional.

Duas correntes se vão defrontar, amanhã, nas urnas, diferenciadas por ideais opostos. Uma, a que reforçada por um conchavo indecorosa apadrinhada a candidatura do sr. Pinto Lima, representa a velha norma do profissionalismo político, que tem sido a desgraça do país; a outra, que traz como um estandarte de reivindicações democráticas o nome de João Cabanas, é a cristalização das ideias liberais que inspiram a revolução de 5 de Julho.

Aos profissionais da política, opõe o povo livre a candidatura de uma nobre figura de soldado, que, afrontando as rajadas das metralhadoras megalistas mostrou que é capaz de sacrifícios supremos em prol da solução política do Brasil, envilecido pela exploração sistemática de seus falsos mentais.

O candidato dos conchavos traz o vício de origem e jamais poderá separar-se da confraria política que o tutela. O outro surgido do seio do povo, numa afirmação de independência e de altivez, desdobra aos ventos da refrega a bandeira da revolução de 5 de Julho mordida pelas balas da tirania e chamuscada pelos disparos da nefasta legalidade bernardesca!

É entre os dois que o brioso eleitorado carioca terá de escolher amanhã! Vota com o candidato dos corrilhos e renuncia definitivamente aos seus anseios de liberalismo republicano, em um gesto significante, ensina os empreiteiros eleitorais que já não consente seja o seu voto negociado nesta grande feira política. E para assim proceder, terá de levar às urnas o nome de João Cabanas, que encarna nesta hora decisiva a mentalidade reformadora que os canhões de 5 de Julho acordaram.

Eleitorado carioca! Votando no herói da 'Coluna da Morte' dais um atestado de independência moral, rendendo ao mesmo tempo uma homenagem cívica àqueles denodados brasileiros que, mortos ou expatriados, exigem da nossa dignidade e do nosso brio, atitudes viris, secundando nas urnas a cruzada libertadora que eles, de armas nas mãos, iniciaram nos campos de batalha.

Votai, pois, em João Cabanas!

Novas adesões

Embora apresentada às vésperas do pleito, sem o apoio de influências eleitorais, a candidatura do tenente João Cabanas vai recebendo adesões valiosas e espontâneas.

A esta redação têm vindo trazer o seu apoio centenas de eleitores, inclusive de chefes de paróquias, além de cartas e telegramas de adesões que seria longo enumerar. O resultado do pleito de amanhã dirá melhor da significação deste apoio espontâneo.

Cédulas à disposição dos eleitores

Os eleitores que desejarem dar seu voto ao tenente João Cabanas devem munir-se de cédulas nos seguintes lugares:

Na redação da 'A Esquerda', na Rua da Assembleia, 10, (escritório do dr. Barttlet James), na Rua do Rosário, 61, 2º andar, e amanhã em todas as seções eleitorais.

Uma carta do dr. Virgílio Benvenuto

Recebemos, hoje, a seguinte carta:
'Ilmo. sr. diretor de 'A Esquerda'.
Saudações.
Li hoje em um jornal matutino que o sr. Nicanor do Nascimento, outrora fogoso combatente do sr. Epitácio Pessoa e ardoroso defensor de

Bernardes (santo Deus, quanta incongruência), aconselha aos seus amigos a absterem-se ao cumprimento do dever cívico do voto, sob o fundamento de que o sr. Pinto Lima é monarquista e os demais candidatos não estão devidamente organizados.

É inacreditável que um ex-deputado e hoje nababescamente recompensado por uma sinecura, prêmio das suas atitudes pró-Bernardes venha aconselhar ao brioso e altivo povo carioca a prática de tão repugnante falta de patriotismo.

O sr. Nicanor Nascimento deveria ter ficado no seu canto e não vir fazer fitas, fingindo prestígio. O que o sr. Nicanor tem a fazer é conformar-se com o ostracismo em que foi atirado por não ter sabido corresponder à generosidade do altivo eleitorado carioca. O que sucedeu ao sr. Nicanor está reservado aos srs. Irineu, Frontin, Cândido Pessoa etc.

O povo carioca saberá cumprir o seu dever enviando ao Conselho Municipal o invicto João Cabanas que, ao lado de Maurício de Lacerda e de Seabra, contribuirá para a formação da trindade sentinela, fiscalizadora dos cofres municipais.

Virgílio Benvenuto.'***

Estamos autorizados a declarar que o dr. Barttlet James apoia sem restrições a candidatura de João Cabanas e pede aos seus amigos que o sufraguem nas urnas.

Carta do dr. Barttlet James

Recebemos a seguinte carta:
'Rio de Janeiro, 13 de outubro de 1927.
Ilustríssimo sr. redator da 'A Esquerda', atenciosas saudações.
Soldado da Reação Republicana, chefiada pelo inolvidável Nilo Peçanha, não me é permitido um momento de tergiversação e é com o maior entusiasmo que abraço a candidatura do tenente João Cabanas.

Fruto da resistência aos conchavos políticos e acomodações com més arrependidos ou disfarçados, essa candidatura terá, estou certo, o condão de mais uma vez fazer vibrar o brio e civismo do eleitorado desta capital.

Cabanas não é só o soldado cujos feitos de armas todos conhecemos, é o pregador da republicanização da República, um dos esteios do Brasil consciente, pioneiro do 'voto secreto' adotado em Minas pelo preclaro presidente Antônio Carlos. Apresentando o seu nome aos seus amigos e correligionários e ao eleitorado da minha terra, penso merecer ele os seus sufrágios e que teremos contribuído para o levantamento moral da política nacional.

Agradecendo a publicação desta sou vosso constante leitor e amigo, Barttlet James'.

***

A palavra de Maurício de Lacerda

A candidatura Pinto Lima está mal posta. Tal como se apresenta é uma candidatura de puro conluio, retintamente de conchavo. Os políticos profissionais não podendo fazer cada um a sua costela eleitoral aceitaram essa terceira solução como uma autêntica manobra, um ardil, dos seus, sem resguardar princípios ou mesmo compromissos com a opinião. Assim é que se vê Irineu e Frontin, Mendes Tavares e Irineu e *tutti quanti*, com as rebarbas das suas divergências de pessoa, de política e de 'ideias', todos acamaradados num nome que, visivelmente, é de um advogado muito distinto, mas que não tem a expressão nacional bastante para absolver e até dignificar essa reunião. É um simples ponto-falso na panela rachada da politicalha pessoal. Esta sentiu que o povo lhe vai faltando, que o seu 'eleitorado' o tal do cabresto se vai insubordinando ou não se mexe sem duros 'sacrifícios', e vendo a opinião hostil às soluções dos compadres da comédia eleitoral das paróquias, deu esse passo: o de fazer um 'buquê' de compadres e apresentar um candidato comum.

Esse candidato não vem como Seabra, como uma reivindicação da alma popular contra a polícia reacionária do bernardismo, não! Ele vem como um contrabando dos políticos profissionais, sem compromissos com estes, mas também sem ter compromissos com as correntes de combate, que depois do epitacismo e do bernardismo, isto é, depois dos dois 5 de Julho, surgiram no país. E é pois a consagração do mais detestável conluio, produto do mais condenável conchavo, que para o efeito da nossa luta contra a política profissional e os seus métodos rotineiros, degradantes, indesejáveis, vamos mantendo com todos os sacrifícios e riscos.

Compreendo, assim, numa repulsa, não a um nome, que pouco nos deve preocupar, mas a tais processos que é preciso banir e combater, a cidade se levanta. Eu próprio acharia o nome do candidato se além de o saber arrependido do seu oposicionismo não o visse comprometido e chafurdado nessa coligação de profissionais da baixa política e dos seus usos e costumes indecorosos, que gangrenaram o regime e dissolveram o caráter dos nossos homens políticos.

Compreendo, pois, muito bem, que o povo, contrário às mistificações eleitorais, venha com um nome, de um representante da corrente insurgida contra a oligarquia política e seus satélites. E esse nome logo se compreende que tenha sido o de Cabanas, pois que na sua pessoa a cidade responde, a um tempo, a politicalha profissional que a infesta ainda e à grave política dos mandões federais, que por duas vezes atentaram contra a liberdade de consciência na pessoa do jovem tenente da revolução de julho.

É a resposta ao incidente de Juiz de Fora e de Campos.

É uma resposta que encontrará eco, porque no Conselho estarei na estacada, para defender o ponto de vista moral e político dessa candidatura de protesto e de vivismo, sem embargo da severidade legal e moral com que hei de examinar o pleito, onde o crime da retenção de carteiras eleitorais e das chapas à boca de urna há de ser por mim devidamente combatido, indo eu até um novo separado se o pleito vier com semelhantes vícios ou nulidades, ou, se, de acordo com a confusão do sr. Pinto Lima na Junta Apuradora, de vez passada, ele tiver sido, mais uma vez, o 'coronel', para comprar votos.

Fico com o povo contra a política profissional, suas manobras e seus artifícios, sem jamais ter para com ela capitulações ou condescendências.

Quanto ao sr. Pinto Lima, que me disse, nas vésperas da eleição federal, que o general Prestes 'cavasse' cadeira de deputado com a sua espada, e no dia da derrota, me declarou que 'nunca mais queria ser senão governista, pois aqui não havia opinião nem povo digno dos sacrifícios, que vinha fazendo', será, a meu ver, um intendente a mais nas hostes governistas e dos oposicionistas que ora o apóiam uma desilusão a mais.

Na favela política – o deputado Cândido Pessoa, – uma nota da 'A esquerda' e a candidatura Pinto Lima

A propósito da nossa local de ontem, em que parecia haver insinuações ao devotamento do deputado Cândido Pessoa, pela candidatura de Pinto Lima, intenção que confessamos, em absoluto, não foi motivo de nossas cogitações, tivemos, hoje o prazer de conversar a respeito com o simpático chefe político de São José.

Disse-nos ele: 'Como sabe, meu sucesso político não dependeu de nenhum partido. Devo-o exclusivamente aos meus amigos. Há tempos, fui solicitado para entrar em 'démarches' para que a facção Frontin, obtivesse maioria no Conselho Municipal.

Obtemperei, essa ocasião, que não tinha elementos no Legislativo da cidade, porque os meus correligionários ali com assento me haviam traído. Entretanto, com a intervenção de terceiros, podia isso ser conseguido, o que foi, de fato, mais tarde. Realizando-se depois, uma reunião da facção Frontin, ouviu-se na mesma a palavra do sr. Sampaio Corrêa que achava devia ter a primazia de indicar o candidato, pois havia concorrido decisivamente para a vitória daquela corrente no Conselho Municipal. Apontei, então, o nome do dr. Augusto Pinto Lima com quem tinha antigo compromisso. Submetida a votos, foi a indicação por todos aprovada com exceção do Sr. Paulo de Frontin que declarou ser contra a mesma.

Falei, então, declarando que, desde que o próprio chefe do partido dava de início tão grande prova de indisciplina, eu me retirava, abrindo mão do apoio que a corrente por ele chefiada pudesse dar ao meu candidato. Na Câmara, embora não recuasse um só momento de insistir na apresentação de meu candidato, recebi um pedido de seu presidente, Rego Barros, que me solicitava não deixar de trabalhar com carinho pelo sr. Pinto Lima, por quem ele se interessava apesar de nada ter com a política do Distrito. Estavam as coisas nesse pé, quando o intendente Pio Dutra convidou-me para nova reunião dos elementos Frontin. Disse que lá não ia, e, a respeito, escrevi uma carta, o que fiz em virtude do incidente que já narrei. Nesse dia, mais tarde, recebi uma comunicação, avisando-me que a facção Frontin, inclusive ele, havia homologado a candidatura Pinto Lima.

Antes, no gabinete do presidente da Câmara, perguntou-me o sr. Nogueira Penido, com quem não mantenho relações, se tinha escrúpulos em conversar com ele sobre a eleição e seus candidatos. Nessa palestra tomaram parte os srs. Henrique Dodworth, Flávio da Silveira e Machado Coelho, consentindo eu que o sr. Penido assinasse a apresentação do meu candidato desde que o fizesse sem último lugar, o que foi feito. Depois veio a adesão Irineu Machado. Eis todo o fato e os motivos porque me bato, como sempre, com sinceridade, pela causa que abracei.'

Uma das muitas cartas do dr. Pinto Lima enviada a seus amigos e que foram remetidas a 'A esquerda', por esses amigos:

'Prezado amigo.

Saudações afetuosas.

Convido ao prezado amigo a comparecer no escritório central do deputado Cândido Pessoa, à Rua da Relação, 40, afim de receber as cédulas com o meu nome, candidato que sou, na próxima eleição de 16 do corrente, à vaga de intendente municipal.

Solicitando assim o apoio do prezado amigo, fico certo (o grifo é meu), não faltará a quem se confessa, amigo, agradecido. (A.) Augusto Pinto Lima'."

Numa das circulares que também junto, há o seguinte:

Drs. Augusto Pinto Lima e Breno dos Santos. Rua do Rosário, 159, 1º andar, das 9 às 5. Tel. Norte 4278.

"Rio de Janeiro, 1927.

Amº. e Sr.

eleitor na... seção de...

Saudações

Candidato na futura eleição municipal, peço ao amigo indicar o meu escritório a um dos seus conhecidos que pretender alistar-se eleitor, ou transferir-se do segundo para o primeiro distrito.

Desde já agradecendo muito penhorado, subscrevo-me atento, amº. obº. Breno dos Santos.

Nota – Se o amigo quiser concorrer de modo decisivo para que o meu nome seja incluído em chapa vencedora, peço confiar-me a guarda do seu título de eleitor, que ficará em cofre, no meu escritório, sempre a sua disposição. Sofro, há anos uma campanha derrotista, afirmando os meus adversários que não posso levar as urnas mais de 400 eleitores. Os títulos em meu poder provarão o contrário.

Devidamente autorizado, também faço este pedido aos eleitores amigos do dr. Augusto Pinto Lima".

Por essas notas se vê, meus senhores, que enquanto eu era indicado pelo povo, o meu adversário era indicado por todos os políticos do Distrito Federal que quiseram, com seu nome, fazer um arranjo de conveniências partidárias e pessoais.

Enquanto eu aconselhava ao eleitor votar, não se abster e dar o voto conscientemente a *qualquer* dos candidatos depois da análise dos nossos programas, os meus adversários, *retendo* as carteiras dos eleitores, aconselhavam a votar no amigo apresentado por "prezados amigos" o que, além de constituir uma imoralidade é crime previsto em lei, porque é uma coação indireta que se faz ao eleitor, artigo 91-IV, do capítulo 11º, decreto 17.527. Ademais colocam-se os interesses de amigos acima dos interesses da Pátria, não querendo com isto diminuir as belíssimas qualidades do dr. Pinto Lima.

No decorrer do pleito não me apresentei em nenhuma seção de acordo com os nossos princípios revolucionários de que, junto às urnas, deve-se evitar as influências da amizade, da eloquência de oradores etc., porque aquele momento é o mais sagrado do cidadão, que vai para uma missão elevada e como tal deve estar isento de influências, de paixões, de vexames etc., com o espírito sereno e tranquilo.

Entretanto, do lado contrário, eu tive a mágoa de ouvir e apreciar de certa janela o modo pelo qual alguns senhores entre eles deputados e senadores, procediam junto ao eleitor para arrancar-lhe o voto.

Uns, vi que traziam os eleitores aos magotes em automóveis. Outros, como que, quase implorando de joelhos pediam o voto. Outros, ainda, soube que me difamaram, chamando-me de espanhol, mazorqueiro etc. Havia um, até, que com o livro de minha autoria, intitulado *A Coluna da Morte*, mostrava aos eleitores como eu confessava "cinicamente" ter fuzilado brasileiros. Outro alegava, ainda, a minha qualidade de militar, mostrando como a nação seria infeliz nas mãos dos militares, e isto com gestos quase que dramáticos, condenando assim a Constituição, que não nega direitos políticos a civis e a militares. Não faltou quem afirmasse, invocando sua qualidade de bacharel, que era inelegível.

Este senhor, pelo visto, desconhece os termos da Constituição, no artigo 71, § 1º, letra B, referindo-se a suspensão de direitos: "... por condenação criminal enquanto durar seus efeitos".

Eu não estou condenado porque minha sentença ainda depende de julgamento de estância superior. Estou, além disso, afiançado e solto para poder exercer o meu direito de locomoção, que é o que melhor caracteriza que não estou condenado.

Como brasileiro tenho forçosamente que lamentar o modo pelo qual se fazem as eleições, burlando a lei que, feita por espíritos superiores, não era imaginável que a lei pudesse ser camuflada com procedimentos imorais; é verdade, mas que fogem pela sua ardilosidade aos crimes previstos e às penalidades nela estabelecidas.

Lado jurídico

Meus senhores. Dada a coação moral que interessados fazem junto às urnas nas eleições do Brasil, o pleito eleitoral está cheio de erros e vícios, uns condenados por leis, outros condenados pela moral e pelos sentimentos cívicos.

Já mostrei no capítulo anterior como os eleitores são molestados e muitas vezes inibidos de votar.

Dificultam-se eleições, falsificam-se atas, fazem-se "mustreca", "esguichos", impede-se o funcionamento de seções perigosas ou, ainda, os interessados fazem pressão, implorando ou ameaçando os eleitores. Se esses interessados são patrões, deputados ou senadores avisam os eleitores de que lhes serão retiradas suas amizades, ou suas proteções.

Todos sabemos que a maior parte dos eleitores depende de empregos que exerce.

A falta de trabalho que há no Brasil obriga-os a aceitarem trabalho em troca do seu voto ao candidato ou candidatos indicados pelos patrões, chefes de repartições ou dos deputados ou senadores a cujas influências devem os cargos.

De modo que se um dia a consciência, ou o civismo do eleitor, vindica o cumprimento do seu dever, ao lado ou mesmo junto à urna o patrão o capataz ou o próprio interessado, carrancudos e sisudos, lendo-se lhes no olhar a ameaça, mostram-lhes qual será o seu destino se votar contra. Muitas vezes, até, essa ameaça vai, como em Palmital, e agora em São Paulo e Piraju, para não citar outros casos, aos fuzilamentos nas próprias praças ou ruas onde se acham instaladas as seções eleitorais.

No Distrito Federal, dificilmente chegamos a tais excessos, mas há outras coações indiretas, condenadas por lei, como aquelas das ameaças de influências políticas, de amizade, eloquência de oradores, compra de votos, difamação dos candidatos adversários, retenção dos títulos eleitorais etc., etc. (p.141).

O funcionalismo, principalmente, é o que está mais exposto a essas coações das quais vem mais tarde sofrer injustiças, perseguições, preterições e mesmo demissões.

Quando, se por todos os meios, não se pode evitar a vitória da oposição, então usam-se recursos que a lei não previu mas que a honestidade e a retidão do Poder Verificador pode não aceitar e rejeitar.

São atas falsas feitas em casa, "mostrecas" e "esguichos", termos usados na gíria popular para significar a substituição das cédulas das urnas com habilidade e destreza de dedos.

As eleições de 16 do mês próximo passado, como quase todas as que se realizam no Brasil, tiveram, ainda que de pouco vulto, seus erros e vícios.

Comecemos pelas seções que não funcionaram. Aquelas que me poderiam dar uma votação significativa, não funcionaram, inclusive as de Copacabana, Santa Tereza e Ilhas.

O sr. presidente do Poder Verificador facilmente poderá verificar o que afirmo, recordando a votação que um dos meus companheiros, Luís Carlos Prestes, recebeu nas eleições de fevereiro último nessas seções de Copacabana e Santa Tereza. Uma votação que pelo desenrolar dos fatos e por sermos companheiros da mesma bandeira de ideais, seria a mesma nas eleições de 16 de outubro.

Eu soube por informações que me merecem a maior consideração que houve pressão para que essas seções, compostas de eleitores adeptos nossos, não funcionassem.

Deixando estas considerações, que penso serão levadas em conta pelo digno Poder Verificador, e que não são produto de sofismas, salientemos a nossa mágoa ao verificarmos o não funcionamento de muitas outras, por motivos que não tive tempo de indagar, e que revelam para o nosso país uma falta de dever e cultura cívica, sendo o maior culpado o próprio governo, que não se interessa, não fiscaliza, nem concede as facilidades e auxílios que a lei manda conceder aos eleitores e mesários.

O número total de seções que não funcionaram subiu a 26, quase um terço das seções a funcionar, o suficiente em outros países para se anular uma eleição, considerando que 13 mil eleitores (500 por seções) ficaram sem poder cumprir o dever que as leis e o seu próprio patriotismo lhes ditariam, isto é, votar para escolher aquele ou aqueles que vão administrar o país, cidade ou município.

No próprio palácio do Itamaraty, de onde saíam para o estrangeiro as notas da nossa cultura e civismo, uma das mesas, a décima de Santa Rita, só porque alguém do referido palácio entendeu, sob a alegação de que estava em concertos, não funcionou, e... ficou nisso.

A relação das atas, meus senhores, é uma lástima. Basta para tornar nulo o pleito. Se verificardes bem a redação da maioria, encontrareis erros não só da própria redação que nos lança em profunda confusão, como faltas que podem ser reputadas graves: a não referência de horas, nomes quantidades por extenso, tal como a lei determina. (p. 40)

A falta de consignação da formalidade da reunião das cédulas em pacotes de 50.

Verificareis também a diferença. Não vai em mim o desejo de se fazer uma insinuação malévola, mas quem, examinando com isenção de ânimo, não notará as fortes diferenças na votação obtida pelo candidato dr. Pinto Lima em algumas seções? Não podemos fugir à admiração quando se verifica que em quase todas as demais seções tivemos um equilíbrio na votação. Justamente nas seções em que a presença dos interessados foi notada com frequência, houve diferenças que bem justificam o nosso pasmo.

Na sexta e décima de São José, dr. Pinto Lima, 75, Cabanas, 16; dr. Pinto Lima, 71, e Cabanas, 17, respectivamente. Na segunda de Candelária, Pinto Lima, 89, Cabanas, 8. Primeira, Quarta, Sexta, Oitava e Nona de Sacramento, Pinto Lima, 77, 37, 42, 39 e 38. Cabanas, 31, 7, 5, 3 e 6, respectivamente.

Décima e décima quinta de S. Anna, Pinto Lima, 36, Cabanas, 1; Pinto Lima 39, Cabanas, 5.

A Nona de São José apresenta, então, um resultado justo, o justo de um maço de 50 cédulas. Pinto Lima, 50, os demais candidatos, 0. Quer isto dizer que não houve para satisfação de S. Exa. sr. Cândido Pessoa, uma triste alma que se lembrasse do "famigerado" tenente Cabanas, nesta seção, o que me parece, salvo modéstia, verdadeiramente estranho, muito mais quando verifico que em nenhuma das seções do distrito, a não ser a Nona, deixou o meu nome de ter ao menos um voto. E os demais candidatos também obtinham votos.

Isto faz-me lembrar um caso que se passou em São Paulo. Os mesários eram amigos dos candidatos da situação fizeram em casa um pacotinho de 50 cédulas do seu favorito. Com o mesmo, depois de apurar a eleição, e verificando que as cédulas eram em número de 50 justas, as substituíram pelo simples processo da "mostreca", isto é, deixaram cair o verdadeiro pacote da urna, por detrás da mesa num descuido proposital, recolhendo em seu lugar a que ali já estava, vinda e preparada de casa. O resto foi fácil... Na ata constou a votação de 50 para o candidato da situação e zero para os demais. Em São Paulo, porém, houve consequências, porque infelizmente os 50 eleitores que haviam votado sufragaram todos o nome do candidato adversário, e mais facilmente este pôde provar a fraude.

Aqui o meu caso, na Zona de São José, pela coincidência dos números fez-me vir à lembrança o caso de São Paulo, que aliás fica só na lembrança...

Houve também, já que estou recordando casos, no Pará, fatos interessantes de "esguichos", perguntando a mim mesmo se nas eleições de 16 não seria empregado o mesmo processo. V. Exas. talvez ignorem este processo simplíssimo de se burlar a lei.

Os mesários, muitas vezes, com uma "pressa" calculada, ao terminarem os trabalhos de votação, começam a apurar, e lá vão rasgando as cédulas, uma por uma, citando o nome, e passando-as pelas vistas dos presentes como quem passa linguiça no focinho do cachorro esfomeado, ao qual não se quer dar de comer. Ao rasgarem as cédulas, citam o nome do candidato com mais entono para maior efeito: F..., F..., e assim, por diante, sendo que de vez em quando, para não dar muito na vista, citam o do sicrano. É lógico que em apuração de tanta "pressa" não se pode verificar se de fato existe aquele enxurro de cédulas a favor do F...

O resultado final é fatal! – Pinto Lima, quero dizer, o F..., 89 ou coisa parecida, sicrano, 8, ou coisa que o valha, e este coitado, lá fica com uma votação insignificante, que bem apurada e com menos "pressa" talvez fosse obtida pelo seu adversário.

Não é verdade, senhores, que diante do equilíbrio que houve nas demais seções, as diferenças que acima se tem, dão-me o direito de formular em minha imaginação, perguntas de tal natureza?

Aqui o que parece que houve? Esguicho ou mostreca?

Esta interrogação ainda se avoluma quando verifico que eu venci em maior número de paróquias, ao passo que o dr. Pinto Lima só venceu em quatro, as quais lhe deram uma votação maior que as 6 onde eu obtive vitória. Por quê? Pela presença somente daqueles que se interessavam pela sua candidatura, ou pelos processos comuns do "esguicho" e da "mostreca"!

Quanto aos erros revistam-se de paciência para ouvi-los.

A ata da 6ª seção de São José, senão me engano, tem 92 assinaturas com uma apuração de 94 votos. (Ata de transcrição)

Na 10ª seção de São José, dois eleitores votam não constando seus nomes da lista de chamada, o que é contra lei. (p. 124 e 150)

Na 12ª da Candelária, o sr. Viriato Pinto da Silva serve como mesário e não apresenta sua caderneta de eleitor, quando a lei o proíbe terminantemente, pois não basta constatar somente a falta em ata, mas é preciso provar que esse senhor de fato era o sr. Viriato Pinto da Silva e se ele era também eleitor ou o eleitor desse nome. Esta seção, por conseguinte, não podia, salvo melhor juízo, ser apurada, pois faz supor que ela ou não funcionou com os mesários exigidos pela lei, ou eram mesários clandestinos, ainda mais, quando da própria ata consta a não assinatura do referido senhor, pela falta de sua própria caderneta. (p. 20, 21 e 168)

Na mesma seção, o eleitor Masaíno Campos Guimarães votou em separado porque seu nome não constava da lista de chamada. Alegaram que na 1ª lista seu nome estava trocado. A lei não cogita de tal! (p. 124)

A lei exige a combinação dos nomes. Entretanto a seção, com seu voto, foi apurada.

Vereis, também, pela redação desta ata, a ideia que ela reflete de que houve esforços para uma "conta de chegada", numa confusão que me foi impossível chegar a entender.

Primeiro, apuram 88 votos e 11 em separado. Mais adiante na descriminação dão 89 e 11 em separado. Mais adiante ainda, dão ao dr. Pinto Lima 89, tendo 19 em separado, João Cabanas, 8, tendo 1 em separado, J. Godofredo, 1, Orlando Caldas, 1, e Sant'Anna, 1, em separado.

Verifica-se aqui nesta parte, que já houve aumento, pois a soma dá 111 votos. Admitindo, porém, o erro gramatical e englobando-se os votos em separado nos 89 e 8, respectivamente de Pinto Lima e Cabanas, a votação em separado não coincide; já são 12 em separado contando-se com o voto do sr. Sant'Anna; e mesmo a geral, sem este, dá 99 votos, que é a primeira explicação da ata, isto é, 88 e 11 em separado.

Onde está a diferença, pergunto de uma vez para não fazer maior confusão?

Na 3ª da Candelária, confessa a ata que um eleitor que votara em separado, levara sua caderneta e que por tal motivo não era enviada à Junta

Apuradora. Não tenho o direito de duvidar de tal asserção, porém, a lei não permite, e a lei é dura, mas é lei.

O eleitor tinha o nome de Antônio Camara sob o número 49. Diante de tal anomalia que fere os preconceitos da lei, a M. M. Junta podia apurar esta seção? (p. 68 e 176)

Na 9ª de Sacramento, estão consignadas as assinaturas de 44 eleitores apurando-se, entretanto, para o dr. Pinto Lima, 38 votos, Cabanas, 6, Caldas, 2 e Marinho, 1. Como se vê, um resultado maior de 3 votos. Tem uma assinatura sem efeito.

Na 13ª de Sant'Anna iniciaram as assinaturas dos eleitores, assim consta na ata de transcrição em número de 6, sendo que o penúltimo era o sr. Arthur Viana da Silva. O sétimo e o último chamava-se Conrado, porém, em seguida já um *digo*, com a continuação dos trabalhos, para às 15 horas, *novos* eleitores, entregando suas carteiras, começaram a votar iniciando este número de novos eleitores, o mesmo sr. Arthur Viana da Silva.

O sr. Arthur Viana da Silva consta, pois, em dois lugares.

Apura-se e verifica-se que o dr. Pinto Lima obtém uma votação de 21 votos e Cabanas de 7. Faz-se de novo uma outra chamada (vejam bem, senhores, depois da outra apuração) onde comparecem e votam mais 17 eleitores, os quais deram ao sr. Pinto Lima mais 10 votos e a Cabanas, 2; quer dizer isto que, além de uma assinatura em duplicata, ainda se fizeram novas eleições depois da primeira apuração e depois das 15 horas! (p. 171 e 172)

A 10ª de Sant'Anna, eu a verifiquei e pareceu-me que as firmas dos eleitores, 18, 26, 29, 32 e 35 têm grafia semelhante, que me faz supor serem do mesmo punho.

Finalmente, a 1ª de Santo Antônio toda ela é escrita pelo mesmo punho.

Meus senhores, esses são os erros e os vícios mais visíveis. Se nos aprofundássemos, não estaria errado em afirmar que descobriríamos alguns outros, conscientes ou não, mas suficientes para pormos em dúvida a verdadeira votação do candidato diplomado.

Talvez por esses defeitos e pela difícil vitória do "conchavo" composto, se não me engano, por mais de 25 políticos influentes do distrito, é que eu leio na fisionomia do dr. Pinto Lima, de quem sempre tive as mais belas referências e cuja amizade não tenho a honra de cultivar, o desgosto em ver a pouca significação de sua vitória material em face da vitória moral de seu competidor mais aproximado. E ainda, leio mesmo o desejo e a resolução altiva e digna de não aceitar o diploma que lhe conferiram aceitando em terreno mais honroso uma nova luta eleitoral, onde ele irá mostrar que seu nome e suas qualidades pessoais, somente, merecem como sempre mereceram a confiança e a consideração do eleitorado livre, culto e patriótico, sem as influências dos mandões políticos, que foram tão condenáveis no último pleito.

Não é um repto que lanço ao dr. Pinto Lima, porque viria duvidar da formosura dos seus sentimentos. É a certeza de que ele assim procederá, que eu tomo a liberdade de proclamá-lo aos que me ouvem. É a certeza de que a moral e a consciência do dr. Pinto Lima repugnam a aceitar tal vitória.

E sendo assim, estou certo que S. Exa., no desejo de moralizar os costumes políticos e as eleições do Brasil, irá me acompanhar em meus esforços nesse sentido e irá apoiar o meu pedido que, pela presente contestação, faço ao digno Poder Verificador: a anulação das eleições realizadas em 16 de outubro p.p., para preenchimento da vaga de intendente municipal.

João Cabanas.

Conclusão

Diante de um dos Órgãos Constituídos do Distrito Federal, eu não poderia terminar sem aproveitar a oportunidade, mais uma vez, de incitar a todos que me ouvem, nos acompanharem na luta contra os mandões dos governos e dos politiqueiros do país.

Quero que fique bem frisado: a nossa luta não é uma questão pessoal; não é uma questão de classe. É uma luta de ideias, luta social; é uma mocidade que quer renovar tudo, desde os alicerces, fazendo da nossa pátria uma pátria grandiosa, digna da sua portentosa natureza.

Contra os demandos dos governos eu anteponho a retidão e a honestidade dos revolucionários; contra os rotineiros eu anteponho as energias progressistas da mocidade; contra a elite nefasta, eu anteponho a democracia popular; contra as coligações e conchavos, eu anteponho o partido 5 de Julho, a esquerda que neste recinto sagrado, fundo debaixo da mesma bandeira que se desfralda para a Reação Republicana.

Erguei-vos, povo brasileiro! Palpitai e que o Brasil conosco seja grande duma vez, honrando assim a memória dos nossos antepassados gloriosos!...

Distrito Federal, 3 de novembro de 1927.

João Cabanas

POEMAS

OS DEZOITO DO FORTE
(Reminiscências da epopeia de Copacabana)

Alvo, ao luar, se destaca no recorte
Da praia, muito longe, o vulto deste Forte
Que parece dormir...
Tudo em torno é silêncio e, apenas, aos pés dele,
Serenamente o mar eleva aquele
Seu eterno bramir.

Perto, a cidade, acesa em luzes de ouro,
De pedraria é como um rutilo tesouro
Que ele guarda com amor;
E, longe, na amplidão, que o seu olhar espreita,
Apenas voga, plácida, uma estreita
Vela de pescador.

Tanta é a calma, o silêncio, a mansuetude
Naquele seu aspecto, entre impotente e rude,
De monstro a repousar,
Que, dos feros canhões ocultos no seu seio
Ignorantes, as aves, sem receio,
Passam sobre ele, a voar...

Passai, passai, gaivotas que, das vagas
Fugis, dentro da terra, às quietações, pressagas
De rijos furacões.
Passai, que, muda já, nessa hórrida garganta,
Não mais, atroando o espaço, se levanta
A voz de seus canhões.

O monstro que, rugindo, erguera a fronte
Há pouco, ei-lo, vigia eterno do horizonte,
Que, sossegado jaz
Duas noites sonhou; e, em febre, delirante,
Ergueu por sobre a Pátria a voz possante,
Que os montes tremer faz...

Duas noites, clamou, reboando pelo
Côncavo azul do céu, o vigoroso apelo
A seus demais irmãos...
Só, longe, a voz do mar, só, no alto, a voz do vento,
Sucederam, sob o amplo firmamento,
Aos seus rugidos vãos!

Duas noites durou-lhe o sonho, apenas
E agora, sob o luar destas noites serenas
De calma e mansidão,
Paira, sobre esse herói de pedra, que medita,
A tristeza insondável, a infinita
Dor da Desilusão!

Passai, passai, ó velas! E, ao voltardes
Das amplidões do mar, na placidez das tardes
Que enchendo as almas vai,
Os que, ali dentro, o exemplo, ai! deram-nos risonho
Dos que sabem morrer pelo seu Sonho
– Ó pescadores, lembrai!...

Eles eram dezoito... Os mais partiram
Tanto que a causa, enfim, viram perdida.
Eles – dezoito apenas – preferiram
Ficar, quando ficar custava a vida...

Eles viram partir seus companheiros
Ansiosos de viver!
Em vez de censurá-los, altaneiros,
Preferiram morrer...

Preferiram ficar em seu reduto,
O coração sereno, o ânimo afoito,
Unidos nesse bando resoluto
Dos últimos dezoito...

Os mais, da guarnição, abandonaram
Trincheiras e canhões, torres e valos;
Só eles os seus postos conservaram...
– Que baixeza, insultá-los!

Eles eram tão moços! E, lá fora,
O mundo, a vida, o amor, tanta ilusão!
Que anseios de viver, de se ir embora,
Cada um não sufocou no coração!

Por que, enfim, esse gesto? Essa vergonha
Da derrota, afinal?
Ah, brava mocidade que ainda sonha
E morre pelo Ideal,

Quando o tempo que passa é só de egoísmo,
Dos que buscam subir, galgar aos trancos,
Do interesse arrastando ao torvo abismo.
Os seus cabelos brancos!

Quando todos, traindo-os, demandaram
Da existência afrontosa os vãos regalos,
Só eles, mais que a vida, a honra amaram...
– Que vileza, insultá-los!

Poetas e heróis, à hora derradeira,
Como uma só mortalha ter quiseram,
Tomara, soluçando da bandeira
E em dezoito pedaços a fizeram...

E, enquanto cada qual, com terna unção,
Cingia a insígnia bela,
Como a gritar-lhe à Pátria o coração
Que ia morrer por ela,

Na sua punha um deles a alma inteira;
"Adeus, queridos Pais! Que, em despedida,
"Vos beijo neste canto da bandeira
"Por quem dei quanto pude... a minha vida"

E eles foram lutar em campo aberto,
O peito, não de ferro, mas de ralos
Pedaços da bandeira só coberto...
– Que torpeza, insultá-los!

Foram, sim, mas tão belos, tão risonhos,
Quais bravos paladinos de outras eras,
Oferecer à morte os pobres sonhos
De suas infelizes primaveras!

O mar, o céu, a terra lhes sorriam...
Por suas pobres vidas,
A cada passo, ansiosas, lhes pediam
As coisas conhecidas...

Foram, sim – ó visão de tal momento! –
Seremos corações, espadas nuas,
Ao encontro de todo um regimento,
Cantando pelas ruas...

Foram, sim... E, ao fulgor primaveril
Que os sabres lhes rodeava de áureos halos,
Bateram-se, dezoito, contra mil...
– Que vergonha, insultá-los!

Bateram-se... minuto? Meia ou uma hora?
Quem sabe? Enquanto tinham munições,
Atiraram; depois, saltando fora
Da trincheira, lutaram como leões,

Corpo a corpo, entre mandos, entre ápodos,
Entre estampidos e ais,
Até que, de um em um, caíram todos,
Mortos – mas imortais!

Todos, não. Um, de pé, restava ainda,
Era o último titã. Olhando em volta,
Vendo mortos os seus e a luta finda,
Ei-lo que o sabre solta,

Rompe o dólmã, aponta o coração
E aos algozes dizendo, a desafiá-los:
Atirem, seus... rolou, varado, ao chão...
– Não, não se há de insultá-los!

Soldados do Brasil, lançai por vossas mãos
As flores da Saudade às suas sepulturas...
E vós, do oceano em meio às noites mais escuras,
Marujos do Brasil! lembrai vossos irmãos...

Qualquer que tenha sido a causa defendida,
Se o foi sinceramente, acatai-a, Soldados!
Mais nobre que coroar heróis afortunados,
É exaltar o que deu, por seu Ideal, a vida...

Eles dormem, agora; e, ao longe, sobre aqueles
Que os venceram, no forte, adeja outra bandeira!
Porque aquele que os viu, à hora derradeira,
Lutar, morrer por ela, essa morreu com eles...

Perversos? Isso, não! Mas Bravos lidadores
Que tinham dentro de si, aberta toda em flor,
A alma da mocidade a lhes sorrir amor,
A lhes brilhar de fé nos olhos sonhadores...

Perversos? Não, jamais! soldados, atenção.
Quando era ainda completa a guarnição do forte
Reuniu-se, certa vez, a discutir a sorte
Da Praça: e já fatal se via a rendição,

Quando desse que depois os comandou na luta,
De súbito se ouviu: – Isso, nunca! – exclamar:
– O forte não se rende; antes fazê-lo voar! –
E, em meio da mudez da guarnição, que o escuta,

Tomando de um papel torce-o, chega à chama,
Acende-o, como um facho e, esplêndido de heroísmo,
Gênio, arcanjo da guerra iluminando o abismo,
Em busca do paiol, parte, agitando a flama...

Mas eis que o desespero em torno dele arrocha
Os dois braços de um pai que, desvairado, geme
– Os meus filhos! Piedade! – e, à sua voz que treme,
Treme do herói a mão e cai-lhe aos pés a tocha...

Ainda hesita: mas logo, o olhar posto lá fora,
Lembrando-se, também, de um ente bem amado
A quem vai preferir a honra de soldado:
– Sim – diz – tendes razão. Eu fico. Ide. Ide embora...

Soldados do Brasil! lançai por vossas mãos
As flores da saudade às suas sepulturas...
E vós, do oceano em meio às noites mais escuras,
Marujos do Brasil! chorai vossos irmãos...

E, se perante vós, não sob acobertadas
Garantias, alguém achar de amesquinhá-los,
Soldados do Brasil! tirai vossas espadas...
Não deixeis insultá-los!

O PAISANO

Em cada herói o garbo de um soldado
No cáqui do uniforme o sol punha, dourado,
Um sorriso de adeus à triste corte...
Trazia a guarda impávida do Forte.

Tinham todos marcial o aspecto, embora,
Na exaltação do Ideal que os conduzia,
Certo descuido houvesse em todos, que àquela hora,
O desespero da alma traduzia.

Só, entre eles, qual nota diferente
Nesse mavórtico hino sobre-humano,
Vinha, obscura e, talvez desajeitadamente,
A figura sombria de um paisano.

Alto esguio, trajando roupa escura
E a elegância de um gentleman no porte,
Ele vinha, com a mesma impávida bravura
De seus irmãos no Ideal sorrindo à morte...

Ele vinha, jungindo à aliança breve
De um momento de dor seu coração,
Esguio e obscuro qual, aos céus subindo, deve
– Ó Povo! – ser a tua Aspiração...

Era rico e era livre... E por que vinha?
Ó beleza dos gestos ditos – loucos!
Vendo partir do forte o bando, que não tinha,
Ante tantas legiões, senão tão poucos;

Surpreendido, em sua alma destemida,
Por toda aquela esplêndida epopeia,
De súbito esquecendo a liberdade e a vida,
Amplas asas de fogo abrindo à Ideia,

Ei-lo toma de uma arma, e lado a lado,
Alto, esguio, sereno, nobre ufano,
Com eles vai morrer, na luta, amortalhado
Na sua roupa escura de paisano...
     ALTO!
A meio do caminho doloroso,
A pequena tropa, fatigada,
Quis, ainda uma vez, o amável gozo
Sentir da fresca limpa desejada.

Parou: bateu à porta entrefechada
De um lar; pediu; e um vulto carinhoso
Lhe veio, em pouco, à sede acalorada
Oferecer o líquido precioso...

Ia de mão em mão o copo; e, lentos,
Os dezoito guerreiros, num profundo
Silêncio, aos lábios ávidos o erguiam,
Como a querer beijar, beijar sedentos,
A saudade da Vida lá no fundo
Daquele último copo em que bebiam...

Por sua vez erguendo-o, na mão forte,
Aquele que dos mais à frente vinha:
"Companheiros – lhes disse – à sorte minha
Podeis, livres, poupar a vossa sorte

"Que aquele a quem viver ainda lhe importe
"Evite a hora cruel que se avizinha
"Pois, aos que me seguirem, se advinha
"Que o caminho da honra é um só – a Morte!"

Disse; e o copo, esvaziando-o lentamente,
Numa outra mão o depõe, que, em gesto frio,
Enche-o, bebe-o e a outra mão o vai passar,

Enquanto ele, o caudilho, os olhos sente
Cheios d'água, à medida que, vazio,
O derradeiro, copo as vê deixar...

E, esplêndida, lá no alto, a etérea taça
Da tarde se inclinava, derramando,
Como uma poeira de ouro, sobre o bando
A apoteose da Vida, que não passa.

Como a velha Grécia à antiga raça,
E esses rudes heróis de aspecto brando
Vinha a luz, feita um halo, coroando
De uma auréola imortal de Sonho e Graça...

E eles iam bebendo; e, em meio aos brilhos
Do Cristal, ante o ansioso olhar profundo
Com que da linfa o seio revolviam,
De esposas, noivas, pais, amigos, filhos,
Os espectros boiavam-lhes no fundo
Daquele último copo em que bebiam...

ÚLTIMO SONHO

Sobre a amplidão azul do oceano, que bramindo,
Das Vagas no colar cingia o areal infindo,
O bando audaz, que vinha, em silêncio, a marchar,
Estendia, cismando, o adeus de seu olhar.
E, sob a luz que como a estrofe áurea de um hino
Cantava, pelo espaço, um Sonho – pequenino
Como o batel que ao mar trazer o infante sói –
Abriu, flutuante, ao longe, o olhar de cada herói...
Era um longínquo Ideal, que do cimo da água calma
Surgia, a reluzir como uma estrela d'alma
Depois, vitória-régia abrindo a imensa flor,
Astro, do equorio seio erguendo o ígneo fulgor,
Sobre a amplidão, como um nascer de sol risonho;
O olhar de cada herói viu explodir seu Sonho!
Era, a desabrochar, como uma flor, do chão,
A imagem de uma Terra, imensa na extensão,
Que esse mesmo azul mar, por costa quase infinda,
Cingia do colar de sua espuma linda...
Era a miragem, longe e rutila, a sorrir,
De uma Terra, um País, que o sol, em seu fulgir,

Pela raça que o habita e o solo seu fecundo,
Parecia beijar melhor que a todo mundo!
Era visão bendita, o sonho de um País
Livre, de um País justo, equânime, feliz
Onde, mais que ambições, houvesse patriotismo,
E onde, mais fundo que o seu mais tremendo abismo,
Cavasse, entre o Poder e o despotismo vil.
Intransponível sulco de um Povo varonil!
Onde, mais que o interesse egoísta, se estampasse
O pudor da Virtude austera em cada face,
E pudesse, o que o Cimo ousasse lhe alcançar,
Do alto de sã consciência a Pátria contemplar!

Era este, eis o Ideal que, belo de esperança,
Em tons áureos de luz e verdes de água mansa,
Não já como ilusão de flores ou de sóis.
Mas lábaro glorioso, àquele olhar de heróis
Erguia-se como um amanhecer risonho!
Eras tu, doce Pátria, o seu último sonho...

DENTRO DA TARDE

O intéprido pugilo avança... Ociosas
São as vagas que o mar, monótono, levanta,
E uma daquelas tardes cariciosas
Sob o arco azul do céu, radiosamente, canta...

De páramos longínquos vem voltando
Das gaivotas, em linha, a revoada primeira,
Mesmo assim, dos dezoito heróis o bando
Avança pela praia em rápida fileira.

Avança... Entre as blandícias que lhe entorna
A natureza, em seu convite eterno à Vida,
Ele sabe que vai e que não torna
Pois, esperança ou honra, uma há de ser perdida.

Que lhe importa saber que apenas eles,
De toda uma legião exânime ou covarde,
Irão trocar a vida por aqueles
Momentos imortais de um pobre fim de tarde?

Avança. Avança, sim! que, ali, já perto,
A todo um regimento onde os irmãos são mil,
Eles querem mostrar, o peito aberto,
Como sabem morrer os bravos do Brasil!

Soam tiros, de súbito... Alarido;
Alvorotos de alarma: e clarins ressoam;
E vozes de comando; e gritos, e tinido
De ferros; explosões; e estampidos que ecoam...

São eles que se batem, belos loucos,
Menos de vinte contra um regimento todo!
É o pequenino pelotão dos poucos
Que amam, mais do que o posto, a Pátria com denodo!

São eles, novos Leônidas, sublimes,
Menos de vinte, em frente a uma falange inteira;
São eles, vindo expiar na morte os crimes
De ter criado um Sonho e amado uma Bandeira!

São eles! Encarniça-se a peleja.
Contra o simples pugilo a praça inteira luta.
"Fogo!" dos capitães a voz troveja,
E o ríspido espocar de mil fuzis se escuta.

E tumultua, cresce o tiroteio.
É um caos, uma feroz desordem, a batalha!
No espaço, como o arfar de um grande anseio.
Passa, crebo, o zunir de balas e metralha.
Depois, a pouco e pouco, vão cessando
Os tiros; vai morrendo, aos poucos, o tumulto;
Tudo é findo; somente, ainda, do bando,
Resta de pé, na praia, o destemido vulto

Do derradeiro herói, o último guarda...
Mas, breve, a munição lhe falta, e ei-lo que lança
A arma aos pés e, rasgando ao alto a farda,
Seu grande peito expõe ao pelotão que avança...

Agora, sim, agora tudo é findo...
Sobre o bando, que jaz num lago rubro e quente,
Na grande curva azul do céu infindo
A luz crepuscular canta, radiosamente...

De páramos longínquos vem voltando
Das gaivotas, em linha, a última revoada,
Ah! como elas, não mais do bravo bando
Ninguém verá, em fila, a rápida avançada.

Ninguém. Mas, nesse canto onde caíram;
Nesse adorado chão da Pátria estremecida
Que com seu sangue indômito tingiram
E beijaram com a boca a que fugia a vida;

Em meio dessa esplêndida moldura
De luz assídua; o olhar de cada um deles posto,
Fixamente, no céu, como à procura
De termo àquela dor que ainda lhes guarda o rosto,

Daqueles bravos mortos a visão
A tudo e a todos há de, augusta e varonil,
Gritar, subindo impávida do chão,
Que ainda sabeis morrer, soldados do Brasil!

Tudo é findo... Lá longe, no recorte
Da praia, se destaca o vulto deste Forte,
Que parece dormir.

Pesa o silêncio em torno e, apenas aos pés dele,
Serenamente o mar eleva aquele
      Seu eterno bramir...

Dos heróis que tombaram a lembrança,
Como espuma que a vaga em seu topo balança,
Passaram, afinal...
Menos de vinte contra um regimento todo!
Para que um nome fique, o heroísmo, só, não basta
Donde foge a Fortuna, a Glória afasta...
Sua luz imortal...

Mas onde quer que, deles, entretanto,
Guarde um peito de mãe ou o de uma esposa, em pranto,
A saudade sem fim,
A alma da Pátria irá, como um céu distante,
Dizer, pensando neles, soluçante;
– Foram dignos de mim!

                                        Extraído do "*Correio da Manhã*".

SOBRE O LIVRO

Formato: 16 x 23 cm
Mancha: 22 x 39,5 paicas
Tipologia: Adobe Caslon Pro 11/15
Papel: Off-white 80 g/m² (miolo)
Cartão Supremo 250 g/m² (capa)
1ª edição: 2014

EQUIPE DE REALIZAÇÃO

Edição de texto
Glaiane Quinteiro e Nara Lasevicius (Copidesque)
Marina Ruivo (Revisão)

Capa
Estúdio Bogari

Editoração eletrônica
Eduardo Seiji Seki

Assistência editorial
Jennifer Rangel de França

Impressão e acabamento:
Intergraf Ind. Gráfica Eireli